Das Akteneinsichtsrecht im fairen Strafverfahren

公正な刑事手続と証拠開示請求権

斎藤　司 著
Tsukasa Saito

法律文化社

はしがき

　筆者が，本書のテーマである刑事証拠開示の問題に取り組み始めて十数年が経過しようとしている。「なぜ，無罪につながる証拠が開示されないのか」という素朴な疑問から，刑事証拠開示を研究テーマとすることを決意したものの，研究開始当初，諸先生方による優れた先行研究を前に，どのように研究を進めてよいかわからず，途方にくれながら九州大学箱崎キャンパスを歩いていたことを思い出す。

　筆者が大学院に在学する間に，裁判員制度を中心とする刑事司法改革が進められ，2004年の刑事訴訟法改正によって公判前整理手続における証拠開示制度が新設された。あるべき理論を追求しながら，現実の制度の理解や法解釈も検討する作業は困難なものであったが，理念論や立法論に偏る傾向にあった証拠開示をめぐる議論について，明文規定も踏まえながら研究を進めることができたのは筆者にとっても幸運なことであったと思う。

　これまでの日本における証拠開示の研究は，「証拠開示は当事者主義構造固有の問題である」という認識のもとで進められてきた。しかし，「当事者主義」というフレーズは，公判段階の訴訟構造として用いられる場合もあれば，刑事訴訟の原則として用いられる場合もある。また，「当事者主義だから」，あるいは「当事者主義に反するから」という理由付けで結論付ける主張方法は，さまざまな文献や研究会でみられた。しかし，上記のようなさまざまな意味を含む「当事者主義」を軸として証拠開示を議論することは妥当なのか，証拠開示を支える具体的原理（さらには，「当事者主義」に含まれていたもの）を明らかにし，具体的な議論を進める必要はないのか，「全面証拠開示」の「全面」とはなにを意味するのか，当事者間のバランスを問題とする証拠開示を議論するうえで日本の捜査手続の現状や特性をより考慮すべきではないのか，「当事者主義」から離れて証拠開示を研究することも必要ではないか。これらの疑問が，本書の基礎となる研究のスタートラインであった。それ以降，筆者は，ドイツや日本

の「記録閲覧制度」を対象としながら研究を進めてきた。筆者の研究に対しては,「なぜ職権主義を研究対象とするのか」,「当事者主義との関係についてどう考えるのか」という当然の質問が常に示された。特定のテーマを選択する理由,研究の意義を徹底的に考える習慣が身についたことは,筆者にとっては貴重な経験であった。これらの問いに対する現時点での回答は,本書において示したつもりである。

本書は,以上の刑事証拠開示に関するこれまでの筆者の研究成果に,できる限りの加筆や修正を加え,まとめたものである。また,引用文献についても,最新の論文や情報をできるだけ加えている。まだ不十分な点が多いことも自覚しているが,証拠開示制度が明文で規定され,その実務や研究が蓄積されつつあるなか,再度その改正が議論されているこの時期に出版すべきと考えるにいたった。

研究者を目指して,私が九州大学大学院法学府の門をたたいたのは2001年のことである。指導教官である大出良知先生には,大出ゼミに参加して以来,公私にわたり長年ご指導いただいている。また,大学院の講義を担当いただいた弁護士・上田國廣先生には実務と理論を架橋することの重要性を教えていただいた。わが師である両先生の存在なくして,現在の筆者はない。内田博文先生,土井政和先生からも,刑事法を研究するうえで必要な広い視野を与えていただいた。さらに,大学院の先輩でもある武内謙治先生からは,研究者としての生き方や考え方も含め数えきれないほどのことを教えていただいた。先生方には,心からお礼を申し上げたい。そして,学部のゼミから,常に競い支え合ってきた石田倫識氏にも。

また,常に自由かつ知的刺激に溢れる環境を提供してくださっている前任校の愛媛大学法文学部や現在の勤務校の龍谷大学法学部の先生方,とくに刑事法の先生方,筆者の日常の研究活動の場である刑事立法研究会,刑事司法研究会,刑法読書会,大阪刑事訴訟法研究会,そして日弁連刑事法制委員会などでお世話になっている先生方にも感謝を申し上げたい。

そして,私事ながら,自由気ままに生きてきた筆者を,常に笑顔で支えてきてくれた家族や親族,そしてパートナーにも感謝を伝えたい。

本書の出版に当たっては,厳しい出版事情にもかかわらず,法律文化社にお引き受けいただいた。さらに,龍谷大学からは,2014年度出版助成金による援

助を得ることができた。とくに本書の出版を積極的に勧めてくださった掛川直之氏には，最後まで支えていただいた。また，龍谷大学大学院法学研究科博士後期課程の迫口翔生氏にはドイツ留学のため困難な邦語文献の収集などを，中央大学大学院法学研究科博士後期課程・ゲッティンゲン大学客員研究員の冨川雅満氏には校正などを手伝っていただいた。あわせて御礼申し上げたい。

　本書を執筆しながら，筆者は人や環境に恵まれていることを改めて実感した。これらの方々の存在がなければ，本書は存在しえなかった。拙いものではあるが，謹んで本書を捧げることにしたい。

2014年7月
サッカーW杯優勝の熱狂と歓喜のなか，Göttingenの地にて

斎藤　司

目　次

はしがき

第Ⅰ編　問題状況と本書の問題意識

第1章　日本における証拠開示問題をめぐる経緯とその現状 — 3
- Ⅰ　日本における証拠開示問題の現状　3
- Ⅱ　日本における議論状況とその問題点　6

第2章　本書における検討方法 — 15

第3章　本書の内容 — 17

第Ⅱ編　日本における証拠開示問題の歴史的構造

第1章　「糺問的な捜査・訴追」と記録閲覧との関係 — 21
　　　——治罪法における記録閲覧問題の構造
- Ⅰ　治罪法の制定過程とBoissonade草案　21
  1. 治罪法の制定過程　21
  2. Boissonade草案と記録閲覧制度　22
  3. Boissonade草案の手続構造と記録閲覧制度　26
- Ⅱ　治罪法における記録閲覧制度の位置付け　27
  1. 治罪法における記録閲覧と弁護権　27
  2. 治罪法における公訴権・検察官の位置付け　29
  3. 治罪法における予審と公判の関係　30
  4. 治罪法の手続構造と記録閲覧制度　33
- Ⅲ　小　括——治罪法の構造と記録閲覧の意義　34

v

第 2 章　予審による証拠収集と記録閲覧 ——————— 40
　　——明治刑事訴訟法における記録閲覧問題の構造

　Ⅰ　明治刑事訴訟法初期 ———————————————— 40
　　1　明治刑事訴訟法の制定過程　40
　Ⅱ　明治刑事訴訟法の構造 ———————————————— 41
　　1　明治刑事訴訟法における記録閲覧の規定　41
　　2　明治刑事訴訟法における弁護権の位置付け　42
　　3　明治刑事訴訟法における検察官・公訴権の位置付け　44
　　4　明治刑事訴訟法における予審と公判の関係　46
　　5　明治刑事訴訟法の構造と記録閲覧　47
　Ⅲ　明治刑事訴訟法制定当初における予審や記録閲覧の状況に対する批判 ——— 49
　　1　明治刑事訴訟法下の予審実務に対する批判　49
　　2　明治刑事訴訟法下における聴取書問題　53
　　3　明治刑事訴訟法下における記録閲覧の状況に対する批判　56
　Ⅳ　刑訴法明治32年改正 ———————————————— 58
　　1　明治31年刑訴法調査委員会案　58
　　2　明治32年改正法律案をめぐる議論　59
　　3　明治刑事訴訟法の改正論議により示される当時の実務　64
　Ⅴ　小　　活——明治刑事訴訟法初期における記録閲覧権の意義・機能 ——— 66

第 3 章　大正刑事訴訟法における記録閲覧権問題の構造 ——————— 75

　Ⅰ　明治34年案の構造と記録閲覧権 ———————————————— 75
　　1　立法動向と実務上の動き　75
　　2　明治34年案の基本構造その 1 ——記録閲覧権と弁護権　80
　　3　明治34年案の基本構造その 2 ——捜査機関の権限　81
　　4　明治34年案の基本構造その 3 ——予　　審　82
　　5　明治34年案の基本構造その 4 ——公判手続　83
　　6　明治34年案の基本構造その 5　84
　　7　明治34年案に対する反応　85
　　8　小　　括　89
　Ⅱ　大正 5 年案の構造と記録閲覧権の意義 ———————————————— 91
　　1　当時の理論状況　91
　　2　実務家の見解　97
　　3　大正 5 年案の構造と記録閲覧権　101

Ⅲ　大正 5 年案の意義と問題点 ·· 105
　　1　学界の反応　105
　　2　実務家の反応　107
　Ⅳ　大正 5 年案に関する小括 ·· 109
　Ⅴ　大正刑事訴訟法の構造と記録閲覧権の意義および機能 ·············· 110
　　1　当時の実務状況　110
　　2　大正刑事訴訟法の審議までの経過　112
　　3　大正刑事訴訟法の審議過程その 1 ──記録閲覧に関する議論　113
　　4　大正刑事訴訟法の審議過程その 2 ──警察官・検察官の権限　115
　　5　大正刑事訴訟法の審議過程その 3 ──直接主義に関する議論　117
　　6　大正刑事訴訟法と記録閲覧権　120
　Ⅵ　両当事者による証拠収集の強化・拡大と記録閲覧権 ·················· 121
　　1　明治30年代の状況　121
　　2　明治34年案をめぐる議論状況　122
　　3　大正 5 年案をめぐる議論状況　122
　　4　大正刑事訴訟法の構造と記録閲覧権の意義と機能　123

第 4 章　捜査段階における記録閲覧をめぐる展開過程 ─── 132
　　　　　──司法改善をめぐる議論

　Ⅰ　実務の動向 ·· 132
　　1　人権蹂躙事件と大正刑事訴訟法下の実務　132
　　2　大正刑事訴訟法下の弁護活動──南波杢三郎『辯護学』　135
　Ⅱ　「司法制度改善」 ·· 138
　　1　「司法制度改善」構想　138
　　2　検察官の反応　140
　　3　裁判官の反応　142
　　4　弁護士層の反応　143
　　5　学界の反応　145
　　6　司法制度改善構想後の動き　147
　　7　小　　括　148
　Ⅲ　当事者による証拠収集への関与強化と記録閲覧権 ···················· 149

第 5 章　戦時刑事立法における記録閲覧権の制限 ─── 155

　Ⅰ　国防保安法 ·· 155
　Ⅱ　治安維持法の全面改正 ··· 157
　Ⅲ　戦時刑事特別法 ·· 157

       Ⅳ 小　　括 ·· 160

第6章　昭和刑事訴訟法制定過程における証拠開示問題とその構造 ── 163
       Ⅰ 司法制度改正審議会 ·· 163
           ──強制捜査権限の直接委譲と捜査段階における記録閲覧権
       Ⅱ 司法省刑事局別室における立案作業 ·· 165
           ──捜査機関への強制捜査権限集中と捜査段階における記録閲覧
       Ⅲ 新憲法制定作業と刑事訴訟法改正作業 ·· 169
           ──証拠収集手続の変容と記録閲覧権
       Ⅳ 一極的な証拠収集手続の採用と記録閲覧制度 ··· 174
       Ⅴ 起訴状一本主義の採用に関する経緯 ·· 179
       Ⅵ 国会審議における議論 ··· 180
           ──証拠開示問題の歴史的構造
       Ⅶ 小　　括 ··· 186

第7章　日本における証拠開示問題の歴史的構造 ────────── 193
       Ⅰ 予審による一極的な証拠収集と記録閲覧権 ··· 193
       Ⅱ 一極的な証拠収集を前提とする記録閲覧権の限界 ·· 195
       Ⅲ 両当事者による証拠収集の構想と記録閲覧権 ··· 197
       Ⅳ 昭和刑訴法における証拠開示問題の歴史的構造 ·· 200
       Ⅴ 本編の総括と課題の提示 ··· 202

第Ⅲ編　ドイツにおける記録閲覧権の展開とその憲法的意義

第1章　ドイツにおける記録閲覧権と手続構造との関係 ── 207
       Ⅰ ドイツ帝国刑訴法にいたるまでの経緯 ·· 207
           1 「改正された刑事訴訟」前の記録閲覧制度　207
           2 「改革された刑事訴訟」における記録閲覧制度　210
           3 「改革された刑事訴訟」後の動向　211
           4 記録閲覧権に関する理論的展開　212
           5 小　　括　213
       Ⅱ 1877年帝国刑事訴訟法の制定過程 ··· 214
           1 1877年帝国刑事訴訟法の制定過程の概観　214
           2 帝国刑訴法草案における記録閲覧制度　215
           3 帝国議会委員会における議論状況　217

4　帝国刑事訴訟法における記録閲覧制度の意義　221
　Ⅲ　1908年草案と個別的改善　224
　　1　帝国刑訴法の記録閲覧規定をめぐる議論　224
　　2　帝国刑訴法に対する改正要求と1908年草案　225
　　3　1908年草案の構造とその問題点　227
　Ⅳ　1920年草案における全面的改正要求　230
　　1　1908年草案後の改正要求　230
　　2　1920年草案成立過程とプロイセン司法大臣の一般的指示　231
　　3　1920年草案の具体的内容　232
　　4　1920年草案における記録閲覧制度とこれに対する反応　234
　　5　1920年草案における記録閲覧制度の意義　238
　Ⅴ　ナチス期における記録閲覧制度の制限　239
　　1　ナチス期への突入　239
　　2　1939年草案の審議過程　240
　　3　1939年草案の構造と記録閲覧制度　241
　Ⅵ　ドイツ記録閲覧権の生成と展開　242

第2章　憲法上の権利と記録閲覧権　257

　Ⅰ　1964年小改正とその意義　257
　　1　1964年小改正前の動向　257
　　2　1964年小改正の制定過程　259
　　3　1964年小改正に対する反応およびその意義　261
　Ⅱ　記録閲覧制度の改正をめぐる展開　265
　　1　1974年改正における記録閲覧制度の改正　265
　　2　弁護権制限立法の動向　268
　Ⅲ　憲法上の権利と記録閲覧権　269
　　1　基本法と記録閲覧権　269
　　2　連邦憲法裁判所の判例の展開　270
　　3　公正な手続を請求する権利と記録閲覧権　271
　　4　不十分な記録閲覧を理由とする上訴　273
　　5　AK草案と記録閲覧権の理論的検討　274
　　6　Jürgen Welpによる「被疑者・被告人の記録閲覧権」構想　279
　　7　「協働型」捜査手続　283
　Ⅳ　あらたな立法動向　284
　　1　1983年参事官草案　284

2　1999年刑事手続法改正法　287
　　3　小　　括　292
　Ⅴ　被疑者・被告人の権利としての記録閲覧権 293
　Ⅵ　捜査手続への当事者の関与と記録閲覧権 295
　　1　対案グループ『捜査手続改革対案』　295
　　2　当事者関与型捜査手続と記録閲覧権　296
　　3　2004年第65回ドイツ法曹大会　300
　Ⅶ　ドイツ記録閲覧制度と手続構造 305

第3章　ドイツにおける記録閲覧権の対象と「記録完全性の原則」── 320
　Ⅰ　ドイツにおける「記録閲覧権」の法的根拠 320
　Ⅱ　ドイツにおける閲覧拒否規定 322
　Ⅲ　「記録」概念をめぐる議論とその意義 324
　Ⅳ　「記録の完全性の原則」と検察官の義務 331
　Ⅴ　本章の総括 334

第4章　捜査段階における記録閲覧の意義と機能 ── 337
　Ⅰ　1980年代までの勾留審査（勾留理由開示）の状況 337
　Ⅱ　未決拘禁における記録閲覧をめぐる判例の展開 338
　　1　ヨーロッパ人権裁判所1989年3月30日判決（Lamy判決）　338
　　2　連邦憲法裁判所1994年7月11日決定　340
　　3　ヨーロッパ人権裁判所2001年2月13日判決（Lietzow, Schöps, Garcia Alva判決）　343
　　4　小　　括　345
　Ⅲ　他の強制処分と証拠開示 346
　　1　仮差押えと証拠開示　346
　　2　捜索と記録閲覧権　351
　　3　電話盗聴と記録閲覧権　353
　Ⅳ　強制処分の根拠とされた証拠の開示に関する憲法的視点 354

第Ⅳ編　公正な手続を請求する権利としての証拠開示請求権

第1章　日本の証拠開示問題の構造 ── 361
　Ⅰ　昭和刑事訴訟法までの展開過程 361
　Ⅱ　昭和刑事訴訟法制定過程の検討 362

  Ⅲ 日本の証拠開示問題の構造 ……………………………………………… 363

第2章　被疑者・被告人の証拠開示請求権・総論 ―――――― 371
  Ⅰ 被疑者・被告人の主体性保障と公正な刑事手続 ……………………… 371
  Ⅱ 公判段階の証拠開示の範囲 ……………………………………………… 375
  Ⅲ 捜査の主宰者としての記録作成義務 …………………………………… 377

第3章　捜査段階における証拠開示と強制処分に関する証拠資料の提示 ― 381
  Ⅰ 捜査段階における証拠開示・総論 ……………………………………… 381
  Ⅱ 強制処分の根拠とされた証拠資料の提示 ……………………………… 382
   1 日本の状況 382
   2 強制処分判断の根拠資料の開示を求める権利 383
   3 「捜査の密行性」論の克服 387

第4章　再審における証拠開示 ――――――――――――――― 391
  Ⅰ 再審における証拠開示の問題状況 ……………………………………… 391
  Ⅱ 証拠開示勧告に関する検討 ……………………………………………… 391
  Ⅲ 訴訟指揮権に基づく証拠開示命令 ……………………………………… 395
  Ⅳ 再審請求人の証拠開示請求権 …………………………………………… 396

第5章　現行刑訴法の解釈と課題 ―――――――――――――― 400

第6章　今後の改革に向けて ――――――――――――――――― 405

初出一覧

第Ⅰ編
  「刑事証拠開示問題の歴史的構造——治罪法から昭和刑事訴訟法制定過程までに関する分析（1）」龍谷法学42巻3＝4号（2010）504頁以下，斎藤司「証拠開示の見直し」犯罪と刑罰23号（2013）137頁以下

第Ⅱ編
  「刑事証拠開示問題の歴史的構造——治罪法から昭和刑事訴訟法制定過程までに関する分析（1）〜（5・完）」龍谷法学42巻3＝4号（2010）504頁以下，43巻1号1頁以下，43巻2号97頁以下，44巻1号（2011）1頁以下，45巻3号（2012）113頁

第Ⅲ編
  第1章および第2章
    「ドイツにおける被疑者・被告人の証拠開示請求権の展開」九大法学89号（2004）1頁以下
  第3章
    「捜査手続過程の事後的可視化と証拠開示」村井敏邦先生古稀祝賀論文集『人権の刑事法学』（日本評論社，2011）352頁以下
  第4章
    「強制処分と証拠開示」法政研究76巻4号（2010）363頁以下

第Ⅳ編
  第1章　書き下ろし
  第2章　書き下ろし
  第3章
    「強制処分と証拠開示」法政研究76巻4号（2010）363頁以下
  第4章
    「刑事再審における証拠開示の現状分析と理論的検討」季刊刑事弁護72号（2012）122頁以下
  第5章　書き下ろし
  第6章　書き下ろし

第Ⅰ編　問題状況と本書の問題意識

第 1 章　日本における証拠開示問題をめぐる経緯とその現状

I　日本における証拠開示問題の現状

　2004年5月，第159回通常国会において「刑事訴訟法等の一部を改正する法律」(以下，「2004年改正刑訴法」とする。)が成立した。これにより，日本において刑訴法上の長年の重要問題とされてきた証拠開示について明文規定がようやく設けられることになった。

　2004年改正刑訴法における証拠開示立法の直接の契機は，1999年6月に設置された司法制度改革審議会における議論であった。2001年6月に同審議会から提出された司法制度改革審議会意見書は，刑事司法の改革に関する柱の1つとして「刑事裁判の充実・迅速化」を掲げ，「充実した争点整理が行われるためには，証拠開示の拡充が必要である。そのために，証拠開示の時期・範囲等に関するルールを法令により，明確化するとともに，新たな準備手続の中で，必要に応じて，裁判所が開示の要否につき裁定することが可能となるような仕組みを整備すべきである」と述べた。

　これを受けた内閣の司法制度改革推進本部の裁判員制度・刑事検討会（以下，「検討会」とする。）において，証拠開示の具体的立法のあり方に関する議論が行われた。この検討会における議論においては，基本的に以下の2点で対立があったといえる。第1の対立点は，全面証拠開示を主張する立場と個別証拠開示を主張する立場の間におけるものである。そして，第2の対立点は，争点整理の前提としての証拠開示を主張する立場と，弁護側による主張・争点明示の後，関連する証拠を開示しようとする立場の間におけるものである。これらの対立点は，いずれも憲法や当事者追行主義と証拠開示との関係，さらには証拠開示の意義や機能という重要な問題と関連付けられたものであるといえる。

　以上のような議論の末に成立した2004年改正刑訴法は，基本的に，第1の対

立点については後者，第2の対立点については前者の立場を採用したものであるといえる。[3]

　この2004年改正刑訴法により成立した証拠開示制度（以下，「現行制度」とする。）の基本思想は，「刑事訴訟手続においては，憲法で保障された刑事被告人の防禦上の基本権とこれを実質的に担保するための手続的保障……を不合理に制約・縮減しない限りにおいて，現行法制が，証拠開示制度のあるべき第一次的『機能』として『事件の争点及び証拠の整理』を設定していることは常に留意すべき」ことにあるとされる。[4] この基本思想は，憲法やその実質的担保たる手続保障外から導かれる，「事件の争点及び証拠の整理」や「当事者追行主義の適正・健全な機能維持」を証拠開示の根拠とする政策的なものといえる。[5] このような政策的な根拠付けは事前全面開示に伴う弊害として，証人威迫や罪証隠滅などの個別的弊害だけでなく，虚偽供述を含む無限定な主張，無関係な資料混入による防御準備活動の長期化や争点の拡散・混濁をも公判前整理手続の目的に反する「弊害」と位置付けることにもつながっている。

　現在，議論が進められている刑事司法改革においても，証拠開示問題は議論されている。2011年3月31日に示された検察の在り方検討会議提言「検察の再生に向けて」[6]を受けた「法制審議会・新時代の刑事司法制度特別部会（以下「特別部会」とする。）」においても，上述の基本思想を前提としたと思われる主張が以下のようになされている。[7]

① 　検察官が主張する犯罪事実について合理的疑いを超えて証明しようとするのに対し，被告人・弁護人側がこれについて合理的疑いを生じさせる防御活動をするという当事者主義訴訟が健全に充実して行われるようにするための証拠開示が現行制度の基本思想である。

② 　この防御活動のため，検察官の主張を裏付ける証拠に加え，その証拠が疑わしいのではないかということを示すものであれば開示され（刑訴法316条の15），そのうえで，それだけの証拠開示を受けたうえで被告人の意見も聞いて，弁護人が被告人に有利な主張をしようとする場合には，その主張が具体的であればあるほどそれに関連する証拠も開示される（刑訴法316条の20）現行制度の仕組みが採られている。

③ 　その理由は，証拠開示と争点と証拠の整理とが有機的に連動された制度とされていること，さらに証拠漁りや証拠開示に伴う弊害を防止しながら開示すべきことにある。そして，この制度により上記にいう必要な証拠は

すべて開示されるはずであり、現行制度の枠組みを変える必要はない。
④ 事前全面開示については、現行制度の設計段階で退けられていること、開示証拠と矛盾しない主張を行い、言い逃れをするおそれがあるなどの弊害が存在する。

　特別部会における基本思想に関する説明は、①が付け加えられている点で特徴的である。そして、この点からも窺うことができるように、検察官が主張すべきと判断した犯罪事実とその根拠として選択・判断された証拠が、証拠開示の範囲を大きく左右することになるのが現行制度の基本思想だということになる。このことは、いわゆる当事者処分主義を採用する現行法の帰結であるという説明になるのであろう。

　このような証拠開示制度は、基本的に検察官が請求する証拠以外の証拠をどこまで開示するのが妥当であるかという開示範囲を、証拠開示に伴う「弊害の虞」に配慮しながら確定していくという、政策的性格が色濃いといえる。たとえば、2004年改正で新設された刑訴法316条の15は、同条で掲げられている類型証拠に該当することだけなく、弁護人が特定した検察官請求証拠の証明力を判断するために重要であること、その重要性の程度およびその他の被告人の防御の準備のために必要であること、さらに開示による弊害との比較考量のうえで検察官は開示を判断すべきことを規定している。

　以上の制度によって、大幅な証拠が開示されることになり、その結果、日本の証拠開示問題が相当程度解決されたことについては、異論はないと思われる。他方で、現在特別部会で議論されているように、すべての問題が解決されたわけではない。特別部会などでは、証拠開示をめぐる紛議が公判前整理手続長期化の要因の1つになっていること、証拠の全体像がわからず、どのような証拠の開示を求めるかの判断が困難であること、捜査機関側にとって重要と評価されない証拠の開示漏れやずさんな証拠の管理がありうることから、誤判を防止するためにも、必要な証拠が検察官手持ち証拠に埋もれて明らかにならないような事態が起きないようにすべきとの指摘がなされている。証拠開示問題は、いまだ議論されるべき重要な課題なのである。

II　日本における議論状況とその問題点

　現行制度のような政策的な証拠開示制度の採用は，日本における，これまでの議論状況を相当程度引き継ぐものであったといえる。日本においては，当初，いわゆる「実質的当事者主義」の理解を根拠として，刑事手続における両当事者の証拠収集能力の不均衡を全面的な証拠開示によって是正し実質的な当事者対等が実現されるべきとする全面証拠開示説[10]と，検察官が取調べ請求をする意思のない手持ち証拠や資料を被告人側に開示する必要はないという制度が当事者主義であるという「形式的当事者主義」の理解を根拠とする証拠開示否定説[11]の対立という議論の構図が存在した。これらの見解は，「当事者主義」の理解の相違に基づく対立をみせていた。しかし，その構図は，いわゆる1969（昭和44）年最高裁決定[12]後，徐々に変化していった。1969（昭和44）年決定は，個別に，さまざまな要素を考慮しながら，裁判所は訴訟指揮権に基づき検察官に証拠の閲覧を命令することができるとした。すなわち，1969（昭和44）年決定は，全面証拠開示説と証拠開示否定説の両者を退けつつも，さまざまな利益を考量し個別的に開示を判断するという手法を採ったものといえる。この全面開示か開示の否定かという二項対立的思考から脱却し，さまざまな利益を考量しつつ証拠開示の当否を判断するという思考方法は，その後の証拠開示をめぐる議論に大きな影響を与えたといえる。

　この1969（昭和44）年決定以降の時期において，証拠開示に関するもっとも重要な研究成果を示したといえるのが，酒巻匡である。酒巻は，1969（昭和44）年決定前の議論状況について，「議論を単純化させ，その結果当事者主義の訴訟構造の中にいかなる範囲で，どのような形で証拠開示を取り入れるべきなのか，またその際に証拠開示をめぐって交錯する手続関与の利害をどのように調整してゆくのが妥当かといった，きめ細やかな視点を乏しくしてしまった点で，限界があったように思われる[13]」との評価を示した。そのうえで，酒巻は，個々の資料類型ごとに開示の必要性・重要性と開示に伴う弊害の可能性を考量して開示のあり方を個別的に考えるというアプローチを採用した[14]。

　この酒巻の見解は，いわゆる「類型開示」の採用を主張するものであり，1969（昭和44）年決定と同様に政策論アプローチを基本線としながらも，より広

い開示対象を要求するものであった。さらに,「当事者主義」の理解をめぐる論争・対立から距離をとりつつ,妥当な証拠開示の範囲を論ずるという姿勢が特徴的である。このように,どの範囲で証拠を開示することが,被告人の防御と弊害の防止という両者間における利益考量において妥当なのかを政策的に確定していくという手法は,今回の刑事司法改革において,訴訟の迅速化という近年の日本における傾向とも共鳴し,今回の立法につながったという評価は可能であろう。1969年最高裁決定や酒巻の論理については,証拠開示問題が,被告人の防御権と関連しつつも,被告人と検察官という両当事者間の「バランス」に関する問題であることを明示したという意義を指摘することができよう。その意味で,上記の酒巻の評価は正当である。また,少なくとも証拠開示制度それ自体の必要性について承認を得るうえで強い説得力をもっていたといえる。このように,上記の見解は重要な意義を有しているというべきである。他方で,このような政策論アプローチには,以下の点で疑問がある。

　第1に,当事者主義から演繹的に証拠開示を論じるアプローチ(1969(昭和44)年決定前の議論状況)から距離を置くことは,必然的に上記のような政策論に帰結するものなのかという疑問である。当事者主義と関連付けずに論じる場合にも,被疑者・被告人の権利を出発点とすることは不可能ではないはずである。この点については,戦後の日本における刑事訴訟法理論が,被疑者・被告人の権利保障を語るときに,「当事者主義」という訴訟構造と関連付けざるをえなかったという歴史的経緯と無関係ではなかろう。当事者主義と関連付けずに,権利としての証拠開示の意義や内容を論じる方向性も検討されるべきである。

　この第1点と関連して,第2に,政策論アプローチは,証拠開示の目的として,証人尋問の準備や検察官の手元にある被告人側に有利な証拠資料の開示などを挙げる。しかし,証拠開示が被告人の防御と関連する以上,憲法上保障されている被告人の諸権利と無関係ではないであろう。そうであるならば,証拠開示は,これらの諸権利と具体的にどのように関連するのか,またそれに伴いどのような意義や本質を有しているのかが明らかにされなければならないはずである。その意義や本質が明らかとされないまま,証拠開示の当否について利益考量を行うことは妥当とは思われないからである。

　そして,第3に,どのような観点から両当事者間の「バランス」が問われる

べきなのかという問題である。現行制度の背景にある政策論アプローチには，「当事者主義の下での証拠開示というのは，それぞれの当事者が自ら証拠を収集することを前提としたうえで，一定の要件の下で，一方の当事者から他方の当事者に資料を分配するもの」[18]という考えがあるのかもしれない。証拠開示問題が，被告人側と訴追側が保有する証拠の量や権限の不均等などを問題とするものである以上，証拠開示にはバランス的な思考が不可避的に伴うことは否定できない。他方で，政策論アプローチに限らず，これまでの日本の見解は，公判段階での抽象的なバランスの修正に焦点を合わせていたように思われる。しかし，公判段階におけるバランスの不均衡は，捜査段階や訴追段階にも原因が存在するはずである[19]。田宮裕は，証拠開示問題について，「かたちをかえた検察官論ではないかと思う」としたうえで，「被告人に公平な裁判を保障せんがために起訴状一本主義を採用して，検察官を当事者と規定したところが，検察官手持の証拠が閲覧できないとすれば，当事者主義のためにまさに必要な被告人の防御手段を奪うことになり，奇妙ではないかというところから，主張されたものといえる」と述べている。検察官論でもある証拠開示について議論するためには，捜査手続や公訴手続も射程に入れた検討，検察官の地位も含めた具体的な検討がさらに必要なのではないだろうか。確かに，抽象的な「当事者主義」を想定するとすれば，「当事者主義の下での証拠開示というのは，それぞれの当事者が自ら証拠を収集することを前提としたうえで，一定の要件の下で，一方の当事者から他方の当事者に資料を分配するもの」という指摘は正しい。「一方当事者たる検察側の収集した事件に関する証拠・資料を被告人側に再分配することによって両当事者がこれを共通に利用できる場を設けたうえで，当事者相互が立証活動を展開し，それを事実認定者が公平・中立の立場から判定するという訴訟の形態」[20]も，当事者主義を採用した刑事訴訟といえる。しかし，少なくとも日本における当事者主義訴訟の現状は，それぞれの当事者が自ら証拠を収集することを前提としたものとはいい難い。捜査手続において捜査機関がその主宰者であるかのように徹底的な証拠収集を行い，これに対して被疑者側による証拠収集は大幅に制限されているのが現状である。この現状も考慮しながら，当事者間の資料の再分配のあり方も含めて，証拠開示問題が検討されるべきではないだろうか。

これに対し，従来の当事者主義アプローチや全面証拠開示説にも問題はある

ように思われる。第1に，当事者主義アプローチは，証拠開示の意義や本質をかえって曖昧にしているように思われる。実質的当事者主義を根拠とする全面証拠開示説は，証拠開示によって両当事者間における実質的対等が保障されること以上のものは示しえていない。この点は，近年の全面証拠開示に対する批判にも現れているように思われる。たとえば，事前全面開示の保障は憲法から直接に導出することは困難であるという批判[21]，プライバシー侵害や弾劾証拠の間隙を縫った弁解が作出されるといった弊害の虞に対する歯止めをもたないという批判が提起されている。このような批判は，証拠開示の意義や本質が曖昧であるために，憲法との関係性や，なぜ「全面」開示でなければならないのかということについて，全面証拠開示説が十分に説明できていないという状況を示すものではなかろうか。[22]

第2に，全面証拠開示説においては，その具体的制度像も明らかでないことも指摘できよう。この問題点は，上述したように，証拠開示の意義が不明確であることにも起因すると思われる。両当事者の武器対等のために，さらには被告人の防御権の実質的保障のために，証拠開示が必要であるという主張は，それ自体明確である。しかし，他方で，このような主張は，具体的な制度設計に関しては，「証拠開示は広ければ広いほどいい」とか，「検察官手持ちの証拠はすべて開示すべき」という，ある意味で抽象的で漠然とした主張につながりやすい。このことは，全面証拠開示説自身が，証拠開示を被告人の防御権の問題であるとすると同時に，武器対等など両当事者間の「バランス」を問題としながらも，後者の「バランス」の観点をやや軽視していたことにも原因があるように思われる。

そして，第3に，この見解においても，捜査段階や訴追段階との関連が十分に意識されていなかったと考えられる。たとえば，この見解を採用する論者の多くは，いわゆる弾劾的捜査観を採用していると思われるが，捜査手続を「捜査機関が単独で行う準備活動に過ぎない。被疑者も，これと独立に準備を行う[23]」と理解しながら，全面証拠開示を求めることが整合しているかについては，さらに検討の必要があると思われる。現に，弾劾的捜査観を主張した平野龍一は，「捜査機関の権限の強化を防ぎ，あるいは権限をさらに制限して人権を保障しようというときには，他方で，検察にはある程度の不意打ちの可能性を認めなければならない[24]」とし，さらに証拠開示に関する解釈論上の解決方法

の1つとして，刑訴法99条の提出命令を提案している[25]。ここでは，弾劾的捜査観による証拠収集のあり方と証拠開示との関係が示唆されているといえる。

　以上の諸見解に共通している問題の1つとして，証拠開示と「当事者主義」との関係をうまく処理することができていないということを挙げることができる。従来の証拠開示をめぐる見解には，「当事者主義」といういわば「ブラック・ボックス」との距離をうまくとれなかったことに起因して，証拠開示の意義や本質，憲法との関係を明確にすることができなかった点に問題があったと考えられる。さらに，上述のように，証拠収集を中心とする公判前手続のあり方と証拠開示との関係を十分検討してこなかったことも問題として挙げられよう。

　この問題は，2004年改正刑訴法において明文化された証拠開示に関する規定をどのように解釈するかという重要な課題にもつながる。2004年改正刑訴法における証拠開示規定について，すでに最高裁はいくつかの重要判例を示している。これらの決定によって，証拠開示の対象は，検察官が保管する証拠以外の証拠，さらに，取調べ警察官（場合によっては検察官も）作成のいわゆる「取調べメモ」にも及ぶことになった[26]。これらの判例は，学説においても基本的に好意的に受け止められている。もっとも，証拠開示の対象を確定していく根拠として，証拠開示制度の目的や趣旨を根拠の論理的必然性の弱さを指摘する見解[27]が示すように，2004年改正刑訴法や最高裁判例が想定する証拠開示の本質や意義はやはり不明確であるといわざるをえない。その影響もあってか，これらの判例に関する評釈においても，最高裁が示す開示判断を支持・批判する基準は，それほど明確であるとはいえないように思われる。

　このように，最高裁判例に対する態度の明示やその活用，さらには2004年改正刑訴法の問題点を踏まえた立法論を示すためには，証拠開示の本質や意義，憲法との関係性を再確認することが不可欠であるといえる。

　ここまで概観してきたような日本における議論の構図は，日本における証拠開示問題が，戦後，昭和刑事訴訟法制定の際に「当事者主義」や「起訴状一本主義」を採用したことに伴い生じたという見方が前提とされていることに，1つの原因があるように思われる。すなわち，戦前においては「証拠開示の問題はなかった」のに対し，「当事者主義」や「起訴状一本主義」採用のいわば代償として証拠開示問題が生じたという通説的理解[28]が前提とされてきたことであ

る。このような理解によれば，証拠開示の意義や内容は，「当事者主義」をどのように考えるかによって変化せざるをえない。また，被疑者・被告人の権利保障を「当事者主義」と関連付けて論じることによって，かえって証拠開示の意義を曖昧なものにしてしまってきた可能性も否定できない。

　さらに，ここまで指摘したように，当事者主義との関連を意識するあまり，日本の議論は，訴訟構造との関係や公判段階における両当事者間の不均衡の是正に関心を置いてきた。このこと自体には疑問はない。しかし，この不均衡を是正するためには，その発生の大きな原因ともいえる捜査手続や公訴手続と証拠開示との関係をも考慮されなければならないのではないだろうか。

　以上のことからすれば，今必要なのは，被告人の権利と証拠開示の具体的な関係を検討しつつ，捜査手続や公訴手続も含めたより具体的な両当事者間の「バランス」を前提とした証拠開示を検討する作業だということになる。

1) 司法制度改革審議会における議論の経過や最終意見書について，詳細に検討・批判を加えているものとして，小田中聰樹『司法改革の思想と論理』(信山社，2001)，渕野貴生「刑事司法制度改革の評価方法——裁判員制度を素材として」静岡大学法政研究6巻3＝4号(2002) 371頁など。さらに，その後の法律案も含めて批判的な考察を加えたものとして，小田中聰樹「裁判員制度の批判的考察」丹宗暁信＝小田中聰樹編『構造改革批判と法の視点——規制緩和・司法改革・独占禁止法』(花伝社，2004) 39頁以下。
2) この提案を踏まえながら，証拠開示に検討を加えたものとして，田淵浩二「証拠開示」『シリーズ司法改革Ⅲ』法律時報増刊(2001) 174頁，川出敏裕「新たな準備手続の創設」現代刑事法43号(2002) 48頁，美奈川成章「準備手続の創設・証拠開示の拡充」季刊刑事弁護33号(2003) 41頁，大澤裕「『新たな準備手続』と証拠開示」刑法雑誌43巻3号(2004) 426頁など。
3) この証拠開示制度に基づく運用について，類型証拠開示の全面的証拠開示的な運用か裁量的な個別開示的運用かという第1の対立軸，全面的な類型証拠開示を前提とした補充的な主張関連証拠開示か個別的な証拠開示を前提とした主張関連証拠開示かという第2の対立軸を示したものとして，川崎英明「公判前整理手続と証拠開示」村井敏邦＝川崎英明＝白取祐司編『刑事司法改革と刑事訴訟法　下巻』(日本評論社，2007) 539頁以下。同論文は，これらの対立軸を総合すると，「防御権保障—類型証拠開示の全面証拠開示的運用—主張明示—補充的な主張関連証拠開示」か「争点絞り込み—類型証拠開示の個別的開示的運用—主張明示の罪状認否化—主張関連証拠開示の重点化」となり，前者の方向性を妥当であるとする。対立軸の把握の方法については，本書と基本的に同様と思われる。
4) 酒巻匡「証拠開示制度の構造と機能」同編著『刑事証拠開示の理論と実務』(判例タイムズ社，2009) 10頁。
5) 酒巻・前掲書注4) 12頁。
6) http://www.kensatsu.go.jp/oshirase/sinki/kensatusaisei.pdf#search='%E6%A4%9C%E5%AF%9F%E3%81%AE%E5%86%8D%E7%94%9F%E3%81%AB%E5%90%91%E3%81%91%E3%81%A6' (2014年7月10日閲覧)。

7) 特別部会第11回会議（2012年6月29日）における酒巻匡委員の発言などを要約した。
8) この2004年改正刑事訴訟法における証拠開示について言及したものとして，酒巻・前掲書注4）のほか，松代剛枝「証拠開示理論と2004年刑事訴訟法改正——比較法的検討」関西大学法学論集54巻4号（2004）60頁，辻裕教「刑事訴訟法等の一部を改正する法律（平成16年法律第62号）について（1）（2）」法曹時報57巻7号（2005）1頁，同8号（2005）19頁，西村健「公判前整理手続創設及び連日的開廷の法定化の経緯」季刊刑事弁護41号（2005）20頁，渕野貴生「公判前整理手続の問題点」季刊刑事弁護41号（2005）25頁，大阪弁護士会裁判員制度実施大阪本部編『コンメンタール公判前整理手続』（現代人文社，2005），松代剛枝「2004年刑事訴訟法改正と証拠開示」刑法雑誌46巻1号（2006）128頁，日本弁護士連合会裁判員制度実施本部編『公判前整理手続を活かすPart 2（実践編）』（現代人文社，2007）など。さらに，実務の状況については，酒巻編・前掲書注4）に加え，岡慎一「裁判員制度の導入と弁護活動——公判前整理手続を中心に」法律のひろば57巻9号（2004）43頁，「特集　公判前整理手続を検証する」季刊刑事弁護48号（2006）21頁，田野尻猛「公判前整理手続の運用状況」法律のひろば57巻10号（2006）36頁，米山正明「公判前整理手続の運用と今後の課題——大阪地裁における1年間の実施状況を参考にして」判例タイムズ1228号（2007）32頁，酒井邦彦「公判前整理手続の実施状況——施行一年を振り返って」判例タイムズ1129号（2007）33頁，「特集　公判前整理手続の現在と課題」刑事法ジャーナル7号（2007）2頁，大善文男「公判前整理手続における証拠開示」松尾浩也＝岩瀬徹編『実例刑事訴訟法Ⅱ』青林書院（2012）120頁以下，遠藤邦彦＝花崎政之＝秋田真志「共同研究・刑事証拠開示のあり方」判例タイムズ1387号（2013）53頁以下，斎藤司「証拠開示の現状と課題」後藤昭＝高野隆＝岡慎一編著『実務体系　現代の刑事弁護　第2巻　刑事弁護の現代的課題』（第一法規，2013）83頁以下，大澤裕「証拠開示制度」法律時報86巻10号（2014）46頁以下など参照。
9) このような証拠開示制度を批判するものとして，渕野・前掲書注8）25頁。
10) 当時の見解としては，佐伯千仭「崩壊しゆく人権保障」同『刑事裁判と人権』（法律文化社，1957）5頁，佐伯千仭「刑事訴訟における証拠の開示」同『刑事訴訟の理論と現実』（有斐閣，1979）46頁，西尾貫一「証拠開示」法学セミナー76号（1962）58頁など。もっとも，この全面証拠開示は現在も根強く主張されている。渡辺修「証拠開示の問題状況」同編『刑事手続の最前線』（三省堂，1996）218頁，小田中聰樹＝大出良知＝川崎英明編著『刑事弁護コンメンタール　1　刑事訴訟法』（現代人文社，1998）266頁〔新屋達之〕，新屋達之「日本の証拠開示，その歴史と現状」法学セミナー584号（2003）48頁以下，さらに特集として，「特集　甦れ！証拠開示」季刊刑事弁護19号（1996）16頁以下，「特集　新しい時代の司法と『証拠開示』制度」法学セミナー584号40頁（2003）以下，「特集　全面証拠開示を求めて——冤罪・誤判をなくすために」法と民主主義379号（2003）以下など。これらの見解を詳細に検討するものとして，渡辺修「証拠開示の問題状況」同編『刑事手続の最前線』（三省堂，1996）218頁など。
11) 本田正義「証拠書類の閲覧謄写」法律のひろば12巻11号（1959）4頁，萩野錐一郎「証拠の開示」判例タイムズ201号（1967）272頁，川崎謙輔「検察官手持証拠の開示について」自由と正義19巻2号（1968）2頁など。
12) 最決昭和44年4月25日刑集23巻4号248頁。さらに，同決定以降における証拠開示の実務については，「証拠開示の勧告は，実務上弾力的に運用がなされている」（小坂敏幸「証拠開示」判例タイムズ918号（1996）4頁）との評価がある一方で，「勧告は行っても命令は行わない」という消極的姿勢が裁判所にみられたり（指宿信「証拠開示に関する判例の現状と可能性」季刊刑事弁護19号（1999）77頁），実際には「裁判所・裁判官の開示の必要性に対する理解と気力によって決定的な差が生じている」（石松竹雄『刑事裁判の空洞化』（勁草書房，1993）122頁以下）との批判も存在する。同様の批判を行うものとして，笠井治「証拠開示管見——証拠開示の体

験に寄せて」廣瀬健二=多田辰也編『田宮裕博士追悼論集　下』(信山社, 2003) 371頁以下。
13) 酒巻匡『刑事証拠開示の研究』(弘文堂, 1988) 3頁。
14) 酒巻・前掲書注13) 328頁。
15) この点につき，松宮孝明「『当事者主義』を考える」ジュリスト1148号 (1999) 84頁以下参照。
16) たとえば，酒巻・前掲書注13) 282頁以下。
17) この点，酒巻・前掲書注13) 328頁は，証拠開示という「刑訴法上に明文の法規の乏しいこの問題について，憲法の解釈論として直接証拠開示に関する何らかの帰結を主張するとうアプローチを──被告人に有利な証拠が公判中に顕出されなかった場合を除き──採らなかった。……憲法の諸条項の解釈論として，本稿に示したような具体的な証拠開示制度のあり方が直接導けると主張することは相当に困難であるように思われる」と主張する。
18) 川出敏裕「公判前整理手続における証拠開示の動向」刑事法ジャーナル21号 (2010) 45頁。
19) 田宮裕「捜査の選別機能と法的規制」同『変革のなかの刑事法』(有斐閣, 2000) 101頁。
20) 酒巻・前掲書注13) 287頁。
21) 大澤・前掲注2) 429頁以下，大澤・前掲注8) 48頁以下。
22) 近年の研究では，松代剛枝『刑事証拠開示の分析』(日本評論社, 2004) 206頁以下が，「いかに当事者主義とはいえ，刑事訴訟においては双方当事者は等質ではなく，被告人はその応訴強制された地位に伴って必ず無罪推定されるべきことからすれば，受動的防禦のみならず能動的防禦についても権利性が認められよう。そして，このような意味での権利性を内在させた当事者主義理解を採るとき，被告人側は資料収集の負担から原理的に解放され，訴追側の関連性判断に束縛されない開示形態が指向される」とする。この見解は全面開示ではなく「訴追の関連性判断に束縛されない開示形態」を導く点で，従来の全面開示説に比べ具体的な論理が示されているといえる。しかし，なぜ「等質でないこと」や「無罪推定」から，被告人側が資料収集の負担から原理的に解放され，上記のような開示形態が導かれるのか，その具体的論理にはやや不明確な部分が残る。
23) 平野龍一『刑事訴訟法』(有斐閣, 1958) 84頁。
24) 平野龍一『捜査と人権』(有斐閣, 1981) 243頁。
25) 平野・前掲書注24) 256頁以下。
26) 最決平成19年12月25日刑集61巻9号895頁，最決平成20年6月25日刑集62巻6号1886頁，最決平成20年9月30日刑集62巻8号2753頁。これらの諸判例を総合的に検討するものとして，後藤昭=後藤貞人=岡慎一=宮村啓太「証拠開示の最前線」日本弁護士連合会編『裁判員裁判における弁護活動──その思想と戦略』(日本評論社, 2009) 95頁以下，後藤昭「公判前整理手続における証拠開示の命令」ジュリスト1376号 (2009) 213頁，角田正紀「取調べメモ等の証拠開示命令請求に関する最高裁決定をめぐって」酒巻匡編著『刑事証拠開示の理論と実務』(判例タイムズ社, 2009) 318頁以下，川出・前掲注18) 46頁，斎藤司「公判前整理手続における証拠開示」葛野尋之=中川孝博=渕野貴生編『判例学習・刑事訴訟法』(法律文化社, 2010) 164頁以下，門野博「証拠開示に関する最近の最高裁判例と今後の課題──デュープロセスの観点から」原田國男判事退官記念論文集刊行会編『新しい時代の刑事裁判　原田國男判事退官記念論文集』(判例タイムズ社, 2010) 149頁，秋吉淳一郎「公判前整理手続における証拠開示」井上正仁=大澤裕=川出敏裕編『刑事訴訟法判例百選 (第9版)』(有斐閣, 2011) 123頁など。
27) 後藤ほか・前掲注26)〔後藤昭〕77頁以下，「公判前整理手続をするとき」大出良知=高田昭正=神山啓史=坂根真也編著『新版　刑事弁護』(現代人文社, 2009) 66頁以下など。
28) 佐伯・前掲注10)「崩壊しゆく人権保障」16頁以下，団藤重光『刑事訴訟法綱要 (7訂版)』(創文社, 1967) 131頁以下，田宮裕『刑事訴訟法 (新版)』(有斐閣, 1996) 266頁以下，松尾浩也『刑事訴訟法 (上) (新版)』(弘文堂, 1999) 223頁，田口守一『刑事訴訟法 (第5版)』(成文堂,

2009) 251頁,白取祐司『刑事訴訟法(第7版)』(日本評論社,2012) 273頁,上口裕『刑事訴訟法(第3版)』(成文堂,2012) 262頁など。平野・前掲書注23) 123頁以下は,当事者主義が証拠の不開示の理由とされていることを示すのみである。さらに,昭和刑訴法の制定過程における証拠開示問題の経過について検討したものとして,三井誠『刑事手続法Ⅱ』(有斐閣,2003) 268頁以下。

29) 佐伯・前掲書注10)「崩壊しゆく人権保障」5頁以下参照。

第2章　本書における検討方法

　上記の通説的理解は果たして的確なものなのであろうか。この点に関して検討を加えた研究は皆無である[1]。日本における証拠開示問題は、歴史的にみて、どのように生成され、どのような構造を有するのか。この点を確認し分析することは、「当事者主義」と証拠開示の関係を明らかにすることだけでなく、証拠開示の意義や本質を明らかにすることにつながるのではないか。

　また、証拠開示問題を検討するうえで、捜査手続や公訴手続との関係を検討するという場合、戦前の日本の状況を検討することが必要となろう。というのも、田宮裕が指摘したように、捜査の構造論とは、予審廃止と密接に結びついた議論だからである[2]。

　さらに、当事者主義と関連付けずに、証拠開示の意義や本質を検討すべきという本書の問題意識を踏まえて、本書では比較法の対象をドイツとする。また、職権主義を採るドイツにおいて、いかにして被疑者・被告人の権利保障が認められているのか、そこで記録閲覧（ドイツでは証拠開示という用語は存在せず、これに該当する制度としては、記録や証拠の閲覧制度が存在する。それゆえ、本書では、ドイツの当該制度を「記録閲覧制度」として論じる。）についてどのような位置付けがなされているのかを確認することは、「当事者主義」という訴訟構造とは実は関連しない要素を抽出することにつながると考えるからである（もちろん、このことは当事者主義という訴訟構造の維持を否定するものではない。証拠開示と関連付けられてきた従来の（訴訟構造だけでなく、いわば手続の原理・原則をも意味するとされてきた）「当事者主義」理解の要素を抽出しようという試みである。）。また、戦前の刑訴法の捜査・訴追制度が、ドイツの制度を参照して構築されたこととの関連でも、ドイツ法を検討対象とすることには、比較法研究の観点からも意義が認められよう。

　以上のように、本書では、日本における証拠開示問題の構造を探ることを目的として、日本の戦前における証拠開示問題に関する歴史的分析を行い、他方

で当事者主義とは関連付けることなく,証拠開示問題に関する規範論を論じるためにドイツを対象とする比較法研究を採用することにする。

1) このような本書に近い問題意識も踏まえながら,証拠開示について詳細な検討を加えたものとして,松代剛枝『刑事証拠開示の分析』(日本評論社,2004)10頁以下。同書においては,戦前に関する状況も確認・検討されている(131頁以下)。
2) 田宮裕「捜査の選別機能と法的規制」同『変革のなかの刑事法』(有斐閣,2000)91頁以下。

第3章　本書の内容

　以下では，第Ⅱ編として，日本における戦前の証拠開示問題をめぐる議論の過程や制度の展開過程を検討したうえで，日本における証拠開示問題の構造を明らかにする。本編においては，まず戦前の日本における証拠開示問題を，治罪法（第2章），明治刑事訴訟法制定当初，そして明治刑事訴訟法における運用状況やその改正作業（第3章），大正刑事訴訟法における状況（第4章），その後の司法改善をめぐる動向（第5章），戦時刑事立法の状況（第6章），昭和刑事訴訟法の制定過程（第7章）と区分して検討する。もっとも，戦前の日本においては，「証拠開示」という用語は存在せず，「記録閲覧」や「証拠閲覧」などの用語が用いられていたため，同編では，「記録閲覧」という用語に統一して議論を進める。

　第1章では，治罪法において予定されていた，糺問的に構成されていた予審による被疑者・被告人に有利・不利を問わない証拠収集が，記録閲覧にとってどのような意義や機能を有しえたのか，さらに実務上ではどのように運用されていたのかを中心に確認する。第2章では，そのような状況が明治刑事訴訟法においてどのように維持または変化していったのかを確認する。第3章では，捜査機関の権限が事実上拡大されていくうえでの記録の意義や機能を確認し，さらにこの点に関してどのような議論がなされ，大正刑事訴訟法においてどのようなかたちで結実したのかを確認する。そして，大正刑事訴訟法において，実際に記録閲覧はどのような意義や機能を有しえたのかを確認する。第4章では，司法改善をめぐる議論において，とくに捜査段階における記録閲覧が主張され始めるところ，その主張内容や根拠を中心に検討する。第5章では，その後の戦時中における議論や立法を確認する。そして，第6章では，昭和刑事訴訟法の制定過程の検討を中心に，それまでの実務や理論がどのように影響を与えたかを確認し，現行刑訴法における証拠開示制度の構造を明らかにする。最後に，これらを踏まえたうえで，現行刑事訴訟法における証拠開示問題の構造

について検討することにしたい。

そのうえで，第Ⅲ編においては，証拠開示をめぐる規範論を検討することを主な目的として，ドイツを対象とした比較法研究を行う。本編においては，ドイツの記録閲覧制度の展開過程について，第2次世界大戦前のドイツにおける記録閲覧制度をめぐる議論と立法過程さらには改正論議（第1章），第2次世界大戦後のドイツにおける記録閲覧をめぐる議論と立法過程さらには改正論議（第2章）に分けて検討を行う。それを踏まえたうえで，ドイツにおける記録閲覧制度をめぐる各論的問題について検討を行う（第3章，第4章）。

まず，第1章では，現行刑訴法の基盤を形成する1877年帝国刑事訴訟法の制定過程やそれをめぐる議論，その後に示された改正提案や改正論議を検討することによって，ドイツにおける記録閲覧制度や改正論議の基盤を確認する。そのうえで，第2章では，ドイツでは，判例や学説の展開を経て，記録閲覧権は「公正な裁判の保障」や「被疑者・被告人の主体性保障（意見表明権などの保障）」の前提となる権利として位置付けられることになったことを示す。これに加え，捜査手続の一定の改革の関係のなかで記録閲覧権の改正が行われることになったことを示す。そのうえで，第3章では，ドイツでは，公判段階における記録閲覧対象をめぐる議論により，記録閲覧制度には，捜査を主宰する機関が自身の行った「捜査過程」を記録化し，それを閲覧させるという意義が認められることになったことを示す。そして，第4章では，捜査段階における記録閲覧制度をめぐって，強制処分がなされた場合の記録閲覧などの特別な類型が設けられてきたこととその根拠を確認，検討する。

最後に，第Ⅳ編においては，以上の成果を踏まえ，日本における証拠開示のあるべき規範根拠，証拠開示の意義や機能，そこから導かれる「捜査・訴追過程の可視化」という解釈の視点，立法論の視点を提示する。さらに，この総論を踏まえて，捜査段階や再審請求審における証拠開示などについても検討する。

1） 戦前の日本における刑事訴訟法について，詳細に検討したものとして，小田中聰樹『刑事訴訟法の歴史的分析』（日本評論社，1976），同『刑事訴訟法の史的構造』（有斐閣，1986）。さらに，現行刑事訴訟法の制定過程については，同『現代刑事訴訟法論』（勁草書房，1977）。

第Ⅱ編　日本における証拠開示問題の歴史的構造

第1章 「糺問的な捜査・訴追」と記録閲覧との関係
—— 治罪法における記録閲覧問題の構造

I 治罪法の制定過程とBoissonade草案

1 治罪法の制定過程

　治罪法の制定過程は，先行研究によれば以下のような経緯をたどっている。1873（明治6）年11月に来日したBoissonadeによって，検察制度を中心としたフランス刑事訴訟制度の講義が，1875（明治8）年2月から行われた。日本の治罪法制定に関しても，この講義が基礎とされた。

　治罪法の編纂開始時期は定かではないが，1876（明治9）年9月28日付けの司法卿大木喬任の「法律起業之儀ノ付申稟」における「治罪法案之事項コロ既ニ僚員ニ命シテ編纂ニ着手セシム」との記述から，この時点で治罪法草案作成作業がすでに進行中であったことが，明らかとなっている。

　この治罪法の起草作業は，①司法省による起草作業（司法省段階），②治罪法草案審査局における審査修正作業（審査局段階），③元老院における審査作業（元老院段階）という3段階を経ている。①司法省段階における作業は，司法卿・大木喬任，大検事・岸良兼養，権大検事・岡内重俊，検事補・横田国臣，三等属・清浦奎吾の5名の委員に加え，属員として八等属・池上三郎，八等属・亀山貞義，八等属・内藤貞亮，八等属・橋本胖三郎，雇・堀田正忠，さらに仏国人雇JosserandとBoissonadeという12名からなる治罪法編纂委員会によって行われた。

　この司法省段階の作業は，当初Boissonadeを補助的位置に置きつつ，日本人委員が主導権を握るかたちで進められたが，結局その主導権はBoissonadeに移され，Boissonade作成の草案をたたき台とした編纂作業が開始された。この作業は，大木司法卿を総裁とする司法省官吏およびBoissonadeら計9名からなる委員会によって行われた。その結果，1878（明治11）年末に「ボアソナー

ド氏起稿治罪法草案直案（仏文650条）」（以下，「草案」とする。）が作成された。草案は，1808年のフランス治罪法をモデルに作成されたものであり，Boissonadeの構想が色濃いものであった。その後，日本人委員による修正を経て，1879（明治11）年6月に「治罪法草案650条」が完成した。

②審査局段階では，この治罪法草案650条の審査修正作業が行われたが，この時点でBoissonadeは立法作業から排除された[7]。この審査局段階での作業は，1880（明治13）年2月26日に終了し，翌27日「治罪法審査修正案530条」が太政大臣に提出された。

この修正案は，ただちに，③元老院段階の審議作業に付されるはずであったが，その前に内閣において陪審制度の削除という大幅な修正を受けた[8]。その結果，同案は「治罪法審査修正案480条」として元老院に下付されたが，若干の修正を受けたのみで採択された。そして，旧刑法とともに，1880（明治13）年7月に公布，1882（明治15）年1月より施行された。

完成した治罪法は，陪審制度の削除などが示すように，当初のBoissonadeの構想とは大きく異なるものであった。それゆえ治罪法の制定過程は，Boissonadeが「草案中に掲げた自由主義的・個人主義的要素が，日本人編纂委員によって削除された経緯」[9]であったとされる。その具体的経過に踏み込んで検討することは，治罪法における記録閲覧の意義を確認するうえで不可欠であるといえる。

そこで以下では，より具体的に治罪法における記録閲覧の規定，予審に関する規定，予審を中心とする公判前手続で採取された証拠の公判での取扱いに関する規定などに焦点を当てて，治罪法の制定過程を概観する。

2 Boissonade草案と記録閲覧制度

治罪法編纂作業の出発点となった草案における記録閲覧の規定は以下の通りであった[10]。

> 442条　辯護人ハ尋問ノ後チハ自由ニ被告人ト交通スルコトヲ得ヘク及ヒ<u>書記局ニ於テ訴訟ニ管スル書類物件ヲ検閲スルコトヲ得　弁護人ハ又其写ヲ取ルヲ得</u>　但其書類物件ヲ他ニ移スヲ許サス　其他何人トイヘトモ送付ノ命令以後重罪院ノ判決マテハ被告人ト交通スルヲ得ス　但被告人拘留セラル管轄地ノ裁判所ノ上席ノ允許アルトキハ此限ニ非ス　（傍点引用者）

この規定では，弁護人による記録閲覧のみが認められている。この点について，Boissonadeはとくに説明をしていない[11]。草案では，弁護権の規定は「第3章　重罪ノ裁判」に置かれていたことからすると，記録閲覧は重罪院における手続でのみ認められていたといえる。公判前手続段階における弁護人の記録閲覧に関する規定は見当たらない。

　この点については，Boissonadeによる「法律上被告人ノ辯護ノ権ヲ鄭重ニストN雖モ之ヲ以テ捜索ノ障害トナス事能ハス」，「他又眞ノ辯護ノ権利ハ豫審終結ニ據リ被告人ノ摸様即チ其犯罪人ナル事確定セル後ニ非サレハ発生スル者ニ非ス……故ニ此時マテ被告人ノ代言人ト交通スル事ヲ得ルハ是レ恩典ニ出ツル者ナル」[12]との指摘が重要であろう。ここでは，被告人の弁護権は尊重すべきであるが，捜索（捜査）を妨害すべきではないこと，本当の意味での弁護権は予審終結を経て公訴が確定した後でなければ存在しないというBoissonadeの考えが示されている。その理由として，「二三ノ外國法律ニハ被告人ニ對シ一層自由ヲ興ヘ即チ豫審中ト雖モ職権ヲ以テ又ハ被告人ノ請願ニ依リ代言人ヲ用フル事ヲ許ス者アリ然レモ此法ハ歐州ニ於テモ其經驗ヲ充分ニ盡ササルヲ以テ今日之ヲ日本ニ施ス事ヲ得サル可シ」[13]ことが挙げられている。このように，予審における弁護人の保障は，当時の日本における実務の蓄積が不足していることなどを理由として消極的に捉えられていた。

　他方で，草案168条は，「被告人ハ自己ノ申立ヲ證シタル調書ノ謄本ヲ求ムル事ヲ得」として，被告人が自身の供述を記載した予審調書の謄本を請求することができる旨を規定していた。

　この規定について，Boissonadeは，「恐クハ後日訊問ヲ爲スニ當リ其供述スル所ノ相牴觸スルヲ防クニ便ナラン」[14]として，被告人による供述間の矛盾の発生を防ぐことを目的として挙げている。ここでは，被告人による防御の観点は強調されていないことが確認できる。

　以上のように，草案における記録閲覧は，公判段階では全面的に認められていたが，公判前手続においてはまったく認められていなかった。その理由としては，弁護権保障による捜査妨害への懸念やその実務の蓄積の不足などが挙げられていた。この記録閲覧は，手続全体において，どのような意味を有しえたのであろうか。以下では，このことを意識して，草案の手続構造を概観する。

　まず，草案において，検察官は「原ト公訴原告人」とされており，訴訟当事

者としての役割を担うべきとされた。さらに，検察官は，「誠意ヲ以テ事實ノ發見ヲカメサル可カラス是ヲ以テ總テ其諸負責ヲ減殺破却シ或ハ其一部ヲ減殺破却ス可キ者ト認メタル事柄ハ勿論縱カニ罪責ニ附キ疑ヲ生スル事有ル可キ者ト雖モ猶ホ之ヲ明示スルヲ以テ基本分ナリトス」として，被告人にとってわずかに有利な事実であっても明示する義務を負うとされた。

他方で，Boissonadeは，「證據ノ正シク生スルハ獨リ豫審判事ノ面前又ハ裁判所ノ法廷ノミ」と述べ，さらに「撿察官ハ刑事訴訟ノ原告人ノ職務ヲ行ハサル可カラサル者ナレハ自カラ己レノ陳述スル證據ノ預備ヲ爲シ又ハ之ヲ創制スルヲ得サルナリ」，「事實ノ擴大ト爲シ或ハ強テ證據ヲ求メ或ハ證據ノ性質ヲ變シタリシヤ否ヤノ疑ヲ招ク等ノ事有ル可カラス」[15]としている。ここでは，その原告人たる地位を理由に検察官による証拠収集は消極的に捉えられてた。また，被告人の身体拘束権限は裁判官のみに与えられており，現行犯・準現行犯の場合は，緊急を要するという理由から例外的に検察官およびその補佐官による身体拘束が認められていた[16]。

このように，草案において，検察官は，証拠収集権限を基本的に有しない原告（訴訟当事者）とされ，他方で被告人にとってわずかな有利な事実をも明示する義務を負うとされていた。

次に，弁護人選任が認められていない予審段階で作成された資料などについては，草案335条は，「糾問裁判官ノ面前ニテ訴用セラレタル罪責ノ負ハシメ……又ハ罪責ヲ免レシメントスル一切ノ証拠ハ裁判ノ法庁ニ於テモ亦等シク許用セラル可シ」としていた。

Boissonadeは，予審判事が収集した「證據タル更ニ公判廳ニモ之ヲ提出スルヲ要スル者トス何トナレハ新裁判官ハ更ニ又事實ヲ審悉シ罪科ノ一切ノ元素ニ附キ心證ヲ作ラサル可カラサレハナリ」，「被告人ノ訊問證人ノ訊問鑑定人ノ報告證據物件ノ提出等ニ就テモ亦其法式同様タル可シ」と説明している。この「新裁判官」とは公判の裁判官を意味するとされている[17]。すなわち，「公判には予審調書をそのまま提出することは許されず，予審で取調べられ調書に記載された元の証拠（＝証言そのもの，物証そのもの）を，改めて提出し直さねばならぬ。なぜなら，公判の裁判官は最初から直接証拠を見て……心証を形成しなければならないから」[18]（括弧内ママ）と説明されている。

さらに，草案336条の規定は，「若シ犯罪ノ既ニ予審ノ目的タリシモノタルト

キ其予審中管轄ノ官吏ニ因テ法式ニ従ヒ記載セラレタル調書及其他ノ検証証書ハ訴訟官人中一人ノ請求ニ依リ又ハ裁判長其読上ヲ以テ裁判所ノ為メニ事実ヲ明白ナラシムルニ益アリト察スルトキハ職権ヲ以テ書記ニ朗読セシム可シ　前項ノ調書ニ記スル所ノ総テノ陳述ハ官吏ノ自カラ見聞セシ所ノ事実ヲ記シタルトキト雖モ其罪責ヲ負ハシメ又ハ之ヲ免レシムルカ為メニモ証人ノ証拠ノ力ヲ有スルニ過キス　而シテ一切ノ反証ニ因テ之ヲ攻撃スルヲ得可」としていた。

　Boissonadeは、「然レモ犯所ノ臨撿ニ至テハ之ヲ行フノ場合甚タ稀ナリ蓋シ其重軽罪ノ犯跡既ニ隠滅シテ之カ臨撿ヲ行フモ據ル可キノ證無キ事多キカ故ナリ是ヲ以テ此点ニ就テハ獨リ豫審判事ニ於テツクリタル撿證調書ノミ據ル可キノ効力ヲ有ス」とする。同規定の「予審中管轄ノ官吏ニ因テ法式ニ従ヒ記載セラレタル調書」とは予審検証調書を指すものであり，証人訊問調書はこれに含まれていなかったといえる。[19]

　さらに，草案337条も，「予審ニ訊問セラレタル証人ハ同様ニ訊問セラルルカ為メ更ラニ呼出セシメラレ又ハ呼出サルルコトアル可シ　訴訟管係人ノ各人モ亦証人ノ呼出セラレサルカ又ハ法式ノ如ク呼出ヲ受ケテ出席セサルカ若シ又其出席シタルモ二箇（前後ノ）ノ供述照合セシムルカ為メ必益アリト見ユルトキハ予審ニ於テ筆記セラレタル供述ノ朗読ヲ求ムルコトヲ得可シ　裁判長ハ職権ヲ以テ右ノ朗読ヲ命令スルヲ得可シ」としていた。

　この規定について，Boissonadeは，「豫審中既ニ證人ヲ訊問シタル事有ルト否トニ拘ワラス本案裁判官ニ於テハ更ニ是ヲ召喚スル事ヲ得……證人ノ初次ノ陳述ハ其更ニ召喚スル事無キカ或ハ其レカ出廷ヲ爲サス若クハ出廷シタルモ亦其初次ノ陳述ト齟齬スルニ似タル時ニ非スンハ之ヲ朗讀セス而シテ此三個ノ場合ニ於テ猶ホ該朗讀ハ當然爲ス可キ者ニ非ス関係人ノ一方ニテ之ヲ要求スル有テ始テ行ハルル者ナリ然レモ裁判長ハ常ニ職権ヲ以テ之ヲ命スルヲ得可シ」[20]と説明している。すなわち，この規定では予審調書を公判で朗読する場合について，①証人が公判に呼び出されない場合，②呼び出されている証人が出頭しない場合，または，③証人は出頭したものの予審で行った陳述と内容が食い違う陳述を行った場合であって，訴訟関係人の請求もしくは裁判長の命令がある場合に限定されているのである。[21]

3　Boissonade草案の手続構造と記録閲覧制度

　以上のように，草案は，公判審理における直接主義・口頭主義をかなりの程度で徹底しようとしていたことがわかる。そのBoissonadeの構想は，陪審制度を導入しようとしたその姿勢にも現れていたといえる[22]。他方で，草案においては，弁護権が保障される手続時期や事件は重大事件に限定されており，それゆえ記録閲覧が認められる手続時期や対象事件も限られていた。

　次に，検察官は原告たる訴訟当事者という地位から，証拠収集については消極的に捉えられ，強制捜査権限は基本的に付与されておらず，被告人に有利な事実をすべて明示するよう義務付けられていた。

　このような手続構造のなかで，記録閲覧はどのような意義を有しえたのであろうか。予審を中心とする公判前手続では秘密維持が基本とされ，弁護人は関与できなかった。他方で，この手続段階において作成された調書などの利用可能性はかなり厳格に制限されていた。このように草案は，予審制度を設けながら直接主義・口頭主義の貫徹によって公判中心主義を実現しようとしたものと評価できる。

　草案が想定していた公判中心主義は，予審・事実審裁判官といった「裁判官中心型」の公判中心主義であったことは否定できないように思われる。このことは，弁護人による関与が消極的に捉えられていることはもちろん，検察官もあくまで原告であることが強調されていることからも窺える。捜査の主体は裁判官（予審判事）であり，その捜査により証拠が収集される。予審において作成された調書は，予審検証調書以外は証拠として扱うことができず，公判における直接主義・口頭主義が貫徹される。検察官および弁護人は，重罪事件に限り，公判段階になって初めて実質的に関与することが可能となる。以上のように，草案は，裁判官を中心とした，裁判官が主導する刑事手続を想定していたと評価できる。

　記録閲覧制度も，このような草案の基本的性格の影響を強く受けているといえる。草案においては，弁護人が関与できない予審段階において作成された調書などは基本的に証拠とされないことにより，予審段階での一方的な証拠固めは刑事裁判の結果の実質確定は困難であったともいえる。事件の帰趨が決される公判段階において，全面的な記録閲覧を受けるということは，重要な意味を有しうる。すなわち，裁判官が，被告人の利益も十分に考慮し手続を進める

限りでは，記録閲覧は重要な意義を有しえたといえる。他方で，Boissonadeの説明からは，その具体的意義を十分に明らかにすることはできなかった。むしろ，記録閲覧を公判前の段階から認めることは裁判官の活動を妨害する危険があることが，Boissonadeによって想定されていたともいえる。このように記録閲覧の具体的意義は，草案では十分に確認することができない。

Ⅱ 治罪法における記録閲覧制度の位置付け

1 治罪法における記録閲覧と弁護権

草案を基礎として編纂された治罪法において記録閲覧は，以下のように規定された[23]。

> 382条　辯護人ハ第378條ノ處分アリタル後被告人ト接見スル事ヲ得……又書記局ニ於テ一切ノ訴訟書類ヲ閲讀シ且之抄寫スル事ヲ得　（傍点引用者）

治罪法編纂過程に関与した村田保によれば，この規定は，同法378条にいう被告人訊問（重罪裁判所長またはその委任を受けた陪席判事が，公訴状送達24時間後，書記官立ち会いのもと，被告事件について行う被告人に対する訊問および弁護人を選任しているかどうかに関する質問）の後に，弁護準備のために訴訟書類の閲覧・複写を弁護人に許すことを予定しているものであった。他方で，書記局外に訴訟書類を持ち出すことは許されていなかった[24]。このように治罪法における記録閲覧の規定は，草案とそれほど相違なかった。さらに，予審において，被告人が被告人訊問調書の謄本を請求することができる旨の規定も，草案から変化はない[25]（153条）。

次に，閲覧対象たる「訴訟書類」の具体的内容について確認する。これは訴訟に関するさまざまな書類である。たとえば巡査が提出した勾留状・収監状執行に関する書類（138条），予審判事による臨検，家宅捜索，物件差押え，被告人および証人に対する訊問（148条），鑑定命令書・鑑定書（199条），予審終結言渡書（230条）などが挙げられる。このように，訴訟書類は強制処分やその執行状況・結果を中心とした公判前手続の状況を詳細に記録したものであった。

記録閲覧が認められる事件の範囲については，弁護人制度との関連で変化がみられる。草案438条以下（第3編公判第3章重罪公判）では，重罪公判において，

被告人の弁護人選任権を保障し，弁護人が選任されていない状態で弁論が行われた場合に刑の言渡しを無効とすることを規定していた。さらに，治罪法は，重罪公判だけでなくすべての公判に弁護人選任制度を拡充した。治罪法266条は，「被告人ハ辯論ノ爲メ辯護人ヲ用フル事ヲ得　辯護人ハ裁判所所属ノ代言人中ヨリ之ヲ選任ス可シ但裁判所ノ允許ヲ得タル時ハ代言人ニ非サル者ト雖モ辯護人ト爲ス事ヲ得」として，第4編公判第1章通則に置かれた。この弁護人選任制度の拡充は，上述の②治罪法草案審査局における審査修正作業のなかで実現したものであった。[26]

このような弁護制度の拡充に対し，記録閲覧を定めた治罪法382条は，第4編公判第1章通則ではなく，第4編公判第4章重罪公判に置かれた。さらに，予審を中心とする公判前手続において弁護人選任制度の導入がない点では治罪法も変わりなかった。それゆえ，記録閲覧が重罪事件の公判においてのみ認められる点については変化がなかった。

さらに，記録閲覧を378条にいう被告人訊問後から認める理由について，検察官の堀田正忠は，「第378條ノ處分前ニ其閱讀抄寫ヲ許スモ爲メニ事實發見ヲ妨クル事アラサレハナリ然レモ豫審終結ノ言渡確定スル前ハ之ヲ許ス可カラス蓋シ豫審密行ノ主義ニ戻レハナリ」と説明している。[27] ここでは，真実発見を妨害しないという理由が強調されており，真実発見を妨害する可能性がない場合は，公判開始後被告人訊問前の時期においても閲覧は認められうるとされている。

もっとも，実務においては記録閲覧や弁護人に対する裁判官の不信感は大きかったようである。たとえば，当時から弁護活動を行っていた立川雲平によれば，「裁判所の方では辯護人と云ふ者は被告人の従犯位に見て居て……原田某軽罪事件の辯護を受任したから記録を見せてくれと掛合った處が書記先生なかなか聞入れぬ已むを得んから裁判官に直談判を試みた結果……裁判官は曰辯護人に記録を見せると色々な穴を探し手落を見つけて官の威厳に關るからみせぬのじやと御託宣だ僕は然らば治罪法はどうなさる同法には辯護人に記録を見せよとあるではありませんかと切込めば裁判官はスマシタもので其は重罪の規則である軽罪にはそんな規則はない」と返答し，結局，記録を閲覧することはできなかったという。[28] 少なくとも当時の裁判官は，記録閲覧について手続を妨害しかねないものとして捉えていたといえる。

さらに，公判段階における他の弁護権についても，さまざまな制限が設けら

れた。治罪法267条，269条，さらに270条は一定の条件のもと，すべての事件に関する公判において被告人の欠席裁判を許し，その場合には弁護人の出廷を認めないことを規定していた。また，治罪法291条は，弁護人および被告人による直接の訊問権を否定していた。以上のように，弁護制度は，対象事件が拡充されるなど変化がみられたものの，記録閲覧権などの弁護権の内容については，ほとんど変化はなかったといえる。[29]

2　治罪法における公訴権・検察官の位置付け

治罪法における検察官の地位について，たとえば，治罪法92条は，「検察官ハ後ニ記載シタル告訴告發現行犯其他ノ原由ニ因リ犯罪アル事ヲ認知シ又ハ犯罪アリト思料シタル時ハ其證憑及ヒ犯人ヲ捜査シ第107條以下ノ規則ニ從ヒ起訴ノ手續ヲ爲ス可シ」としていた。

村田は，同規定について以下のように解説している。「撿察官ト豫審判事トノ職務ハ密着牽連スル者ナリト雖モ決シテ之ヲ混同ス可カラス撿察官ハ刑事ノ訴訟ニ付キ原告官ナルヲ以テ自ラ撿シ自ラ訴フ可カラス……故ニ現行犯及ヒ准現行犯ノ時機緊急ナル場合ヲ除クノ外撿證訊問其他證據ヲ蒐集スルハ決シテ撿察官ノ管掌ス可キ事ニ非ス」，「撿察官ハ社會ノ代人ト爲リ公訴ヲ行フ者ニシテ刑事ノ原告人ナリ」[30]，と。このように村田によれば，検察官は「社會ノ代人」と[31]位置付けられる一方で，被告人に対峙する原告官としても位置付けられ，現行犯事件などの緊急の場合以外は，証拠を収集する権限を付与されていなかった。

当時の検察官であった堀田正忠も，検察官を「社會ノ代人」と位置付け，「撿[32]察官ハ……一般ノ利益ヲ保護ス可キ者ナリ故ニ撿察官ヲ稱シテ公益ノ保護人ト謂ヒ又法律ノ適用ノ監督者ト謂フ」とした。この「公益保護」の内容としては，[33]被告人の利益のために証人を訊問することや証拠物件を収集すること，さらに上訴や再審も請求することなどが挙げられた。他方で，堀田は，「撿察官ノ捜査ヲ爲スハ行政官タルノ分限ヲ以テ爲スモノニ非ス即チ刑事原告官タルノ分限ヲ以テ爲スモノナリ之ヲ譬ヘハ通常ノ民事ニ於ケル原告人ノ如シ」として，検[34]察官の訴訟当事者としての地位を強調した。

以上のように検察官は，Boissonadeの構想のそれとほぼ同様に位置付けられていたといえる。もっとも，治罪法では，予審段階において，被告人側による記録閲覧が認められていなかったのに対し，検察官には常に訴訟書類の閲覧が

認められていた(117条)。その理由として，たとえば村田は，「撿事ハ公訴ノ利益ニ關シ豫審ノ模樣及ヒ其結果ノ如何ヲ知リ得ルノ權」があることを挙げている。このように検察官は，訴訟当事者と位置付けられているとはいえ，「社會ノ代人」という地位に相応して，被告人側に比べ強い権限が付与されていたといえる。治罪法では，草案に比べ，検察官の権限は強化されていたと評価できる。

3　治罪法における予審と公判の関係

最後に，予審と公判の関係を中心とする証拠調べに関する規定を確認する。まず，草案335条に当たる条文として，治罪法283条「公判ニ於テ用フ可キ證據ハ豫審ニ於テ用フ可キ證據ニ同シ」が挙げられる。

同規定について，村田は，「公判ニ於テ證據トシテ用フ可キ者ハ豫審ニ於テ證據トシテ用ヒタル者ニ異ナル事ナシ故ニ豫審ノ時證據トシタルハ公判ニ於テモ之ヲ證據トシ豫審ニ於テ證據トセサルハ公判ニ於テモ證據トセサル事ヲ云フ」と説明している。ここでは，予審において証拠として採用されなかったものは，公判においても証拠とすることができないとされている。

この村田の見解について，堀田は，「誤謬ノ尤モ甚キモノナリ」と批判し，「豫審判事ハ被告人ヲ公判ニ移ス可キヤ否ヤヲ判定センカ爲メ原被ノ証憑ヲ集聚スルモノニシテ專ラ公判ノ用ニ供センカ爲メ之レヲ集聚スルモノニ非ラス又公判判事ハ豫審ニ於テ集聚セシ所ノ証憑及ヒ原被兩造ヨリ差出セシ所ノ証憑ヲ取調ヘ以テ事ノ曲直ヲ断スルモノナレハナリ」と述べている。堀田の見解は，予審判事の証拠収集機能・権限を，村田の見解に比べ限定的に解しており，公判段階における証拠収集も肯定している点で特徴的である。

もっとも，上述のように治罪法は，検察官の強制捜査権限を現行犯および準現行犯事件における逮捕に限定していた(92条)。この規定につき，堀田は，捜査には「証憑の捜査」と「犯人の捜査」があるとしたうえで，「証憑の捜査」について，「豫審判事ノ証憑ヲ蒐集スルト違ヒ被告人及ヒ證人ヲ訊問シ犯所ニ臨撿シ家宅ヲ捜索スル等ノ處分ヲ行フモノニ非ス」として，予審判事と検察官とが有する権限を区別する。さらに，検察官による「証憑の捜査」について，堀田は，「一事件ヲ裁判官ニ訴フ可キヤ否ヤ若シ之ヲ訴フルモノトセハ何レノ裁判官ニ訴ヘテ可ナル乎ニ付キ撿察官ノ思料ヲ作成センカ爲メ爲ス所ノ取調ナレハ告訴狀告發狀新聞紙其他告訴人告發人ヨリ差出ス所ノ証憑等ニ就テ其思料ヲ

作成スルニ止マルモノナリ」とする。

　後者の「犯人の捜査」について、堀田は、「豫審判事ノ令状ヲ發スルカ如キ處分ニ非ス唯被告人ハ果テ犯人ナルヤ否ヤヲ考定スル處分ナリ例ヘハ被告人住所ノ地ノ警察官若クハ戸長ニ通知シ其行状ヲ取調フルカ如キテ謂フ彼ノ現行犯ノ場合ニ於テ犯人ヲ逮捕シ若クハ令状ヲ發スル如キ豫審ノ處分ト混同視スル事勿レ」とする。証憑に関する捜査と同様に、検察官による「犯人の捜査」は予審判事のそれとは明確に区別されるべきとされている。このように堀田の見解は、予審判事による証拠収集を前提としつつも、検察官による証拠収集を限定的にとはいえ認めている点で特徴的である。

　次に、草案336条に当たる治罪法284条は、「裁判長ハ撿察官其他訴訟關係人ノ請求ニ因リ又ハ職權ヲ以テ予審中管轄官吏ノ作リタル調書及ヒ撿證書類ヲ朗読セシムル事ヲ得　是等ノ書類ハ原被證人ノ陳述ト同一ノ効力ヲ有ス」としていた。この規定について、村田は、「豫審中豫審判事ノ作リタル撿證調書及ヒ撿證書類ハ完全確實ナル者ナリ故ニ公判ニ於テ更ニ事實ヲ取調フル事ヲ緊要トセス必要トスル場合ニハ豫審判事ノ作リタル調書ヲ朗讀セシムルヲ以テ充分ナリトス」、「書類ヲ朗讀セシメタル時ハ原告被告ノ證人口ツカラ證據ヲ陳述シタルト毫モ異ナル事ナシ」と説明している。村田は、284条との関係でも予審判事に高い信頼を前提としているといえよう。

　これに対し、堀田は、「豫審ニ於テ作リシ調書及ヒ撿證書類ヲ朗讀セシムルヲ得ル旨ヲ定ムルモノナリ」として、調書および検証書類の公判における朗読可能性を肯定する一方で、以下のように指摘している。すなわち、「豫審書類ハ公廷ニ於テ之ヲ朗讀セシメシ上ニ非サレハ決テ公判ノ用ニ供ス可カラス蓋シ公判裁判官ハ公廷ニ於テ見聞セシモノノ外之ヲ採テ心証ニ供スル能ハサルノミナラス原被兩造ハ豫審書類ニ付キ充分ニ弁論ヲ爲スノ權アレハ裁判官公廷ニ於テ朗讀ヲ聽カス且原被兩造ヲシテ充分ニ辯論セシメサリシ所ノ書類ヲ採テ其心証ニ供スルハ法律ノ許ササル所ナリ」、と。堀田の見解は、予審判事や裁判官に高い信頼を置く村田の見解とは異なり、公判における検察官・弁護人による弁論に一定の重要性を認めるものであった。それゆえ、書面の朗読が許されるとしても、両当事者による弁論によって十分な吟味がなされなければならないとしていた。

　さらに、草案337条に当たる治罪法286条は、「豫審ニ於テ訊問シタル證人ハ

更ニ之ヲ呼出ス事ヲ得　豫審ニ於テ録取シタル證人ノ陳述書ハ更ニ其證人ヲ呼出ササル時證人呼出ヲ受ケ出廷セサル時又ハ豫審及ヒ公判ニ於テノ陳述ヲ比較ス可キ時ハ撿察官其他訴訟關係人ノ請求ニ因リ又ハ裁判長ノ職權ヲ以テ朗讀セシムル事ヲ得」とされていた。この規定につき，村田は，「其證人ノ陳述ニ付テハ既ニ調書ヲ作リタルニ因リ公廷ニ於テ之ヲ朗讀セシムル時ハ更ニ之ヲ呼出スノ煩ヲ去ル可シト雖モ公判ハ固ト口陳辯論ヲ主トスル者ニシテ豫審ノ如ク書類ニ依テ判決ヲ爲ス者ト異ナリ故ニ之ヲ呼出シ口ツカラ陳述セシムルヲ以テ本則トス」とする。直接・口頭主義が原則であることを主張するものといえる。

これに対し，堀田は，「証人一旦豫審ニ於テ陳述ヲ爲セシトキハ其陳述書アルヲ以テ更ニ之ヲ公判ニ呼出ササルモ唯之レヲ朗讀セシムルヲ以テ足レルカ如シト雖モ誤聞書損ノ患ナキ能ハサル陳述書ヲ讀ムト親ク本人ノ陳述ヲ聽クトハ其確實ノ点ニ付キ大差アルヲ以テ一旦豫審ニ於テ訊問ヲ受ケシ証人ト雖モ更ニ之ヲ公判ニ呼出スヲ禁ス可カラス是レ本項ノ設ケアル所以ナリ」と述べている。堀田は，証人に関する予審調書がある場合，公判でそれを朗読することで十分であるが，聞き違いや書き損じなどの可能性もあるから，公判で直接証人に訊問する方が確実であると考えていたのである。

さらに堀田は，証人に関する予審調書を朗読できる場合を，以下の3つの類型に分類している。第1は，裁判所の職権または訴訟関係人によって証人が呼び出されなかった場合である。堀田は，予審において訊問を受けた証人を必ず呼び出さなければならないという規定は存在しないと説明している。第2は，証人が呼び出しを受けたにもかかわらず出廷しないときで，その証人の証言を聞く必要がないとされた場合である。もっとも，証言を聞くことが必要とされた場合は，公判を延期し，さらに呼び出し，これにも応じないときには勾引が可能である。そして，第3は，証人が呼び出しに応じて出廷し，証言したが，予審における証言と異なる場合である。この場合は，予審における証言と公判における証言を比較し，異なる部分に関する弁解を求めるために予審調書の朗読が許されると説明されている。この3つの類型のいずれかに該当する場合，裁判長の職権または訴訟関係人の請求によって予審調書の朗読が許されるとされている。

以上のように，Boissonadeと立法関与者である村田や堀田との見解の比較から，これらの見解には，予審と公判の関係，さらには公判における証拠調べ

の原則である直接・口頭主義の理解について，一定程度の相違があることを確認できる。村田や堀田の見解においては，Boissonadeの構想に比べ，公判前手続の結果，とくに予審調書に対して強い信頼の存在を指摘することができる。さらに，堀田の見解においては村田に比べ，検察官に対する信頼が強いことも認められる。このようにみると，治罪法では，草案に比べ予審を中心とする公判前手続に一定の比重が置かれていたと解することも可能であったといえよう。

4　治罪法の手続構造と記録閲覧制度

治罪法における記録閲覧制度については，以下のような特徴を指摘することができよう。

第1に，記録閲覧権が公判段階における弁護を準備するための重要な権利かつ制度として位置付けられていたことである。

第2に，記録閲覧の対象は事実審裁判所に提出された証拠に加えて，公判前手続における強制処分やその執行状況・結果，さらに手続の進行状況などの「記録」も含まれていたことである。

第3に，その対象となる「記録」は，公正な判断者たる予審判事による捜査・訴追過程の記録であるということである。ここで注意すべきなのは，検察官は，原告官または訴訟の一方当事者たる地位などから，この捜査の主体に含まれることについては消極的に理解されていたことである。

このことからすると，治罪法における公判段階で閲覧対象とされる「記録」は，被告人に有利・不利を問わないすべての証拠に関する捜査・訴追の「過程」を示すものであったことになる。治罪法における記録閲覧は，予審判事による証拠収集過程など，予審の経過を事後的に防御側に示すという意義を有していたといえる。治罪法382条が，「證據」ではなく「一切ノ訴訟書類」を「閲讀」，「抄寫」しうることを規定している趣旨はこのように理解できる。被告人側は，記録閲覧によって，自身が関与を排除されていた手続において，どのような証拠収集や訴追の判断が行われたかを事後的に確認することによって，有罪立証に対する対応や無罪方向での証拠の探索などを前提とする防御活動を行うことができたのである。

第4に，このような記録閲覧権の意義や具体的あり方は，予審を中心とする

公判前手続への被告人側の関与が否定されているという制度構築と密接に関連していると考えられることである。被告人側の関与を否定した糺問的な公判前手続を採用しながら，公判における被告人側の防御の機会を実質的に保障する装置として，記録閲覧権が保障されていたと考えられる。

　もっとも，第5に，治罪法は，草案に比べ予審調書に高い信用性を置いており，さらに公判審理においてその調書から心証を形成することが可能であったことである。この構造のもとでは，記録閲覧は，公判における弁護の準備に資するという側面もあるが，弁護側が関与・反論しえない予審段階において作成された調書を確認するにすぎない側面をも有することになったといえる。たとえば，治罪法286条により証人訊問に関する予審調書の朗読が認められた場合，被告人側が，自身が関与していない場においてなされた供述の信用性などについて実効的に争うことは困難である。この場合，この予審調書を閲覧することについて，「予審においてこのような証言がなされた」という事実を確認するにすぎないことになりうる。このように，記録閲覧権の意義は公判前手続で作成された書類などの証拠能力の問題と密接に関連するものといえる。

　さらに，梅田豊が指摘するように，治罪法においては，予審調書を公判で朗読せずに「其公判ノ用ニ供」することは法律上許されないが，事実上可能とされていた。裁判官は公判手続外で予審の書類などをみることができる立場であるとされていたからである。その背景としては，治罪法においては，陪審制が削除され，裁判官が訴訟指揮と事実認定を行うことになったことが挙げられている。この観点からは，書類などの事実上の取り扱いにも目を配る必要もあろう。

Ⅲ　小　　括——治罪法の構造と記録閲覧の意義

　以上のように，草案および治罪法の構造とそこでの記録閲覧の有した意義と機能を確認してきた。

　この両者について共通して指摘できることは，記録閲覧自体について，それほど規定も設けられておらず，また関連する議論もそれほどみられないことである。この両者の規定においては，それぞれ公判開始後において，公判廷に提出されたすべての「訴訟書類」を閲覧し，または謄写できるとされている。

　この規定と関連して，治罪法は，被告人側の「全面的証拠開示を受ける権利

を定め……現行法の制度とは……証拠開示の完全性の点で現行法をはるかに凌駕している[49]」との指摘がある。しかし，公判開始後に証拠が「すべて」開示された点をもって，治罪法において証拠開示の問題は存在しえなかったと断言できるかについては疑問が残る。本章においては，このような問題意識も踏まえ，手続全体において記録閲覧がどのような意義や機能を有しえたのかを確認した。

　草案および治罪法の共通点として指摘できるのは，裁判官（予審判事や事実審裁判官）が，証拠の収集および事実認定における中心的役割を果たしているということである。他方で，当事者たる被告人には予審を中心とする公判前手続において弁護人選任権は付与されていなかった。弁護人を介した実効的な防御活動が可能となるのは公判段階においてのみであった。記録閲覧も，公判開始後における最初の被告人訊問後から認められていた。

　治罪法における記録閲覧の意義を確認するうえで重要と思われるのは，予審と公判との関係である。この点につき，青柳文雄は，「わが国の予審は治罪法……においてまさに証拠の収集者であるとともにその吟味者であった。それは単に警察官，検察官の証拠収集の補充としての意味を持つものではなく，まさにその事件の運命を決する機関であったといってよい。……直接主義は，わが国では公判裁判官が公判で直接予審調書を朗読し，被告人を訊問することであると理解された[50]」と指摘する。この指摘を前提とすれば，記録閲覧の意義は予審を中心とする公判前手続で実質的に決定された「事件の運命」を確認することにとどまることになる。しかし，本章でも確認したように，治罪法において検察官は訴訟当事者と位置付けられ，証拠収集権限を付与されていなかった。さらに，予審調書の公判における朗読可能性は大幅に限定されていたのである。これらに加えて，検察官と予審判事はともに，被告人側に有利・不利を問わずすべての証拠・事実を提出することが義務付けられていたことも重要である。これらのことからすれば，青柳の理解は妥当なものとはいい難い。

　上述のように，治罪法における記録閲覧は，被告人側が関与しえなかった予審手続を中心とする公判前手続の経過や結果を事後的に確認するという意義や機能を有していた。被告人側は，記録閲覧によって，どのような証拠収集や訴追判断がなされたかを公判段階で事後的に確認することによって，有罪立証への対応や無罪方向での証拠の探索・確保などを行うことができた。以下，この

意義や機能を「捜査・訴追過程の事後的検証」とする。記録閲覧は，糾問的な公判前手続を前提としながら，公判段階における実効的な弁護活動の準備を可能とするものだったのである。

　もっとも，治罪法では，草案に比べ，予審調書に高い信用性が認められていた。さらに，梅田が指摘するように，治罪法においては予審調書の公判廷外における朗読可能性が事実上認められていた。これにより，被告人側が関与しえない予審段階における証拠評価が，公判審理に直接に流入する可能性が拡大することになった。

　このような事態は，「捜査・訴追過程の事後的検証」という意義・機能を損なう可能性を有するものであった。というのも，「捜査・訴追過程の事後的検証」を前提とする防御活動が及ばない領域において心証が形成される事態（予審調書による事実認定），さらに防御活動の実効性が損なわれる事態が考えられるからである。そのような場合として，たとえば，予審調書を閲覧したとしても，その内容については争うことができない事態などが考えられる。このことは，草案と比較した治罪法の特徴といえよう。

　治罪法の運用状況については，不明な部分が多いが，当時の統計からその一端を窺うことはできる。1882（明治15）年から1890（明治23）年における検察官の不起訴率は，基本的に約19％から約22％となっている[51]。

　次に同時期の予審免訴率は，約47％から徐々に低下しているものの，その後も約40％を越えている[52]。これらをみる限り，当時の予審は，刑事手続における事件選別について中心的役割を果たしていたといえる。

　さらに，公判審理における無罪率は，軽罪については，約4％から5％となっている[53]。さらに重罪については，1882（明治15）年，1883（明治16）年は，それぞれ3.8％，5.4％で，その後は約12％となっている[54]。これらを総合すれば，軽罪・重罪事件全体では，平均して4％から7％の無罪率が示されていることになる[55]。当時の無罪率は，現在の実務状況と比較すれば相当程度高い数字といえる。

　以上を踏まえると，とくに重罪事件の無罪率についてみる限り，公判審理が「有罪・無罪を判断する場」として一定程度機能していたと評価することも許されよう。他方で，予審は強い「事件選別機能」を有していたと評価できる。「捜査・訴追過程の事後的検証」という記録閲覧の意義・機能が，この公判審

理の実現に貢献していたという評価も十分可能であるといえる。

　日本の刑事手続は，この治罪法を基礎として発展することになる。それでは，治罪法後に制定された明治刑事訴訟法では，記録閲覧はどのように規定され，そしてどのような意義を有しえたのであろうか。次章においては，これらの点に焦点を当てつつ検討を進める。

1) 　治罪法の制定過程については，司法省刑事部「舊刑法，治罪法及舊刑事訴訟法編纂沿革（1）－（4・完）」法曹会雑誌8巻8号（1930）109頁以下，同9号（1930）135頁以下，同10号（1930）141頁以下，同11号（1930）123頁以下参照。さらに，向井健＝矢野祐子「村田本『治罪法直訳』——治罪法編纂過程の基礎的研究」法学研究68巻9号（1995）71頁以下，向井健＝矢野祐子「村田本『治罪法草案審査第二読会修正趣意書』——治罪法編纂過程の基礎的研究」法学研究69巻3号（1996）71頁以下も参照。さらに，治罪法を含めた日本の近代における刑事手続法について概観するものとして，内田一郎「刑事裁判の近代化——明治初期から旧刑訴まで」比較法学3巻2号（1967）1頁以下，吉田常次郎「日本刑事訴訟法小史」法学新報74巻9号（1967）33頁以下，小田中聰樹『刑事訴訟法の歴史的分析』（日本評論社，1976），青柳文雄「明治期におけるフランス刑訴の受容と修正」法学研究50巻2号（1977）1頁以下，青柳文雄「フランス刑訴，ドイツ刑訴の特色——治罪法，明治刑訴，大正刑訴への影響を通じて」上智法学論集20巻3号（1977）55頁以下，横山晃一郎「明治五年後の刑事手続改革と治罪法」法政研究51巻3＝4号（1985）51頁以下。
2) 　Boissonadeは「千八百七十五年ヨリ一八百八十年マテ刑法，治罪法草案及其注釈書ヲ編纂セリ而シテ此等ノ書ハ其後仏文ヲ以テ出版セラレタリ」と述べている（堀内節「御雇法律教師のブスケとボアソナード——雇入から罷止までの経過」比較法雑誌8巻1号（1974）121頁以下，同「明治初年における司法省御雇外国人関係記録抄——「御雇法律教師のブスケとボアソナード」の補遺をかねて（資料）」比較法雑誌9巻1号（1975）27頁以下）。
3) 　司法省刑事部・前掲注1)「舊刑法，治罪法及舊刑事訴訟法編纂沿革（1）」109頁。
4) 　向井＝矢野・前掲注1)「村田本『治罪法草案審査第二読会修正趣意書』——治罪法編纂過程の基礎的研究」74頁の時期区分によった。
5) 　司法省刑事部・前掲注1)「舊刑法，治罪法及舊刑事訴訟法編纂沿革（1）」117頁。
6) 　向井＝矢野・前掲注1)「村田本『治罪法草案審査第二修正読会趣意書』——治罪法編纂過程の基礎的研究」74頁参照。
7) 　司法省刑事部・前掲注1)「舊刑法，治罪法及舊刑事訴訟法編纂沿革（1）」121頁以下に，治罪法草案審査局の構成が示されている（1880（明治12）年12月24日付辞令）。これによれば，総裁：元老院幹事・柳原前光，審査員委員：元老院議官・津田出，同・細川潤次郎，同・河瀬眞孝，司法大書記官・鶴田皓，太政官少書記官・村田保，司法少書記官・名村泰蔵，判事・昌谷千里，検事・清浦奎吾という9名が構成メンバーである。さらに，その直後，玉乃世履が任命されている（司法省刑事部・前掲注1)「舊刑法，治罪法及舊刑事訴訟法編纂沿革（1）」122頁）。
8) 　陪審制度の規定の削除を主張した井上毅とBoissonadeとの対立に関しては，三谷太一郎「日本における陪審制度の受容」同『近代日本の司法権と政党——陪審制成立の政治史』（塙書房，1980），利谷信義「天皇制法体制と陪審制度論」日本近代法制史研究会編『日本近代国家の法構造』（木鐸社，1983）を参照されたい。
9) 　向井＝矢野・前掲注1)「村田本『治罪法草案審査第二修正読会趣意書』——治罪法編纂過程の基礎的研究」76頁。

10) 向井＝矢野・前掲注1)「村田本『治罪法直訳』——治罪法編纂過程の基礎的研究」105頁。なお，「ボアソナード氏起稿治罪法草案直案（仏文650条）」の翻訳については，ボアソナード〔森順正＝岩野新平＝小山田銓太郎訳〕『治罪法草案註釋』（司法省，1882）もあるが，本書は，この向井＝矢野・前掲注1)「村田本『治罪法直訳』——治罪法編纂過程の基礎的研究」に従うことにする。というのも，この村田本「治罪法直訳」は，Boissonadeの「仏文の治罪法草案」に近い時点で翻訳され，またその原文にほぼ忠実なかたちで翻訳されていると指摘されているからである（向井＝矢野・前掲注1)「村田本『治罪法直訳』——治罪法編纂過程の基礎的研究」82頁。もっとも，同論文では，301条以降の条文のみ紹介されているので，300条以前の条文については，ボアソナード・同上を参照した）。
11) ボアソナード・前掲書注10) 第3編437頁参照。ここでは，接見交通に関する説明のみを確認できる。
12) ボアソナード・前掲書注10) 第2編170頁。
13) ボアソナード・前掲書注10) 第2編171頁。Boissonadeは，ヨーロッパにおける立法動向の例としてフランスを挙げ，予審において職権で弁護人を選任することを認めた草案が提出されたことを紹介している（ボアソナード・前掲注10) 第2編171頁）。
14) ボアソナード・前掲書注10) 第2編258頁。
15) ボアソナード・前掲書注10) 第2編17頁。
16) ボアソナード・前掲書注10) 第2編18頁。
17) 沢登佳人＝中川宇志「明治治罪法の精神」法政理論19巻3号（1987）32頁。
18) 沢登＝中川・前掲注17) 31頁。
19) 沢登＝中川・前掲注17) 31頁も参照。
20) ボアソナード・前掲書注10) 第3編136頁。
21) 沢登＝中川・前掲注17) 33頁も参照。
22) 沢登＝中川・前掲注17) 37頁以下は，日本における「公判の調書裁判化の真因は，陪審制の不存在である」と指摘する。さらに，梅田豊「近代刑事裁判における口頭弁論主義・自由心証主義・継続審理主義の意義と陪審制度（1）（2）——フランス1971年刑事訴訟法制定過程議会審議録からの紹介と検討」法学54巻3号（1990）162頁，同4号155頁以下も参照。
23) このBoissonade草案から治罪法までの過程については不明な部分が多い。その一部である「治罪法草案審査第二読会」を解明するものとして，向井＝矢野・前掲注1)「村田本『治罪法草案審査第二修正読会趣意書』——治罪法編纂過程の基礎的研究」71頁以下参照。
24) 村田保『治罪法註釋　7巻』（内田正榮堂，1880）27頁以下。
25) 規定の趣旨についても，同様と思われる。村田が「被告人ハ前後ノ陳述ノ齟齬スルヲ防ク爲メ陳述書ノ謄本ヲ請求スル事ヲ得」と述べていることから，このことは明らかであろう（村田保『治罪法註釋　4巻』（内田正榮堂，1880）10頁）。
26) 向井＝矢野・前掲注1)「村田本『治罪法草案審査第二修正読会趣意書』——治罪法編纂過程の基礎的研究」81頁を参照。同論文は，審査局における第二読会の概要を，復元した資料により伝えるものである。同論文によると，この時点ですでに，全事件の公判への弁護人選任制度が導入されている。ただし，その理由が明らかではない。
27) 堀田正忠『治罪法釋義　第33號』（博聞社，1883）2628頁。
28) 「立川雲平氏の懐舊談」法律新聞515号（1908）26頁。
29) 治罪法における弁護権の位置付けについては，石川才顕「わが国における被疑者の弁護権保障制度の歴史的発展」同『捜査における弁護の機能』（日本評論社，1993）55頁以下，春日勉「弁護権の歴史的考察——明治・大正期を中心として」九大法学77号（1999）315頁以下，とくに342頁以下などを参照。

30) 村田保『治罪法註釋　3巻』(内田正榮堂，1880) 2頁以下。
31) 村田保『治罪法註釋　1巻』(内田正榮堂，1880) 2頁以下。
32) 堀田正忠『治罪法釋義　第7號』(博聞社，1881) 467頁。
33) 堀田・前掲書注32) 471頁。
34) 堀田・前掲書注32) 469頁。
35) 検察官は24時間以内に訴訟書類を返還しなければならない。
36) 村田・前掲書注30) 29頁以下を参照。村田は、さらに、「撿事ハ必要ナリトスル處分ニ付キ臨時其請求ヲ爲ス事ヲ得ルハ職務上固ヨリ當然ナリトス」と説明している。
37) 村田保『治罪法註釋　6巻』(内田正榮堂，1880) 21頁以下。
38) 堀田正忠『治罪法釋義　第28號』(博聞社，1882) 2225頁以下。
39) 堀田正忠『治罪法釋義　第11號』(博聞社，1881) 800頁以下。
40) 堀田・前掲書注39) 800頁以下。さらに堀田は、現行犯などの事件に関する検察官の処分も、検察官による「証憑の捜査」や「犯人の捜査」に該当しないので、あくまで予審の処分であるとする。
41) 堀田・前掲書注39) 801頁以下。
42) 沢登＝中川・前掲注17) 36頁を参照。
43) 堀田・前掲書注38) 2228頁以下。
44) 梅田・前掲注22)「近代刑事裁判における口頭弁論主義・自由心証主義・継続審理主義の意義と陪審制度（1）」171頁。
45) 村田・前掲書注37) 23頁以下。
46) 堀田正忠『治罪法釋義　第29號』(博聞社，1882) 2242頁以下。
47) 梅田・前掲注44) 171頁。
48) この点につき、三谷・前掲注8) 103頁以下，沢登＝中川・前掲注17) 37頁以下を参照。
49) 沢登＝中川・前掲注17) 63頁を参照。
50) 青柳・前掲注1)「フランス刑訴，ドイツ刑訴の特色」64頁以下。
51) 日本帝国司法省刑事統計年報による。1882 (明治15) 年19.6%，1883 (明治16) 年20.5%，1884 (明治17) 年21.9%，1885 (明治18) 年27.7%，1886 (明治19) 年20.1%，1887 (明治20) 年21.8%，1888 (明治21) 年22.1%，1889 (明治22) 年20.6%，1890 (明治23) 年19.5%。
52) 日本帝国司法省刑事統計年報による。1882 (明治15) 年47.7%，1883 (明治16) 年46.2%，1884 (明治17) 年44.9%，1885 (明治18) 年44.4%，1887 (明治20) 年44.8%，1891 (明治24) 年40.0%。もっとも，1886 (明治19) 年，1889 (明治22) 年から1890 (明治23) 年については入手することができなかった。
53) 日本帝国司法省刑事統計年報による。1882 (明治15) 年4.5%，1883 (明治16) 年4.9%，1884 (明治17) 年6.9%，1885 (明治18) 年5.9%，1887 (明治20) 年5.7%，1888 (明治21) 年5.4%，1891 (明治24) 年7.6%。もっとも，1886 (明治19) 年，1889 (明治22) 年，1890 (明治23) 年については入手することができなかった。
54) 日本帝国司法省刑事統計年報による。1882 (明治15) 年3.8%，1883 (明治16) 年5.4%，1884 (明治17) 年8.9%，1885 (明治18) 年12.0%，1887 (明治20) 年12.3%，1888 (明治21) 年12.2%，1891 (明治24) 年12.5%。もっとも，1886 (明治19) 年，1889 (明治22) 年，1890 (明治23) 年については入手することができなかった。
55) 日本帝国司法省刑事統計年報による。1882 (明治15) 年4.5%，1883 (明治16) 年4.9%，1884 (明治17) 年7.0%，1885 (明治18) 年6.2%，1887 (明治20) 年6.1%，1890 (明治23) 年5.1%，1891 (明治24) 年7.7%。もっとも，1886 (明治19) 年，1889 (明治22) 年，1890 (明治23) 年については入手することができなかった。

第2章　予審による証拠収集と記録閲覧
―― 明治刑事訴訟法における記録閲覧問題の構造

I　明治刑事訴訟法初期

1　明治刑事訴訟法の制定過程

　1989（明治22）年2月11日に，大日本帝国憲法が公布された。その57条1項は，「司法権ハ天皇ノ名ニ於テ法律ニ依リ裁判所之ヲ行フ」として，天皇制を前提とする司法の骨格を規定した。これにより，通常裁判所の構成を変更する必要が生じたため，ドイツ法を模範とした裁判所構成法が1890（明治23）年2月10日に公布され，同年11月1日から施行された。さらに，8年間の実施経験に基づき，治罪法の不備や欠陥が主張されたため，1890（明治23）年10月7日に明治刑事訴訟法（以下，「明治刑訴法」とする。）が公布され，裁判所構成法と同じく同年11月1日に施行された。これにより治罪法は廃止された。

　この明治刑訴法は，治罪法を基礎としながらも，ドイツにおいて1877年に公布された刑訴法の要素（裁判所の構成，管轄，抗告制度など）を加味したものであった。もっとも，これらの要素が加味された点以外には，大きな改正点はなかった。このことは，大日本帝国憲法が，刑事手続に関する人権条項をほとんど規定していなかったこと，さらにそれらの人権条項のいずれにも法律の留保を付しており，刑事手続に関する人権保護的な規制作用をほとんど有しえなかったことも背景としているとされる。もっとも，この明治刑訴法の立案および審議過程は，現在のところ明らかになっていない。

　そこで以下においては，明治刑訴法における規定について，記録閲覧を中心に概観したうえで，明治刑訴法に関する議論および実務状況を概観し，治罪法における規定および議論からどのような変化がみられるのか，そしてどのような実務状況がみられるのかを確認・検討することにしたい。なお，本章において条文数のみを挙げる場合があるが，それは原則として明治刑訴法の条文を指

すものである。

Ⅱ　明治刑事訴訟法の構造

1　明治刑事訴訟法における記録閲覧の規定

まずは，明治刑訴法における記録閲覧の規定を確認する。

180条　辯護人ハ裁判所ニ於テ訴訟記録ヲ閲讀シ且之ヲ抄寫スルコトヲ得

本条は，第4編「公判」の第1章「通則」の中で規定されていた。治罪法では，重罪事件の公判段階においてのみ弁護人に閲覧権が認められていたのに対し，明治刑訴法では，すべての事件の公判段階において弁護人に閲覧権が認められた。また，治罪法のように被告人尋問後にではなく，公判開始後に訴訟記録の閲覧が認められた。

閲覧対象たる訴訟記録の具体的内容についても，ほとんど変化はみられなかった。勾留状・収監状および令状の執行状況（83条），予審判事による臨検，捜索，物件差押え，被告人および証人に対する訊問（92条），予審終結の決定（169条）などについて調書作成が義務付けられていた。鑑定については定かではないが，上記の訴訟記録は閲覧に供されることが想定されていたといえる。

次に，記録閲覧権の意義や機能に関する説明について確認する。磯部四郎が，記録閲覧権について，以下のように説明していることは注目される。「辯護人ヲシテ能ク其職務ヲ盡サシメンニハ能ク其事件ノ性質模様等ヲ知了セシメタル可カラス而シテ之レヲ知了セシムルハ辯護人ニ訴訟記録ノ閲讀及ヒ抄寫ヲ許スニ如カス若シ夫レ訴訟ノ性質模様等ヲ知了セサルトキハ如何シテ之レカ辯護ノ準備ヲ爲シ他日公判ニ立チテ檢事ト事件ノ黒白ヲ弁論スルコトヲ得ン乎加之論告ハ同等ナラシム可シト云ヘル原則ヨリ觀察スルモ辯護人ヲシテ其任ヲ全フセシメンニハ訴訟記録ノ閲讀及ヒ抄寫ヲ許ササル可カラサル理由アルヲ見ル何トナレハ檢事ハ原告官トシテ事件ノ始終ハ悉ク之レヲ知了スルノミナラス其公判ニ立チテ刑ノ適用ヲ求ムル迄ニハ充分ノ準備ヲ爲シタル者ナレハ之レニ對シテ辯論ヲ盡ス可キ辯護人ニ付テハ假令檢事ノ如クナラサルモ亦充分之レヲ知了セシメ且ツ之レカ準備ヲ爲サシメサル可カラサルハ論ヲ待タス然ラサレハ論告ヲ同等ナラシムルコト能ハサル可シ是茲ニ本條ノ規定アル所以ナリ」。

磯部は，明治刑訴法における記録閲覧権を，弁護側が「訴訟ノ性質模様等」を知る重要な手段として位置付けている。そして，その根拠として，公判における弁護側と検察官との間の「同等の弁論」原則を挙げている。磯部の見解は，公判における弁護側と検察官との武器対等を前提として，弁護側の公判準備のために記録閲覧による「捜査・訴追過程の事後的な検証」が不可欠なものであるとしている点で重要な意義を有しているといえる。

　松室致も，「辯護人タル者ハ其訴訟ニ關スル一切ノ事實ヲ知悉スルノ要アリ随テ訴訟記録ノ閲覧及ヒ謄寫ヲ爲スコトヲ得」と指摘している。磯部とは異なり，公判における両当事者の間における「同等の弁論」は明示されていないが，記録閲覧による「捜査・訴追過程の事後的な検証」が公判段階における弁護にとって不可欠であることが，ここでも示されているといえよう。

　亀山貞義も，「捜査・訴追過程の事後的な検証」という意義を強調している。亀山は，「辯護人ハ被告人ノ利益ヲ保護ス可キモノニシテ此職任ヲ盡サントスルニハ豫メ其被告事件ノ詳細ナル模様及ヒ被告人果シテ其事件ニ關係シタル乎之ニ關係シタリトセハ其情状ハ如何ナル乎等ヲ熟知セサル可カラス法廷ニ於テ檢事ノ論告被告人ノ辯解等ヲ聽キタルノミニテハ決シテ十分ナル辯護ヲ爲スコト能ハサルヤ必然ナリ」として，訴訟記録の閲覧・謄寫の必要性を主張している。

　以上のように，明治刑訴訴訟法に関する解説においては，記録閲覧の有する「捜査・訴追過程の事後的な検証」という意義が前提とされ，さらに十分な公判準備や公判手続における弁護側と検察官との間の「同等」にとって記録閲覧が不可欠であるとの認識が明示されている。

　それでは，弁護権の位置付けや検察官の位置付け，さらには予審と公判の関係については，どのような変化がみられるのであろうか。以下では，これらの点を確認したうえで，記録閲覧の意義を検討する。

2　明治刑事訴訟法における弁護権の位置付け

　明治刑訴法は，治罪法同様，弁護人を選任可能な時期を原則として公訴提起後の公判手続に限定している (179条)。また，証人訊問および被告人訊問については，裁判長・陪席判事，検察官が訊問権を有していたが，弁護人は裁判長に証人訊問を請求することができるにとどまっていた (194条)。これも治罪法

と同様である。このように，規定をみる限り，明治刑訴法における弁護権の位置付けは，治罪法に比べて基本的に変化はない。

　それでは，当時の学説などにおいては，弁護権はどのように位置付けられていたのであろうか。フランス法の博士であった井上正一は，検察官が公訴権を用いて弾劾を行うことは社会秩序の維持のためであることを強調する一方で，そのために事実認定や法律の適用を誤ることは，「被告人ヲシテ無量ノ損害ヲ被ラシムノミナラス擧家非理ノ汚辱ニ悲泣スル惨状ヲ演スルニ至ルヘシ」[9]とする。そのうえで，被告人に弁護権を保障することも社会にとって必要であると主張している。もっとも，記録閲覧に関する具体的言及はみられない。

　さらに，井上は，公判は弾劾主義に，予審は糺問主義に由来するものであるとして，以下のように説明している。「公判ノ手続ハ公然ニ且對席ニテ之ヲ爲スヲ本則トスルカ故ニ……豫審ノ審査ニ比シテ更ニ精密ヲ期スルカ故ニ其既ニ集取シタル證憑ノミニ依據セス更ニ原被双方ノ地位ニ立ツ者ヲシテ随意ノ供述ヲ爲サシメ之ヲ審聽シテ以テ其事實ノ認定ヲ下ササル可カラス設ヒ被告人ノ闕席シタル場合ト雖モ裁判所ハ原告人ノ提出スル證憑即チ犯罪ノ證憑ヲ審査スルニ止マラス被告人ニ利益アル證憑モ亦同時ニ之ヲ審査シカメテ事實ヲ得ルコトニ注意ス可キ」[10]，と。このように，糺問主義に由来する予審段階は証拠収集と事件を公判に付するべきかの判断を行うものであるのに対し，弾劾主義に由来する公判手続は両当事者の対審によるものであり，とくに被告人に有利な証拠を審査すべきことが主張されている。井上の見解においては，この点に関する弁護権の意義が強調されている。

　磯部の見解も，井上に近いといえる。磯部は，記録閲覧に関する記述からも明らかなように，公判における検察官と弁護側の「同等の弁論」を主張している。これに加えて，「法廷ニ辯論ヲ戦ハシメ仍テ裁判ノ公平ヲ維持スルニ至レリ是レ實ニ法廷ニ辯護人ヲ用フルノ鏑矢ニシテ彼ノ論告ヲ同等ナラシム可シト云ヘル格言モ亦茲ニ基ツク」[11]としている。このように磯部は，公平な裁判という理念に基づく「同等の弁論」の前提として，弁護権を位置付けている。他方で，磯部は，犯罪を捜査し証拠を収集する者として検察官を，その証拠の有効無効を認定する者として予審判事を，そして，本案事件の有罪無罪を判決する者として裁判官を挙げ，公判前に予審を設置する理由について，以下のように説明している。第１に，有罪・無罪は公判の裁判によって決定されるべきだ

が，未だ有罪・無罪が判断されていない者を公開の裁判で審理するとき，無罪とされた被告人への弊害は計り知れないから，それを予防するために秘密の審理で検察官の挙証は十分かどうかを判断する必要がある。第2に，重罪事件は被告人の運命を左右するから，その審理を慎重に行う必要がある。第3に，そもそも検察官は有罪・無罪の証拠を平等に収集すべきものであるが，実際には有罪の証拠のみを収集・提出しようとする傾向にある。他方で，被告人に検察官と同様の地位を認めることはできないから，被告人が無罪を証明することは，より困難であり，検察官の提出証拠は十分に有罪を立証しているかを認定する者が必要である。[12]このように，磯部は，予審判事に対して，検察官の証拠収集や証拠の提出に関する審査や被告人の利益を考慮した活動を期待している。このことからは，公判前手続における被告人の権利や利益の保障はあくまで予審判事によって行われるべきことが示されているといえる。

　この井上や磯部のような，公判前手続および公判手続の機能・役割を，その性質によって区別し，被告人の主体性承認や弁護権の適用の有無を区別する手法は，亀山の見解などにおいても採られている。[13]当時の見解は，これらのことを前提に，予審を中心とする公判前手続における弁護人の関与を消極的に捉え，その段階での被疑者・被告人側の視点を，裁判所を通じて反映・実現すべきとしている点で共通しているといえる。他方で，その役割は，警察や検察には期待されていない点でも重要といえよう。

3　明治刑事訴訟法における検察官・公訴権の位置付け

　次に，検察官および公訴権の位置付けについて概観する。検察官は，現行犯の場合のみ強制捜査権限（現行犯逮捕）を行使できる（46条，58条）。捜査終結後，地裁検事は，重罪事件については予審を請求し，軽罪事件についてはその軽重難易により予審を請求するか，あるいはただちに裁判所に訴をなす（62条）。さらに，検察官は予審中いつでも訴訟記録を閲覧することができ，さらに必要な処分を予審に請求することができる（68条）。

　これらの規定は，治罪法からそれほど変化はない。これに対し，改正点の1つとして挙げることができるのが，治罪法110条2項（「豫審判事直チニ被害者ヨリ民事原告人ト爲ル可キノ申立ヲ受ケタル時ハ検察官ノ起訴ナシト雖モ公訴私訴ヲ併セテ受理シタル者トス」）の削除である。この私訴の公訴始動効に関する規定の削

除により，公訴始動は，検察に一本化・集中化することが可能となった[14]。

　この改正によって，検察官や公訴権の位置付けはどのように評価されたのであろうか。たとえば，井上は，「犯罪アレハ社會之レカ原告人ト爲リ檢事ハ社會ノ代表人ト爲リ以テ公訴ヲ起スモノトス」[15]として，原告人，そして社会の代表者としての検察官という位置付けを主張している。さらに，井上は，検察官の「起訴ノ自由」を強調し，広範な訴追裁量を認めている。このような考えは，磯部も述べているが，井上に比べ訴追裁量を限定的にすべきことを主張している[16]。これらの見解は，治罪法における論者の見解とほぼ同様のものといえよう。

　これに対し，亀山は，「公訴ハ國家ノ刑罰權ヲ實行シ以テ公安ヲ回復センカ爲メニスル訴ニシテ……此訴權ハ被害者タル一個人ニ属セスシテ國家ノ專有ニ属スル」[17]として，公訴権はそもそも被害者や社会ではなく国家に属することを強調している。さらに，広範な訴追裁量を認め，治罪法110条2項の削除は妥当だとしている[18]。亀山は，公訴提起後であっても，「新ナル證憑ヲ發見セハ之ヲ集取シテ裁判所ニ提出シ或ハ其集取ヲ裁判所ニ請求シ以テ公訴ノ維持ヲ勉メサル可カラス」[19]として，第2審終結まで捜査を行うべきことを主張している。これに加えて，亀山は，捜査手続において被疑者を検事局や警察署に任意出頭させ，事件について知っていることを訊問することも認めている（もっとも，證憑とする目的で陳述を録取して，署名・捺印させることは，捜査ではなく證憑の収集であり，許されないとされている[20]）。松室も，公訴権は国家が占有するものであり，検察官はその委任を受け実行する者であるとした。さらに，亀山同様，広範な訴追裁量や起訴後の検察官による捜査権も認め，さらには任意の捜査によって作成した調書の証拠能力も認めている[21]。

　このように検察官および公訴権の位置付けについて，2つの立場を確認できる。第1は，前章で検討した治罪法における論者の見解を維持する立場である。第2は，国家の公訴権・刑罰権を強調し，その代表者たる検察官の捜査・訴追権限の拡大を強調し，捜査により収集された資料などの証拠能力を認めようとする立場である[22]。

　このように明治刑訴法制定当初の時点で，すでに公訴権・刑罰権，さらには検察官の地位に関する見解が変化していること，とくに第2の立場の登場を確認することができる。この点も踏まえて，予審と公判の関係について確認する。

4　明治刑事訴訟法における予審と公判の関係

　明治刑訴法188条は、「調書ヲ作リタル司法警察官ハ檢事其他訴訟關係人ノ請求ニ因リ又ハ裁判所ノ職權ヲ以テ證人トシテ之ヲ呼出スコトヲ得」と、治罪法285条とほぼ同じ文言の規定であった。さらに、189条は、「①豫審ニ於テ訊問シタル證人又ハ鑑定ヲ爲シタル鑑定人ハ更ニ之ヲ呼出スコトヲ得　②豫審ニ於ケル證人ノ供述書又ハ鑑定人ノ鑑定書ハ更ニ其證人、鑑定人ヲ呼出ササルトキ、證人、鑑定人呼出ヲ受ケ出頭セサルトキ又ハ豫審及ヒ公判ニ於ケル供述、鑑定ヲ比較ス可キトキハ檢事其他訴訟關係人ノ請求ニ因リ又ハ裁判所ノ職權ヲ以テ朗讀セシムルコトヲ得」として、治罪法286条と同様の文言であった。これに対し、治罪法284条（予審中作成された調書および検証書類の朗読に関する規定）に当たる条文は見当たらない。

　以上の規定において、本書の関心との関係でとくに重要と思われるのは189条である。なぜならば、予審において作成された調書などの公判における朗読可能性は、予審と公判の関係（公判に対する予審の影響力）を確認するうえで重要と考えられるからである。

　この189条について、井上は、「是レ公判ニ於テハ必ス……口頭對席ノ審査ヲ用ヒ以テ訟擊辯難ヲ便ニシ交々遺憾ナカラシメン事ヲ勉メタル所以ナリ」[24]とし、189条にいう調書の朗読可能性は、この趣旨に基づかなければならないことを主張している。井上は、公判においては直接・口頭主義に基づく審理を徹底すべきとしたといえる。

　磯部は、予審において訊問を受けた証人・鑑定人を公判に再度召喚するという189条1項の趣旨について、「前ノ供述書ニ遺漏アルコトヲ發見シ又ハ鑑定書ニ誤失ナルコトヲ發見シテ往々事實ヲ得ルコトナキニ非サレハナリ」[25]とし、同条2項の趣旨は、検察官や被告人側、さらに裁判所が証人を呼ぶ必要がないと主張した場合、証人・鑑定人が正当な理由で出頭しない場合、予審と公判における供述や鑑定に齟齬がある場合に限り、予審中の供述書および鑑定書を朗読できるとしている[26]。このように、磯部は189条が認める調書の朗読は例外的なものであり、「余ハ讀者カ此朗讀ヲ以テ當然ノ手續ナリト誤解センコトヲ恐ル故ニ一言之レニ及フト云爾」[27]とし、直接・口頭主義の重要性を強調している。

　亀山は、189条1項について証人・鑑定人を呼び出すか否かは裁判所の裁量であるとする解釈を批判し、「其人ヲ呼出サントスルモ已ニ死去シ又ハ失踪シ

若クハ外國ニ旅行シタル等」の場合のみ，必要な証人・鑑定人の予審における供述書・鑑定書を朗読できるとしている。[28]　さらに，亀山は，「豫審ニ於ケル供述鑑定ニシテ苟クモ事實ノ證明ニ供ス可カキモノアルトキ」は，さらにその者を呼び出して裁判官の面前において供述させる必要があるとも主張している。[29]このように，亀山も，直接・口頭主義を重視し，予審調書などの公判での朗読を例外として捉えていたといえる。さらに，上述のように，検察官・警察官が録取した調書の朗読可能性も否定している。

最後に，松室は，明治刑訴法が「純然タル口頭辯論主義採ラスシテ多少書面審理主義ト折衷シタリ即チ公判ニ於テハ必スシモ豫審ノ審理ヲ反復セス證人ノ如キハ其必要アラハ再ヒ訊問シ得ルコト論ナキモ之ヲ呼出スコト易々タル場合ニ於テモ尚ホ之ヲ呼出サスシテ其豫審ノ訊問調書ノミニ依ルコトヲ得即チ其證人ノ口頭陳述ニ代フルニ訊問調書ヲ以テスルヲ得ルナリ」とする。[30] 189条の解釈としては，磯部や亀山に比べ予審調書の朗読可能性を緩やかに認めている。[31]さらに，上述したように松室は，検察官が捜査において作成した調書および任意捜査によって収集した証拠については朗読可能性などを認めている。

以上のように，当時の論者は，予審において作成された調書の公判審理における朗読を例外として捉えていたという点ではほぼ一致していた。もっとも，松室のように，予審調書の朗読可能性を緩やかに認め，検察官が作成した調書の朗読可能性を認める見解も現れ始めたこともこの時期の特徴といえよう。また，治罪法と同じく，明治刑訴法においても，口頭による供述に代えて書面を証拠とすることに対する一般的な禁止規定はなかった。

5　明治刑事訴訟法の構造と記録閲覧

以上のように，明治刑訴法の諸規定およびそれらをめぐる諸見解を概観してきた。当時の諸見解には，基本的に2つの立場が存在するように思われる。第1の立場は，井上や磯部のように，治罪法における村井や堀田，さらにはBoissonadeの見解を基本的に維持する立場である。この立場は，糺問主義的な性格の公判前手続，とくに予審における証拠収集機能を重視しながらも，公判段階における弾劾主義，直接・口頭主義を重視し，さらに公判審理の重視を貫徹しようとするものであったといえよう。さらに，検察官を「社会の代表者」とし，原告人として位置付けている点も同様といえる。

第2の立場は，亀山や松室などの「国家の刑罰権」を強調する立場である。この立場は，第1の立場と同様，公判段階については弾劾主義，直接・口頭主義を重視し，公判審理の重視を強調するものの，他方で検察官の捜査権限の必要性を強調する点で第1の立場と異なる。「国家の刑罰権・公訴権」が強調され，その代表者たる検察官の強制捜査権限の拡張が主張されている。このように，明治刑訴法の規定，さらにこの時期の見解は，治罪法に比べても，糺問主義的な公判前手続を採用したうえで弾劾主義的な公判手続を採用するという手続構造の理解，さらには弁護権の理解には変化はなかった。他方で，検察官の捜査権・公訴権の強化を強調する見解が現れ始めたという変化を確認することができる。

　次に，記録閲覧の規定や学説の見解については，一定の変化がみられた。明治刑訴法の規定は，記録閲覧がすべての事件で認められたことや認められる手続時期が若干前倒しされたことなどの改正点を確認できる。

　さらに，この時期の各論者の見解を概観すると，記録閲覧の意義がより明確に示された点も指摘できる。すなわち，公判手続において両当事者が「対等」となる前提として，予審を中心とする公判前手続の進行経過や結果，そこで確認された当該事件に関するさまざまな事実を，公判段階での記録閲覧を通して確認するという意義である。その意味で，明治刑訴法制定時においては，記録閲覧が有する「捜査・訴追過程の事後的検証」という意義が明示されていたといえる。さらに，その実質的根拠として，公判手続における弁護側と検察官との「対等」という意義が挙げられたことも重要であろう。

　以上に加え，上述の公訴権・捜査権限の拡大・強化を主張する見解は，記録閲覧の「捜査・訴追過程の事後的検証」という意義を制限する可能性を有していたことを指摘できる。というのも，検察官の公訴権・捜査権限が拡大されることによって，予審による捜査・訴追過程の記録化では把握できない過程が重要な意味を有しうるからである。この点，磯部による「元来檢事タル者ハ有罪無罪ノ證據ハ共ニ均シク蒐集セサルヘカラサル者ナレトモ實際ニ於テハ有罪ノ證據ノミヲ擧ケントスルノ傾向アリ而シテ被告人ハ其地位檢事ニ匹敵スル事能ハサルニヨリ無罪ヲ証明スルコト更ニ難キモノアリサレハ檢事ノ提出セル證據ハ果シテ有罪ノ證據ト爲スニ足ルヘキモノナルヤ否ヲ認定スル者ヲ置カサル可カラス」[32]という指摘は，重要であろう。この指摘は，明治刑訴法制定当初にお

いて，検察官は有罪立証に偏りがちであると認識されていたことを示している。それゆえ，検察に強制捜査権限を付与することは危険であること，予審は有罪・無罪の立証という観点から公正に活動すべきということが前提とされていたといえる。このことを前提として，予審における活動の過程・結果が，公判段階における記録閲覧によって示されることになるのである。

　この磯部の指摘を踏まえるならば，検察官の捜査権限拡大により，公判審理に提出される証拠も有罪証拠に偏る可能性が高くなることになる。そして，それに伴い，閲覧対象の実質的内容も有罪方向に偏った捜査・訴追過程に関する記録に限定されることになろう。このことは，公平な捜査・訴追過程を事後的に検証し，それにより無罪方向の証拠の存在を確認し利用するという当時の記録閲覧の意義の大幅な限定につながることになる。以上のことから，当時の記録閲覧の意義は，検察官の捜査権限や予審のあり方と密接に関連していることを確認できる。

　このように，当時の記録閲覧の意義や機能の実際を確認するためには，予審が現実にはどのように機能していたかを確認することが重要であるといえる。そこで以下では，明治刑訴法制定当初における検察官の捜査権限や予審の実際について，記録閲覧の実務状況についても留意しながら確認する。

Ⅲ　明治刑事訴訟法制定当初における予審や記録閲覧の状況に対する批判

1　明治刑事訴訟法下の予審実務に対する批判

　予審については，さまざまな議論がなされているが，いち早く予審廃止について議論を開始したのは，1897（明治30）年に結成された弁護士の任意団体，日本弁護士協会であった。日本弁護士協会は，1897（明治30）年12月12日の評議員会第5例会において，「豫審制度ヲ廢止スルノ件」との議題で議論を行った[33]。この議論は，当時の予審の実情を知るうえでも有益と考えられる。この議論において「第一説」たる予審廃止論を主張した花井卓蔵は，予審判事の専権に属している部分のみを廃止し，刑事訴訟法の予審に関する章における令状，証拠，検証，差押え，証人訊問，鑑定，保釈制度の規定について，一部は検察官の職務に，一部は公判の規定に譲るべきと主張していた[34]。その理由は，以下の5つであった。

①予審は秘密・非対審の糺問主義によるものであり，被告人は審理の「目的物」とされている。このような制度は，現行法にいう「裁判」の精神に沿うものでないし，公判で弾劾主義を認めていることと矛盾する。[35]

②予審は証拠法の原則に違背し，さらに検察官の職権を侵すものである。起訴権限を有する検察官が，証拠を収集し起訴する権限を有するのが当然であるのに，現行法においてはその権限を予審判事が侵害している。また，起訴権限を持つ検察官が犯罪を証明する責任があるのに，現行法では，その責任を免れているので，証拠に基づかない漫然とした起訴ができることになっている。[36]

③現行法における予審は，法律が認める人権および自由の保護の趣旨に反している。すなわち，予審判事は無期限の収監状を発する権限を有し，さらに真実発見のために必要があると認めるときには，密室監禁をも行うことができる。この密室監禁は，拷問の遺物というべきものである。[37]

④明治刑訴法では，予審判事は恐嚇詐言を用いて訊問することは禁止されているが，実際には恐嚇詐言を用いて真実を発見しようとしている。[38]

⑤予審制度は，司法経済上の損失である。[39]

上記の理由[40]のうち，本書の関心との関連で重要なのは，①③④である。ここでは，明治刑訴法の糺問主義的構成が批判の対象とされている。具体的には，弁護人が選任されていない状態で，被告人が手続の客体とされ，さらに密室監禁や恐嚇詐言を用いた訊問がなされるという予審の運用が批判されている。

井本常治が主張する「第三説」たる予審廃止論においては，花井が挙げる理由以外にも，「裁判ニ豫断ヲ與ヘル弊カアル其弊ハ諸君モ實際ニ目撃セラルル所デアル」との理由が挙げられている。[41]

同じく予審廃止論たる「第九説」は，予審判事が収集した証拠に基づいて公判審理がなされることを批判している。ここでは，予審判事が作成した証人訊問調書によって公判審理がなされていることの危険性が指摘されている。さらに，この点に関して，以下のような実務状況が挙げられている。「混雑シタ事件テアリマスト豫審判事ハ何十人何百人ト云フヲ調ヘテ居リマス，其供述ハ皆書面ノ上ニ載ツテ居ル其書面ニテ果シテ證人ノ言葉ノ信用ヲ判知スル事カ出来ルヤ否ヤ，私ハ實ニ之ヲ疑フノテアル。尤モ此点ニ就キマシテハ現行ノ刑事訴訟法ニモ證人鑑定人ヲ再ヒ公判ニテ調ヘルコトカ出来ルト云フコトモアリマスカ，是ハ通例テハナイノテ先ツ豫審調書ヲ當テニスルコトニナツテイル」（傍 [42]

点ママ），と。以上のように，複雑な事件では，予審で作成された証人訊問調書は原則的として朗読されるという実務状況が指摘されている。

そして，同じく予審廃止論である「第十説」も，以下のような実務状況を指摘している。「今日ノ公判判事ハ丸テ豫審ヲ輕信シテ唯其足リナイ所ヲ公判テ補フト云フ形跡カ此々トシテアルト云フ事テアリマス。……其時ノ公判判事ハ先ツ被告人ノ姓名，住所，年齢ヲ聞キ了ルヤ否ヤ直ニ其方カ豫審テ言ツタコトハ違ヒアルカ無イカト問ヒ，……被告ハ相違ナシト申立テタル時分ニハ，殆ント更ニ調フル必要カナイト言ハン計リノ有様」(傍点ママ)である，と。さらに，「被告人ノ利益ノタメニ證人其他参考人ノ如キ人證ノ申出ヲヤリマシテモ，既ニ豫審ニ於テ調ヘテアルモノハ殆ント許サナイ」(傍点ママ)という訴訟指揮を受けたことも指摘されている。

これらの指摘は，予審が証拠収集だけでなく，事実上の証拠調べや事実認定まで行い，その結果が公判審理に引き継がれ判決を左右する役割を果たしているという当時の実務状況を示すものといえる。さらに，花井らが指摘するように，明治刑訴法下の予審では，密室監禁を用いた尋問方法が自白を強制するようなかたちで運用されていたことも重要である。このように，糺問主義的な予審の運用が実質的に公判審理を支配するという，いわゆる「糺問主義的予審判事司法」が，この時期の実務状況として指摘されている。このような実務状況を改善するため，花井らは，予審廃止論を主張したが，この第5例会においては1票差で否決された。

日本弁護士協会は，同じく第5例会において，「第七議題　豫審ニ辯護人ヲ付スルノ件」について議論している。たとえば，賛成説たる「第一説」(長島鷲太郎)は以下のように述べている。「今日ノ豫審制度ト云フモノハ暗黒ノ制度テアル，被告人ノ権利ト云フモノハ實ニ薄弱テアル。豫審ノ決定ト云フモノカ恰モ確定判決ノ如クナツテ，被告人カ公判廷ニ廻ツテカラ判事ト云フモノハ辯護人ノ辯論ハ聽キマスカ寧ロ豫審決定ニ重キヲ置イテ居リマス，……夫故ニ豫審ニ辯護人ヲ付スルト云フコトハ詰リ證據蒐集ノ補助ヲスルト云フコトテアル，恰モ檢事カ極端ニ被告人ノ不利益トナル事ヲ捜スカ如ク辯護人ハ之ト反對シテ被告人ノ爲ニ利益トナルコトヲ探シ出シテ十分之ヲ提供スルコトヲ得ルト云フノカ豫審ニ辯護人ヲ付スル所ノ必要ナル所以」(傍点ママ)である，と。

さらに，同じく賛成説たる「第二説」(磯部四郎)においても，以下のような

実務例が挙げられている。「一方ニ有罪ノ證據ヲ蒐集シテ、一方ニハ無罪ノ證據ヲ蒐集スルト云フコトハ、判事ナラハ爲サナケレハナラズ、然ル所、是迄ノ間私ノ取扱ツタ事件モ少カラヌコトテアリマスカ、曾テ刑事ノ被告事件書類中ニ、豫審中無罪ノ證據ヲ蒐集シテ、所謂被告人ノ有益ナル證據ヲ蒐集シテ、其書類ニ付ケテ公判ニ回シタ實例ト云フモノハ、一モ見マセヌ」、と。さらに、基本的に賛成説である「第三説」(花井卓蔵) も、「辯護人ヲシテ豫審ト云フモノヲ監督セシムルノ必要カアル」(傍点ママ) ことを強調している。

　この議論においても、糺問主義的な予審の運用とその結果たる予審調書が公判審理の行方を左右していることが指摘されている。さらに、重要と思われるのが「第二説」における、予審において収集されているのは有罪証拠のみであるという指摘である。その問題の解決のために、提案されたのが予審段階から弁護人選任を許すということであった。各論者が主張するように、予審段階から弁護人を選任することによって、同段階から被告人に有利な証拠を収集・提出したり、あるいは予審判事による恐嚇詐言を用いた訊問などを防止することが意図されていたのである。これにより、予審による (とくに被告人にとって不利益な方向での) 公判審理の形骸化や、予審自体が有する人権侵害性を防止しようとしたのである。この提案は、大多数をもって可決された。

　以上の実務状況は、他の文献でも多数指摘されている。たとえば、弁護士の植村俊平は、当時においても「精神上ノ拷問ハ未タ行ハレ居ルト思惟スルナリ」として、被告人に不利益な事実しか書かれていない告訴状が最重要の証拠とされていることを指摘している。さらに、植村は、「今日ノ現状ヲ見ルニ刑事裁判官ハ恰モ原告官ノ位置ニ立チ。豫審決定書ヲ以テ豫定ノ判決文トナシ。公判ヲ開クトキハ既ニ其被告人ハ有罪ノモノト推定シ居ル者ノ如ク見ユルコト多シ」と刑事裁判制度を批判している。

　以上のような弁護士層の指摘は、明治刑訴法の実務状況を批判的に捉えたものということができよう。そこで指摘された当時の実務の第1の特徴は、この時期において予審の運用やその結果により公判審理の結果が左右されていることである。予審において被告人・証人などの訊問調書が多く作成され、公判審理はそれらの調書を中心に進められていたことが指摘されている。第2の特徴は、公正な立場で有罪・無罪の証拠を収集することが期待されていた予審判事による証拠収集が十分に機能していなかったことである。治罪法や明治刑訴法

では予審判事が被告人に有利・不利を問わず証拠を収集することが予定されていたことは，上述のとおりである。これに対し，この時期の実務では，被告人に不利益な方向で予審による証拠収集が行われていたことが指摘されている。第3の特徴は，公判における弁護活動が困難であったことである。このことは，公判判事が予審の結果に大きな信頼を置いていたこと，その結果が有罪方向で固められていたことに起因していると考えられる。

このような実務状況を指摘し批判したうえで，弁護士層は予審廃止や予審段階からの弁護人選任制度を要求することで対応しようとした。とくに後者の要求は，その審理が有罪方向で固められる公判前手続において，無罪方向の証拠収集や予審による人権侵害などの防止といった機能を弁護に付与しようとしたものといえる。

このように当時の弁護士層の指摘は，明治刑訴法制定後における予審の実際の機能を批判的に捉えるものであったといえる。他方で，さらに確認が必要だと思われるのが，いわゆる聴取書問題である。検察官が作成した聴取書が公判においてどのように扱われていたのかを確認することは，予審や公判に対する検察官の影響力の強さを確認することに資する。そして，その確認は，当時の記録閲覧の意義や機能を確認することにもつながりうる。次に，この点を確認することにしよう。

2　明治刑事訴訟法下における聴取書問題

この時期の検察官の捜査権限に関する動向としては，検察官による調書，いわゆる聴取書の作成が始められたという点が挙げられる[53]。先述したように，検察官および司法警察官は現行犯や準現行犯の場合にのみ，被疑者や証人を「訊問」し「調書」を作成することができた（46条以下）。もっとも，実務においては，現行犯以外の場合にも被疑者や証人を警察署などに呼び出し，訊問してその問答を書面にとって署名・押印させ，これを証拠たる「訊問調書」として提出することも行われていた。

このような状況に対し，大審院は，1892（明治25）年6月30日に，司法警察官が作成した被告人訊問調書について，司法警察官の権限を越えて作成されたものであって無効であるとの判決を下した[54]。同判決および同年7月12日に出された弄花事件大審院判決[55]の影響は大きく，「それ以来警視廳内の司法警察官は長

き間非現行犯の場合には聴取書をも作成せず，告訴告發の書類に被告人の捜査復命書を添付したのみで檢事局に送致してゐた」[56]とされている。もっとも，司法警察官による取調べがなくなったわけではなく，これらの大審院判決以降，司法警察官は従前の「訊問調書」から「聴取書」と見出しを改めるという対応を行った[57]。この聴取書に対しても，大審院は，1895（明治28）年に，その質問形式から判断して実質は「訊問調書」に当たり無効であると判示した[58]。これらの大審院判決に対応して，警察はさらに形式を改め，記載方法を質問形式から物語形式とし，供述者の署名・押印もなくし，完全に「聴取」の形式とした[59]。

これに対し，検察官が作成した調書については，やや状況が異なっている。たとえば，1895（明治28）年に佐賀地方裁判所の検事正から司法省に対して上申された「檢事司法警察官ノ犯罪捜査ニ關スル件」は，「大審院ニ於テハ非現行犯罪ニ付検事司法警察官ノ作リタル訊問調書ハ越権不法ニ成立シタルモノニシテ法律上無効ノモノタリトノ判決ヲ與ヘ爾来今日ニ至ルマテ同一ノ主義ヲ維持セリ」と述べている[60]。他方で，大審院は，相被告人が提出した自首書の趣旨を明瞭とするために検察官が作成した被告人訊問調書は「調書」に該当しないとして，その効力を認めた[61]。さらに大審院は，非現行犯の共犯事件について，予審請求を行わなかった1名の被告人の訊問調書を，他の被告人に対する予審において証拠とすることも違法ではないとしている[62]。

このような状況について，弁護士層も早くから批判を行っていた[63]。日本弁護士協会は，1898（明治31）年12月13日の評議員会第15例会において，「司法警察官ノ作製スル聴取書ノ證據力に關スル件並ニ一件書類ニ添付ス可カラサルノ件」との議題で議論した[64]。この議題からも窺えるように，聴取書の問題は記録閲覧の対象である一件書類に添付することができるか否かという論点と関連付けて議論されている。

提案者たる太田資時は，「第一説」として以下のように主張した。「司法警察官が被告人を逮捕し之れを訊問することが往々あるか，此事は帝国憲法第23條に違背する不法行為である，そこで司法警察官が犯罪嫌疑者を取り調へるときには，訊問調書の代りに，聴取書なるものを作つて出すのが今日取扱上の有様である」。明治刑訴法においては，検察官は証憑の収集と犯人の捜査の権限を有しているが，司法警察官は後者の権限のみを有している。司法警察官が聴取書を作成するのは，検察官が持つ証憑収集の権限に当たるものであり，明治刑

訴法の規定に反しており違法である。それゆえ，このような書類が一件記録に付けられているのは不都合である。「今日裁判上の實例には何れも司法警察官の聽取調書，其他探偵報告書などもあるが，主に聽取書なるものは斷罪の資料に供して，恰も法律が認めたる適法の證據の如く裁判上に效力を有して居るから，斯の如き法律上斷罪の資料に供す可らざるものは，一件記録中に添付させないことに致したい」(傍点ママ)，と。ここでは，聽取書のような不法に作成された資料が一件記録に含められており，それが事実上は有罪方向の心証形成に用いられていたことが批判されている。

「第五説」は，聽取書問題を直接主義の問題として，「通常ノ聽取書」を排除することを主張し，以下のように強調している。「所が大審院判事多数の意見は，我が刑事訴訟法は，證據は可成制限しない方の主義だから，明かに法律に禁じていない以上は採ても構はない，又これを無效であると云ふても，實際裁判官は之に據るから，却て實際に適さないようになると云ふことになつて居るらしい。……元来，證據として取る可らざるものは，一件記録に添付す可らざるは無論の事である。裁判所の一件記録は，紙屑籠ではないから，聞取書，探偵復命書，巡査の報告書等という，證據とすべからざるものは，一件記録に添ゆべきものではない。故に私は本案を贊成すると同時に，聽取書のみならず，人の供述にして，裁判上の方法で集めたものでないものは，總て證據とすることは出来ぬものである，従て一件記録に添附す可らざるものであると云ふ事を，茲に書いておきたいと思う」，と。

以上の議論からは，次のことを確認することができよう。検察官や司法警察官が捜査段階で作成した被疑者・証人などの供述調書について，判例は無効としていた。その根拠としては，検察官や司法警察官の証拠収集権限が否定されていることなどが挙げられていた。もっとも，弁護士層の批判をみる限り，これらの聽取書は公判に提出される「一件記録」に添付されており，事実上の(特に有罪方向の)心証形成に用いられていたことがわかる。これに対し，弁護士層は，聽取書を一件記録に添付すべきでないことを提案していた。

このように明治刑訴法制定直後においては，司法警察官や検察官が作成した聽取書は判例上批判され，無効とされつつも，事実上は裁判官の有罪方向の心証形成に大きな影響力を有しうるものであった。また，一件記録に何を添付するかは，検察官の裁量による部分が大きかったことも確認できる。もっとも，

第2章　予審による証拠収集と記録閲覧　55

このことからただちに，検察官や司法警察官の権限が，この時期に大幅に拡大されたと断言することはできない。判例や実務の動向をみる限り，当時の聴取書を一件記録に添付するか否かは，予審判事など裁判官の裁量によっていたという評価が妥当だと思われるからである。とはいえ，以上のような事実上の聴取書の活用は，記録閲覧の内容や意義にも多大な影響を有しえたと考えられる。それらの点も踏まえて，当時の記録閲覧の状況を確認する。

3　明治刑事訴訟法下における記録閲覧の状況に対する批判

　以上の状況を前提とするならば，公判審理に提出される訴訟書類，すなわち閲覧対象となる記録などは，被告人にとって不利益な方向で固められていたという評価も可能である。もっとも，このことについては，実際の閲覧対象たる一件記録はどのようなものであったのかをさらに確認する必要があろう。

　たとえば，先に確認したように磯部四郎は，「然ル所，是迄ノ間私ノ取扱ツタ事件モ少カラヌコトテアリマスカ，曾テ刑事ノ被告事件書類中ニ，豫審中無罪ノ證據ヲ蒐集シテ，所謂被告人ノ有益ナル證據ヲ蒐集シテ，其書類ニ付ケテ公判ニ回シタ實例ト云フモノハ，一モ見マセヌテコサイマス」ということを強調している。ここでは，閲覧対象たる訴訟記録には，被告人に有利なものが一切ないことが指摘されている。

　さらに，当時検察官を務めていた国分三亥による以下の指摘も重要であろう。「當時 (1896〔明治29〕年) 大審院檢事局では，犯罪事件に關し，警部又は巡査から提出した探偵報告書，捜査復命書，その他種々の名稱を附したる各種の書類は，訴訟記録中に綴ぢ込まないで，單に豫審判事並に公判判事の参考として，別にそれ等を袋入れとし，秘號を付して，訴訟記録と一緒に送致すべき旨を決議し，檢事総長の名を以て其の旨の通牒を發したのであった」[68]（括弧内引用者），と。これに加えて，先に確認した日本弁護士協会評議員会の聴取書に関する議論においても，一件記録への聴取書などの添付が批判されている。もっとも，この議論からは，聴取書などが閲覧対象となっていたかは定かではない。

　この点について，参考となると思われるのが，大阪地裁の公判審理期間中において検察官が被告人を取り調べた事例である (1900〔明治33〕年)。この事例は，公判における証拠調べ終了直前に，検察官がさらに捜索を行ったとして，同時にその公判中止を請求したというものである。この事例において，検察官は，

検察庁において被告人・証人などの取調べを行い，聴取書を作成し，さらに巡査の復命書などを裁判長に提出し，その朗読を請求したとされている。この事件を担当した弁護士は，公判が再開された日に「檢事ヨリ提出サラレタル一括ノ書類ヲ閲スレハ」と述べており，上記書類も閲覧することができたとされている。この事例は，公判中に関するものであるが，これをみる限り，通常の事件においても聴取書なども基本的に閲覧対象となっていたと考えられる。

　最後に，証拠物の閲覧について確認しておこう。訴訟記録の閲覧・謄写を規定した明治刑訴法180条が，証拠物の閲覧をも予定していたかどうかは，当時の見解からは明らかではなかった。この点，たとえば，1893（明治26）年の大審院判決が参考となる。弁護側による上告趣意によれば，この事案は，私印偽造事件に関する審理において証拠書類は被告人に示したものの，証拠物たる偽造書類は被告人に示さず，さらにこの証拠物に対する弁解をさせなかったというものであった。大審院は，この上告趣意を認め，証拠物件を被告人に示さず弁解させなかったのは，刑訴法の規定に違背した違法であるとした。もっとも，この上告は，明治刑訴法198条を根拠とするものであった。この事案や参照条文をみる限り，明治刑訴法180条の閲覧対象としては，証拠物は予定されていなかったと考えられる。もっとも訴訟記録から予審などにおける証拠収集活動が明らかになるので，結果的には証拠物件の存在を知ることはできたと考えられる。

　明治刑訴法制定直後における記録閲覧は以下のようにまとめることができよう。第1に，閲覧対象たる訴訟記録には，予審調書や聴取書なども含め，幅広いさまざまな記録が含まれていたことである。第2に，聴取書は弁護人に閲覧されていたと考えられるが，訴訟記録に綴じ込まれないまま，裁判官に提出される事例もあったことである。そして，その一件記録の範囲の決定は，検察官や予審判事の裁量による部分が大きかったのである。第3に，その結果，閲覧される実質的な内容としては，被告人にとって不利益な内容の訴訟記録が大部分を占めることもありえたということである。その理由としては，予審の糾問的構成・運用を挙げることができる。また，有利な記録が含まれていたとしても，公判審理における被告人に有利な証拠などの申請の大部分は採用されていなかった。

　このように，当時の記録閲覧は，「捜査・訴追過程の事後的検証」という意

第2章　予審による証拠収集と記録閲覧　57

義・機能を有していたといえる。他方で，その予審による捜査・訴追過程は被告人にとって不利益な方向に重点をおいて進められる傾向が指摘されていた。また，一件記録の内容が検察官や予審判事の判断によって決定される可能性もあった。予審手続が，実質的に公判審理の行方を左右していたのであれば，記録閲覧の意義・機能が限定される可能性もあったといえる。

　以上のように，当時の記録閲覧の「捜査・訴追過程の事後的検証」という意義・機能は，その捜査・訴追のあり方などによって大幅に限定されるものであり，実際に限定される事例も存在したといえる。そして，その原因としては，警察官や検察官作成の聴取書の活用や予審の糺問主義的な構成・運用が挙げられる。これに対して，弁護士層が聴取書の一件記録への添付の禁止，「予審廃止」や「予審弁護論」をもって対抗しようとした。このうち，とくに予審に関する主張は，弁護側の視点を予審段階での証拠収集過程に反映させることによって，無罪方向の証拠収集も保障される公正な証拠収集を担保しようとしたものといえる。最後に，この弁護士層の要求を内容とする明治32年改正の提案とそこでの議論を概観しよう。

Ⅳ　刑訴法明治32年改正

1　明治31年刑訴法調査委員会案

　1895（明治28）年12月，司法省は刑事訴訟法調査委員会を任命し，明治刑訴法の改正作業を開始した。同委員会は，1898（明治31）年に「刑事訴訟法改正案」をまとめた。

　この改正案は，密室監禁の項目を完全に削除し，予審段階において弁護人を選任することを認め（157条1項），そして，予審段階において被告事件に関する調書の閲覧・謄写権および証拠物の閲覧権を認めることを提案するものであった（159条）。もっとも，予審段階において弁護人が立ち会うことができるのは，検証・差押え・捜索・鑑定および急迫の証人訊問など（106条，154条，159条，221条）に限られており，通常の証人訊問および被告人訊問への立会は認められていなかった。この改正案においては，日本弁護士協会が意図したような「予審判事による人権侵害などの防止」という目的はかなり限定されていたといえる。

さらに，準現行犯の定義が修正され，あらたに要急事件についても捜査機関の強制処分が認められ (76条)，公訴提起前に検証・差押え，捜索または証人訊問が認められていた。

　公判審理については，直接主義が原則とされた (34条, 36条) ものの，証拠書類や公判前の訊問調書の朗読可能性が大幅に認められていた (247条, 249条, 250条など)。

　以上のように，この改正案においては，予審段階における弁護権の拡充が一定程度で提案された一方で，捜査機関の強制捜査権限の拡大や公判前手続で作成された調書の公判審理における利用可能性が明文で認められるなど，これまでの実務における動向の確認と強化が改正要求として現れていたことが確認できる。もっとも，この改正案についての議論は，管見の限り見当たらない。

2　明治32年改正法律案をめぐる議論

　1899 (明治32) 年，明治政府は，「刑事訴訟法中改正法律案」を第13回帝国議会に提出した。この法律案は，条約改正実施に対応したもので，予審における密室監禁廃止を主な内容としていた。[73] この法律案に対して，貴族院特別委員会において，丹波長保，三好退蔵，児玉淳一郎は，以下のような修正案を提出した。[74]

　　第68条①被告人ハ豫審中何時ニテモ辯護人ヲ用ユルコトヲ得
　　　　　②被告人ノ法律上代理人ハ辯護人ヲ選任スルコトヲ得
　　　　　③檢事又ハ辯護人ハ豫審中何時ニテモ豫審判事ニ請求シテ訴訟記録ヲ閲覽スルコトヲ得又必要ナリトスル處分ニ付キ臨時其請求ヲ爲スコトヲ得
　　第85条①勾留ヲ受ケタル被告人ハ官吏ノ立會ニ依リ辯護人又ハ其親族故旧ニ接見スルコトヲ得
　　　　　②書類ハ豫審判事ノ檢閲ヲ経タル後他人ト之ヲ授受スルコトヲ得
　　　　　③豫審判事ハ必要ナリト思料シタルトキハ其書類ヲ差押フルコトヲ得
　　第91条中「被告人」ノ下ニ「又ハ辯護人」ノ五字ヲ挿入ス [75]
　　第92条末項ノ次ニ左ノ二項ヲ加フ
　　　　　①豫審判事ハ檢事若クハ辯護人ノ請求ニ因リ臨檢及證人又ハ鑑定人ノ訊問ニ立會ハシム可シ
　　　　　②前項ノ場合ニ於テ檢事若クハ辯護人ハ證人又ハ鑑定人ニ對シ訊問ヲ

　　　　　　爲ス可キコトヲ豫審判事ニ請求スルコトヲ得
　　第149条ノ次ニ左ノ1条ヲ加フ
　　第149条ノ2　本節ノ予審手續ニ付テハ第38条第1項第92条第5項及第6項ノ
　　　　　　規定ヲ適用セス

　この修正案は，1879年12月8日のフランス治罪法改正の影響を受けたものとされている[76]。この修正案のうち，とくに重要と思われるのは68条である。この規定は，予審段階における弁護人選任だけでなく，弁護人の記録閲覧権の保障をも提案するものだったからである。その提案理由について，提案者たる丹波長保は以下のように述べている。予審における「被告ノ権利ト云フモノハ風前ノ燈火ノ如キ薄弱ナモノデゴザイマスカラ此豫審ノ決定ト云フモノハ丁度確定裁判ト云フヤウナ有様ニナッテ被告人ガ公判廷ニ回ッテカラト云フモノハ判事ト云フモノハ敢テ辯護人ノ辯論ニ重キヲ置カズシテ却ッテ此豫審決定ト云フモノニ重キヲ置クヤウナ有様ニナッテ居リマスソレデアリマスカラ尚更被告人ト云フモノヲ保護シテヤルトキニハ辯護人ト云フモノヲ附シテ其人権ヲ重ジテヤラナクテハナラヌ」[77]，と。

　さらに，予審段階で弁護人選任を認めることは証拠隠滅につながりうるのではないかという反論に対して，丹波は，以下のように説明している。「豫審ニ辯護人ヲ附ケルト云フコトハ詰リ證據ト云フモノヲ集メル即チ証拠蒐集ノ補助ヲサセヤウト云フ考エデアリマス，檢事ガ極端ニ被告ニ不利益ナル犯罪ヲ集メルナラバ又一方ニハ辯護人ヲシテ被告ノ利益トナル證據ヲ集メテ提供サセヨヤウト云フ考デアリマス」[78]，と。以上のように，丹波は，予審段階における被告人の権利保障が重要であること，検察官による有罪方向での証拠収集に対して予審段階からの被告人に有利な証拠を収集・提出させることを，その根拠として挙げている。修正案68条の規定からすれば，「必要ナリトスル處分ニ付キ臨時其請求ヲ爲スコト」，すなわち被告人に有利な証拠の収集・提出の重要な前提として記録閲覧権が位置付けられていたことがわかる。

　これに対して，国務大臣清浦奎吾は，以下のような答弁を行った。予審段階で弁護人選任を認めることは重要な改正であり，司法省内の刑事訴訟法調査委員会でも検討中である。そこでは議論は分かれているものの，この予審弁護制度への反対論の論拠としては，第三者である弁護人の予審への関与は真実発見という目的に反すること，予審を被告人に利益な証拠を提出させるための手続

段階とみることは誤っていることなどが挙げられている，と。そのうえで，清浦は，修正案が示すような予審弁護制度の採用には躊躇を覚えるが，「豫審制度ノ上ニ就イテモ一大改正ハ加ヘル積デ居リマス」，「此次ノ議會ニハ成ルベク刑事訴訟法ノ改正案ヲ提出シタイト考ヘマスノデドウゾ暫ウ假スニ時ヲ以テセラレンコトヲ希望致シマス」と答弁している。結局，上記の修正案は否決され，政府改正案は若干の修正を経て衆議院に送付された。衆議院特別委員会においては，上述の修正案から85条を削除した提案が，花井卓蔵から提出された。

さらに，衆議院第2読会において，特別委員長の関直彦は，予審の現状を踏まえて，予審判事の面前で被告人は萎縮していうべきこともいえず，挙げるべき有利な証拠も示すことができず，冤罪の被害に遭っていることが往々としてあり，予審を経て公判審理となると，十分な審理もなく予審に現れた証拠のみで有罪判決が下されているので，予審段階で弁護人を選任し，被告人に有利な証拠を提出する補助をし，また予審判事が脅迫や欺瞞を用いることを予防するべきであると述べた。もっとも，これに対する清浦の答弁も上述と同様であった。

この花井提出の修正案は，衆議院ではほぼ満場一致で可決され貴族院に回付された。貴族院において，石渡政府委員は，予審判事が検察官とともに被告人に対して過酷な取扱いをしているという事実は，予審免訴の割合が多いこと（1897（明治30）年で，予審請求人数39678中12429（約31.3％））からしても存在しないとして，反対意見を述べた。

これに対して，三好退蔵は以下のように反論した。「相馬事件ハ如何デアツタカ，鐵管事件ハ如何デアツタカ，又和歌山ノ或ル豫審ニ於テ如何ナルコトガ起リマシタカ，ト云フコトハ，當局者モ必ズ御承知デアラウト思ヒマス。又世間ノ人モ之ヲ記憶シテ居ラウト思フノデアル。皆ナ豫審デハ，豫審判事ガ双方ヨリ賄賂ヲ取ツテ今日監獄ニ繋ガレテ居ルデハナイカ，檢事ガ被告人ヲ誘導シテ被告人ノ親戚ヨリ賄賂ヲ取ツテ現ニ巣鴨ノ監獄ニ檢事某ガ懲役中デハナイカ，又和歌山ノ檢事正ガ被告人ノ親戚盟友ヲ誘導シテ如何ナルコトヲシテ今日刑事ノ被告人トナツテ居ル，斯ウ云フコトハ續々豫審中ニ總テ起ツテ居ルノデアリマス。……矢張豫審中ノ紛紜ガアツテ是ガ爲メニ非常ナル地方ノ総攪ヲ惹起シテ居ルノデアリマス，斯ノ如キコトハ皆是レ豫審ノ秘密ヨリ起ル所ノモノデアル。豫審判事一人デヤルカラ起ル所ノ弊害デアリマス」。このように三好

は，いくつかの具体的事例を挙げながら，過酷な取扱いをしているのではないかといった予審に対する不信感は，予審が秘密の手続であることなどに起因していると主張したのである。

三好は，『日本弁護士協会録事』においても以下のように主張している。検察官の捜査権限は限定されていることから，「時に有罪の確信より来たる起訴なきにならざるべきも多くは予審判事の手に於て充分證據を蒐集するときは或は有罪の證據を得らるるやも知るべからすと云ふが如き，半信半疑の間に起訴を爲すことは實際の事情に通ずる者の熟知する所なり」(傍点ママ)，と。このように三好は，検察官が緩やかな基準で起訴をしていることに鑑みれば，3分の1という予審免訴率はむしろ低いものであると批判している。

もっとも，上記の修正案は，結局参議院において否決され，その後の両院協議会においても否決された。その後，1899 (明治32) 年4月に，日本弁護士協会は，原嘉道，花井卓蔵，江木衷による「修正刑事訴訟法実施に関する覚書」を司法大臣に提出した。さらに，同年，花井卓蔵は，先の帝国議会で清浦大臣が予審弁護制度を採用すべきと述べた事実を引用しつつ，予審弁護制度を採用すべきとする「刑事訴訟法改正に関する質問趣意書」を帝国議会に提出した。

花井は，まず当時のイギリスやドイツ，そしてフランスなどにおける弁護権保障の状況を挙げつつ，「学理上」の理由から予審段階において弁護権が保障されるべきと主張した。さらに，花井は当時の実務状況を予審弁護制度の論拠として挙げた。その具体的内容は，以下の5点にまとめられる。①予審判事は被告人を無期限に勾留する権限を有しているので危険である。その弊害を防止する必要がある。②予審判事による恐嚇詐言の行使の防止に資する。③陪審制度が採用されていないので，公判判事は予審結果に盲従している。また，予審判事は検察官と共働的関係にある。④公判審理においては，予審終結決定が確定判決と同様に扱われ，被告人の弁解や弁護人の弁論はほとんど聴かれない。予審において被告人に有利な証拠を提出できなかった場合，当該証拠が公判において採用されたことはほとんどない。これに加え，予審判事が被告人に有利な証拠を収集し一件書類に添付して公判に提出した実例をみたことがない。予審において無罪方向の証拠が出た場合は免訴決定がなされているとはいっても，公判審理における弁護活動によって無罪が獲得されたという例は稀である。予審判事が有罪証拠を収集すると同時に，弁護人によって無罪の証拠を収

集させることが被告人の権利・利益を保護することにつながる。⑤証人は有罪・無罪を左右する重要な証拠であると同時に，最も危険な証拠でもある。それゆえ，とくに告訴人やその親類などについては，さまざまな方向から訊問を試みて，虚偽証言を看破する必要がある。しかし，予審判事は有罪証拠のみを収集する傾向にあり，証人訊問についても同様である。予審段階から，弁護人が被告人のために証人に対する反対訊問を行う利益は大きい。

　この花井の質問趣意書においては，従来弁護士層が主張してきた予審弁護制度論の根拠が網羅されていたといえよう。ここには，当時の刑事司法制度の問題とこれに対する弁護士層の改革案の方向性が明示されていたといえる。記録閲覧との関係では，予審が被告人に不利益な方向のみで機能していること，その予審の結果が公判審理の行方を実質的に左右していること，その結果公判審理にも有罪方向の証拠のみが提出されていたという実務状況が示されていることが重要であろう。このことから，明治刑訴法の実務では，記録閲覧は裁判所に提出された一件記録が対象とされていたものの，その実質的内容は被告人に不利益なものが大部分であったといえる。もっとも，清浦などの反論をみる限り，このように断言することには慎重であるべきであろう。とはいえ，明治刑訴法においては「全面的証拠開示を受ける権利を定め……現行法の制度とは……証拠開示の完全性の点で現行法をはるかに凌駕している[90]」との現在の通説的認識には，疑いをはさむ余地が生じたことになろう。

　上述の実務状況に対し，弁護士層は予審弁護制度を中心とする改革提案を示した。この提案は，予審に弁護人を関与させることによって，予審の有する公判への影響力を公平なものにしようとしたものといえる。具体的には，予審における人権侵害などの防止，被告人に有利な証拠の収集・提出などによって，公平な予審や公判の実現を目指したものといえる。記録閲覧との関係では，公平な予審の実現によって，その公平な「捜査・訴追過程の事後的検証」とそれによる公判における検察官と弁護側の「同等の弁論」という記録閲覧の意義や機能の回復を目指そうとしたものと評価できよう。

　また，予審弁護制度の前提として，予審段階における記録閲覧の保障も提案されたことも重要といえる。その理由としては，明示はされていないものの，予審における実質的な弁護人の関与が想定されていたのであろう。

3　明治刑事訴訟法の改正論議により示される当時の実務

以上のように，明治刑訴法制定後において，弁護士層からは，予審は被告人に有利・不利を問わず客観的に活動する機関ではないと評価されつつあった。具体的には，身体拘束の濫用や恐嚇詐言の行使といった人権侵害などを行っていたことに加え，予審は被告人にとって不利益な証拠の収集機関へと変化しつつあったことが指摘されていた。さらに，予審は検察官による（現在に比べて）あっさりとした起訴について有罪証拠を補充するという機能をも担っていたことも批判されていた。

このような状況に対し，記録閲覧が防御権行使や公判審理における武器対等の実現に大きな役割を果たしていたという記述はみられない。当時の弁護士層にとって，実務における記録閲覧は現在の意味での「全面的」なものではなく，予審や検察官による有罪証拠の収集とその訴追過程の確認を意味するにすぎないものであったと理解することも可能である。このことは公判前手続の構造や機能によって記録閲覧の意義や機能が大きく左右されるという関係を示すものともいえよう。

以上のような状況は，当時の予審の構造・機能に起因するところが大きかったと考えられる。花井による以下の指摘も，このことを示すものであろう。すなわち，「之を要するに豫審判事の職権は廣大無邊にして被告人の権利の薄弱なること實に風前の燈火の如し」，と。被告人の身体拘束，被告人・証人訊問をはじめとする証拠収集などに関する多大な権限を被告人の有罪方向に重点を置いた運用により，記録閲覧による「捜査・訴追過程の事後的検証」の内容は，予審における実質的な有罪証拠の収集とその訴追の過程へと限定されたといえよう。

では，このような弁護士層の認識や批判は適切なものであったのであろうか。たとえば，1891（明治24）年から1898（明治31）年まで，不起訴率が約18％から約20％へと若干上昇していたのに対し，同時期の予審免訴率は39.6％から徐々に上昇し，1896（明治29）年には44.0％となっている（もっとも，同年を境に免訴率は低下傾向にあった）。これらの統計からは，不起訴率がそれほど変化していないのに対し，予審免訴率が不起訴率を大きく上回っていたことがわかる。これらのことを踏まえるならば，当時は，検察官による起訴が比較的あっさりかつ大雑把に行われていたのに対し，予審においては治罪法時代ほどでな

いにしても慎重な事件選別が行われていたことがわかる。少なくとも，当時の刑事手続における事件選別機能は，予審免訴によるところが大きかったことは明らかであろう。

　さらに，無罪率に関する統計も確認しておこう。同時期の軽罪事件に関する無罪率は約7％から徐々に上昇し，約9％になっている。また重罪事件については，約11％から約13％であった。さらに，全体の無罪率は，約8％から約9％の間で推移していた。この時期の無罪率は，軽罪・重罪いずれの事件においても，第Ⅱ編第1章で検討した1882（明治15）年から1890（明治23）年の時期に比べるとやや高かった。このように一定程度，予審による事件選別を経ながら，このような一定程度高い無罪率が示されていたことは，当時の公判審理が「有罪・無罪を判断するところ」として機能していたことを意味しよう。

　さらに，この時期においては，重罪事件における検察官による公判請求数と予審請求数との比率は1：9，軽罪事件においては9：1であった。重罪事件における予審を経た事件の割合とその無罪率をみる限り，予審を経た事件においても一定程度高い無罪率であったことが確認できる。このことから，当時の予審においては，無罪証拠も一定程度収集されていたこと，予審による事件選別も比較的緩やかであったこと，さらには証拠収集そのものが不十分であったことが推測される。いずれにせよ，当時の弁護士層が批判していたような予審による公判審理の支配・形骸化が，量的にみて当時の実務として定着していたかについては疑問が残る。

　もっとも，当時の弁護士層の批判は，実務の質的問題を示すものとしては重要であると考えられる。この批判にも現れているように，当時のいくつかの事件で，予審における人権侵害や予審による公判審理の支配・形骸化と評価できるような事態がみられたことも事実であった。その意味では，当時の弁護士層による実務の認識や批判は，当時の予審の運用やその運用がもたらす刑事手続全体の実際の問題点や問題となりうる点を示唆するものであったということができる。

　このような実務状況に対して，弁護士層は，立法過程において予審弁護制度の主張をもって対抗した。これは，予審段階における直接の人権侵害の防止（監視）と予審における被告人に有利な証拠の収集機能の保障を目的とするものであった。そこで，予審段階における記録閲覧権の保障が提案されていたことは

重要である。その理由は予審段階における弁護の目的たる予審段階での人権侵害防止（監視）および無罪方向の証拠収集，とくに後者と密接に関連していることは明らかであろう。明治32年改正において，この予審弁護制度は実現しなかったが，清浦大臣の答弁に示されているように，予審弁護制度の実現は避けることのできない立法課題とされていた。

V 小　活——明治刑事訴訟法初期における記録閲覧権の意義・機能

　本章では，明治訴訟法初期における記録閲覧権の理論上および実際の意義や機能を確認してきた。第Ⅱ編第1章で確認したように，治罪法においては，被告人に有利・不利を問わず客観的に活動する予審判事が基本的に証拠収集権限を有するとされていた。そして，それらの証拠がすべて公判に提出されることが前提とされた。また，その証拠収集の過程や結果は訴訟記録として記録化されていた。弁護人は公判手続以降の手続段階においてのみ選任された。その弁護人は，公判段階における訴訟記録の閲覧を通して，上記の証拠収集過程や訴追過程，捜査や予審でどのような活動が行われたかを知ることができた。その意味で，治罪法における記録閲覧は，予審による公正な捜査・訴追過程の事後的検証という意義を有しており，同時にそれは反対当事者たる検察官との公判段階における情報の同等を意味した。

　本章で確認・検討してきたように，このような構造は，基本的に明治刑訴法においても引き継がれていた。さらに注目すべきなのは，当時の論者が記録閲覧規定の意義についてより詳細な見解を示したことであった。そこで示された見解は，糺問主義的な公判前手続を採用しながら，武器対等（同等の弁論）が保障された弾劾主義による公判手続を維持するための制度的保障として記録閲覧権を位置付けるという点で一致していたといえる。公判前手続において，予審判事によって糺問的に，しかし公平に行われた証拠収集手続の過程と結果を記録閲覧によって確認することによって，上記のような公判手続が実現されると主張されていたのである。

　もっとも，治罪法・明治刑訴法は，ともにさまざまな問題点を抱えていたことも確認することができる。そのなかでも重要と思われるのが，予審の運用状況である。治罪法における実務状況を確認することはできなかったが，明治刑

訴法初期の実務状況を確認する限り，予審の機能や役割は治罪法や明治刑訴法で予定されていたものから変化していたことが指摘できる。当時の弁護士層からは，予審段階において身体拘束の濫用や恐嚇詐言の行使といった人権侵害が行われていたことに加え，予審が被告人にとって不利益な証拠の収集機関へと変化していることが指摘・批判された。さらに検察官による不十分な起訴について証拠を補充する機能をも担っていたことも指摘された。当時の予審の結果は公判審理で被告人に不利な方向で決定的な役割を果たしていたという認識のもと，その改善が弁護士層を中心に要求された。また，予審に限らず，警察や検察が作成した聴取書が一件記録に添付または独立して公判の裁判官に送付され，心証形成について事実上の影響を及ぼしていることも批判された。

　もっとも，統計（とくに重罪事件の無罪率）をみる限り，このような状況が実務全体において定着していたとはいい難い。無罪方向の証拠も収集するという予審の機能が果たされていた可能性は十分ある。とはいえ，弁護士層の批判が示唆するように，構造的には当時の当事者関与を排除した予審制度が刑事手続における問題点であると認識され始めたことは明らかである。

　以上のような弁護士層の批判は，予審判事による不公正な証拠収集や検察や検察作成の聴取書が，記録閲覧が有する「捜査・訴追過程の事後的検証」という意義や機能が限定されていた可能性を示すものといえる。すなわち，当時の記録閲覧の意義や機能が，警察や検察の聴取書の活用や予審の運用のあり方次第で大きく変化するという関係が，ここでは確認できるのである。この運用次第で，当時の記録閲覧は，弁護人の関与が排除された予審において実質的に確定された有罪証拠の収集・有罪方向での訴追過程を確認するにとどまっていたと評価することができよう。また，一件記録にどのような記録を含めるかについて，検察官や予審判事は裁量を有していたことも指摘できる。このように，警察・検察の証拠収集権限やその結果の公判での利用可能性，さらには予審の運用次第で，記録閲覧の機能が限定され，それに伴い弁護権の実効的保障や公判審理における検察側との「対等」の保障も限定される可能性があったのである。記録閲覧は，糺問主義的な公判前手続を維持しながら弾劾主義を採る公判手続を採用する条件の1つであったものの，それは公判前手続の構造に規定されていたといえるのである。

　このような状況に対して，実務・学説上でさまざまな動きがあった。まず指

摘できるのが，弁護士層による改革要求の提起である。1897 (明治30) 年に結成された日本弁護士協会は，上記の認識のもと，予審廃止論や予審弁護制度の主張をもって対抗しようとした。とくに後者は，予審段階から弁護人を選任することによって，予審判事による人権侵害，予審による証拠収集の（有罪方向での）一極化を防止することを目的とするものであった。そのなかで重要なのが，予審段階における弁護人選任を認めることと付随して，予審段階における訴訟記録閲覧・謄写権が主張されたことである。この主張は，予審における人権侵害などの防止，予審により収集される証拠の一極化防止と密接に関連するものとして訴訟記録閲覧・謄写権を位置付けていた。

これに対し，捜査機関による活動に関しても大きな動きがみられた。治罪法や明治刑事訴訟法において現行犯・準現行犯以外の場合に強制捜査権限を否定されていた捜査機関は，捜査段階で作成した被告人・証人に対する訊問調書を裁判所に提出するという動きを示した。[97] このような動きに対して，大審院は数度にわたり，このような調書は無効であると判示した。それにもかかわらず，聴取書は一件記録に綴じられ，事実認定において事実上一定の役割を果たしていることが指摘されていた。このような動きは，捜査機関の権限拡大を示すものであるといえるが，理論上もそれを肯定するかのような見解も示されていた。このような動きは，予審による証拠収集のあり方に大きく影響したといえる。

以上のように，明治刑訴法初期の時点ですでに記録閲覧の意義は制限される可能性を有していた。公正な捜査・訴追過程の事後的検証，それに伴う弁護権の実効的保障や公判審理における検察側との「対等」の保障という記録閲覧の意義や機能は，警察や検察の捜査のあり方，予審の運用次第で大幅に限定される可能性があり，また一部の事件では実際に限定された。記録閲覧は，被告人に不利益な方向に活動する予審による証拠収集過程および捜査機関作成の聴取書などの経過や成果のみを確認できるにすぎないものとなりえた。それは，当事者の関与は排除されるが，予審による公平な捜査・訴追過程の事後的な検証という記録閲覧権の理念像とは大きく異なるものであった。

このような状況に対して，弁護士層や捜査機関によるさまざまな動きがみられたことは，1898 (明治31) 年の刑事訴訟法改正案や明治32年改正やそれをめぐる議論をみても明らかであった。それでは，このような捜査機関の活動や予審

の活動の方向性によって左右されうる記録閲覧権の意義は，これ以降の時期において，どのように変化していったのであろうか。また，これに対し，本章で確認・検討した改革要求はどのような動きをみせ，そしてどのように実現されたのだろうか。さらに，そこでの記録閲覧権はどのように位置付けられ，現実にどのような意義を有しえたのであろうか。大正刑事訴訟法の制定をめぐって，以上の点についてさまざまな議論や実務の変化がみられることになる。

1) 垂水克己「明治大正刑事訴訟法史（二・完）」法曹会雑誌18巻3号（1940）57頁。たとえば，磯部四郎も治罪法が不完全であったことによる弊害を主張している（磯部四郎『刑事訴訟法講義　上巻』（八尾書店，1890）9頁以下）。
2) 垂水・前掲注1）57頁。垂水克己によれば，ドイツ法の要素が加味されたのは，1877年ドイツ刑事訴訟法は理論的に整頓された，より合理的なものであったという理由によるものであるとされている。
3) 大日本帝国憲法23条「日本臣民ハ法律ニ依ルニ非サルシテ逮捕監禁審問処罰ヲ受クルコトナシ」，同24条「日本臣民ハ法律ニ定メタル裁判官ノ裁判ヲ受クルノ権ヲ奪ハルルコトナシ」，同25条「日本臣民ハ法律ニ定メタル場合ヲ除ク外其ノ許諾ナクシテ住所ニ侵入セラレ及捜索セラルルコトナシ」，同59条「裁判ノ対審判決ハ公開ス但シ安寧秩序又ハ風俗ヲ害スルノ虞アルトキハ法律ニ依リ又ハ裁判所ノ決議ヲ以テ対審ノ公開ヲ停ムルコトヲ得」。
4) 小田中聰樹『刑事訴訟法の歴史的分析』（日本評論社，1976）133頁，さらに大日本帝国憲法の制定過程および同時期における憲法理論の展開について，大石眞『日本憲法史（第2版）』（有斐閣，2005）273頁以下。これに加えて，家永三郎『司法権独立の歴史的考察（増補版）』（日本評論社，1967）175頁以下も参照。
5) 小田中・前掲書注4）104頁を参照。同書は，「明治刑訴法は第一帝国議会（明治23年11月29日開会）以前の明治23年10月6日公布された。従って元老院で審議されたことが想像されるが，元老院の審議記録たる『元老院会議筆録』は明治17年分迄しか公刊されていない」としている。
6) 磯部四郎『刑事訴訟法講義　下巻』（八尾書店，1891）15頁以下。
7) 松室致講述『刑事訴訟法』341頁。なお，同書は松室が講師として行った講義用のものと推測されるが，出版年および出版社は明らかではない。
8) 亀山貞義『刑事訴訟法論　下之巻完』（六法講究會出版，1897）811頁以下。
9) 井上正一『刑事訴訟法義解』（書肆明法堂，1893）572頁以下。
10) 井上・前掲注9）568頁以下。
11) 磯部・前掲注6）13頁以下。
12) 磯部・前掲注1）283頁以下。
13) 亀山・前掲注8）780頁以下など。
14) 小田中聰樹「刑事訴訟理論の歴史的概観」吉川経夫＝内藤謙＝中山研一＝小田中聰樹＝三井誠編著『刑法理論史の総合的研究』（日本評論社，1994）720頁を参照。
15) 井上・前掲注9）19頁以下。
16) 磯部は，刑罰権の行使を要求するのは被害者たる社会の公衆であり，公訴を提起するのも公衆であるとしている。検察官は，「社會ノ代表者トシテ刑事訴訟ニ於テ原告ノ地位ニ立ツモノト」とされているのである。それゆえ，公訴権は検察官の所有物でなく，検察官が代表者とし

て行使しているのにすぎないのであって，犯罪事実が明確な場合には，必ず起訴すべきことが主張されている（磯部・前掲書注1）36頁，269頁以下を参照）。

17) 亀山貞義『刑事訴訟法論　上之巻』（六法講究會出版，1893）43頁以下。
18) 亀山・前掲書注17) 68頁以下。
19) 亀山・前掲書注17) 61頁以下。
20) 亀山貞義『刑事訴訟法論　中之巻』（六法講究會出版，1894）529頁以下。
21) 亀山・前掲書注20) 581頁以下。
22) 松室致『改正刑事訴訟法論』（有斐閣，1899）198頁以下。松室は，強制力を用いて作成していない以上，公判審理における証拠とできると主張する。
23) この理論状況の詳細については，小田中・前掲注14) 720頁以下を参照。
24) 井上・前掲書注9) 532頁以下。
25) 磯部・前掲書注6) 43頁以下。
26) 磯部・前掲書注6) 44頁以下。
27) 磯部・前掲書注6) 45頁。
28) 亀山・前掲書注8) 821頁。
29) 亀山・前掲書注8) 820頁以下。
30) 松室・前掲書注22) 308頁。
31) 松室・前掲書注22) 317頁以下。
32) 磯部・前掲書注1) 285頁以下。
33) 「豫審制度ヲ廃止スルノ件」日本弁護士協会録事5号（1897）4頁以下。
34) 前掲注33) 6頁。
35) 前掲注33) 6頁以下。
36) 前掲注33) 10頁以下。
37) 前掲注33) 13頁以下。花井は，密室監禁制度の存在について，改正条約を実施する際に障害となることを指摘している。さらに，日本弁護士協会評議員会第17例会における第16議題として「密室監禁廢止ノ件」が議論され，全員一致でこの提案が可決されている（「密室監禁廢止ノ件」日本弁護士協会録事17号（1899）1頁以下）。
38) 前掲注33) 17頁以下参照。
39) 前掲注33) 20頁以下。ここでは，東京地方裁判所の判事の人数が例として挙げられている。これによると，判事の総数のうち3分の1（89名）が予審判事の任務を割り当てられている。このような傾向は，各地方裁判所などでも同じとされている。この予審判事についても書記官などの人員が割かれているということから，司法経済上の損害であるとして批判されているのである。
40) もっとも，小田中・前掲注4) 155頁以下は，「予審廃止後の公判前手続の構想，即ち証拠収集のための強制権限をどの範囲で検事に与えること」を指摘している。このような指摘は，その他の予審廃止賛成論者においても同様であるとされている。これに対し，予審廃止反対論者たる井本常治（「第二説」）は，予審廃止が目的とする人権保護を貫徹しようとすれば予審に関するすべてを廃止することにならざるをえないが，社会の安寧を保持するためには予審の主義精神をすべて除去することは不可能であるとする。さらに，予審廃止論者の主張も検察官に「公力ノ一部ヲ用ユベキ権能ヲ付与スル」というものであるから，人権侵害の危険性は依然としてなくならないだけでなく，司法警察官にもそれを付与するというのであれば，その危険性はさらに増すことになると批判している（前掲注33) 34頁以下）。
41) 「豫審制度ヲ廃止スルノ件」日本弁護士協会録事6号（1898）3頁。
42) 前掲注41) 24頁以下。

43) 前掲注41) 28頁以下。
44) 前掲注41) 29頁。
45) 密室監禁廃止論を主張するものとして，たとえば，磯部四郎「密室監禁に関する考察」日本弁護士協会録事9号(1898)51頁以下。さらに，前掲注37) 1頁以下も参照。
46) 小田中・前掲書注4) 6頁以下によれば，「糺問主義的予審判事司法」とは，「糺問手続をほぼそのまま維持している公判前手続（なかんずく，予審手続）にその中核をもち，したがって予審判事を全刑事手続の実質的決定者としている」ものとされる。さらに，小田中・前掲書注4) 9頁における注3では「糺問的予審で得られた証拠（特に予審調書）が大幅に証拠能力を認められ，これが公判で決定的な役割を果たすのがこの型の通例である」ともされる。
47) 前掲注41) 32頁。
48) 「豫審ニ辯護人ヲ付スルノ件」日本弁護士協会録事7号(1898) 3頁以下。
49) 前掲注48) 6頁以下。
50) 前掲注48) 10頁。
51) 前掲注48) 14頁。
52) 植村俊平「現今ノ司法制度」日本弁護士協会録事4号(1897)64頁。
53) 「聴取書」問題については，小田中・前掲注4) 141頁以下，小田中聰樹「被疑者取調べの歴史的考察（戦前）」井戸田侃編集代表『総合研究　被疑者取調べ』（日本評論社，1991)109頁以下，多田辰也『被疑者取調べとその適正化』（成文堂，1999)69頁以下などを参照した。
54) 「司法警察官被告人ノ訊問調書ヲ作リタルノ件」法曹記事10号(1892) 48頁以下。本判決要旨は，「告發ヲ受ケタル司法警察官ハ第49條ノ規定ニ從ヒ其處分ヲ爲ス可シトアリテ現行犯ノ予審ニ付同法第147條ニ於テ予審判事ニ屬スル處分ヲ假ニ行フコトヲ許シタル外非現行犯ニ付テハ司法警察官ハ檢事ノ指揮ヲ受ケ犯罪ヲ捜査スルニ止マリ被告人ヲ訊問シ調書ヲ作ルノ權ナキモノトス而シテ本件ハ司法警察官タル土浦警察署警部ニ於テ告被人關本善十郎田村義嗣連署ノ書面ヲ以テ告發ヲ受ケタルモノナレハ前掲第49條ノ第2項ノ規定ニ從ヒ速ニ其書類ヲ管轄裁判所ノ檢事ニ送致ス可キモノナルニ良シヤ捜査ノ爲メナリトスルモ被告人ヲ訊問シ其調書ヲ作リタルハ越權ノ處分ニシテ其調書ハ無效ニ屬スルモノナリ然ルニ原判決右無效ノ調書ニ記載シタル被告ノ自白ヲ採リ以テ斷罪ノ證憑ニ供シタルモノナレハ其認定シタル事實ノ果シテ眞確ナルヲ保シ難ク隨テ擬律ノ當否ヲ鑑査スルニ由ナキ不法ノ裁判ニシテ破毀ス可キ理由アルモノトス」というものであった。
55) たとえば，野村正男『法窓風雲録　上』（朝日新聞社，1966) 24頁以下。同書によれば，同判決は，「当裁判所は，検事総長尾岡康毅が，被告等は金銭を賭し，博突をなし，判事懲戒法第1条2号にあたるべきものたるにつき，同法第2条の罰に処せらるべし，との申立に係る懲戒事件につき，受命判事芹沢政温，木下哲三郎の下調べを十分なりと思料し，その取調べたる証人三好退蔵──（中略）の調書，その他客人入船帳の謄本等一切の書類および検事の意見書を閲し，博突をなしたりと認むべき證憑一もこれなきをもって，随って判事懲戒法第1条第2号に適するの非行なきものと判定す。よって同法27条第1項末段に従い，各被告人に対し免訴するものなり」，「但し，東京地方裁判所検事正野崎啓三の嘱託により，警視庁巡査本部において取調べたる相原イシほか17名の調書は，法律によらざる訊問に成り立ちたる無効のものなるをもって，本件審理の材料に供せず」。弄花事件については，小田中聰樹『現代司法の構造と思想』（日本評論社，1973) 293頁以下を参照。
56) 小山松吉「裁判所構成法施行後の事蹟を顧みて」法曹会雑誌17巻11号(1939) 68頁。
57) 小山・前掲注56) 69頁を参照。
58) 大判明治28年10月25日判決録1輯3巻169頁。
59) 花井卓蔵「教科書の獄を論じて其法律上裁判上の疑義に及ぶ（三）」法律新聞156号(1903) 6

頁。また，当時の状況を示す裁判例として，たとえば，1894（明治27）年8月16日大審院判決はすでに，司法警察官が被告人などの陳述を録取して，その警察官のみが署名押印し，被告人が署名押印していない聴取書は無効の書類とはいえない，と判示している（「司法警察官ノ作リタル被刻印聞取書ノ件」法曹記事33号（1894）51頁以下）。

60) 「検事司法警察官ノ犯罪捜査ニ關スル件」法曹記事52号（1896）125頁以下。国分三亥も「爾今，検察側の取調べでは証拠にならぬということで，時の司法省は検事の調べたものは袋に入れてマル秘をつけて差出し，裁判官の参考だけにせよ，ということになった。その結果，はじめて検事の聴取書，すなわち"聴きとり書き"というものができたのである」と述べている（野村・前掲書注55）24頁）。

61) 「検事ノ作リタル訊問調書ノ件」法曹記事37号（1894）587頁以下。

62) 「検事ノ起訴セサル被告人ノ調書効力ノ件」法曹記事37号（1894）588頁以下。

63) たとえば，岡村輝彦「刑事上證據法ノ改良ヲ望ム」日本弁護士協会録事2号（1897）55頁以下，信岡雄四郎「刑事判決に慨嘆す」日本弁護士協会録事4号（1897）68頁以下，守屋此助「聴取書ヲ論ス」日本弁護士協会録事16号（1898）41頁以下など。

64) 「緊急議題　司法警察官ノ作製スル聴取書ノ證據力ニ關スル件並ニ一件書類ニ添付ス可カラサルノ件」日本弁護士協会録事16号（1898）18頁以下。

65) 前掲注64）18頁以下。もっとも，この太田の見解は，検察官が証拠収集の権限を有しているという点で誤っているように思われる。この太田の見解を検討するものとして，小田中・前掲書注4）141頁以下。

66) 小田中・前掲書注4）144頁以下を参照。小田中は，「『通常の聴取書』を排除する論理としてはこれが一番優れている」と「第五説」を評価する。

67) 前掲注64）34頁。

68) 国分三亥「往事を追懐して（中）」法曹会雑誌16巻8号（1938）119頁。もっとも，国分自身は，司法警察官が作成した訊問調書は，「決して違法といふべきではない」として，公判判事が判決の資料として採用するかはともかく，訴訟記録のなかに編綴してはならないという理由はないとして，当時の検事総長に上申して，その再議を求めたという。

69) 「公判中検事の取調」日本弁護士協会録事33号（1900）74頁以下。

70) 「証拠物件ヲ被告ニ示ササリシ件」法曹記事15号（1893）45頁以下。

71) 明治刑訴法198条「①裁判長ハ各證憑ノ取調終リタル毎ニ被告人ニ意見アリヤ否ヤヲ問ヒ且其利益ト爲ル可シ證憑ヲ差出スヲ得ヘキコトヲ告知ス可シ　②又證憑物件ハ被告人ニ示シテ辯解ヲ爲サシム可シ」。

72) 上述の日本弁護士協会評議員会の予審廃止に関する議論における「第十説」のほか，植村・前掲52）65頁などにおいてもこのことは指摘されている。

73) この刑事訴訟法中改正法律案の条文については，小田中・前掲書注4）158頁以下を参照。さらに，密室監禁廃止に関する立法過程における議論については，同書160頁以下を参照。

74) 第13帝国議会貴族院議事速記録第28号（1899）401頁以下，日本弁護士協会録事19号（1899）83頁以下など参照。

75) 91条「豫審判事ハ検事若クハ被告人ノ請求ニ因リ又ハ職権ヲ以テ事實發見ノ爲メ必要ナリトスル證據徴憑ヲ集取ス可シ」。

76) 小田中・前掲書注4）164頁。

77) 第13帝国議会貴族院議事速記録第28号（1899）403頁。

78) 前掲注77）403頁。

79) 前掲注77）403頁以下。清浦は，また予審に関する改正は司法警察や公判部分の改正も伴うことも理由として挙げている。

80) これは花井卓蔵の独断であったとされている（「豫審の辯護に關する修正案」日本弁護士協会録事19号（1899）83頁）。花井の提案理由は，大木源二編『花井卓蔵全傳　上巻』（花井卓蔵全伝編纂所，1935）144頁以下を参照。また，小田中・前掲書注4）171頁以下を参照。
81) 第13帝国議会衆議院議事速記録第41号（1899）632頁以下。
82) 前掲注81）634頁以下。
83) 前掲注81）647頁以下。さらに，この石渡政府委員に対する反論は，「豫審免訴の統計」日本弁護士協会録事19号（1899）80頁以下にも掲載されている。
84) 第13帝国議会貴族院議事速記録第41号（1899）648頁。また，この内容は，日本弁護士協会録事20号（1899）41頁以下にも掲載されている。
85) 前掲注83）「豫審免訴の統計」81頁以下。
86) この両院協議会では，花井や三好などはそのメンバーから除外されていた。このことが，修正提案否決につながったことは容易に想像できよう（小田中・前掲書注4）167頁参照）。さらにその経過や結末について報告するものとして，「刑事訴訟法改正案」日本弁護士協会録事25号（1899）95頁以下。
87) 「司法大臣交渉始末」日本弁護士協会録事20号（1899）67頁以下。
88) 「豫審辯護に關する質問」日本弁護士協会録事27号（1899）110頁以下。
89) 前掲注88）111頁以下。花井は，刑事弁護人を用いることには学理上2つの主義があるとする。1つは，訴訟の進行具合を問わずすべて弁護人を用いるようにすべきという主義（英米法，ドイツ法，当時のフランス法）であり，もう1つは弁護人を用いることを公判段階に限定する主義（明治刑訴法・以前のフランス治罪法）である。第1の主義は，被告人は有罪判決が確定するまでは無罪の領民と扱われるべきで，被告人のために十分その権利を保護することが弁護人を付する理由とする。それゆえ，公訴提起後，有罪無罪が確定するまではいつでも弁護人を利用することができるのであるとされている。これに対して，第2の主義は，予審は真実発見のために秘密であるべきで，それゆえ弁護人の立会は許されないとする。花井は，この第2の主義に対して，弁護人は被告人の代理として行動するのであるから，予審を被告人には公開している現行法と抵触しないこと，また第2の主義の考えは，弁護人に対して罪証隠滅などを行うなどの疑いをかけるものであるが，そのような考え方は理由になっていないとする。
90) 沢登佳人＝中川宇志「明治治罪法の精神」法政理論19巻3号（1987）63頁。
91) 前掲注88）116頁。
92) 日本帝国司法省刑事統計年報による。1891（明治24）年18.8％，1892（明治25）年18.7％，1893（明治26）年19.9％，1894（明治27）年20.4％，1895（明治28）年20.4％，1896（明治29）年20.0％，1897（明治30）年19.1％，1898（明治31）年19.1％。さらに，三井誠「検察官の起訴猶予裁量――その歴史的および実証的研究」法学協会雑誌87巻9＝10号（1970）918頁以下も参照。
93) 日本帝国司法省刑事統計年報による。1891（明治24）年40.0％，1893（明治26）年40.0％，1894（明治27）年39.1％，1895（明治28）年38.2％，1896（明治29）年44.0％，1898（明治31）年35.9％。もっとも，1897（明治30）年については入手することができなかった。出射義夫「検察制度の研究」司法研究報告書第26輯4号（1939）135頁以下も参照。
94) 日本帝国司法省刑事統計年報による。1891（明治24）年7.6％，1892（明治25）年8.6％，1893（明治26）年9.6％，1894（明治27）年9.7％，1895（明治28）年9.4％，1896（明治29）年9.2％，1898（明治31）年9.6％。もっとも，1897（明治30）年の統計については入手することができなかった。
95) 日本帝国司法省刑事統計年報による。1891（明治24）年12.5％，1892（明治25）年11.7％，1893（明治26）年14.1％，1894（明治27）年13.2％，1895（明治28）年11.9％，1896（明治29）年13.5％，1898（明治31）年12.1％。もっとも，1897（明治30）年の統計については入手することができなかった。

96) 日本帝国司法省刑事統計年報による。1891 (明治24) 年7.7%, 1892 (明治25) 年8.7%, 1893 (明治26) 年9.7%, 1894 (明治27) 年9.8%, 1895 (明治28) 年9.5%, 1896 (明治29) 年9.3%, 1898 (明治31) 年9.6%。もっとも, 1897 (明治30) 年の統計については入手することができなかった。
97) もっとも, この「訊問」の動きについては, 強制処分としての訊問と任意処分としての訊問を区別する必要もあろう。この時期の判例などが否定したのは, 「強制処分としての訊問」であり, 任意処分としての被疑者取調べはすでに幅広く用いられていたようである。もっとも, その実態が実質的に強制的なものであったことも稀ではなかった (小田中・前掲書注14) 114頁以下, さらに田中輝和「旧旧刑訴における捜査の方法とその法的規制についての素描――旧法第254条1項成立の背景」法学30巻4号 (1967) 25頁以下も参照)。

第 3 章　大正刑事訴訟法における記録閲覧権問題の構造

I　明治34年案の構造と記録閲覧権

1　立法動向と実務上の動き

　1895（明治28）年，刑訴法改正作業が，刑事訴訟法調査委員会によって開始された。同調査委員会は，1898（明治31）年に「刑事訴訟法改正案」をまとめた。さらに同年の法典調査委員会規則の改正により，刑訴法改正作業は法典調査会の所轄事項となった。法典調査会は，1901（明治34）年5月に「刑事訴訟法草案」（いわゆる明治34年案）を作成・公表した。[1]

　この改正作業の具体的内容を検討する前に，当時の立法動向・実務状況を確認する。1900（明治33）年6月に行政執行法が公布された。同法1条は，保護検束（「泥酔者，瘋癲者，自殺ヲ企ツル者其ノ他救護ヲ要スト認ムル者」に対する検束）や予防検束（「暴行，闘争其ノ他公安ヲ害スルノ虞アル者」に対する検束）を，同2条は家宅侵入・捜索などを認めた。これらの規定により，警察による強制的な手段は多様化・強化された。この行政検束は犯罪捜査を目的として用いられてはならないとされていたが，その抑止規定は存在しなかった。同法以前の時期から事実上用いられていた行政検束は，同法により濫用の歯止めのない拡大解釈可能な法的根拠をもつことになった。この行政検束は，捜査機関の強制捜査権限が限定されていた当時において，最も効率的な「捜査方法」として活用された。[2]

　これに加え，明治30年代以降，実務上の起訴便宜主義が確立されていった。[3]その運用の確立と並行して，明治30年代以降捜査に質的な変化がみられるようになった。この変化は，1899（明治32）年の司法大臣訓令に明確に現れている。「従来司法警察官ニ於テ或ハ事体明確ナルサルニ已ニ被告人ヲ拘束シ起訴ヲ検事ニ求メ検事モ亦多少其情実ヲ斟酌シ之カ処分ヲ為スニ方リテモ往々之ヲ遅延

シ数日ノ後ニ至テ漸ク之ヲ放還シ若クハ強テ之ヲ予審或ハ公判ニ付シ又ハ犯罪ノ事体未タ明確ナラサルニ一片ノ推測ヲ以テ先ツ予審又ハ公判ニ付シ罪証ノ発見ヲ万一ニ期スルモノナキニ非サルカ如シ如斯ハ人権ヲ重ンスル所以ノ趣旨ニ背戻スルモノニシテ職ヲ検事ニ奉スルモノ深ク注意サセルヘカラサル点ナリトス故ニ被告事件猶検事ノ処分内ニアル問ニ於テ十分ニ事実ノ捜査ヲ遂ケ苟モ訴ヲ起ス以上ハ必ス有罪ノ判決ヲ受クヘシト確信シ得ヘキモノニ限リ初メテ起訴ノ手続ヲ為シ其職責ヲ全フスルコトヲ力ムヘシ」，「司法警察官ニ於テモ亦常ニ此意ヲ体シ専ラ人権ヲ傷ツケサラシムルコトニ注意セシメ事体軽微ニシテ罪証明確ナラストスル事件ニ付テハ司法警察官ニ於テ速ニ捜査ヲ結了シ引致シタル被告人ハ仮リニ之ヲ釈放シ之ニ関スル記録ノミヲ送致シ徒ラニ被告人ノ自由ヲ拘束スルカ如キコトナカラシメンコトヲ力ムヘシ」。[4]

　検察官による捜査・起訴がかなり大雑把に行われる場合があり，そこに予審判事が予審段階で有罪証拠を追加する実務が存在したことは前章で指摘した。この司法大臣訓示においては，このような捜査実務が批判され，捜査・訴追をより綿密にすべきことと事件が軽微で罪証が明確な場合における被告人の身体拘束期間の短縮すべきことが主張されている。花井卓蔵が「然るに近時俄に聴取書の勢力を勃興して，此文書往々にして公訴の原動力となっている」[5] と述べるように，明治30年代後半以降，聴取書を中心とした綿密な捜査を前提とした従前と比べて慎重な起訴という実務が定着していったのである。

　さらに，1905（明治38）年4月1日の「刑ノ執行猶予ニ関スル法律」による刑の執行猶予制度が，その後の1908（明治41）年10月に施行された現行刑法典に採り入れられた。同制度導入による捜査活動への影響について，当時検察官だった岩松玄十は以下のように述べている。「明治38年に刑の執行猶予の制度が採り入れられてからは，犯罪の捜査ばかりでなくその情状も調べねばならん。そうしないと起訴してよいか不起訴にしてよいか分からないし，執行猶予にするという資料もない。そこで，検事の調べ方が今まではただのお取り次ぎだったのが，今度は自分の手元で丹念に調べるということに変わっている」[6]，と。

　以上のように，明治30年代になると，従来の予審判事を中心とした証拠収集のあり方や訴追判断を前提としつつも，実務において検察官を中心とする捜査機関が証拠収集や訴追において大きな役割を果たすようになっていたことがわかる。そこで中心的役割を果たしたのは，検察官などによる取調べおよびその

結果たる聴取書であった。また，検察官による起訴判断も慎重になっていた。このことは，1897（明治30）年の不起訴率は19.1％であったが，1903（明治36）年には41.1％，1908（明治41）年には44.1％にまで上昇していることからも明らかである。このことからも，日本における捜査は明治30年頃を境に，質的に変化しつつあったことがわかる。

以上のように，明治30年代，捜査機関による捜査活動を比較的厳しく規制していた治罪法や明治刑訴法の制度と「『実際の必要』を前面に押し出した捜査実務との速歩的な背離過程」が進んだことがわかる。これに対し，予審免訴率は1896（明治29）年から急激に減少している。同年に予審免訴率は44.0％であったが，1901（明治34）年に30.0％，1906（明治39）年には約19％，1908（明治41）年には17.7％にまで低下している。これらの統計をみる限り，事件を公判に付すべきかどうかを判断する機能は予審から検察に移行しつつあったといえる。

このような動向は，記録閲覧にどのような影響を及ぼしたのであろうか。この点に関して，たとえば，1901（明治34）年に広島控訴院検事長一瀬勇三郎による談話が参考となる。「司法警察官の犯罪捜査及其取調等の全体に關する行動上正しく一大刷新を講ずる必要あるを感ず熟々従来取扱上の慣行に付て之を観るに犯罪檢擧上或は半面的の行為に出るもの居多ならんかと察せらるるもの鮮しとせず即ち被疑者の不利益と爲る可き方面のみにて付て之を爲すものの如くして其利益となる可き方面に向て之を盡したるもの甚だ僅少ふるは最も小生の遺憾とする所なり抑も總て事件の起頭に係るを以て毫厘の誤千里の差を来たすことを慎まざる可からず犯罪の被疑者を檢擧逮捕するは勿論必要なりと雖も治罪の大義に於ては是れ第二段の目的にして即ち正しく其事實の眞相を看破確認するに在り故に一面犯行の證據を搜索すると同時に他一面必ず又其被疑者の利益と爲る可き材料を蒐集するに勉めざる可らず」，と。ここでは，司法警察官が被疑者・被告人に不利益な証拠のみを収集しているという当時の状況が指摘されている。これに対し，一瀬は，犯罪者の検挙以上に真実発見が重要なのであるから，被疑者・被告人にとって有利な証拠も捜査せよと指示している。

このような見解は，捜査機関による公正な証拠収集活動を要請したものと評価できる。もっとも，この談話は，治罪法や明治刑訴法の構想とは異なるものであった。治罪法や明治刑訴法においては，司法警察官や検察官は被告人に不利な証拠のみ収集するという理由から，強制捜査権限や証拠収集権限は付与さ

れず,その権限は予審判事に与えられていたからである。一瀬の談話は,捜査機関は被告人に有利・不利を問わず公正な捜査をすべきことを前提として,捜査機関の権限拡大を意図するものであったとも評価できよう。一瀬が示したような見解が与えた実務への影響は定かではない。もっとも,捜査機関が被疑者・被告人に不利な証拠のみを収集していたという当時の実務状況を確認することができる。

　検察官による訴追判断において聴取書が重要な位置を占めており,聴取書が公判審理においても中心的役割を果たしていたことは当時から指摘されていた。花井卓蔵は,「教科書事件に於て,事案判定の資料果たして彼等證人の陳述以外に求め得られざるか」とし,「事件は彼等の陳述を録取したる聴取書に依りて,起訴され,又豫審に於ても,公判に於ても,多くは彼等の證言に依つて決定並に判決に與へられてある」と批判した。また,同じく弁護士の三坂繁人は,「警察に於て取調べたるものを再び豫審に於て取調ぶる必要なく又更に公判に於て取調ぶる必要なかるべき」という現状を指摘した。

　この花井らの指摘は,予審の有していた事件選別機能と証拠収集機能の低下を示すものともいえる。このことは,当時の統計からも窺えるものである。当時の事件全体の無罪率をみると,1901（明治34）年の10.4%から1906（明治39）年には5.0%,1908（明治44）年には3.5%にまで低下している。重罪・軽罪事件両者とも無罪率が低下している。この無罪率の急激な低下の原因としては,捜査機関が有罪証拠を重点的に収集しているという上記の指摘を前提とすれば,証拠収集機能が予審から捜査機関に移行しつつあったことが考えられる。

　さらに,この時期においては検察官による証拠隠しもみられる。日本弁護士協会は,1905（明治38）年に東京都で発生した兇徒聚衆事件およびこれに関連する警察官による事件の起訴が不公正であることにつき,説明を求める公開状を倉富検事長に送付した。これに対し,倉富は以下のように回答している。

　　警察官吏の犯罪事件に關する捜査の結果極めて不良なりしことは予亦之を認む……3名の巡査に對して起訴をするに至れり然れば検事は捜査の手續を盡くさざるに非ず之を盡くしたるに拘はらず遂に其結果を得ざりしものなり予は東京地方裁判所検事局に左記の如き記録あるを知る
　　　一　検事の見聞書および報告書　　　　　　　20通
　　　一　負傷者其他の關係人に對する検事の聴取書　411通

一　被嫌疑者に對する檢事の聽取書　　　　　12通
　一　警察官吏の犯罪に關する報告書　　　　　28通
　一　被害者に関する報告書　　　　　　　　　40通
　一　東京辯護士會より提出したる被害者名簿　 1冊
　一　東京辯護士會より提出したる被害事件調査書　2冊
　右等の記録に依るも檢事が本件の捜査を等閑に付したるに非ざることを知るに足るべし。

　ここでは，警察官を起訴しないために不利益な証拠が隠されている。この一例からすべてを語るべきでないが，この事件は，当時，検察官がその送付すべき記録などを選択することができたことの一例といえる。
　以上のように，明治30年代における記録閲覧の状況は，明治刑訴法制定当初の時期と同様に，有罪方向の証拠を中心として閲覧対象とせざるをえない状況であったといえる。もっとも，その背景については変化がみられた。明治30年代に入り，捜査機関による捜査活動，さらに検察による訴追判断にも変化があったことが確認できる。これらの綿密な捜査や慎重な起訴への移行は，予審にも影響を及ぼした。予審の事件選別機能は急激に低下することになった。他方で，公判における無罪率はこの時期に急激に低下した。検察による捜査活動が公判審理の結果を左右しつつあったのが，この時期の実務状況の特徴といえる。そして，その中心的役割を果たしたのが聴取書であった。
　以上を総合すれば，予審判事による活動のあり方によって，その意義・機能が左右されていた記録閲覧権は，検察による証拠収集活動によって，その意義・機能が左右される状況となりつつあったといえる。さらに，従前から前提とされていたように，捜査機関による証拠収集は有罪方向へと偏る傾向にあり，その結果，記録閲覧は捜査機関による有罪方向の捜査・訴追過程を事後的に確認するものへと変化していった。記録閲覧権は，被告人側による自身に有利な証拠の確保について機能しなくなっていたといえる。
　以上のような実務状況のもと，明治34年案に関する議論が進められることになる。以下では，この明治34年案の基本構造を確認し，これに対する見解を概観しながら，そこでの記録閲覧の意義・機能を検討することにする。

2　明治34年案の基本構造その１——記録閲覧権と弁護権

　上述のように，刑訴法改正作業を引き継いだ法典調査会は，1901（明治34）年５月に明治34年案（以下，「34年案」とする。）を作成・公表した。この明治34年案は，裁判所や検事局，そして弁護士会に配布され，同年８月を期限とした答申が求められた。以下では，この34年案およびこれに対する答申における記録閲覧および弁護権，捜査機関の捜査権限・検察官の起訴権限，予審制度，公判における証拠調べに関する規定を確認することで，当時の実務状況をより正確に把握し，その問題点を明らかにし，これに対する対案を概観する。

　34年案163条では，記録閲覧の範囲が一定程度拡大されていた。

> 163条　①豫審に付したる事件に付ては第241條の手續を爲したる後豫審に付せざる事件に付ては檢事公判を請求する後辯護人は裁判所内に於て被告事件に關する書類及び證據物件を閲覽し且其書類を謄寫することを得
> ②辯護人の立會を許す可き豫審處分に關する書類及び證據物件は豫審中と雖も閲覽又は謄寫を請求することを得

　ここでの第１の改正点は，予審段階における記録閲覧が認められたことである。もっとも，本条第１項で指示されている241条が「豫審判事は被告事件に付き他に取調を要することなしと思料したるときは書類及び證據物件を檢事に交付す可し」と規定されていることからすると，予審における取調べが終了した後に記録閲覧を認める規定であることには注意を要する。

　この規定は，34年案239条２項が，検察官については，「何時にても豫審書類を閲覽することを得且豫審手續の進行を妨ぐることを得ず」としていたことと対照的である。もっとも，34年案163条２項は，弁護人の立会が許されている予審処分に関する書類や証拠の閲覧・謄写を認めている。この立会が許される処分とは，検証，差押え，捜索（107条参照），鑑定（157条），疾病などの理由で公判に複数回呼び出すことが困難と思われる証人について予審段階で行う訊問（233条）である。他方で，被告人訊問や通常の証人訊問（87条以下）については適用がない。以上のように，さまざまな制限を伴いつつも予審段階における記録閲覧が一定程度認められたことが，34年案の特徴である。

　第２の改正点は，閲覧対象が，「訴訟記録」ではなく「被告事件に関する書類及び証拠物件」とされたことである。たとえば，明治刑訴法においては，「訴訟記録」には「證據物件ハ此内ニ包含セス證書其他ノ物件ハ公判開廷ノ時ニ於

イテノミ閲覧シ得ルニ止マル」[21]とされていた。このような当時の解釈に鑑みれば，閲覧対象は34年案において拡大されていたといえよう。

さらに，34年案では，第1編第10章「書類」が設けられていたことも注目される。これによれば，被告人および証人に対する訊問，鑑定，通訳に関する陳述内容および宣誓内容（168条），検証，差押え，領置または捜索について，処分の手続・日時，品目・目録（169条），予審調書（232条）などが「訴訟に關する書類」（167条）とされていた。その他，呼び出し状，拘引状，勾留状なども含まれる（54条）。さらに，捜査機関が作成した聴取書なども「被告事件に関する書類」に含まれると考えられる。

次に，弁護権の位置付けについて確認する。34年案160条1項は，「被告人は公訴の提起ありたる後何時においても辯護人を選任することを得」として，弁護人選任権も拡大していた。このように，公判段階から弁護人選任が可能とされていた明治刑訴法に対し，34年案では予審段階から弁護人選任が認められた。さらに，検証，差押え，捜索，鑑定，疾病などの理由で公判に複数回呼び出すことが困難と思われる証人について予審段階で行う訊問に弁護人は立ち会うことができるとされた。

3　明治34年案の基本構造その2——捜査機関の権限

34年案77条や84条では，明治刑訴法における逮捕権限は若干拡大されたものの，捜査機関の強制捜査権限は依然として限定されていた[22]。他方で，捜査機関は，強制処分以外の手段で，目的を達するに必要な一切の取調べを行う権限が認められた。もっとも，その取調べについては証人・鑑定人に宣誓をさせることはできない（222条）。この規定は，捜査機関に強制にいたらない捜査を許したものといえる。また，検察官が捜査のために強制処分を必要とする場合は，公訴提起前であっても検証，差押え，捜索，被告人や証人に対する訊問，鑑定を予審判事または所属区裁判所の判事に請求することができるとされた（223条）。その処分後，当該処分に関する書類および証拠物件はただちに検察官に送付される。このように34年案では，裁判官を介してではあるが，検察官は強制捜査に関与することが認められた。

捜査の結果，「其の事件に付き公訴を提起す可きものと思料したるときは豫審又は公判を求む可し」とされた（226条）。予審に付する判断の基準に関する

規定はないが,「軽罪の刑に該る可き事件に付ては予審を求むることを得ず但豫審を求むる事件と同時に取調を爲す可き場合は此限に在らず」(227条)とされた。当時,実務で定着しつつあった起訴便宜主義を明文化した規定は確認できないが,明治刑訴法と比較すると,起訴便宜主義的運用と抵触の少ない文言であった。さらに,「公訴は法律に定めたる區別に從ひ檢事之を行ふ」(194条)として,明治刑訴法と同様に国家訴追主義が採用されている。

以上のように,34年案においては,捜査機関の捜査権限は限定されつつも,裁判官を介しながら実質的に強制捜査への関与が認められていた。さらに,訴追権限についても,起訴便宜主義と必ずしも抵触しない規定などが設けられ,検察官の訴追裁量が事実上強化されたとの評価も可能であろう。

4　明治34年案の基本構造その3——予　　審

34年案でも,予審は維持されていた。他方で,231条1項が「豫審は被告事件を公判に付す可きや否やを決するに必要なる事項を取調ぶるを以て限度とす」とし,同条2項が「公判に於て取調べ難しと思料す可き事項及び被告人の辯護準備の爲め必要なりと思料す可き事項に付き其取調を爲す可し」として,予審の目的が明示されていたことが特徴的である。

予審は事件の選別機能を有する公判の準備手続として位置付けられた。この規定は,予審によって公判審理の結果が左右されているという弁護士層を中心とする批判に対応したものといえる。[23] 他方で,34年案37条1号は,裁判官,外国の官庁および官吏,検察官・司法警察官が作成した調書の証拠能力を認めた。当然,予審調書もここに含まれる。

さらに,両当事者の関与については,34年案231条2項では,「被告人の辯護準備の爲め」という弁護人の観点を反映させることが規定されていたが,予審判事に必要な処分を請求することができるのは検察官のみであった(239条1項)。

予審判事は,必要な取調べが終了したと判断した場合は,書類および証拠物件を検察官に送付し(241条),さらに管轄違い,免訴,公訴棄却などの事由があるときはその旨の意見書を添付する(242条)。検察官は予審判事の取調べが不十分と判断したときは,その事項を指示して取調べを請求することができる。[24] 予審判事が意見書を送致した事件については,検察官が書類および証拠物件に意見書を添付して,管轄違い・免訴・公訴棄却・(それ以外の場合は)事件

を検察官に事件を交付する旨の「先行の決定」を請求できる[25](242条，246条)。意見書を添附しなかった事件や246条により検察官に交付された事件については，検察官は公判を求める手続を行わなければならない(253条)。

以上のように，予審における処分や予審終結手続について，検察官の関与が大幅に認められた。とくに先行決定の制度は，ドイツの「中間手続(Zwischenverfahren)」に倣ったものとされる[26]。この制度は，予審判事による専断防止を制度的に担保しようとするものであった。他方で，検察官のみに関与権が認められ，弁護人には制限された記録の閲覧・謄写権のみが認められていた。

5　明治34年案の基本構造その4——公判手続

治罪法や明治刑訴法においては，上述のように理念として直接主義が宣言されていたとはいえ，その明文規定はなかった。これに対し，34年案36条は「裁判の資料たる可き證據は裁判所又は判事の直接に取調を爲したるものに限る」として，直接主義を明文で採用した。

さらに，34年案265条も，「證人は公判前裁判所又は判事其他法律に依り特別に裁判權を有する者又は條約に依り訴訟上の共助を爲す外國の官廳若くは官吏又は檢事司法警察官の訊問したる者と雖も更に之を訊問す可し但特別の規定ある場合は此限に在らず」として，直接主義を採用していた。

もっとも，34年案の直接主義が，書面による事実認定を禁止するものであったかについては検討の余地がある。たとえば，34年案37条は，裁判官，検察官および司法警察官などが作成した調書は「前條の規定に拘はらず之を證據と爲すことを得」と規定していた。264条も，この「證據と爲す書類は裁判長之を朗讀し又は裁判所書記をして之を朗讀せしむる可し但當事者異議なきときは其書類の要旨を告知して朗讀に代ふることを得」とし，さらに，266条も，上記265条にいう書類について，証人などが死亡や病気などにより呼出困難な場合，公判前における供述の重大な部分を変更した場合，公判において供述を拒否した場合，その調書の朗読について当事者が異議のない場合，朗読できるとした。以上のように，34年案の直接主義は，証拠調べは原則的に判決裁判所それ自体の面前にて行われなければならないという「形式的直接主義(直接審理主義)[27]」を採用するものであった。これによれば，調書であっても裁判官が面前で証拠調べを行えば問題はないこととなる[28]。この形式的直接主義はドイツにならった[29]

ものとされるが，ドイツ帝国刑訴法に比べ証拠としての利用可能性が認められる調書の類型が拡大されていた点で特徴的である。

以上のように，34年案は，直接主義を掲げつつも裁判官による調書のみならず，司法警察官，検察官作成の調書の朗読可能性を認めた。予審調書などの朗読可能性や捜査機関の聴取書の証拠としての利用可能性を否定していた治罪法や明治刑訴法に比べて特徴的である。

6 明治34年案の基本構造その5

ここまでみてきたように，34年案は，弁護士層から要求され続けていた予審弁護制度を一定程度採用したが，他方で検察官の捜査・訴追権限，警察の捜査権限を拡大した。さらに，捜査機関が作成した調書の証拠能力も一定の制限のもとではあるが明文で認められた。また，予審は公判準備の手続として一定程度純化された。このように，明治34年案では，予審が公判審理に対して有する影響力を制限しながら，検察官および被告人・弁護人の権限の一定程度の強化が予定された。

もっとも，予審段階で弁護人による活動は検察官に比べて大きく制限されていたことには注意が必要である。たとえば，弁護人が立ち会うことのできる予審の処分には被告人・証人訊問が含まれていないし，記録閲覧が認められる時期も予審における取調べが終結した後とされている。他方で，検察官は予審に関与する権限が大幅に拡大されている。検察官は予審において常に書類や証拠物件を閲覧し，常に必要な処分を予審判事に請求することができる。また，予審の免訴などに関する決定についても再審査を請求することもできる。

これまで確認してきたように，治罪法や明治刑訴法で前提とされていた記録閲覧権の意義は，被告人や弁護人の関与を排除した秘密・糺問の予審を採用したうえで，弾劾主義を採用し，武器対等を保障した公正な公判手続を行うために，その秘密・糺問の予審によって行われた証拠収集過程や訴追手続を公判段階で事後的に被告人側に明示する点にあった。34年案は，予審の役割を限定し，他方で両当事者の権限を拡大することを目的とするものであった。そして，被告人・弁護人に比べ，検察官の権限は大幅に拡大されていたことが特徴的である。

より具体的には，予審への関与の前提として一定程度の記録閲覧が認められ

たことが重要である。この記録閲覧の直接の目的は，公判手続での公正性などの保障にあるわけではなく，その直接の目的は，ここでは明示されていない。

他方で，予審以外の機関による証拠収集への関与が強化されつつも，閲覧の対象などには変化がみられないことも重要と思われる。このことは，予審による一極的な証拠・訴追過程に加え，検察やさらには警察による証拠収集・訴追過程をも閲覧対象に含めようとする提案の意図があったと評価できるともいえよう。もっとも，警察・検察が有罪方向の証拠のみを収集する（それゆえ，証拠収集の主体から除外する）という従来の前提との関係では，閲覧対象たる記録が「有罪・無罪を問わない公正な証拠収集過程」から，「有罪方向に重点化した証拠収集過程」という内容へと変化する可能性もあったといえる。そうすると，記録閲覧の意義や機能は大きく変化あるいは限定されることになる。

7　明治34年案に対する反応

この34年案は，裁判所・検事局・弁護士会に配布され答申が求められた。それらの答申は『刑法及刑事訴訟法意見書』および『刑法及刑事訴訟法意見書追加』[32]にまとめられている。以下では，これらの資料を中心に答申を概観しつつ，明治34年案の意義，さらには当時の実務の問題状況を探ることにする。

記録閲覧権を規定した163条については以下の答申が示されている。まず，仙台弁護士会は，①「辯護人ハ公判ニ付セラレタル事件ニ付テハ裁判所内ニ於テ被告事件ニ関スル書類又ハ証拠物件ヲ閲覧シ且其書類ヲ謄写スルコトヲ得」，②「豫審ニ付シタル事件ニ付テハ其進行ヲ妨ケサル限リ豫審処分ニ関スル書類又ハ証拠物ノ閲覧又ハ謄写ヲ請求スルコトヲ得」[33]とすることを提案した。その理由として，34年案のままでは予審段階における弁護人選任権を認める趣旨が損なわれることが挙げられた。[34]

宇都宮地方裁判所所属弁護士会長は，弁護人が予審の取調べに立ち会う権利を認める規定を設けるべきとして，34年案163条1項を，「豫審ニ付シタル事件又ハ豫審ニ付セサル事件ニ付テハ検事公判ヲ請求シタル後チ辯護人ハ裁判所内ニ於テ被告事件ニ関スル書類及ヒ証拠物件ヲ閲覧シ書類ヲ謄写スルコトヲ得」とすべきことを提案した。[35]さらに，2項の削除も提案した。その理由として，「豫審ノ取調ハ被告事件ノ基礎ヲ爲シ重要ナル利害関係ヲ有スルモノナレハ辯護人ヲシテ之ニ立会ハシムレハ被告人ノ爲メニ其利益少カラサルノミナラス

豫審判事ニ於テモ審理上迅速ト精密トヲ得ルノ便宜アリト信ス　辯護人ヲシテ右ノ如ク豫審ノ取調ニ立会ハシムル以上ハ従ヒテ証拠物件ヲ閲覧セシメ書類ヲ謄写セシムル必要アルコトハ勿論ナリ」と述べていた。

　さらに，京都弁護士会は「之實に妥當の規定にして従来の不便を補ふに足るべきを信ず然れども其如此の時機に達したることを辯護士に知らしむるの規定を存するに非されば辯護人は其事件の何の時に如此時機に達したるやを知るを得ずして不知の間に其機會を失せざらんとを期するには日々裁判所に就て之を探るの労を取ざるべからず然らざれば本條により蒙るべき便宜と利益とは殆んど収むる能はざるべし之を以ての故に如此時機に達したる場合に於ては豫審判事若くは檢事より辯護人に通知すべき規定を追加せられんことを希望す」としていた。

　以上のように弁護士層の答申は，34年案以上に予審段階における記録閲覧権を強化すべきとするものであった。具体的には，予審段階で弁護人を選任することができたとしても，記録閲覧が認められない（あるいは，その時期が遅い）のであれば，その意義が失われるとする見解が多くみられる。ここには，予審段階における実効的弁護の前提として記録閲覧権が不可欠であるとの弁護士層の認識を確認できる。

　次に，弁護士層以外の記録閲覧権に関する答申を確認する。函館控訴院検事長と地方裁判所検事正は，弁護人の行為を制約すべきとの趣旨で，163条2項の削除を要求している。さらに宮城控訴院検事長は，163条1項において指示されている241条を251条（「先行の決定後」）へと改正し，さらに163条2項の削除を要求していた。その理由としては，「第241条ノ手續後モ検事ヨリ豫審ノ取調不充分ナリトシテ尚ホ取調ヲ請求シ更ニ豫審ヲ続行スルコトアルヲ以テ未タ全ク豫審終了シタルモノニアラス故ニ之ヲ第253条ニ改メ本條ノ手續ヲ許スハ其事件全然公判ニ付シタル後ト爲サンコトヲ望ム」ことが挙げられていた。

　以上のように，検察は，34年案の提案を弁護人の権限を過度に強化したものと批判した。それゆえ，その見解は，記録閲覧時期を予審におけるすべての取調べ後に設定すべきというものであった。

　以上のように，当時の弁護士層や検察の要求は，予審段階における記録閲覧権の意義を示したものであった。そもそも弁護士層が主張していた予審弁護制度は，予審段階における無罪方向の証拠収集機能の確保あるいは強化を目的と

するものであった。上記の弁護士層の提案は，その実効化のために記録閲覧権を予審段階の当初から保障しようとしたものといえよう。これに対し，検察の提案は，この証拠収集機能と記録閲覧権の保障を別のものとして考えたものと評価できる。

　次に，予審について検討する。弁護士会の多くは予審弁護制度が十分でないとする見解を示している[40]。もっとも，新潟弁護士会は34年案による予審制度改正について，「刑事訴訟法草案は，現行豫審制度を改造し而して却って之れを無能ならしめたり抑も現行豫審制度の多幣なるは世間既に定論在るありと雖も然ども亦た草案の如く豫審判事の権限を減殺し之れが大部を挙げて檢事及び司法警察官に移付し豫審判事をして恰かも檢事の頤使に供する一属僚たらしむる」[41]としている。ここには，予審判事の権限が縮小されたとしても，検察官にその権限が委譲されるのでは，その問題性はさらに拡大するだけであるとの批判がみられる。これに対し，検察は予審弁護制度を徹底的に批判した。たとえば，札幌地方裁判所検事正は，現状からすれば，「辯護人ハ被告人ノ冤罪ニ陷ラサランコトヲカムルヨリ寧ロ罪證ノ湮滅ヲ図リ甚シキハ被告人ノ爲メニ証憑ヲ捏造スル如キノ弊害アリ」[42]として，証拠ねつ造の危険などを理由として予審弁護制度自体に反対した。

　予審の目的を規定した34年案231条に対しては，検察や裁判所による意見が多くみられる。神戸地方裁判所検事正は，34年案について，予審は事件を公判に付すか否かの限度でしか証拠収集を行えないとしており，その他の証拠は公判判事が収集することになるが，このことが多くの弊害を引き起こすと批判した。すなわち，時間の経過による証拠の散逸，公開主義を採る公判における証拠収集による罪証隠滅の危険性，弁護士の関与により紛糾が生じる虞などである[43]。松江地方裁判所長は，34年案のように予審制度を改革することは，罪証隠滅と事件の遅延を引き起こすと批判している[44]。以上のように，予審の機能および目的を限定しようとする34年案の改正は，各方面から大きな批判にさらされた。

　上述のように，34年案36条は直接主義を明文規定で採用した。これに対する弁護士層の反応はまったくみられなかった。他方で，検察や裁判所の大多数は反対意見であった。たとえば，松山地方裁判所長は，①「絶對ノ口頭審理主義ハ事實ノ真相ヲ得ルニ困難」であること，②「絶對ノ口頭審理主義ハ現時ノ職

員ノ経費額ニテハ到底完全ニ之ヲ実行スルコトヲ得サル」こと，③「絶對ノ口頭審理主義ハ到底之ヲ一貫セシムルヲ得ス」ことを理由に反対意見を示している[45]。ここで示されている真実発見との関係，人的・財的資源との関係という観点からの批判は，他の裁判官からもなされている。また，検察も同様の理由で反対している[46]。

　このように，34年案の直接主義の採用は大きな批判にさらされた。これに反対する論者は，34年案36条，37条は削除すべき，あるいは改正すべきでないとの要求を行った。さらに，裁判官や検察官は，37条で規定されている書面以外に，告訴・告発状，自首状，盗難届・被害届，捜査報告書などの書面も証拠とすべきと提案している[47]。以上のように，当時の裁判所や検察は34年案にいう直接主義の採用に全面的に反対し，さらに「供述書」以外の書面についても幅広く証拠とすべきと要求した。

　以上のことを踏まえると，当時の弁護士層の関心は，予審弁護士制度の採用とその充実にあったといえる。弁護士層は，検察官の権限拡大や，その結果たる供述書を大幅に証拠とすることに対して批判することはほとんどなかった。他方で，検察は捜査機関の権限を大幅に拡大し，明治刑訴法における予審制度を維持し，さらに公判におけるさまざまな書面を証拠とすることを要求した。裁判所の立場も検察に近いものであったといえる。

　記録閲覧に関しては，以下のことが指摘できよう。弁護士層の要求は従来からほとんど変化はない。それは，予審の実務を前提として，予審弁護士制度を採用することにより，予審による無罪方向の証拠収集も確保し，公判審理への無罪方向の証拠の提出を可能にするというものであった。他方で，その予審における実効的弁護（無罪方向の証拠収集）の前提条件として記録閲覧権を位置付けたことはあらたな内容といえる。

　このように，弁護士層の見解においては，予審における無罪方向の証拠収集，さらには予審における人権侵害防止の前提として，記録閲覧権が位置付けられている。より具体的にいえば，上記の目的のため，予審段階にいたるまでの証拠収集・訴追過程の事後的な検証に加え，予審における証拠収集・訴追過程を同時的に検証しようとするものであったといえよう。

　他方で，検察は，予審弁護士制度の採用には批判的で，従来の予審を維持し，他方で警察や検察の権限拡大を要求している。この見解については，予審制度

改正に関する新潟弁護士会[48]の意見が重要であろう。すなわち，従来の予審の証拠収集権限，さらには事実上の証拠収集の内容が警察・検察によるものへと変化していくことを認めることになりうるという批判である。しかし，警察・検察による証拠収集は本質的に有罪方向に偏るという従来の前提を維持するならば，秘密・糺問の公判前手続を採用しながら，公正な公判手続を実現することは困難となる。そこで，当時の検察官からは，警察・検察による証拠収集を偏らない公平なものとすべきとの主張がなされていたといえよう。裁判所もこれに近い立場を採用していたと評価できよう。

34年案は，基本的に後者の立場に立ちつつ，部分的に予審段階における記録閲覧権を認めた。34年案163条2項の「辯護人の立會を許す可き豫審處分に關する書類及び證據物件は豫審中と雖も閲覧又は謄写を請求することを得」との規定は，部分的にではあるが予審段階における弁護人の関与，そして被告人側の視点を証拠収集にも反映させることを認め，その前提として記録閲覧権を位置付けたことを示すものであったといえよう。もっとも，弁護人は検察官とは異なり予審判事に処分を請求できず，その関与は大きく制限された。

8 小　括

以上のように，明治30年代における刑事裁判実務や立法上の動きとそこでの記録閲覧権の意義について概観してきた。

実務における動きとしては，捜査機関の権限拡大が特徴として挙げられる。この時期においては，捜査段階における聴取書を中心とする綿密な捜査と慎重な起訴の必要性が主張され，実行されていった。とくに明治30年代半ばからは，検察官による起訴判断が慎重になってきたことが統計からも窺える。他方で，警察官の権限についても，従来から捜査目的で行使されていた行政検束が明確に立法されるなど，次第に拡大された状況が確認できる。

このような綿密な捜査や慎重な起訴は，予審の機能にも影響を及ぼしたと評価できる。統計をみても，検察官による不起訴率の上昇に伴い，予審免訴率が低下している。このように，刑事手続における事件選別機能は，予審から検察官へと事実上移行していったといえる。さらに当時の法曹関係者の見解からは，その訴追に関する判断においては捜査機関が収集した証拠，とくに聴取書が中心となっていたことが指摘されている。

このような実務状況のもとで，記録閲覧の対象は，予審判事が収集した証拠収集・訴追過程から，捜査機関が収集した証拠収集・訴追過程へと移行しつつあったといえる。当時の警察や検察の証拠収集は本質的に有罪方向へと偏ることが各方面から指摘されていたからすると，記録閲覧の対象は有罪方向の証拠収集・訴追過程へとさらに偏る可能性を有していた。また，当時の実務状況からすると，記録閲覧の対象たる一件記録について検察が選別可能であったことも確認できる。

　このような実務状況と並行して，34年案による刑訴法改正作業が進められた。記録閲覧権との関係では，予審段階における弁護人選任制度と記録閲覧権が認められたことが，この案の大きな特徴であった。その他にも，捜査機関の権限，検察官の権限，予審の役割，公判審理のあり方についても重要な提案が示された。

　この34年案をめぐる議論との関係では，記録閲覧権と手続構造について大別して2つの考えが示された点が重要と考えられる。もっとも，いずれも当時の予審における証拠収集は不十分であるという状況認識を有していた。

　第1に，予審段階における一極的な証拠収集を維持しながら，予審における証拠収集をさらに充実したものとするため，警察・検察の証拠収集権限の強化をも主張する立場である。さらに，この立場は，警察・検察による公正な証拠収集を行うべきことをもその前提としているように思われる。他方で，被告人側による証拠収集過程への関与については否定的である。

　第2に，予審段階における一極的な証拠収集を事実上放棄し，弁護側の観点を反映させた手続を構想する立場である。弁護士層の見解がこれに当たる。この立場は，予審段階における記録閲覧権の意義を重視する。この見解は，とくに予審における無罪方向の証拠収集が不十分であること，予審における人権侵害性を前提として，予審における無罪方向の証拠収集を確保するため，そして予審における人権侵害防止のため，予審における記録閲覧権の意義を強調する。

　両者の立場は，証拠収集への被告人側の関与について態度には違いがあるものの，有罪・無罪を問わない公正な証拠収集を確保することを目的としている点，予審を中心とする証拠収集や訴追過程を記録閲覧によって明示すべきことを前提としている点では共通している。

　34年案は，記録閲覧との関連では，前者の立場を基本線としつつ，後者の立

場を一定程度採り入れたものであった。具体的には，予審段階での証拠収集への被告人側の関与は相当程度限定しつつも，予審段階における弁護権や記録閲覧権を保障したものであったといえよう。それゆえ，予審段階における記録閲覧権の意義もやや不明確なものになったといえる。

このようにこの時期においては，予審のみによる公正な証拠収集は困難であることを前提に，警察や検察，さらには被告人や弁護人の関与をどのように考えるかが問題とされ，それとの関係で記録閲覧のあり方も一定程度検討され始めたと評価できよう。

II 大正5年案の構造と記録閲覧権の意義

1 当時の理論状況

この時期には，学界でも活発な議論が行われた。これらの議論の特徴は，それまで依拠されてきたフランス法ではなくドイツ法における議論に依拠することにあった。以下では，それらの議論のうち，豊島直道，中川孝太郎，富田山寿の見解を概観する[49]。

豊島の著書『刑事訴訟法原論』において，特徴的と思われるのが「當事者訴訟トシテノ刑事訴訟」との章を設けていることである。同章において豊島は以下のように述べている。①「刑事訴訟ハ國家カ或者ニ對シ刑罰權ヲ有スルヤ否ヤヲ審究判定スル所ノモノタリ而シテ此問題タル國家カ法律ヲ以テ公訴提起ノ任ヲ委子タル檢事ナル官府ニ由リ裁判所ニ提出セラルルモノトス此檢事ナル官府ハ裁判所ニ於テ原告トシテ犯罪アリト主張セラルル被告人ト相對スルモノニシテ刑事訴訟ヲ外面ヨリ觀察スレハ裁判ヲ求ムル者ト裁判所ノ裁判ヲ受クル者トアリテ刑事訴訟ハ裁判ヲ以テ確定スヘキ權利ニ關スル二人ノ訴訟トシテ此二人ノ訴訟者ハ所謂訴訟ノ當事者トシテ表ハルルモノナリ」，②「被告人及ヒ檢事ヲ當事者ナリトシテ相對立セシムルハ至當ノ論ニアラス檢事ハ自己ノ權利ヲ主張スルモノニアラスシテ國家ノ有スル刑罰權ヲ主張スルモノナリ而シテ檢事ハ當事者ニアラスシテ當事者ノ代理人ナリ是故ニ刑事訴訟ヲ以テ當事者訴訟ナリトセハ原告ノ側ニ於テハ國家ヲ以テ當事者ト看做ササルヘカラス」[51]，③「國家ハ當事者ナルコトヲ知ルヲ得ヘシ而シテ國家ナル當事者ハ被告人ノ利益ト相反スル國家ノ利益ヲ訴訟ニ於テ主張セシムルモノナリ被告人モ亦之ヲ當事者ト

見ルヲ要ス……被告ハ訴訟ニ於テハ證據方法タルカ故ニ當事者ニアラスト稱セリ然レトモ第一ニ被告人ハ種々ナル訴訟上ノ權利ヲ有シ即チ權利ノ主體ニシテ第二ニ之ト同時ニ證據ノ目的物ナリ……刑事訴訟法ニ於テハ被告人ヲシテ常ニ此二個ノ地位ヲ有セシム」、④「刑事訴訟ハ權利ノ爭ト見サルヘカラス而シテ總テ爭議ニハ必ス相爭フ關係人アリテ此關係人ハ即チ當事者ナリトス又刑事訴訟ニハ辯護人ナルモノヲ設ク此辯護人ナルモノノ訴訟ニ於ケル地位ニ見レバ攻擊者ト攻擊ヲ受クル者トヲ條件トス即チ相爭フ當事者アルコトヲ條件トスルモノナリ」、⑤「刑事訴訟ハ……正確ナル裁判ヲ得ント欲スレハ……當事者同等主義ノ原則ニ基カザルベカラザルナリ而シテ此ノ原則ハ成ルベク當事者ノ一方ヲ他ノ當事者ヨリ優等ノ地位ニ置スシテ凡テ平等ナルコトヲ主義トシ之ヲ刑事訴訟法ノ基礎ト爲スモノナリ然ルニ……種々ノ場合ニ於テ一方ノ當事者ニ附與シタル權利ヲ他ノ當事者カ有セサルコトアリ」、⑥「原告ノ側ハ被告人ニ對シ優等ナルモノナリ刑事訴訟法ニ於テモ攻擊者ノ地位ハ攻擊ヲ受クル者ノ地位ニ對シ優等ニシテ且檢事カ此攻擊者ナレハ其優等ノ度ハ益甚シ」。

　このように豊島は，国家の代理人であり原告たる地位を有する検察官と被告人が対立する当事者訴訟，さらに当事者同等主義の原則を前提としつつも，国家の代理人としての検察官の地位や被告人の証拠方法としての側面，さらに正確な裁判を強調することで検察官の優位性を強調した。豊島はさらに，「搜査ノ目的ハ公訴ヲ提起スル爲ノ資材ヲ得ルノミニ止マラスシテ公訴ヲ實行シ之ヲ維持スルニ必要ナル資料ヲモ得ルニ在リ」として，綿密な捜査や慎重な起訴を支持した。そのうえで，豊島は，フランス法やドイツ法を例として挙げながら「搜査ノ權力強大ニシテ依テ以テ檢事ハ公訴ノ提起ヲ誤ルコトナキヲ得ヘシ然ルニ我刑事訴訟ハ此等ノ規定ヲ設ケス僅カニ現行犯ニ限リテ搜査ニ強制處分ヲ用ユルコトヲ許シタルノミナルハ一大欠点ト云フヘシ」として，誤った公訴提起の判断を行わないためにも検察官の強制捜査権限を強化すべきことを主張した。

　さらに，豊島は，『修正刑事訴訟法新論』において，「檢事，司法警察官カ以上ノ搜査處分ヲ爲シタルトキハ訊問ニ付テハ聽取書，實況見分ニ付テハ見分書等ノ書類ヲ作製スル義務アリ是レ公判ニ於ケル證據調ノ端緒タルモノナレハナリ又此捜査書類ハ檢事等カ其捜査ノ權限内ニ於テ作製シタル公正ノ書類ナレハ法律ニ於テ禁制ノ規定ナキ以上ハ證據トシテ之ヲ採用スルコトヲ得ルモノトス」として，捜査において作成された書類を証拠とすることを認めている。

これに加えて，豊島は予審の廃止も示唆している。豊島は，捜査手続と予審が，「其實質ハ糺問ニ傾キ捜査手續ノ引續ナルコトハ豫審ノ目的ト捜査ノ目的ト異ル所ナキヲ以テ之ヲ知ルヘキナリ故ニ各事件ニ付キ捜査ヲ完全ニ爲ストキハ豫審ヲ不必要ナラシム捜査ヲ或ル程度ニ止ムレハ豫審ノ必要ヲ生ス故ニ其實質ヨリシテ捜査ト豫審トノ限界ハ一定セス各事件ノ模様ニ依テ之ヲ定メサルヘカラス」と述べている。ここでは，捜査と予審との同質性が指摘され，捜査手続の拡充によって予審の必要性はなくなることが示されており，捜査機関の権限拡大に伴う予審廃止という論理が示されているといえる。豊島は，大正5年案の立案過程で予審廃止および捜査機関への強制捜査権限付与を主張している。他方で，豊島は直接審理主義を強調し，法定されている場合以外は，予審調書を朗読すべきではなく，証人や鑑定人を公判に呼び訊問すべきとしている。

　この豊島の見解において，記録閲覧権はどのように位置付けられていたのか。豊島は，弁護人の記録閲覧権について，「辯護人ガ被告人ノ犯罪行為及被告事件ノ訴訟ノ模様ヲ詳細ニ知了スル時ハ愈々益々其辯護ハ正確ヲ得ルニ至ルベシ故ニ法律ハ左ノ權利ヲ辯護人ニ附與ス」としている。さらに，明治刑訴法180条にいう「訴訟記録」について，「檢事ノ捜査書類モ起訴ト共ニ裁判所ニ送致シ裁判所ハ之ヲ訴訟記録ノ中ニ綴込ムカ故ニ（第66條）本條ノ訴訟記録ナル語ノ中ニハ判事ノ作成シタル調書ノミナラズ檢事ノ作リタル捜査書類ヲモ包含ス故ニ本條ニ所謂訴訟記録トハ裁判所ニ存スル記録ノ意ナリ但シ證據物件ハ此内ニ包含セス證書其他ノ物件ハ公判開廷ノ時ニ於テノミ閲覧シ得ルニ止マル」と述べている。

　ここでは，「訴訟記録」とは「裁判所に存在する記録」であって，証拠物件などは含まれないとの解釈，さらに閲覧対象として検察官による捜査記録が含まれるとの解釈も示されている。豊島の見解においては，明治刑訴法における記録閲覧権は，裁判所や捜査機関による捜査・訴追過程の記録を事後的に検証する手段とされている。

　このように，豊島は公判審理における当事者対等主義を強調し，その前提の1つとして記録閲覧を位置付けている。さらに，豊島は捜査機関の権限拡大を主張し，捜査機関が作成した記録も一件記録に含めるべきとする。豊島の見解は，捜査機関の権限拡大を前提としつつも，捜査機関による捜査過程も「事後

的検証」の対象としようとする点で，34年案をめぐる第1の立場に近いものといえよう。

中川孝太郎は，34年案とドイツにおける改革論を参考に，刑訴法改正について自身の見解を示している。[64] 中川は，明治刑訴法における予審が「豫審ト公判トガ一事件ヲ分割シ豫審ハ先ヅ證據蒐集ニ當リ次ニ公判ハ其調書ヲ朗讀シ書面審理ニ依リ刑ノ言渡ヲ爲スノ弊ニ」[65]陥っていることを指摘する。その対策については，予審廃止論と予審弾劾化論とがあるが，中川はまず，予審を廃止して，予審判事の強制権限を検察官に委譲すべきであるとの見解について，以下のように述べている。予審を廃止したとしても，公判判事は，検察官が提出した起訴状や収集した資料を基礎として審理せざるをえない。[66] また，検察官は原告であるがゆえに「捜査モ自然専ラ原告タルベキ準備ヲノミ爲スニ止マル恐レ」[67]があり，検察官に強制捜査権限を付与することは「當事者同等主義ニ反」[68]するのではないか，と。このように，中川は，検察官が証拠収集をすることの弊害や当事者対等主義を理由に，予審廃止論や予審廃止に伴う検察官への強制権限移譲には批判的な立場を示した。

そのうえで中川は，「檢事ト被告人トノ間ニ立チテ公平ニ審理ヲ爲スニ適當ニシテ其檢事ニ勝ルベキコトハ殆ンド疑ヲ要セズ」[69]とし，以下の4点について，予審制度の改革が必要であるとする。①予審の目的を，公判を開始すべきか否かの審理として，証拠収集をその範囲内に限定すべきこと，[70] ②予審弁護制度を採用し，部分的に当事者公開とし，予審における公平を維持すること，[71] ③予審調書は可能な限り公判において朗読すべきではなく，またその内容も簡潔なものとすべきこと，[72] ④捜査は可能な限り検事によって行い，事件が極めて複雑でない限り予審を請求しないこと。[73]

さらに，中川は，②との関連で，強制的弁護を予審段階においても採用すること，[74] 予審段階における記録閲覧権の保障を主張している。とくに記録閲覧については，「豫審記録ノ閲覧ニ付テモ……當事者ノ立會ヲ許ス場合ノ記録ハ之ヲ閲覧セシムベク其他ノ記録ニ至リテハ一ニ豫審判事ニ許否ノ判定ヲ一任スルノ外アラザルベシ」[75]と述べている。このように，中川は，予審における当事者が立ち会い可能な処分の記録について，記録閲覧強化を主張している。もっとも，その根拠は明らかではない。

以上のように，中川は検察官を原告と位置付け，被告人との間における当事

者対等主義を強調し，さらに予審機能の縮小と弾劾化を主張した。これに加えて，中川は直接主義の重要性をも強調し，公判中心主義の貫徹を主張した。記録閲覧は，予審の弾劾化のうえで重要な位置を付与されている。記録閲覧は，予審における主体的な弁護活動の前提として位置付けられていたといえる。中川が，予審判事に対して有罪・無罪両方向の証拠収集を期待していたことからすれば，中川の見解は34年案に関する第2の立場に近いものであり，予審段階における記録閲覧の意義も重視したものといえる。予審の弾劾化と公開と記録閲覧権との結びつきを，理論的に主張したものともいえるだろう。

　富田山寿は，明治刑訴法について，「一方ニ於テ被告人ニ與フルニ自ラ訴訟ノ當事者トシテ自己ノ利益ヲ防禦スルノ権利ヲ以テシ一方ニ於テ裁判所及ヒ檢事ニ負ハシムルニ實體的ノ眞實ト符号スル限リ被告人ノ利益ヲ顧慮セサルヘカラザルノ義務ヲ以テセリ」として，検察官や裁判官が被告人に不利益な方向で手続を進めてしまう構造であったことを指摘する。[76]

　さらに，当時の捜査手続の実務状況について，「檢事又ハ司法警察官ノ處分ニ依リテ発見セラレタル材料特ニ所謂聴取書ナルモノ所謂逮捕又ハ告發調書ナルモノ所謂捜査復命書ナルモノナカ我國司法ノ実際ニ於テ如何有力ナルヤハ余輩實際家ノ業ニ既ニ知悉シタル所ニシテ然カモ此等ノ材料カ往々實體的ノ眞實ニ符号セサルコトアルモ亦余輩實際家ノ業ニ既ニ知悉シタル所ナリ」として，[77]聴取書や告発調書などが公判審理において重要な役割を果たしていることを指摘する。予審の状況についても証人訊問が最重要視され，「刑事判決ニ於テ断罪ノ資料トシ最モ多ク引用セラルルハ證人訊問ノ結果豫審ニ於テ作成セラレタル證人訊問調書ナリ」とする。[78]

　このように，富田は，手続構造だけでなく実務状況についても同様の特徴を指摘する。このような分析を踏まえ，富田は刑事弁護の意義として，「起訴ノ攻撃ニ對スル防禦」を指摘する。すなわち，「起訴ノ攻撃ヲ爲ス者ハ檢事ナリ此檢事ノ攻撃アルニ由テ始メテ刑事辯護ノ存在アリ起訴ノ攻撃ハ公訴ノ準備，提起及ヒ續行ノ凡テニ存在スヘシ故ニ刑事辯護ハ捜査，豫審及ヒ公判ノ凡テニ存在スルヲ正當トス」，と。[79]さらに，捜査段階における弁護権保障について以下のように述べる。捜査段階が秘密手続であることを理由に弁護人関与を否定することは，「糺問訴訟ノ残夢ナリ當今ノ刑事訴訟ハ糺問訴訟ニ非スシテ弾劾訴訟ナリ不平等ノ訴訟ニ非スシテ平等ノ訴訟ナリ弾劾スル者宜シク公公然之ヲ

第3章　大正刑事訴訟法における記録閲覧権問題の構造　　95

弾劾ス可シ弾劾セラルル者又宜シク公々然之ヲ防禦ス可シ弾劾ト防禦ト兩々相打相戰フニ依リテ始メテ弾劾訴訟ノ弾劾訴訟タル所以確實トナラン」，と。また，予審段階においても弁護人選任制度を設けるべきとする。

　以上のように富田は，平等の訴訟であって公然と弾劾すべきという弾劾訴訟を根拠として，捜査・予審を含めたすべての手続段階で，被疑者・被告人に弁護人を付すべきとする。他方で，富田は捜査機関の権限拡大にも賛成している。

　この富田の見解において，記録閲覧権はどのように論じられているのか。富田は，「訴訟記録ノ閲讀及ヒ抄寫ハ辯護人ニ辯護ノ材料ヲ供スルニ必要ナル方法ナリ故ニ此點ニ關スル規定ノ如何ハ直チニ以テ其法律ノ刑事辯護ニ關スル根本思想ノ如何ヲトスルニ足ル」と，記録閲覧権の重要性を指摘する。そのうえで，34年案について，以下の３つの疑問を提示している。

　第１に，「何故ニ訴訟記録ノ閲讀ヲ裁判所内ニ限リタルカ」という疑問である。富田は，書類の閲読・謄写には多くの時間がかかるのにもかかわらず，開廷直前に弁護人が選任されるため，書類の閲読・謄写を行えず，弁護人がその任務を果たせない実例があると指摘する。そのうえで富田は，訴訟記録の裁判所外への帯出を要求する。

　第２に，「何故ニ豫審判事カ訴訟記録ヲ檢事ニ交付スル迄辯護人ニ之ヲ閲讀スルコトヲ許ササリシカ」という疑問である。富田は，Planckの見解を引用して，以下のように述べる。「今日ニ於テハ豫審記録ハ獨リ彈劾者ノ武器ニ非スシテ又同時ニ被彈劾者ノ武器タラサルヲ得ス當事者均等ノ理想ハ辯護人ニ賦與スルニ檢事ト同一ナル訴訟記録閲讀ノ權利ヲ以テスルニ依リテ初メテ達セラルルコトヲ得可シ訴訟記録ハ彈劾ノ代表者タル檢事ニ對シテハ必要缺ク可カラサル材料タルカ如ク辯護ノ代表者タル辯護人ニ對シテモ亦同シク必要缺ク可カラサル材料タリ辯護人ハ被告事件全般ノ事實ヲ知悉スルニ非サレハ良ク其職務ヲ得可キモノニ非ス而シテ此事實ハ訴訟記録ノ閲讀ニ之ヲ知悉シ得可キナリ然カモ辯護人ニ對シ全然豫審中ノ記録閲讀ヲ禁止シ豫審處分結末ヲ告グルニ非サレハ之ヲ許容セサル如キハ明カニ開明ノ訴訟主義即チ彈劾訴訟ノ本質ニ反スルモノト請ハサル可カラス」，と。

　第３に，「何故ニ辯護人ノ立會ヲ許ス可キ豫審處分ニ關スル書類ノ閲讀ヲ裁判所ノ許否ニ掛ラシメタルカ」という疑問である。富田は，ドイツ帝国刑訴法

を引用しつつ，立会いが許されているのに，その結果の記録が閲覧できないことがありうることは矛盾であるとし，官尊民卑の思想に近いものがあると批判する[86]。

　以上のように，富田は，捜査機関の強制権限の拡大には賛成しつつも，他方で記録閲覧権を含めた弁護権の大幅な拡大を提案する。記録閲覧権は，その弁護権行使の不可欠な前提条件として位置付けられている。具体的には，弾劾者たる検察官との対等の要請（當事者均等ノ理想）を根拠として，記録閲覧によって事件に関するすべての事実（被告事件全般ノ事實）を知ることが，防御にとって不可欠であるとされる。先の弾劾手続に関する説明を考慮すれば，それはまさに記録閲覧を通した手続の可視化による武器対等の実現であるといえる。

　以上のように，当時の理論状況においては，豊島の予審廃止とそれに伴う捜査機関の権限拡大という見解，中川の予審弾劾化という見解，富田の捜査段階における当事者対等の実現といったさまざまな見解を確認できる。いずれの見解においても，記録閲覧権が当事者対等や弾劾訴訟，手続の公開から根拠付けられ，さらには弁護権行使の重要な前提条件として位置付けられている点が重要である。

　また，豊島と中川の見解は，34年案における議論と一定の関連がみられるのに対し，富田の見解は独特の内容を含むものであった。富田は，弾劾訴訟や当事者対等を根拠として，事件の全貌を記録閲覧により検察官だけでなく，被告人側にも示すべきであると主張した。富田の見解は，捜査機関の権限拡大とともに，記録閲覧権を含む防御権を強化することによって，検察官と被疑者・被告人側との武器対等の実現を目指したものであったといえよう。

　このように理論面の変化があった一方で，法曹関係者の見解はどのような変化を示したのであろうか。以下では，弁護士層の見解と検察官および司法省関係者の見解を概観する。

2　実務家の見解

　1909（明治42）年12月11日に日本弁護士協会臨時大会が東京で開催された。この大会で，以下のような決議がなされた[87]。

　　第1号　決議案

　　　　近時司法部ノ措置ハ苛酷峻烈ニ流レ刑政ノ本義ヲ誤レルモノト認ム本會
　　　ニ茲ニ時幣ノ最モ甚シキモノヲ列挙シ當局者ヲシテ翻然反省セシメンコト
　　　ヲ期ス
　　（中略）
　　　4　警察官ノ作製ニ係ル聽取書及素行調書ヲ過信シ事案ノ眞相ヲ誤斷スル
　　　　ノ幣アリ
　　　5　捜査ノ方法及検挙ノ處置峻厳ニ失スルノ幣アリ
　　（中略）
　　　第2号　決議
　　　　今日ノ司法官託スルニ広凡ノ権限ヲ以テスルハ自由及財産ノ安固ヲ全フ
　　　スル所以ニアラス因テ本會ハ左ノ如ク法令ノ制定及改正ヲ行ハンコトヲ期
　　　ス
　　（中略）
　　　第4　刑事訴訟法中ニ司法警察官ノ聽取書作製ヲ禁止スル規定ヲ設クル事

　司法警察官が作成した調書の利用，さらには捜査や検挙方法に対する批判は，この臨時大会以前からみられたものであった。
　たとえば，1908（明治41）年に開催された東北弁護士大会では，①「不起訴に係る刑事訴訟記録取寄の證據決定に應ぜらるる様檢事局に交渉する件」，②「素行内偵書の如き秘密書類を公判判事の内覽に止めず辯護士に示さるる様交渉する件」，③「豫審に辯護人を付するを得せしむる件」について協議・可決された[88]。また，同年の中国弁護士大会でも，①「刑事訴訟法上豫審制度を廃する事」，②「司法警察官の調書を廃止する事」，③「被告人の素行調書は市町村長よりも之を徴する事又辯護人より提出したる素行に關する調査は訴訟記録に添附すべき事」が議論された[89]。さらに1909（明治42）年には，第4回九州沖縄弁護士大会が開催され，①「刑事被告人の素行を調査するに方りては犯罪事實と同一の證據方法を採らん事を要望す」が可決された[90]。その後，各県の弁護士会においても，素行調書を訴訟記録に含めるべきことが要求され，また司法警察官の捜査方法に関する批判がなされている[91]。
　さらに，1910（明治43）年には，日本弁護士協会は，「日本弁護士協会録事人権問題特別号」(138号）を発行した。同書では，各県弁護士会の報告書が示された[92]。また，39件の人権蹂躙の実例が各弁護士会から報告されている。この報告においては，あまりに量刑判断が厳しいこと，あまりに執行猶予の数が少な

いこと，杜撰な素行調書によって有罪認定がなされた事例，未決勾留日数の不算入，警察官による拷問，聴取書のみによって断罪された事例などが報告されている。もっとも，この報告によれば，先に指摘された素行調書は訴訟記録に含められていたようである。この点は，改善されたといえよう。

　以上の指摘を踏まえるならば，当時の実務状況は，予審ではなく捜査機関が収集した証拠・資料が公判審理において重要な役割を果たしていたといえよう。この点，たとえば，「我邦に於ける刑事事件の調査材料は片面的報告が多い，即ち主として刑事被告人側の取調のみをして其對手人の素行取調に至つては實に不充分である，況や證人の人格等に至つては全く取り調べないのである，従て被告人に不利益な事實のみ現はれて……公判に至ると多くは關係人の豫審調書を信用して裁判をする傾がある」との指摘もある。さらに，弁護士の高野茂基も，「直接審理は名のみで證據申請の許否は全然裁判所の任意に属し豫審の調書は勿論檢事警察の聴取書も１回の讀み聞けのみにより充分辯解の余裕も與えられぬ，利益の證據には何らの説明も加へず不利益なる證據の羅列によりて判決」が下されていると指摘している。

　このような実務状況は，統計からも窺うことができる。不起訴率は，1909（明治42）年の40％から1916（大正５）年には60.8％にまで上昇している。また，1909（明治42）年に導入された起訴猶予も，当初は約10％であったが，1916（大正５）年には28.4％にまで上昇している。これに対し，予審免訴率は，1909（明治42）年の8.2％から，徐々に低下し1916（大正５）年には5.2％となっている。予審終結がなされた事件総数も，1909（明治42）年の10989件，1916（大正５）年には5498件と半減している。刑事手続における事件選別機能が予審から検察へと移ったと評価できよう。さらに無罪率の低下も顕著である。軽罪・重罪の区別がなくなったことには留意する必要があるが，1909（明治42）年には３％から，1912（明治45／大正元）年には１％，1916（大正５）年には2.3％となっている。

　このように事件の選別機能が検察へと移転するとともに，無罪率が低下していることも確認できる。当時の検察の訴追判断が公判審理の結果を左右しつつあったと評価できよう。これに対し，弁護士層は大々的な反対運動を展開していたといえるが，その内容は従来の見解とそれほど大差はなかった。

　他方で，司法省関係者の見解については重要な変化がみられる。たとえば，当時司法省民刑局長を務めていた平沼騏一郎の見解が挙げられる。平沼は，刑

訴法改正作業における問題点として，①どの程度まで直接主義を採用するか，②公判前手続の改正，③上訴制度の整備，を挙げる。本書では，①と②について概観する。[101][102]

　明治刑訴法は，秘密主義・糺問主義・書面審理主義を採る予審と公開主義・口頭審理主義・訴訟主義を採る公判という2つの手続に区分されている。日本では直接審理は採用されていないので，予審における証拠調べの結果が予審調書として公判審理に提出され，これに基づき審理が進められ，直接証人を調べることは例外となっている。ドイツは直接審理主義を採っているが，結局日本と同様で，予審調書は原則的に証拠とはされていないが，予審調書に基づき証人訊問を行っている。イギリスの刑事手続は，これとは異なり，「初メカラ當事者訴訟主義，公開主義デアル」。直接主義を刑事訴訟の大原則とするならば，日本やドイツの手続はこれと抵触せざるをえない。糺問主義の予審を基礎として審理をすれば当然の結果である。問題は，日本・ドイツの方法か，イギリスの方法かということに帰着することになる。直接主義を採るのであれば予審廃止ということになるが，それに代わる手続が必要となる。すなわち，「犯罪ノ捜索ニ付キ現今検事ノ有ツテ居ル職権ヲ拡張シテ之ヲシテ自ラ十分ナル取調ヲ名サシムル事ト，検事ノ公訴ニ對スル被告ノ防禦ノ準備ヲ容易ナラシムルト云フ事トソレカラ裁判所カ其間ニ立テ公平ナル判断ヲスルト云フコト」である。そのためにも予審を廃止し，予審判事の強制捜査権限を検察官に付与することが必要である。もちろん，検察官の原告たる地位に鑑みれば，その証拠収集は被告人に不利な証拠が大部分となる。被告人に有利な証拠も収集できるよう被告人の防御権の強化も必要であろう，と。[103]

　もっとも，平沼は，検察官の起訴によってただちに公判が開かれるべきではなく準備手続が必要であるとする。「即チ検事ノ公訴ノ事實ヲ見コレニ對スル證據方法ヲ調査シ，其事實關係ト證據方法ヲ被告側ノ方ニ通告致シマシテ，被告ノ方デハ之ニ對シテハドウ云フ防禦方法ヲ用キルノデアルカコトヲ被告ノ方カラ聞キマシテ，ソレカラ裁判所デ之ヲ調査シテ然ル後ニ公判ヲ開クベキヤ否ヤヲ決スル」，と。[104]

　以上のように，平沼は直接主義の採用の帰結として，予審廃止とそれに伴う検察官への強制捜査権限の付与という論理，さらに弁護権限の強化をも必要であるという論理を示した。この平沼の論理においては，記録閲覧権の意義はど

のように位置付けられるのであろうか。平沼の論理によれば，記録閲覧は，準備手続において，当事者としての検察官が提出予定の有罪方向の事実関係と証拠方法を提示することによって行われることになる。これに基づき，被告人側は防御方針を立てることになる。また，被告人側に有利な証拠は自身が収集することになる。

このように平沼の見解は，予審を廃止したうえで，強制権限を検察官に移譲し，さらに弁護権も強化することによって，公正な証拠収集とこれに基づく直接審理主義を実現しようとした。そして，そのなかで記録閲覧は，検察官の有罪方向の証拠の開示を意味することになった。すなわち，記録閲覧は予審などの1つの機関による公正な証拠収集の過程や結果を知る手段ではなく，訴追側の主張や証拠を知る手段として位置付けられたのである。証拠収集のあり方と記録閲覧とのあらたな関係を示した見解であると評価することができよう。

このように記録閲覧は，公判前手続における証拠収集のあり方，公判手続の構成などと関連して，さまざまに主張されていたことがわかる。以上のような状況の中，34年案を踏まえた立法作業がさらに進められた。

3　大正5年案の構造と記録閲覧権

34年案の公表後，法律取調委員会が，1907（明治40）年4月に設置された。同委員会に設置された刑訴法改正主査委員会において，34年案（法典調査改案）を基礎とした審議が進められた。その結果，1913（大正2）年10月に案が示され，主査委員会で議決された（「第1次案」）。この案は，さらに検討され，その結果，1916（大正5）年5月に改正案が作成された。この大正5年案は，第2次主査委員会で審議されると同時に公表され，各界からの意見が収集された。第2次主査委員会の議論を経て，1918（大正7）年9月に「主査委員会決議案」（大正7年案）が決議された[105]。

大正刑訴法草案に対して，当時の弁護士層の対応が最も大きかったことからもわかるように[106]，このなかで重要なのが大正5年案（以下，「5年案」とする。）である。以下では，5年案の構造を概観しつつ，そこでの記録閲覧権の位置付けを確認する[107]。

5年案の特徴の1つとして，「豫審ハ公訴ヲ提起ス可キヤ否ヤヲ決スルニ必要ナル事項ヲ取調フルヲ以テ限度トス」(270条)と，予審が捜査手続の一部と

して位置付けられ，起訴前予審が採用されたことが挙げられる。

　平沼は，5年案に関する解説で以下のように述べている。5年案は，判決裁判所に対する公訴提起によって弾劾訴訟を開始すべきものとしている。検察官は自ら行った捜査結果に基づき公訴提起することもあれば，司法機関たる予審の結果により公訴を提起することもある。いずれも，その請求の本質に差異はない。検察官による予審の請求は，公訴の前提となる取調べを求めるものである。それゆえ，予審は弾劾の形式を採るものではなく，予審請求は判決裁判所に対する公訴とはまったく性質が異なる。以上のように，5年案では，予審の請求を公訴提起としてではなく，捜査と同じ公訴提起前の手続として位置付けている[108]，と。また，捜査については，公平を維持する必要性，強制処分を行う必要性，取調べに集中する必要性がある。それゆえ，捜査における当該部分については司法機関たる予審に委ね，その活動は検察官の請求によって開始されるべきである[109]，と。

　以上のように，5年案では，予審は起訴前において検察官の請求によって活動する捜査機関として位置付けられた。これにより公判前手続の主宰者は，原告たる検察官とされた。他方で，証拠収集手続の公正性の維持や強制処分と予審とが密接に関連付けられていることがわかる。

　弁護権や記録閲覧権に関する規定は，第1編第4章「辯護及ヒ補佐」に置かれた。同41条は，予審請求または公訴提起後の弁護人選任権を認めた。記録閲覧権に関する規定は以下の通りであった。

　　45条　①辯護人ハ公訴ノ提起アリタル後裁判所ニ於テ被告事件ニ關スル書類及ヒ證據物ヲ閲覧シ且其書類ヲ謄写スルコトヲ得
　　　　　②辯護人ノ立會フコトヲ得ヘキ豫審處分ニ關スル書類及ヒ證據物ハ豫審中ト雖モ之ヲ閲覧シ又ハ謄写スルコトヲ得

　開示時期が公訴提起後とされた以外は，34年案の文言がほぼ維持されている[110]。もっとも，上述のように起訴前予審が採用されるとともに，基本的には公判前の段階で記録閲覧権が認められた。また，例外的に，起訴前段階で弁護人が立会い可能な予審処分（捜索・押収〔151条〕，検証〔172条〕，鑑定〔219条〕）に関する証拠・書類を閲覧できるとされた。予審においては，検察官，被告人・弁護人はいつでも必要な処分を予審判事に請求できるが，予審段階における記録

閲覧権は検察官のみに認められた (276条)。

　以上の提案について，平沼は，「今日ノ制度ハ一面ニ於テ実體的眞實發見ヲ主義トスルト同時ニ他面ニ於テ弾劾ヲ訴訟ノ本體トシ原被両相互ニ攻撃防御ノ方法ヲ講シテ權利ヲ爭フノ形式ヲ採リ一方ニ於テ檢事訴追ヲ爲シテ攻撃ノ地位ニ立ツ以上ハ之ニ對抗スヘキ相當ノ機關ヲ以テ防禦スルノ途ヲ開クニ非サレハ公平ヲ保ツコト能ハサルヘシ」と説明した。すなわち，検察官は被告人の有利・不利を問わず職務を執行すべきだが，訴追の立場にあることからその意見が公平性を失うおそれがあるので，被告人に対する弁護権保障が必要なのだ，と。それゆえ，5年案においては，弁護制度改正に加え，弁護人を予審段階から関与させ，他方で弁護士の人数に制限を設けたとする。

　このように，5年案においては，証拠収集の公正性を維持するため，起訴前予審を関与させるとともに，弁護人の関与が一定程度認められたといえる。その根拠は，原告たる検察官の地位であった。そして，弁護人による関与の実効性を担保するために一定の記録閲覧権が認められていたといえる。

　次に，検察官に関する改正案について確認する。5年案288条は「公訴ハ檢事之ヲ行フ」とし，289条は「犯罪ノ情状ニ因リ訴追ヲ必要トセサルトキハ公訴ヲ提起セサルコトヲ得」として，起訴便宜主義を明文で採用した。平沼は，「本案ハ刑事訴訟ニ關シテ弾劾式主義ヲ採用シ國家ノ代表者タル檢事原告ノ地位ニ立チ訴追ヲ爲スニ非サレハ絶對ニ刑事ノ審判ヲ爲スコトヲ得サルモノトセリ」と解説している。これにより，検察官は，上述のように被告人に有利・不利を問わず職務を執行すべきとされつつも，原告として公判に事件を付するか否かの判断を担うとされた。

　また，上述のように，検察官は記録を閲覧しつつ起訴前予審に必要な処分を請求することが認められた (276条)。さらに，一定の場合で急速の処分を要し判事の拘引状を請求できないとき，検察官に拘引状を発する権限が認められた (120条)。また，検察官が被告人を逮捕した場合など，訊問し，そこで留置の必要性があると考えた場合は勾留状を発する権限も認められた (126条)。そして，上述の要急事件に加え，現行犯・準現行犯の場合に，捜索・押収 (163条1項)，検証 (173条1項)，証人訊問 (207条) の権限が認められた。

　司法警察官についても，現行犯・準現行犯，さらに被告人を受けとった24時間以内において，予審請求前・公訴提起前に限り，捜索・押収 (163条2項)，

検証 (173条2項)，証人訊問 (207条2項) の権限が認められた。

　以上に加え，検察官や司法警察官による訊問の場合には，裁判所書記官の立会は不必要であるとされ (132条)，さらに検察官による証人訊問では，証人に宣誓させることができるとされた (208条1項)。

　以上のように，検察官の証拠収集や訴追に関する権限は大幅に拡大された。

　最後に，この捜査機関による証拠収集の中核であった聴取書との関係で，直接主義について検討する。34年案の直接主義の規定は，5年案では削除された。平沼は，「本案ハ現行法ト同シク口頭弁論主義ニ従ヒ書面審理ヲ以テ裁判ノ基礎ト爲スコトヲ許サス此法則ヲ絶對的ノモノト爲スハ實情ニ適サストノ議論アリ」，「絶對ニ直接審理ヲ貫徹セントスルハ一ノ理想ニ過キス公判ノ審判ニ於テ成ヘク直接ニ認識スルノ方法ニ依リ排斥セントスルハ實情ニ適合セス本案ハ此觀念ニ從ヒ豫審ニ於テ作成シタル各般ノ調書其他ノ證據書類ハ之ヲ朗讀シ又ハ其要旨ヲ告ゲテ裁判ノ資料ト爲シ得ヘキモノトシ直接審理ヲ貫徹セサリシナリ」[112]と解説している。このように，5年案は，直接主義の貫徹は当時の刑事手続の実状に合わないとして排斥した。そして，証拠書類について，「證據書類ハ裁判長之ヲ朗讀シ若クハ其要旨ヲ告ケ又ハ裁判所書記ヲシテ之ヲ朗讀セシム可シ」(325条) との規定を置いた。

　事実認定については，321条が「事實ノ認定ハ證據ニ依ル」，322条が「證據ノ證明力ハ判事ノ自由ナル判斷ニ任ス」とするのみであった。これらの規定からすると，5年案は，当時の実務状況を追認し，予審調書や聴取書などをはじめとする書類が証拠となることを大幅に認めたといえる。

　5年案における記録閲覧権の位置付けについて，まとめよう。5年案の特徴は，起訴前予審が採用されたことにあった。これにより，従来，問題とされた予審による公判審理の形骸化の回避が意図された。また，証拠収集の公正性を維持するという目的のため起訴前予審が強制処分を中心とする証拠収集を担うとされた。他方で，検察や警察による証拠収集への関与も相当程度強化され，その (強制捜査の) 権限も強化された。

　このような構想において，権限を強化された検察官は被告人の有利・不利を問わず職務を執行すべきとされつつも，原告・訴追の立場に立つことから，その公平性を失う危険があるとされ，そのため被告人に対する弁護権保障が必要とされた。

5年案においては，このような検察・警察の権限強化に対して，被疑者・被告人の防御権も強化し，公判審理における弾劾主義や公正性を保障しようとしたといえる。もっとも，記録閲覧を捜査段階における実効的な弁護側の関与の前提と位置付けていた富田の見解とは異なり，5年案では，起訴前の予審段階での記録閲覧は限定された。弁護人は予審判事に対し必要な処分を求める権限を有していたが，その前提たる記録閲覧は原則として否定されていた。記録閲覧によって知ることができるのは，立ち会うことができた予審処分の過程・結果にとどまっていた。その意味では，捜査段階への弁護側の関与によって証拠収集の公正性を維持しようという目的を達成可能な提案であったかについては批判がありえた。

　5年案での記録閲覧権の保障のあり方は，弾劾主義を採用し，公正な公判審理の実現を目的とする公正な証拠収集の保障と密接に関連付けられていることがわかる。このことは，起訴前予審の証拠収集への関与，さらには検察官に対し被告人に有利・不利を問わない職務の執行を求めつつも，原告たる検察官の地位などを理由に，証拠収集への弁護側の関与，さらには限定的ながらも記録閲覧を保障しようとしたことからも窺えよう。

　上記の立法動向は，従来の予審による一極的かつ公正な証拠収集とこれを基盤とした記録閲覧制度ではなく，弁護側と検察官という両当事者による証拠収集とこれを基盤とした記録閲覧制度を採用する方向へと移行しつつあったといえる。そこでは，弁護側による証拠収集手続への関与と記録閲覧権の保障のあり方も模索されていたといえる。

III　大正5年案の意義と問題点

1　学界の反応

　最後に，5年案への反応を確認することによって，大正5年案における記録閲覧権の位置付けとその問題点について検討する。まず学界の反応を確認する。大場茂馬は，5年案を「檢事主義」，「檢事萬能主義」と批判する。すなわち，「裁判所の如きは検事に駆使せらるゝやうな規定が少くな」く，現行犯でない場合にも検察官の意見で被告人は身体拘束され，「豫審中にも辯護人を選任することを得るやうになつて居るが，ソレは単に形式に止まり，豫審記録

に辯護届を綴り置くと云ふのと同じことである」[113]，と。

　弁護権の規定については，以下のように批判する。一見すると5年案は弁護権を拡大し，人権尊重の精神を示したようにみえるが，それはごまかしである，と。大場は，起訴前予審を採ることで，5年案における公訴提起は，明治刑訴法における公判請求と同じ意味を有することに注意すべきとする。とくに，記録閲覧権（45条1項）について，「之れ亦改正草案中進歩の如く思はれるが，其實決して進歩でも何でもない改正草案に所謂公訴の提起ありたる後とは事件が豫審を経由した場合に於ては豫審の取調を終り事件が公判に付せられた後というのと同一意義であつて現行法の規定と毫も異なる所がない」と批判する。

　また，45条2項についても，「進歩した思想を採用したやうであるが同項に所謂辯護人の立會うことの得る豫審處分とは果して如何なる場合を指摘するものなるやに想到すれば何人も其規定の効果の甚だ少きに失望せざるを得ない」と批判する。5年案は，いくつかの場合に弁護人の立会を認めているが，予審判事が処分の急速を要すると思料した場合は，立ち会わせないこともできる（152条）[114]からである，と。以上のように，大場は，5年案における記録閲覧権を含む弁護権の保障は，その実質において起訴前の手続では機能しないと批判する。

　大場は，起訴前予審の採用についても，「被告人との關係にて當事者對等主義に背くのみならず，更に裁判所との關係に於て主客顛倒し裁判所たる豫審判事をして檢事の下風に立たしめるものして一面に於て如斯檢事をして無限の権力を有せしめた改正草案は之れ即ち他面人権無視の甚だしきを證して余りあるものと云ふべき」[115]とする。さらに，直接主義についても「一面實質的眞實を發見すると共に他の一面に於て裁判の公平を得る最良の方法」たる直接審理主義が放棄されたと批判する[116]。

　以上のように，大場は，5年案を「検察万能主義」実現のための改正であると批判し，弁護権の改善はみせかけのものとする。そして，被告人との関係（当事者平等主義），さらに裁判所との関係においても検察官を圧倒的優位に立たせるものと批判する。記録閲覧権の規定についても，その圧倒的優位を修正するものではないことが批判されているといえる。

　次に，中川孝太郎の反応を確認する。中川は，公判中心主義の重要性を主張し，5年案の公判に関する規定は，明治刑訴法の問題点をかなりの程度解決したものと評価する。他方で，公判前に作成された調書についてなんら規定がな

く、その取捨選択が裁判所に一任されている点について、公判中心主義を形骸化するものであると批判する。中川は、「公判に全力を集中し、従て當事者殊に被告をして公判に於て充分なる行動をなすことを許し、一切の審理を此處に於てなすことを原則とすること……訊問は原則として必らず公判に於て之をなすことを定め、公判が始より終に至るまで事件の顛末を取調べ、之によりて得たる所を以て裁判すべきものなりとせば最も理想に近からんと思考す」とする。このように中川は、公判中心主義という理想の実現のために、公判前に作成された調書の公判審理への流入の規制を主張する。

さらに、起訴前予審については、「外見上恰も豫審が検事に隷属するが如き現象を呈す」と批判する。すなわち、「豫審判事をして起訴をなすべきや否やを目標として取調をなさしむることは、或は危険を招く虞ありて豫審判事をして一層検事に近からしめ、遂には検事に強制捜査を許すと同様なる結果に陥ることあるべきを恐るるなり」、と。それゆえ、「豫審手続の改良は之に比し稍々重要の程度低し、公判に於て一切の取調を直接審理する主義に據らしめんか、豫審は単に其下調たるに」とどめることが最良の改正であるとする。

以上のように、中川は、5年案は公判中心主義を形骸化する危険性を有するものと批判する。さらに、起訴前予審との関係では、中川は、検察官による証拠収集手続の実質的主導の危険があるとする。証拠収集手続における公正性が失われることを懸念しているのであろう。ここでも5年案の制度について、予審段階での記録閲覧は機能しないことが指摘されているといえる。

2　実務家の反応

弁護士の松本重敏は、弁護権に関する規定について「殆んど有名無實」とし、起訴前予審の採用を「非常に退化にて検挙機関の補助作用をなすもの」と批判する。さらに、秘密の手続たる予審が自白強要の結果を生み、その結果である調書によって公判審理が形骸化していると指摘したうえで、予審を廃止し、証拠を公判審理前に秘密に取調べるような制度ではなく、「一切の證據を公判廷に持運び之を公衆の面前に於て調査する」制度を採用すべきとする。以上のように、松本は5年案について、起訴前予審の問題性や捜査機関の強制捜査権限の拡大について批判する。そのうえで、公正な裁判というためには、収集された証拠をすべて公開の審理で直接調べることが不可欠であると主張する。

このような松本の批判は，他の弁護士による評価とも共通する点が多い。大澤眞吉や新井要太郎も，警察官・検察官の強制捜査権限拡大について，国民の権利を危険にさらすものであると批判する[121]。以上のように，5年案においては，起訴前予審も含めた捜査機関の権限拡大および直接主義の不採用が弁護士層による主要な批判対象とされていたといえる[122]。ここでは，捜査段階における不当な権利侵害がさらに増加する危険性とともに，（被告人に不利な方向での）不公正な証拠収集が，公判審理にも引き継がれ，その結果も左右されうることが懸念されていたといえる。

　また，この時期には，検察官の聴取書を大々的に批判する見解や法律案が提出され[123]，さらに人権蹂躙問題が反響を呼び[124]，「犯罪捜査ニ關スル法律案」[125]および「人権保護ニ関スル法律案」が提出された。捜査による不当な人権侵害の防止，さらには（聴取書を中心とする）捜査活動を通した証拠収集によって公判審理の結果が左右されることの防止についての弁護士層の関心は高かった。

　5年案に対する検察関係者の意見は，ほとんどみられなかった。このことは，5年案が差し当たり満足すべきものであったことを示すものといえよう[126]。当時の大審院部長の横田秀雄は以下のように述べている。誤判は恐るべきものである。一国の刑事裁判は国民の信頼がなければならない。そのため，①誤判を避けること，②事実と法の適用を合致させること，刑事訴訟法・判決例に従い判断すること，③刑事手続が公正明大に行われること。すなわち被告人の利益に着目して可能な限りこれを尊重して審理し，充分に弁護させること，④人格・技術において卓越した裁判官を育成することが重要であるとする。さらに，横田は，捜査について，そこでの不当な人権侵害につき警告を発し，聴取書についても「眞に正當な裁判を爲すには斷然聴取書の効力を否定せねばならぬ」と批判している[127]。

　尾崎司法大臣も，社会の不安感を理由に捜査を含めた手続の迅速化を強調する一方で，捜査における人権蹂躙を防止する必要性を主張している。さらに，当時の捜査において，「捜査其方法を誤まり犯人に不利なる方向のみを探求するに急にして利益と爲るべき材料の集取を忽諸に付するが如きことあらむか爲に事實の眞相を謬まり往々にして無辜を害することあるべし」と批判する[128]。

　以上をまとめると，①当時の証拠収集の中心的役割は予審ではなく捜査機関が果たしていたこと，②その捜査においては不当な人権侵害（人権蹂躙）の発生

や被告人に不利な方向に偏った不公正な捜査も行われていたこと，③その捜査の中心は聴取書の獲得であったこと，④聴取書など起訴前の手続の書面が公判審理の結果を左右していたことという，当時の手続を確認することができる。他方で，5年案が，これらの問題を解決しうるものかについては多くの疑問が示されていたといえる。

Ⅳ 大正5年案に関する小括

　以上のように，明治40年代から5年案までの時期における，刑事手続の構造およびそこでの記録閲覧の意義・機能について概観してきた。

　当時の実務状況をみる限り，明治30年代の動向はますます加速したといえる。すなわち，証拠収集の担い手は予審から検察官へと移行しつつあり，また原告たる地位という性格もあって，当時の警察官や検察官は被疑者・被告人にとって不利益な証拠を重点的に収集する傾向にあった。そして，その捜査の中心として獲得された聴取書は公判審理における事実認定の中心的役割を果たしていた。

　このような実務のもとでは，閲覧対象たる公判審理に提出される証拠や記録は，実質的には警察・検察による捜査の経過や結果を示すものであった。また，その内容は，被告人に不利益な方向に重点を置いたものであったといえる。このような状況では，公正な証拠収集や提出，とくに被告人に有利な証拠の収集・提出という記録閲覧の意義・機能は十分発揮されない可能性があった。

　この時期における学説においても，このような問題性は認識されていたといえる。当時の理論状況においては，豊島の予審廃止とそれに伴う捜査機関の権限拡大という見解，中川の予審弾劾化という見解，富田の捜査段階における当事者対等の実現といった見解がみられた。いずれの見解においても，公正な証拠収集が必要不可欠であるとの認識のもと，記録閲覧権が公判手続における当事者対等や弾劾訴訟，手続の公開から根拠付けられ，さらには弁護権行使の重要な前提条件として位置付けられていることが特徴的である。

　このような状況のもとで示された5年案は，起訴前予審の採用，捜査機関の権限の一定の強化，起訴便宜主義の明文化，直接主義に関する規定の削除を大きな特徴とするものであった。この5年案は，従来の予審による一極的かつ公

正な証拠収集とこれを基盤とした記録閲覧制度ではなく，弁護側と検察官という両当事者による証拠収集とこれを基盤とした記録閲覧制度を採用する方向へと一定程度移行しようとするものといえた。予審段階での一定の場合における記録閲覧権の保障は，そのことを示すものであった。

当時の実務状況は，①証拠収集の中心的役割は予審ではなく捜査機関が果たしていたこと，②その捜査においては不当な人権侵害（人権蹂躙）の発生や被告人に不利な方向に偏った不公正な捜査も行われていたこと，③その捜査の中心は聴取書の獲得であったこと，④聴取書など起訴前の手続の書面が公判審理の結果を左右していたこと，とまとめることができる。もっとも，5年案はこのような問題を解決するものでないとの批判も強かった。記録閲覧権の改正案も，とくに公判前手続における規定が不十分であるなど，弁護側による十分な証拠収集に資するものではなかったと捉えられていたといえる。

立法作業は，いよいよ大正刑事訴訟法へと結実することになる。最後に，この大正刑訴法成立時における実務状況を確認しつつ，大正刑訴法の構造およびそこでの記録閲覧権の意義と機能を確認する。

V 大正刑事訴訟法の構造と記録閲覧権の意義および機能

1 当時の実務状況

当時の実務状況については，たとえば，日本弁護士協会録事に以下のような指摘がある。刑事手続の現状は，江木衷による評価である「巡査裁判」へ接近している。すなわち，実務における「刑事記録の多数（検事局への告訴告發を除き）は，先づ巡査の聴取書又は報告書に始まり，次に検事又は豫審判事の訊問となる，而して直接間接に検挙巡査は関係人に附纏，公判に至れば，尨然たる記録となり，形式的の書類調査と被告の取調のみ，故に其初め見込違の者を擧げて」(括弧内ママ)しまい，結局誤判を生むことになる，と。

さらに，裁判官経験者も，一件記録において「検事の聴取書が大部分を占めている」とか，「今日一件記録を閲して異様に感ずるのは，豫審判事は検事の聴取書の跡を辿りて訊問して行くやうな氣がする。昔は記録を読んでも，斯様な氣は毛頭しなかった」と指摘する。このように一件記録の実質的内容が，予審判事による証拠収集過程から捜査機関による証拠収集過程や結果へと変遷し

ていたことが指摘されている。

　また，捜査機関が被告人の取調べを調書に記録しなかったという事件も報告されている。日本弁護士協会が司法大臣原敬に宛てた1920（大正9）年の「京都人権問題ニ關スル顛末報告」においては，1918（大正7）年の京都府議会汚職事件における人権蹂躙について，「檢事カ本件京都府會議員瀆職事件ノ被告ヲ取調ベタル方法ハ他ニ類例ヲ見サル苛刻ノ處措ニシテ同一被告ニ對シ同一ノ檢事カ連日長時間ニ渉リ調書ヲモ作成セスシテ訊問ヲ継続シ自白ヲ強要シタルノ跡歴々蔽フ可カラサルモノ有リ」と報告されている[131]。

　このように捜査活動の経過・結果が調書に記載されない事例はいくつか報告されている。たとえば，古賀廉造は，捜査機関が「事實の捜査に就て力を用ふることを知らずして，被告人又は證人の自白に依りて，以て事實の眞相を得んことを努む。殊に其の自白は檢事又は司法警察官の想像に書きたる模型に當て嵌まるとことの自白ならざるべからず」として，聴取書が警察官や検察官の主観的見込によって作成されるとの実務が指摘されている[132]。また，検察官が被告人に利益な証人を取調べ，その聴取書を作成しても，一件記録に編纂しなかったという事件も挙げられている[133]。以上のように，依然として，捜査段階では有罪方向の証拠収集を中心に証拠が収集されていただけでなく，その経過や結果が正確に記録化されていないという実務が指摘されている。「捜査の司法化」たる予審手続に比べ，捜査機関による捜査手続が，その経過・結果の記録化になじみにくいことが，その理由であったのかもしれない。

　当時の検察官の不起訴率・起訴猶予率をみると，不起訴率は1917（大正6）年の59.8％から1922（大正11）年には69.1％にまで上昇している[134]。また，起訴猶予率も，1917（大正6）年の29.0％から1922（大正11）年には53.0％に上昇している[135]。このように検察官による事件選別が定着し強化されていったことがわかる[136]。次に，予審免訴率については，1917（大正6）年の4.7％から1922（大正11）年の4.0％まで低下している[137]。予審による事件選別はほとんどなされていなかったといえる。以上のことからすると，検察官の訴追判断が予審終結決定にとって決定的意味を有していたといえる。そして，無罪率は，1917（大正6）年に1.2％であったが，1922（大正11）年には0.9％となっている[138]。

　以上を踏まえると，この時期に，取調べを中心とする綿密な捜査に基づく慎重な訴追判断の結果が，予審および公判審理において決定的役割を果たすとい

う実務が定着したことがわかる。このような実務状況のもとで，大正刑訴法は成立した。次に，大正刑訴法に関する審議経過を概観し，大正刑訴法の構造とそこでの記録閲覧権の意義と機能を確認する。

2　大正刑事訴訟法の審議までの経過

1919（大正 8 ）年，法律取調委員会が廃止され刑訴法改正作業は休止状態となったが，1920（大正 9 ）年 4 月，司法省に刑事訴訟法改正調査委員会が設けられ，法律取調委員会の大正 7 年案をもとに刑訴法改正作業が進められた。その結果，1921（大正10）年 8 月に大正10年案が成立した。[139]

この大正10年案は，大正 7 年案に比べて以下のような特徴を有していた。①起訴前予審を起訴後予審へと変更したこと，②捜査段階・予審段階における被疑者・被告人の名誉保護に関する訓示規定を設けたこと，③勾留期間に制限を設定したこと，④被疑者・被告人尋問につき黙秘権規定をはじめとする人権保護的な訓示規定を設けたこと，⑤起訴便宜主義による公訴提起の判断について基準を明示したこと，⑥予審における記録閲覧について「豫審判事ノ許可ヲ受ケ書類及證據物ヲ閲覧スルコトヲ得」との規定を設けたこと，⑦検察官および弁護人に被告人や証人などに対する直接の尋問権を認めたこと，⑧判決理由を示す旨の規定を設けたことなどである。[140] このように，従来の案に比べ，被疑者・被告人の権利を保障する方向での修正が多くみられることが，大正10年案の特徴である。

大正10年案は，1921（大正10）年12月の第45帝国議会において政府から提出された。1922（大正11）年 2 月10日から衆議院刑事訴訟法案委員会は審議を開始し，その結果，憲政会と国民党による各修正案は否決され，政友会修正案が可決された。その後，衆議院本会議（第 2 読会）でも，同年 3 月 8 日に政友会修正案が可決された。貴族院への回付後，貴族院刑事訴訟法案特別委員会における審議が開始され，要急事件の規定，検察官による勾留の規定，裁判上の捜査処分の規定，さらに勾留期間の制限の規定が追加された。この貴族院修正案の回付を受けた衆議院において，この貴族院修正案が可決された。

この審議過程においては，政友会修正案が大きな役割を果たした。この政友会修正案は，日本弁護士協会の刑事訴訟法改正法律案委員会が提出した1922（大正11）年 2 月22日に議会への提出を決定した「刑事訴訟法案修正主旨」を基

礎としたものであった。その内容は，①勾引嘱託する主体から「檢事又ハ司法警察官」を削除したこと，②要急事件に関する規定の削除，③被告人を留置する検察官権限の削除，④司法警察官による被疑者訊問に「親族縁故者隣人又ハ市町村吏員」の立会いを認めたこと，⑤検察官・司法警察官による証人訊問における宣誓の廃止，⑥いわゆる裁判上の捜査処分規定の削除，⑦予審判事による被告人訊問・証拠調べへの検察官・弁護人の立会い権の規定，⑧「證據ハ裁判所直接之ヲ取調ベタルモノニ限ル但左ノ場合ニ限リ訴訟関係人ノ異議ナキトキハ被告人其他ノ者ノ供述ヲ録取シタル書類ヲ證據ト爲スコトヲ得　一供述者死亡シタルトキ　二疾病其他ノ事由ニ依リ訊問スルコト能サルトキ　三土地ノ遠隔其他交通不便ニシテ直接ニ取調ヲ爲スコト困難ナルトキ」とする直接主義の規定などを含む36案であった。同提案は，①④⑦⑧の削除，⑥の修正を加えられたうえで，政友会修正案とされた。

以上のことを踏まえて，大正刑訴法の審議過程を，記録閲覧規定を中心に確認・検討する。

3　大正刑事訴訟法の審議過程その1――記録閲覧に関する議論

衆議院刑事訴訟法委員会では，作間耕逸委員から，大正10年案における予審弁護制度は不十分でないかとの意見が示された。これに対し，林頼三郎政府委員は，「證人訊問，鑑定，押收，搜索，檢證，是ガ豫審手續ノ主要ナモノデアリマシテ，其主要ナル手續ニ付テ，辯護人ガ大體ニ於テ何レモ關與出來ルコトニナツテ居リマス，ソレカラ又書類モ一定ノ範圍ニ於テ閲覽出來ルト云フコトニナツテ居リマスノデ辯護人ハ豫審手續ノ大體ヲ知ツテ，サウシテ被告人ノ爲ニ防禦ヲスルト云フコトハ，相當ニ出來ルコトデアル」とした（第1回委員会）。予審手続における記録閲覧の意義・機能について，予審手続の経過・結果を知ることができること，それを前提として予審手続の主要な手続への関与を含めた防御が行われることが明示されている。

また，宮古啓三郎委員は，なぜ徹底した予審弁護制度を採用しないのかとの質問を行った。これに対し，林政府委員は，「豫審ハ全ク公判準備手續デアリマシテ，總テノ取調ハ公判ニ集中スルト云フ原則ヲ採ツテ居リマス……豫審ノ調ハ唯タ公判ニ附スルニ足ル嫌疑ガ十分デアルカドウカヲ決スルト云フ程度ニ於テ調ベルノデアリマス……サウ云フ次第デ，被告人ノ權利利益ノ擁護ハ公判

廷ニ於テ十分出来ルコトニナツテ居リマス」とし，公判準備の性格を有する予審手続における取調べは，公判に付する嫌疑があるか否かを確認するものであることを理由に，提案された同手続での弁護権保障で十分であるとし，またすべての取調べが集中する公判での弁護権保障は十分であるから問題がないとしている（第6回委員会）。[144]

　以上のように，予審弁護士制度との関連では，記録閲覧権はほとんど議論されていない。もっとも，予審段階における記録閲覧制度の意義が明示され，起訴後予審制度の採用との関係で，予審の役割・位置付けと手続保障の程度の関係が議論されたことは重要といえる。

　次に，記録閲覧権を規定した44条に関する議論を確認する。上畠益三郎委員は，裁判長または予審判事による記録閲覧許可は，「訴訟手続ニ關スル裁判所ノ許可デハナクシテ，行政上ノ許可ノ意味デスカ」との質問を行った。これに対して，林政府委員は，記録閲覧権は弁護人にあるが，証拠物は古いものもあり取扱いに注意を要するものがあるので，裁判長・予審判事の許可を受けることを求めた趣旨であると答弁した。

　さらに，上畠委員は，裁判長・予審判事による閲覧の許可決定が訴訟行為に対する裁判であるとすれば，弁護人の請求が却下された場合は即時抗告が認められるはずであると主張した。これに対し，林政府委員は，「實驗上妨ガナイノニ，許可ヲ與ヘナイト云フヤウナコトハ，マルデ豫想シナイノデスカラ」として，「理由ナク許可ヲ與ヘヌト云フヤウナ事ガアレバ，是ハドウモ職務ヲ相當ニ行ハヌ者デアリマスカラ，職務上ノ制裁ハ免レナイ，無論裁判長ナリ豫審判事ハ，法律ノ精神ヲ能ク採ツテソレニ則ツテ職務ヲ執ラナケレバナリマセヌカラ，職務上懲戒其他ノ責任ヲ免レヌコトニナリマス」と答弁した。これにより，閲覧の不許可決定の場合は，職務上の監督権に任せるほかないことが確認された。[145]

　また，鈴木富士彌委員は，44条3項にいう証拠物の謄写には写真撮影も含まれるのかとの質問を行った。これに対して，林政府委員から含まれるとの答弁があった（以上，第2回衆議院特別調査委員会）。[146]

　以上の議論の結果，予審手続以降の弁護人選任が認められ（39条），記録閲覧権は以下のように規定された。

44条　①辯護人ハ被告事件公判ニ付サラレタル後裁判所ニ於テ訴訟ニ關スル書類及證據物ヲ閱覽シ且其ノ書類ヲ謄寫スルコトヲ得
　　　②豫審ニ於テハ辯護人ノ立會フコトヲ得ヘキ豫審處分ニ關スル書類及證據物ヲ閱覽シ且其ノ書類ヲ謄寫スルコトヲ得
　　　③辯護人ハ裁判長又ハ豫審判事ノ許可ヲ受ケ證據物ヲ謄寫スルコトヲ得

　本条により，予審段階における記録閲覧が認められた。予審段階での記録閲覧と関連付けられている「豫審處分」とは，捜索・押収（158条），検証（178条），鑑定（227条），予審判事が公判に召喚し難いと思料した証人の尋問（302条）であった。他方で，被告人訊問，通常の証人訊問に関する記録の閲覧は認められない。

　さらに，予審段階において，被告人・弁護人は予審判事に必要な処分を請求することができるが，その前提として，「辯護人ハ豫審判事ノ許可ヲ受ケ書類及證據物ヲ閱覽スルコトヲ得」とされた（303条）。これに対し，検察官は予審の進行を妨げない限りで記録閲覧を許されていた。

　接見交通権については，公判開始以降は接見および信書の往復を禁止できないとされた（45条）。さらに，弁護人に，公判準備として公判期日前の裁判所による被告人・証人訊問への立会い（323条），証拠書類・証拠物の提出権（325条）が認められた。さらに，被告人訊問において「被告人ニ對シテハ丁寧深切ヲ旨トシ其ノ利益ト爲ルヘキ事實ヲ陳述スル機會ヲ與フヘシ」（135条）とされ，また勾留期間にも2ヶ月ごとの更新という制限が設けられた（113条）。

　以上のように，弁護権・被告人の権利に関する規定は，5年案に比べ一定程度拡大・強化された。他方で，検察官の権限強化・拡大に比べると，その程度は低い。記録閲覧権の規定については，予審段階での記録閲覧権の意義・機能，予審手続の目的とそこでの防御権保障との関係が一定程度明示されたものの，それ以外には，それほど議論はなかったといえる。次に，警察官や検察官の権限，直接主義に関する議論を概観する。

4　大正刑事訴訟法の審議過程その2──警察官・検察官の権限

　明治刑訴法の不備および大正10年案の問題点について，林政府委員は，以下のように述べている（貴族院特別委員会）[147]。第1に，検察官の原告という地位である。明治刑訴法においては，主に検察官による捜査手段に対する準則がまっ

たく欠けており，検察官は強制捜査権限を用いることができない。他方で，起訴・不起訴を判断するためには，徹底した調べが必要である。そうすると，職務に熱心なあまり法律に定められた範囲を逸脱すること（人権蹂躙）がないように，捜査手段に関する準則が必要である。それゆえ，検察官には強制権限を認めないことを原則としつつも，必要がある場合には一定の条件のもとで裁判官に取調べを請求してよいとすべきである。

第2に，被告人の権利についてである。明治刑訴法は，被告人の保護という面で不十分である。被告人は予審手続の内容を知る機会がなく，予審において自己の防御権を充分に行使できない状態にある。このことを考慮し，被告人側の権利・利益を保障するためのさまざまな規定を設けるべきである。それゆえ，被告人を証拠方法とみなしつつも，その地位に鑑み被告事件について弁解することがあれば，それを聴く形式を提案している。さらに未決勾留の期限を設定し，予審段階において弁護人を選任できるように提案している。

第3に，裁判所についてである。明治刑訴法では，予審が手続の中心とならざるをえない制度になっている。公判審理が手続の中心となるために，適当な公判準備を行い，公判開始時に手続が迅速かつ完全に行えるよう規定を提案している。

これに対し，石渡敏一委員は現行法について大きな欠点を発見することはできないとしたうえで，「今度ハ必要ナル場合ニハ検事ガ判事ニ向ツテ助ヲ乞フ，援助ヲ乞フ，サウスルト判事ガ強制力ヲ出シテ，サウシテ證據調ベヲシテ来レバ其證據調ニ依ツテ検事ガ起訴，不起訴ヲ極メル，斯ウ云フコトヲ現行法デハ是等ノ手続ヲ欠イテ居ル爲ニ，現行法デハドウシテモヤラナケレバナラヌト云フ理屈ハチヨツト言エバ之ガ爲ニ検事ガ弁護ヲ余計ニ得ルト云フコトニ過ギナイト云フコトニナチハセヌカト思フノデアリマス」と批判した。[148]

以上のように，明治刑訴法の欠陥の修正およびそれに伴う人権蹂躙の防止のために，捜査機関の権限強化・被告人の権限強化が必要であるとする政府委員の論理と，大正10年案は実質的には検察官の権限強化を目的とするものとする弁護士層の論理が対立していた。もっとも，政府委員の論理は人権蹂躙にも対応するものであったことに加え，弁護士層の反論も，石渡委員以上のものはなかった。

以上のように，捜査機関の権限はさまざまに強化された。検察官は，強制処

分が必要な場合，捜索・押収，検証，勾留，被疑者・証人訊問，鑑定を，裁判所に請求することができるとされた (255条)。検察官や司法警察官は裁判官の嘱託を受け被告人を勾引することができ (94条)，それに付随して取調べを行うことができるとされた (96条)。要急事件規定も，いくつか要件が削除されたうえで設けられた (123条)。検察官や司法警察官は要急事件，さらに現行犯事件において急速を要する場合，捜索・押収 (170条)，検証 (180条)，証人訊問など (214条)，鑑定 (228条) を，検察官は現行犯事件で緊急を要する場合は勾留も行うことができるとされた (129条)。

また，検察官の被告人・証人訊問には書記官の立会いを要し (136条)，司法警察官による証人訊問には司法警察官の立会いを要するとされた。もっとも，検察官や司法警察官による証人訊問の場合，証人に宣誓をさせることはできないとされた (215条)。さらに，捜査における取調べが明文で認められた (254条)。そして，検察官については，「犯人ノ性格，年齢及境遇並犯罪後ノ情況ニ因リ訴追ヲ必要トセサルトキハ」という条件のもとで訴追裁量を認める規定が，提案された (279条)。

5　大正刑事訴訟法の審議過程その3――直接主義に関する議論

公判審理のあり方について，原夫次郎委員は，弾劾主義・糾問主義は公判手続だけでなく捜査手続に関する問題でもあるとした。原は，まず，「陪審法ハモウ理想的ノ弾劾主義デアル……陪審ニ係ルベキ事件ニ付テハ，検事ノ聴取書ハ固ヨリ，豫審ニ於テノ調書デアツテモ，是ハ所謂参考ニ供セラレルダケデアツテ，陪審ノ公判廷ニ於テハ，所謂直接審理主義ヲ採ルモノト心得ヘテ居ル」として，公判前手続で作成された調書を取り調べることが弾劾主義や直接審理主義に反することを指摘した。そのうえで，「公正明大ナル弾劾主義ニ基イテ居ルニ拘ラズ……サウ云フ弾劾主義ヲ採ラズシテ，糾問主義ヲ密行シタル所ノ調書ガ總テ犯罪ノ証明，判決ノ認定タルベキ材料ニナルトスルナラバ，互ニ非常ニ大キナ矛盾ヲ来ス所以ニナル」(第5回衆議院委員会)，「公ノ手続ニ依ラヌデ取調シタ証拠ガズンズン法廷ニ於テ判事ノ裁判ノ證據ニナルト云フナラバ，是ハ矢張糾問主義ノ結果ニナルノデアリマス」(第6回衆議院委員会) として，公判前手続で作成された調書を犯罪の証明に用いることは，弾劾主義に反し，公判手続においても糾問主義を採用したことになってしまうとした。[149]

これに対しては，林政府委員が，陪審法と刑訴法を同時に議論するかどうかは立法技術の問題であるとして，区別して議論することに問題はないと答弁した。さらに林政府委員は公判手続と捜査手続との関係についても，「檢事ガ捜査ノ手続ヲスルト云フノハ，是ハ弾劾主義ヲ採リタル結果デアリマシテ，即チ被告人ヲ弾劾スル準備トシテ取調ノ手続ヲスルノデアリリマス」として，検察官による捜査手続はむしろ弾劾主義の帰結であって，検察官による取調べはその弾劾の準備であると答弁した（第5回衆議院委員会）[150]。

　このように，原委員と林政府委員の見解は，「弾劾主義」の理解について食い違いがあったため，その後の議論もかみ合うことはなかった。とはいえ，弾劾主義から直接審理主義を導き，公判前手続で作成された書面を犯罪の証明に用いることは弾劾主義に反するという立場[151]と，政府委員のように，弾劾主義を「國家ノ権力ヲ起訴スル者ト，裁判ヲスル者ト分ケ」，「原告被告裁判所，線ヲ引ケバ三角形ニナル」（秋山政府委員）[152]と理解し，直接審理主義の採用の可否とは直接の関係性はないとする見解が存在していたことは重要である。そして，後者の見解によれば，弾劾主義の帰結として，検察官が捜査手続を行う「べき」ことになり，その性格は「弾劾の準備」として位置付けられることになる。この理解は，従来の予審判事による証拠収集手続を前提とする理解とは，相当に異なるものであったといえる。

　次に，捜査機関作成の聴取書に関する議論を確認する。横山勝太郎委員らは，聴取書などについて証拠としての利用が原則禁止されていることを積極的に評価しつつ，345条にいう「疾病其他ノ事由ニ因リ供述者ヲ召喚シ難キト云フ，ソレカラ訴訟關係人異議ナキトキ」という例外的に調書の証拠としての利用可能性を認める規定を置くと，「自然警察官，檢事等ガ法律ニ背イタ，法律ノ規定ニ依ラザル証拠ヲ作ツテ，其物ヲ後日證據トスルコトガ出来ルト云フ確信ヲ持ツ結果，無暗ニ人ヲ訊問スルト云フコトガ起ツテ来ハシナイカ，又訊問シタモノハ何デモ斯デモ記録ニ綴込ンデ置イテ後日ノ用ニ供スル」ことになり，「訊問及訊問調書ト云フモノニ厳格ナ規定ヲ置イタ趣旨ヲ，此處ニ来ツテ全部破壊」するのではないかとの懸念を示している（第7回衆議院特別調査委員会）[153]。

　これに対して，山岡萬之政府委員は，大正10年案は直接審理をすべきとした点では，少なくとも明治刑訴法より前進していると説明している。また，本条

の背景には，先述した日本弁護士協会の刑事訴訟法法案主旨を受けた政友会修正案における直接主義規定の削除がある。禱委員は，その理由として，「非常ニ裁判所ニ於テ事件ガ増加シテ，一々……直ニ其被害者ヲ喚バナケレバ，犯罪構成要件ト云フモノガ説明セラレナイ……理想トシテハ好イ事デアルケレドモ……裁判官ハ非常ニ殖エナレバナラナヌ」と，人的資源の確保の困難さを挙げた[154]。以上の議論の結果，直接主義の規定は明文化されず，証拠書類の証拠としての利用可能性は原則否定されつつも，多くの例外が明文化された。

　また，記録閲覧との関連では，前科調書や素行調査書，無名の投書のような書類に関する林政府委員の指摘が重要である。すなわち，これらの書類が「證據ニナラスト云フ事モ，學問上確タル事實デアル，サウ云フ事ヲ一々法文ニ列擧スルコトハ困難デアリ，却テ違脱ガ起リマセウ」とし，書類などについて，「訴訟記録ニドレ程ノモノヲ綴込ムカト云フコトハ，今日デモ基本的ニ法則ガアリマセヌ，ソレデ慣習ニ依ツテヤッテ居ルヤウナ次第」であり，将来統一する必要がある，と[155]。このように公判前手続で作成された書面などについて，なにをどのように一件記録に綴じるかについては，当時にいたるまで明文の規定はなく，また大正刑訴法においても規定は置かれなかった。

　大正刑訴法340条は，1項「証拠書類ハ裁判長之ヲ朗讀シ若ハ其ノ要旨ヲ告ケ又ハ裁判所書記ヲシテ之ヲ朗讀セシムヘシ」，2項「単ニ風説又ハ素行ヲ記載シタル書類ニシテ人ノ名譽ヲ毀損スル虞アルモノハ之ヲ朗讀スルコトヲ得ス」，3項「前項ノ書類ハ之ヲ被告人ニ示シ被告人文字ヲ解セサルトキニ限リ其ノ要旨ヲ告クヘシ」として，証拠書類の朗読可能性について規定した。

　さらに，大正10年案345条は，最終的には，大正刑訴法343条1項「被告人其ノ他ノ者ノ供述ヲ録取シタル書類ニシテ法令ニ依リ作成シタル訊問調書ニ非サルモノハ左ノ場合ニ限リ之ヲ證據ト爲スコトヲ得」とされ，1号「供述者死亡シタルトキ」，2号「疾病其ノ他ノ事由ニ因リ供述者ヲ訊問スルコト能サルトキ」，3号「訴訟関係人異議ナキトキ」とされ，同2項「区裁判所ノ事件ニ付テハ前項ノ規定スル制限ニ依ルコトヲ要セス」と規定された。

　以上のように，大正刑訴法は，直接主義の明文規定を設けず，聴取書などの朗読可能性や証拠としての利用可能性を原則として否定した。他方で，聴取書などの作成自体は禁止されていないうえに，上記の制限には多くの例外を伴っていた。また，どの書類を訴訟記録に含めるかについても基準は定められず，

従来通り検察官の裁量に委ねられることになった。

6 大正刑事訴訟法と記録閲覧権

以上のように，大正刑訴法は，従来の案に比べ弁護士層の要求を一定程度採用したものであった。弁護士層による評価が，従前と比べてもそれほど公表されていない点にも，そのことが現れているといえよう。[156] 大正刑訴法は，被疑者・被告人の権利・利益を保護する趣旨の規定（証拠書類に関する規定など）や訓示規定（被疑者の訊問に関する規定など）を設け，さらに人権蹂躙防止を１つの目的として捜査機関の権限強化を行ったのである。[157]

もっとも，ジャパン・クロニクル紙が批判したように，大正刑訴法は，記録閲覧権を含む防御権や弁護権について，「辯護人に対して公判前に其被告人を授くべき甚だ僅かなる権能を附與しているに過ぎないといふ結論に到着せざるを得ない」ものであった。[158]

林頼三郎は，明治刑訴法における「豫審が取調の中心で公判が裁判すると云ふことになれば之は間接審理である，訴訟手続としては甚だ不當」という欠陥が改善されていることを理由に，「公判中心主義を新法に於ては明白に採つた」とする。[159] 確かに，大正刑訴法においては，予審の役割が限定され，予審調書の証拠能力も限定されている。他方で，予審の役割限定に伴い証拠収集への関与については，証拠収集に関する検察官の権限および関与が強化されている。さらに，その過程で作成された調書などの証拠としての利用可能性も例外的にとはいえ認められた。このように大正刑訴法の特徴は，証拠収集に関する予審の権限を検察官に直接・間接的に委譲し，他方で被告人側の権限も一定程度強化したものといえる。

このような制度構築がありうるとしても，問題は十分にバランスのとれたものであったかである。これまでの立法関連の議論や学説などを踏まえると，記録閲覧権は，１つの（予審という）機関による一極的な証拠収集を前提としながら，弾劾主義を採用した公正な公判審理を維持するための前提条件であった。それは一極的な証拠収集を行う機関による自身の証拠収集過程を提示する義務でもあった。これに対し，大正刑訴法では，上述のように予審の証拠収集権限を直接・間接に権限を委譲された検察官は，公正な証拠収集をすべきとされながら，その原告たる地位から被告人に不利な方向で証拠収集する傾向があるこ

とが前提とされていた。そうすると，被告人に有利な証拠も収集するため，被疑者側による証拠収集への関与も強化されなければならない。「防禦力も進んで居るが，検事の攻撃力も強めている。両方共強めてある」との林の指摘はこのことを意味する。それゆえ，大正刑訴法では予審段階における記録閲覧権も保障されたことになる。さらに，人権蹂躙防止のためにも防御権の強化は必要とされた。もっとも，この規定も証拠収集への関与を充分に担保するものではないとも評価された。これに加えて，書類などの証拠としての利用可能性も，「多くの例外規定の挿入に依りて其折角の価値を發揮し得ざる迄に妨げられる」ものであった。

このように，大正刑訴法は，予審を維持しながらも，被告人側と検察官による証拠収集を実質的に拡大するという制度を採用し，そのうえで記録閲覧権も強化・拡大したものであった。そして，そこでの記録閲覧権は，限定的とはいえ，第1に，被告人側による証拠収集への関与を実質的に担保するため，当該段階での手続状況や結果を知るという意義・機能，第2に検察官や警察，さらには予審による証拠収集手続の過程や結果を公判前の段階で検証するという意義・機能を有するものであった。

Ⅵ 両当事者による証拠収集の強化・拡大と記録閲覧権

1 明治30年代の状況

本章では，明治30年代から大正刑訴法制定までの時期における刑事手続の実務状況および立法関係の議論を概観し，そこでの刑事手続の全体的な構造を踏まえながら記録閲覧権が有しえた意義や機能を確認してきた。

明治30年代における記録閲覧権は，明治刑訴法制定当初の時期と同様に，有罪方向の証拠を中心として閲覧対象とせざるをえなかった。他方で，その背景については変化がみられた。明治30年代に入り，検察を中心とする綿密な捜査や慎重な起訴の定着や拡大がみられ，これが予審による公判への影響にも変化をもたらした。その結果，検察による捜査活動（とくに作成された書面）が公判審理の結果を左右しつつあったのが，この時期の実務状況の特徴といえる。このように，いわゆる予審判事による活動のあり方によって，その意義・機能が左右されていた記録閲覧権は，検察による証拠収集活動を通じて，その意義・

機能が左右される状況となりつつあった。さらに，従前から前提とされていたように，原告たる検察官などによる証拠収集は有罪方向へと偏る傾向にあり，その結果，記録閲覧は捜査機関による有罪方向の捜査・訴追過程や結果を事後的に確認するものへと変化していった。治罪法や明治刑訴法における記録閲覧の構想は，さまざまな方向で変化した。記録閲覧権は，被告人側による自身に有利な証拠の確保などについて機能不全に陥っていったといえる。

2　明治34年案をめぐる議論状況

34年案による刑訴法改正作業における議論においては，記録閲覧権と手続構造との関係について大別して2つの考えが示された。いずれも当時の予審における証拠収集は不十分であるという現状認識を前提としていた。

第1に，予審段階における一極的な証拠収集を維持しながら，それをさらに充実させるため，警察・検察の証拠収集権限の強化をも主張する立場である。さらに，この立場は，警察・検察による公正な証拠収集もその前提としている。それに伴い，被告人側による証拠収集過程への関与については消極的に捉えることになる。

第2に，予審判事による一極的な証拠収集を事実上放棄し，弁護側の観点を反映させた手続を構想する立場である。弁護士層の見解がこれに当たる。この見解は，とくに予審における無罪方向の証拠収集，予審における人権侵害防止を目的として，予審における記録閲覧権の意義を強調する。

両者の立場は，証拠収集への被告人側の関与について態度には違いがあるものの，有罪・無罪を問わない公正な証拠収集を確保することを目的としている点，予審を中心とする証拠収集や訴追過程を記録閲覧によって明示すべきことを前提としている点では共通している。34年案は，記録閲覧権との関連では，前者の立場を基本線としつつ，後者の立場を一定程度採り入れたものであった。このように，予審のみによる公正な証拠収集は困難であることを前提に，警察や検察，さらには被告人や弁護人の関与をどのように考えるかが問題とされ，それとの関係で記録閲覧権のあり方も一定程度検討され始めた。

3　大正5年案をめぐる議論状況

次に，5年案前後の議論状況と立法関連の議論について検討した。当時の実

務状況をみる限り，本章Ⅰで確認した明治30年代の動向はますます加速したといえる。このような実務のもとでは，閲覧対象たる公判審理に提出される証拠や記録は，実質的には警察・検察による捜査の経過や結果を示すことになりえた。また，その内容は，被告人に不利益な方向に重点を置いたものであった。そこでは，公正な証拠収集や提出，特に被告人に有利な証拠の収集・提出という記録閲覧の意義・機能は十分発揮されない可能性があった。

この時期の学説においては，予審廃止とそれに伴う捜査機関の権限拡大という豊島の見解，予審弾劾化という中川の見解，捜査段階における当事者対等の実現という富田の見解といったさまざまな見解がみられた。いずれの見解においても，公正な証拠収集が必要不可欠であるとの認識のもと，記録閲覧権が公判手続における当事者対等や弾劾訴訟，手続の公開から根拠付けられ，さらには弁護権行使の重要な前提条件として位置付けられていることが特徴的である。

5年案は，起訴前予審の採用，捜査機関の権限の一定の強化，起訴便宜主義の明文化，直接主義に関する規定の削除を大きな特徴とした。5年案は，従来の予審による一極的かつ公正な証拠収集を基盤とした記録閲覧制度ではなく，弁護側と検察官という両当事者による証拠収集とこれを基盤とした記録閲覧制度を採用する方向へと一定程度移行しようとするものといえた。予審段階での一定の場合における記録閲覧権の保障は，そのことを示すものであった。

当時の実務状況は，①証拠収集の中心的役割は予審ではなく検察官が果たしていたこと，②その捜査においては不当な人権侵害（人権蹂躙）の発生や被告人に不利な方向に偏った不公正な捜査が行われていたこと，③その捜査の中心は聴取書の獲得であったこと，④聴取書など起訴前の手続の書面が公判審理の結果を左右していたこと，とまとめることができる。もっとも，5年案はこのような問題を解決するものでないとの批判も強かった。記録閲覧権の改正案も，特に公判前手続における規定が不十分であるなど，弁護側による十分な証拠収集に資するものではなかったとされた。

4　大正刑訴法の構造と記録閲覧権の意義と機能

以上の経過により成立した大正刑訴法の特徴は，証拠収集に関する予審の権限を検察官に直接・間接に委譲し，他方で被告人側の権限も一定程度強化したことであった。これまでの立法関連の議論や学説などとの関係で検討すると，

以下のことがいえると考える。

　従来の理解では，記録閲覧権は予審という 1 つの機関による証拠収集を前提としながら，弾劾主義を採用した公正な公判審理を維持するための前提条件であった。それは一極的な証拠収集を行う機関による，自身の証拠収集過程を提示する義務でもあった。

　他方で，大正刑訴法では，予審の証拠収集権限を直接・間接に委譲された検察官は，公正な証拠収集をすべきとされながら，その原告たる地位から被告人に不利な方向で証拠収集する可能性は前提とされていた。それゆえ，被疑者側による証拠収集への関与も強化されなければならない。さらに，人権蹂躙のためにも防御権の強化は必要である。このような考えのもと，大正刑訴法では予審段階における記録閲覧権も保障された。もっとも，この規定も証拠収集への関与を充分に担保するものではないとも評価されていた。さらに，書類などの証拠としての利用可能性を制限する規定も，「多くの例外規定の挿入に依りて其折角の価値を發揮し得ざる迄に妨げられる[162]」ものであった。

　このように，大正刑訴法は，予審を維持しながらも，被告人側と検察官による証拠収集を実質的に拡大するという制度を採用し，そのうえで記録閲覧権も強化・拡大したものであった。そして，そこでの記録閲覧権は，第 1 に証拠収集への関与を実質的に担保するため，当該段階での手続状況や結果を知るという意義・機能，第 2 に検察官や警察，さらには予審による証拠収集手続の過程や結果を公判前の段階で検証するという意義・機能を限定的ながらも有するものであった。

　この大正刑訴法の構想は，実務ではどのように実現したのであろうか。次章では，この点を確認することにより，大正刑訴法をめぐる記録閲覧権の意義や機能を確認し，それを踏まえながら現行刑訴法の制定過程までの検討を行うことにしたい。

1）　小田中聰樹『刑事訴訟法の歴史的分析』（日本評論社，1976）104 頁などを参照。
2）　潮見俊隆＝渡辺洋三「戦前における日本の警察」戒能通孝編『警察権』（岩波書店，1960）75 頁，78 頁以下を参照。同書 79 頁によれば，「ずさんな見込捜査で，すこし怪しいと警察がにらんだ場合，犯罪容疑者として逮捕するだけの証拠がないために，とりあえず，理由をつけて検束し監禁しておいて自白を強いるというやり方が堂々とおこなわれていた」という。さらに，小田中・前掲書注 1）174 頁以下も参照。
3）　日本における起訴便宜主義の歴史については，三井誠「検察官の起訴猶予裁量——その歴史的

及び実証的研究(1)-(3)」法学協会雑誌87巻9＝10号(1970)897頁以下, 同91巻7号(1974)1047頁以下, 同9号1319頁以下に詳しい。
4) 明治32年2月28日司法大臣訓令(民刑甲第44号)。
5) 花井卓蔵「教科書の獄を論じて其法律上裁判上の疑義に及ぶ(3)」法律新聞156号(1903)5頁。
6) 「対談(岩松玄十・中尾文策)思い出を語る」罪と罰4巻1号(1966)35頁。
7) 日本帝国司法省刑事統計年報による。1899(明治32)年23.5%, 1900(明治33)年31.5%, 1901(明治34)年26.6%, 1902(明治35)年32.3%, 1903(明治36)年41.1%, 1904(明治37)年46.5%, 1905(明治38)年48.7%, 1906(明治39)年44.5%, 1907(明治40)年44.6%, 1908(明治41年)44.1%。また, 三井・前掲注3)「検察官の起訴猶予裁量(1)」930頁以下も参照。
8) 出射義夫『検察制度の研究』司法研究報告書26輯4号(1939)141頁, 159頁を参照。
9) 三井・前掲注3)「検察官の起訴猶予裁量(1)」930頁, さらに田中輝和「旧旧刑訴における捜査の方法とその法的規制についての素描——旧法第254条1項成立の背景」法学30巻4号(1967)47頁以下も参照。
10) 日本帝国司法省刑事統計年報による。1899(明治32)年35.0%, 1900(明治33)年31.1%, 1901(明治34)年30.0%, 1902(明治35)年27.4%, 1903(明治36)年24.1%, 1904(明治37)年23.7%, 1905(明治38)年21.7%, 1906(明治39)年20.2%, 1907(明治40)年19.6%, 1908(明治41)年17.1%。また, 出射・前掲書注8)133頁以下も参照。
11) 「一瀬廣島控訴院検事長の談話」法律新聞20号(1891)12頁。
12) たとえば, 出射・前掲注8)は, 「今日(昭和10年代初期——筆者注)は誰しも知る如く公訴を提起する迄に有罪の證據のみならず, 反證をも悉すのが原則となっている」とし, 「この結果は歓迎すべきものであり, 世界に誇つてよいものであると信ずる」とする。
13) 花井卓蔵「教科書の獄を論じて其法律上裁判上の疑義に及ぶ(5)」法律新聞159号(1903)4頁。
14) 三坂繁人「法廷の審問所見」法律新聞477号(1908)3頁以下。
15) 日本帝国司法省刑事統計年報による。1899(明治32)年10.8%, 1900(明治33)年10.6%, 1901(明治34)年10.4%, 1902(明治35)年9.8%, 1903(明治36)年8.0%, 1904(明治37)年6.6%, 1905(明治38)年5.4%, 1906(明治39)年5.0%, 1907(明治40)年4.9%, 1908(明治41)年3.5%。
16) 日本帝国司法省刑事統計年報による。軽罪における無罪率は, 1899(明治32)年10.7%, 1900(明治33)年10.5%, 1901(明治34)年10.3%, 1902(明治35)年9.5%, 1903(明治36)年7.9%, 1904(明治37)年6.3%, 1905(明治38)年5.2%, 1906(明治39)年4.7%, 1907(明治40)年4.7%。さらに, 重罪における無罪率は, 1899(明治32)年14.4%, 1900(明治33)年13.2%, 1901(明治34)年14.0%, 1902(明治35)年17.6%, 1903(明治36)年11.0%, 1904(明治37)年11.1%, 1905(明治38)年9.4%, 1906(明治39)年9.6%, 1907(明治40)年8.8%。
17) 「日本辯護士協會の公開状を讀む」法律新聞363号(1906)1頁以下。さらに, この公開状の契機となった事件とその後の経過については, 「敢て倉富氏に質す」法律新聞365号(1906)1頁以下に詳しい。
18) 「倉富検事長の回答書(日本辯護士協會の公開状に對して)」法律新聞365号(1906)20頁以下。
19) 明治34年案の条文は, 法律新聞37号(1901)25頁以下, 同38号25頁以下, 同39号25頁以下, 同40号25頁以下, 同41号25頁, 同42号25頁以下に掲載されている。また, 明治34年案の要旨は, 「刑事訴訟法改正案の要旨」法律新聞34号(1901)12頁以下。
20) 明治34年案について詳細に分析するものとして, 小田中・前掲注1)199頁以下。
21) 豊島直通『刑事訴訟法原論(第3版)』(名進堂, 1902)255頁。
22) この点につき, 小田中・前掲注1)205頁を参照。
23) 前掲注19)「刑事訴訟法改正案の要旨」12頁。
24) もっとも, その請求に応じるか否かは予審判事の裁量に委ねられる(243条2項)。

25) さらに，34年案243条は，「①検事は豫審判事の取調十分ならずと思料したるときは其事項を指示して取調べを請求する事を得 ②豫審判事検事の請求に應じたるときは更に其取調に關する書類及び證據物件を検事に交付す可し若し其請求に應ぜざるときは速に其旨を通知す可し」とする。ここでは，検察官による再度の取調べ要求が規定されているが，この取調べを行うか否かは予審判事の裁量に委ねられている。また，検察官は「先行の決定」に対して抗告を提起することもできる（252条）。
26) 小田中・前掲書注1）218頁を参照。
27) 宇藤崇「直接主義・口頭主義」法学教室268号（2003）26頁以下を参照。
28) 宇藤・前掲注27）26頁以下参照。さらに，小田中・前掲書注1）199頁が，34年案における「直接主義」について詳細に検討している。また，上口裕「西ドイツ刑事訴訟における直接主義」南山法学1巻1号（1977）177頁以下も参照。
29) ドイツにおける「直接主義」については，宇藤・前掲注27）26頁以下，上口・前掲注28）「西ドイツにおける直接主義」175頁以下，さらに上口裕「西ドイツ刑事判例における伝聞証人の地位（1）-（4・完）」南山法学2巻1号（1978）25頁以下，2巻2号29頁以下，2巻3号（1978）35頁以下，2巻4号（1979）25頁以下を参照。
30) 当時のドイツ帝国刑事訴訟法の関係条文は以下の通りである（法務資料327号（1953）の訳文を参照した）。
　250条　ある事実の証明がある者の知覚に基づくときは，公判においてこの者を尋問しなければならない。尋問は前に為したる尋問を録取した調書，又は陳述書の朗読をもって代えることはできない。
　251条1項　証人，鑑定人又は共同被告人の尋問は，左の各号に該当する場合には，前に行われた各自の裁判官尋問に関する調書の朗読をもって代えることができる。
　　1号　証人・鑑定人又は共同被告人が死亡したとき，精神病に罹ったとき，又はその居所を知ることができないとき，
　　2号　証人・鑑定人又は共同被告人の公判への出頭が，長期間又は不確実な期間にわたり，疾病，癈疾又はその他除去する事のできない障碍によって妨げられるとき
　　3号　証人又は鑑定人に，その証言の意義を考慮して，距離の著しく隔絶しているのを理由に，公判への出頭を期待できないとき
　253条1項　証人又は鑑定人がある事実をもはや記憶していない旨を陳述したときは，前の尋問に関する調書のこの点を，その記憶を助けるために朗読することができる。
　これらの規定をみる限り，ドイツ帝国刑訴法では，基本的に朗読が許されているのは裁判官調書のみである。もっとも，253条にいう「調書」は，すべての調書とも解しうるが，朗読ではなく弾劾とすべきとの見解も存在した（vgl. *Eberhard Schmidt*, Lehrkommentar zur StPO, Teil Ⅱ, 1957, S. 722ff.）。
31) 明治34年案37条によれば，裁判官以外の調書として，検察官，司法警察官，外国の官庁の官吏，公吏による調書の証拠能力が認められうる，とされていた。
32) ともにガリ版刷。筑波大学図書館所蔵。
33) 『刑法及刑事訴訟法意見書』431頁。
34) 東京弁護士会も同様に，「豫審中辯護人を選任するを得るの規定あるも被告人訊問の立會及訴訟記録閲覧の権を辯護人に附與せず是れ被告人の利益と其の権利を適當に保護すべき所以の途にあらず」との意見を示していた（「東京辯護士會の改正法案意見」法律新聞54号（1901）34頁）。
35) 前掲書注33）432頁以下。
36) 前掲書注33）433頁。同旨のものとして，新潟弁護士会・横浜弁護士会の答申も挙げられる

(「新潟辯護士會の刑訴法改正意見」法律新聞52号(1901)21頁,「横濱辯護士會の刑法及刑訴法改正案に對する意見」法律新聞51号(1901)23頁)。
37)　「京都辯護士會の刑訴法改正意見」法律新聞51号(1901)22頁。
38)　前掲書注33)432頁。
39)　『刑法及刑事訴訟法意見書追加』439頁以下。
40)　「宇都宮辯護士會の法案改正意見」法律新聞52号(1901)22頁,「東京辯護士會の改正法案意見」法律新聞54号(1901)34頁など。
41)　「新潟辯護士會の刑訴法改正意見」法律新聞52号(1901)21頁。
42)　前掲書注33)518頁以下。
43)　前掲書注39)532頁。
44)　前掲書注39)526頁。
45)　前掲書注39)116頁以下。
46)　明治34年案における「直接主義」に対する裁判官・検察官の批判を詳細に検討するものとして,小田中・前掲書注1)233頁以下を参照。
47)　前掲書注39)246頁以下,さらに257頁以下。
48)　「新潟辯護士會の刑訴法改正意見」法律新聞52号(1901)21頁。
49)　これらの理論動向について検討したものとして,小田中聰樹「刑事訴訟理論の歴史的概観」吉川経夫＝内藤謙＝中山研一＝小田中聰樹＝三井誠編『刑法理論史の総合的研究』(日本評論社,1994)724頁。
50)　豊島・前掲書注21)167頁以下。
51)　豊島・前掲書注21)169頁。
52)　豊島・前掲書注21)172頁以下。
53)　豊島・前掲書注21)173頁。
54)　豊島・前掲書注21)173頁。
55)　豊島・前掲書注21)174頁。
56)　豊島・前掲書注21)481頁以下。
57)　豊島・前掲書注21)480頁。
58)　豊島直通『修正刑事訴訟法新論』(有斐閣,1910)489頁。
59)　豊島・前掲書注58)544頁。
60)　豊島は,大正5年案に関する法律取調委員会主査委員会において,①「公判前ノ手続ハ訴追及弁護ヲ準備スルヲ以テ目的ト爲スコト」,②「豫審手続ヲ廢シ公判前ノ手続ハ檢事ヲシテ之ヲ管掌セシムルコト」,③「檢事ヲシテ勾留其他強制處分ヲ爲スヲ得サシムルコト」などを提案している(小田中・前掲書注1)281頁以下)。
61)　豊島・前掲書注21)608頁以下。
62)　豊島・前掲書注21)225頁。
63)　豊島・前掲書注21)225頁。
64)　中川の見解については,中川孝太郎「刑事訴訟法ノ改正ニ付テ」法学協会雑誌22巻9号(1904)1219頁以下,中川孝太郎「獨國に於ける刑事訴訟法改正の委員会決議の要領」法学協会雑誌23巻7号(1905)973頁以下,さらに中川孝太郎「起訴ノ事實」法学協会雑誌26巻5号(1908)281頁以下を参照。
65)　中川・前掲注64)「刑事訴訟法ノ改正ニ付テ」1238頁。
66)　中川・前掲注64)「刑事訴訟法ノ改正ニ付テ」1238頁。
67)　中川・前掲注64)「刑事訴訟法ノ改正ニ付テ」1241頁。
68)　中川・前掲注64)「刑事訴訟法ノ改正ニ付テ」1239頁。中川は,明治刑訴法が,現行犯のみに

限って検察官に強制権限を付与していることには，やはり理由があるとする。
69) 中川・前掲注64)「刑事訴訟法ノ改正ニ付テ」1241頁。
70) 中川は，明治34年案のような規定では不充分であり，予審が判断するのは公判開始をすべきか否かの見込みが立つ程度とし，証拠調べもその範囲において要点を押さえて行うべきとする（中川・前掲注64)「刑事訴訟法ノ改正ニ付テ」1242頁）。
71) 中川・前掲注64)「刑事訴訟法ノ改正ニ付テ」1242頁以下。
72) 中川は，明治34年案が直接主義を採っていること自体は評価するものの，予審調書の朗読可能性を認める点を批判する。
73) 中川・前掲注64)「刑事訴訟法ノ改正ニ付テ」1244頁以下。
74) 中川・前掲注64)「刑事訴訟法ノ改正ニ付テ」1227頁以下。
75) 中川・前掲注64)「刑事訴訟法ノ改正ニ付テ」1228頁。
76) 富田山寿「刑事辯護論」京都法學會雑誌3巻6号（1908）63頁。
77) 富田山寿「刑事辯護論」京都法學會雑誌3巻7号（1908）42頁。
78) 富田・前掲注77）46頁。
79) 富田・前掲注76）67頁。
80) 富田・前掲注77）43頁。
81) 富田は，明治34年案が証人訊問につき弁護人の立会を認めていない点を，「全然辯護人ヲ用ユルコトヲ許ササルト同一ニ非サルカ」と批判している。さらに，被告人訊問についても，弁護人立会を認めるべきとし，弁護人がついてこそ被告人は供述すると，34年案を批判する（富田・前掲注77)「刑事辯護論」46頁以下）。
82) 富田は，明治刑事訴訟法が検察官に強制処分の権限を認めていない理由について，「原告官タル檢事又ハ其輔助者タル司法警察官ニシテ強制力ヲ用ヒ得ルニ於テハ之ヲ爲メ被告人ノ防禦權ヲ危険ナラセシムル虞アリト請フニ在リ然レトモ證據ハ凡ソ之ヲ迅速ニ集取スル必要アルモノナルヲ以テ此点ヨリ觀察スレハ寧ロ或程度ニ於テ捜査ノ一般強制力ヲ認ムルヲ至當トス」と述べる（富田山寿『最近刑事訴訟法要論 訂正補訂第4版 下巻』（有斐閣，1913）892頁。
83) 富田山寿「刑事辯護論」京都法學會雑誌3巻11号（1908）56頁。
84) 富田・前掲注83）58頁以下。
85) 富田・前掲注83）62頁。
86) 富田・前掲注83）64頁以下。
87) 「臨時大會記事」日本辯護士協会録事137号（1909）55頁以下，「日本辯護士協會臨時大會概況」法律新聞601号（1909）1頁以下。
88) 「東北辯護士大會」日本弁護士協会録事122号（1908）68頁以下。
89) 「中国弁護士大會」日本弁護士協会録事122号（1908）69頁以下。
90) 「第4回九州沖縄辯護士大會」日本弁護士協会録事135号（1906）67頁以下。さらに，同大会では，「刑事事件非訟事件の記録閲覧に付利害関係を疎明したるものに對しては之を許可世羅連呼とを要望する事」，「公判始末書口頭弁論調書證人訊問調書は必ず訟廷に於て讀聞けられん事を要望する事」も可決されていた。
91) 日本弁護士協会録事136号（1909）109頁以下，同138号（1910）4頁以下。また，これらの弁護士会の決議は，小田中・前掲書注1）276頁注5）にも掲載されている。
92) 「各地辯護士會報告書」日本弁護士協会録事138号（1910）4頁以下。
93) 日本弁護士協会録事138号（1910）43頁以下。たとえば，ミカン泥棒の事例における素行調書として以下のようなものが報告されている。（同56頁）
「素行調書　（前略）一．性質嗜好特技，平素温和なるか如きも智恵に富み常に賭事と酒を好む飲酒するときは暴行の癖あり，樹木に上る巧なり。」

94) 「誤判録（其4）」法律新聞733号（1911）12頁。
95) 高野茂基「刑事辯護論」法律新聞1008号（1915）3頁。
96) 日本帝国司法省刑事統計年報による。1909（明治42）年40.9％，1910（明治43）年44.2％，1911（明治44）年46.2％，1912（明治45／大正元）年50.3％，1913（大正2）年54.6％，1914（大正3）年58.8％，1915（大正4）年59.0％，1916（大正5）年60.8％。
97) 日本帝国司法省刑事統計年報による。1909（明治42）年10.9％，1910（明治43）年16.0％，1911（明治44）年30.6％，1912（明治45／大正元）年24.6％，1913（大正2）年24.6％，1914（大正3）年27.3％，1915（大正4）年26.3％，1916（大正5）年28.4％。
98) 日本帝国司法省刑事統計年報による。1909（明治42）年8.2％，1910（明治43）年7.7％，1911（明治44）年6.3％，1912（明治45／大正元）年5.9％，1913（大正2）年5.7％，1914（大正3）年4.6％，1915（大正4）年4.6％，1916（大正5）年5.2％。
99) 日本帝国司法省刑事統計年報による。1909（明治42）年10989件，1910（明治43）年10603件，1911（明治44）10416件，1912（明治45／大正元）年9340件，1913（大正2）年8029件，1914（大正3）年6277件，1915（大正4）年6192件，1916（大正5）年5498件。
100) 日本帝国司法省刑事統計年報による。1909（明治42）年3.0％，1910（明治43）年2.5％，1911（明治44）年2.2％，1912（明治45／大正元）年1.9％，1913（大正2）年1.7％，1914（大正3）年1.7％，1915（大正4）年1.6％，1916（大正5）年2.3％。
101) 平沼麒一郎「刑事訴訟法ノ改正ニ就テ」法曹記事18巻5号（1908）1頁以下。
102) 平沼・前掲注101) 8頁以下。
103) 平沼・前掲注101) 10頁以下。また，平沼はイギリスの刑事手続を視察した結果を，1908（明治41）年の司法官会議で講演している（平沼麒一郎「英国の刑事裁判制度」法曹記事18巻7号（1908）1頁以下）。
104) 平沼・前掲注101) 15頁以下。
105) この法律取調委員会の主査委員会における議論経過については，平沼麒一郎『刑事訴訟法改正案要旨』（日英堂，1917）1頁以下，さらに小田中・前掲書注1) 104頁以下に詳しい。
106) たとえば，当時の『法律新聞』では，5年案公表後，多数の意見が公表されている。
107) 5年案の規定については，『刑事訴訟法改正案（未定稿）』を参照した。また，法律新聞1184号（1916）5頁以下にも掲載されている。
108) 平沼・前掲書注105) 146頁以下。
109) 平沼・前掲書注105) 156頁以下。
110) 小田中・前掲書注1) 296頁によれば，第1次主査委員会において，記録閲覧権に関する議論はほとんどなかった。
111) 平沼・前掲書注105) 50頁以下。
112) 平沼・前掲書注105) 183頁以下。
113) 大場茂馬「刑事訴訟法改正案評（1）」法律新聞1085号（1916）12頁以下。
114) 大場茂馬「刑事訴訟法改正案評（4）」法律新聞1088号（1916）15頁以下。
115) 大場茂馬「刑事訴訟法改正案評（7）」法律新聞1092号（1916）14頁。
116) 大場茂馬「刑事訴訟法改正案評（12）」法律新聞1096号（1916）13頁。
117) 中川孝太郎「刑事訴訟法改正案を評す（上）」法律新聞1193号（1916）4頁以下。
118) 中川孝太郎「刑事訴訟法改正案を評す（下）」法律新聞1194号（1916）4頁以下。
119) 松本重敏「刑事訴訟法改正案を評す（1）」法律新聞1198号（1916）6頁以下。
120) 松本重敏「刑事訴訟法改正案を評す（3）」法律新聞1200号（1916）5頁以下。
121) 大澤眞吉「刑事訴訟法改正案に對する私儀」日本弁護士協会録事216号（1917）6頁以下，新井要太郎「刑事訴訟法改正案私儀（3）」日本弁護士協会録事218号（1917）23頁以下。

122) たとえば，日本弁護士協会による「刑事訴訟法改正案修正意見概要（未定稿）」日本弁護士協会録事221号（1917）106頁以下，「刑事訴訟法改正案修正意見概要」日本弁護士協会録事224号（1917）82頁以下，東京弁護士会の「刑事訴訟法改正案に對する答申」日本弁護士協会録事324号（1917）98頁以下などにも，この特徴はみられる。

123) たとえば，社説「先づ檢事及び檢察官の聽取書作成を禁ずべき」法律新聞341号（1906）1頁，同「無効調書の効力」法律新聞421号（1907）1頁，同「證據書類の解釈を論ず」法律新聞528号（1908）4頁などを参照。もっとも，これらの論文は司法警察員による調書作成をも批判の対象としている。検察官による調書作成をもっぱら批判対象とするものとして，磯部四郎「檢事の聽取書に關する卑見」日本弁護士協会録事183号（1914）1頁以下。

124) 代表的な人権蹂躙事件としては，1913（大正2）年の宇都宮事件，同年の水戸事件，1914（大正3）年の名古屋事件，1916（大正5）年の鈴ヶ森事件，1919（大正8）年の京都豚箱事件が挙げられる。これらの事件における捜査活動は，法律新聞において大きな批判にさらされた。宇都宮事件に関する批判としては，「人権擁護問題」法律新聞931号（1914），「当局者反省せよ」同954号（1914），「人権蹂躙の事實」同1074号（1916）。鈴ヶ森事件に関する批判としては，「誤判と輿論」同1117号（1916），「人権問題に対する政党の沈黙」同1120号（1916），「誤判の責任如何」同1132号（1916），「警察権の濫用」同1127号（1917），「官権萬能と人権保護法案」同1381号（1918），さらに石田仁太郎「人権蹂躙問題の根本的解決」同949号（1914）などがある。

125) 「犯罪捜査に關する法律案」の規定およびその理由書は，法律新聞918号（1914）14頁に掲載されている。この法律案は，捜査機関による被疑者取調べにおいて，隣佑または弁護士の立会いを求め，恐喝・詐言を禁止し，取調べ時期を制限し，さらに捜査において作成された調書の証拠能力を否定しようとするものであった。この「犯罪捜査に關する法律案」については，小田中・前掲書注1) 332頁以下，多田辰也『被疑者取調べとその適正化』（成文堂，1999）88頁以下が詳しい。

126) 小田中・前掲書注1) 360頁。

127) 横田秀雄「刑事裁判と國民の信頼」法律新聞945号（1914）3頁以下。

128) 「尾崎司法大臣訓示」法律新聞1105号（1916）18頁以下。

129) 「誤判は巡査裁判の反影」日本弁護士協会録事208号（1916）100頁以下。

130) 「刑事訴訟回顧談片」日本弁護士協会録事232号（1918）60頁以下。

131) 「京都人権問題ニ關スル顛末報告」日本弁護士協会録事249号（1920）49頁以下。

132) 古賀廉造「犯罪の捜査に就て」法律新聞1130号（1916）5頁。

133) 弁護士某君報告「岡山地方裁判所檢事局人権蹂躙問題の顛末」法律新聞637号（1910）29頁。この報告では，「檢事局は檢擧の第5日目に……村上某を捜査上呼出し取調べ聽取書を作り書名をも爲さしめたる……然るに之を記録に添附せず又判事に提出せず公判に於て辯護人より其提出を求めて続て證人として喚問を求めたるに檢事は同人取調中警察より其言信するに足らざる旨の報告ありしにより聽取を中止し時機を待ちしに被告人の口より該證人の氏名を述べしにより危険と思ひ豫審判事に話し豫審にても取調べざりしと意見を述べたり

右聽取書は果して書面をも爲したる公文書か否やは知らざれども被告利益の證人ならば之を取調べ其陳述により必要の事項を取調べ以て眞否を判するは事の公平なるものにあらずや」と報告されている。

134) 日本帝国司法省刑事統計年報による。1917（大正6）年59.8%，1918（大正7）年63.0%，1919（大正8）年65.6%，1920（大正9）年65.7%，1921（大正10）年67.9%，1922（大正11）年69.1%。

135) 日本帝国司法省刑事統計年報による。1917（大正6）年29.0%，1918（大正7）年30.0%，1919（大正8）年30.8%，1920（大正9）年47.6%，1921（大正10）年50.7%，1922（大正11）年53.0%。

136) この時期の検察の訴追裁量の動向およびそれに対する議論について，三井・前掲注3)「檢

察官の起訴猶予裁量——その歴史的および実証的研究（２）」1047頁以下を参照。
137) 日本帝国司法省刑事統計年報による。1917（大正６）年4.7%，1918（大正７）年4.1%，1919（大正８）年3.2%，1920（大正９）年3.6%，1921（大正10）年3.7%，1922（大正11）年4.0%。
138) 日本帝国司法省刑事統計年報による。1917（大正６）年1.2%，1918（大正７）年1.0%，1919（大正８）年0.9%，1920（大正９）年0.8%，1921（大正10）年0.7%，1922（大正11）年0.9%。
139) 『刑事訴訟法案衆議院貴族院委員會議録』（法曹会，1922）3頁以下。
140) 前掲書注139) 6頁以下，さらに小田中・前掲書注１) 399頁以下を参照。
141) 「刑事訴訟法改正法律案委員會」日本弁護士協会録事272号（1922）65頁。
142) 「刑事訴訟法案修正主旨」日本弁護士協会録事272号（1922）95頁以下。
143) 前掲書注139) 18頁以下。
144) 前掲書注139) 281頁以下。
145) 前掲書注139) 409頁以下。
146) 前掲書注139) 410頁以下。
147) 前掲書注139) 837頁以下。
148) 前掲書注139) 840頁以下。
149) 前掲書注139) 239頁，265頁以下。
150) 前掲書注139) 243頁以下。
151) 前掲書注139) 248頁以下。たとえば，林政府委員は，原委員の見解について，陪審制度が弾劾主義であり，職業裁判官による裁判を糺問主義であると位置付けている場面もみられる。この両者の議論の詳細な検討については，松尾浩也『刑事訴訟の原理』（東京大学出版会，1974）332頁以下。
152) 前掲書注139) 268頁以下。
153) 前掲書注139) 648頁以下。
154) 前掲書注139) 798頁以下。
155) 前掲書注139) 175頁以下。
156) 「法律新聞」，「日本弁護士協会録事」の限りではあるが，弁護士層による評価がみられたのは，大谷忠四郎「刑事訴訟法案を評す」法律新聞1949号（1922）4頁以下のみであった。
157) 小田中・前掲書注１) 455頁以下を参照。
158) ジャパン・クロニクル紙「改正刑事訴訟法を評す」法律新聞2111号（1923）5頁。
159) 林頼三郎「新刑事訴訟法の特色」法学新報33巻１号（1923）94頁。
160) 林・前掲注159) 83頁。
161) ジャパン・クロニクル紙・前掲注158) 3頁。
162) ジャパン・クロニクル紙・前掲注158) 3頁。

第4章　捜査段階における記録閲覧をめぐる展開過程
―― 司法改善をめぐる議論

I　実務の動向

1　人権蹂躙事件と大正刑事訴訟法下の実務

　大正刑訴法施行後も，人権蹂躙の指摘は消えなかった。たとえば，1925（大正14）年の日本弁護士協会録事306号では，香川の農村で生じた「高松人権蹂躙事件」の特集が組まれている。この事件は，香川県の小作人が，地主の横暴に耐えかねて，弁護士に相談のうえ刈り取った稲を留置したところ，地主は人夫23名および警察官70名とともに駆けつけ，その後の交渉の結果一度は引き上げたにもかかわらず，その翌日司法当局が小作人を検挙し，弁護士を拘禁したというものである。罪名は窃盗および窃盗教唆であった。この事件では，予審判事による取調べが問題となった。たとえば，午前10時から深夜12時まで，同じ質問を繰り返すという取調べ，予審判事の顔が3つや4つにもみえるまでに苛酷な取調べ，「嘘を言うならば食事を与えない」と予審判事による圧力がかけられた取調べなどが行われ，精神に異常を来す者もあったという。また，窃盗教唆の嫌疑をかけられていた弁護士は取調べの末，虚偽の自白をしたとして自殺を遂げている。

　この高松人権蹂躙事件について，司法省は日本弁護士協会に対して，調査の結果，「豫審判事が被告人を取調べるに當たり，被告人を取調べて置きながら，一々記録に止めず，従って之が調書を作成せざりし事を發見せり，此上は豫審判事の辯明あるも，司法省に於ては，不穏の行為と認めるを以て，依てこの不隠當なる行為に對しては，司法省としても，責任者に對し相當の處置を取る事とせり，其他の點については，諸君が取調べたる事實と，意見の見解を異にするを以て，責任を認める訳には行ず」と返答した。もっとも，苛酷な取調べについては，深夜まで取調べが続けられたという事實を發見できず，また取調べ

と被告人の自殺との因果関係もないと返答した。

これに対し，日本弁護士協会は，「豫審判事が一々調書を作成せざりしは，人権を蹂躙するが如き，訊問を試したるを以つて，調書は之に記載し能はざりしにあらざるか，而も或る被告の如きは2日も3日も取調べて置きながら，1回も調書を取らざる事實あり，これ人権蹂躙の甚しきものに非ざるか」と批判した。これに対し，司法省は「調書を作成せざる点は全く不隱當と認めるを以つて，相當の處置を執ると言明したる通りであるが，其他の点は諸君と意見を異にするを以て致し方なし」と返答した。

この高松人権蹂躙事件では，予審判事による人権侵害的な取調べだけでなく，その取調べが記録されていないことが問題とされている。大正刑訴法では，予審判事による被告人や証人訊問への弁護人立会いが明文で規定されていないことが批判されていた。その不十分さが，この人権蹂躙を招いた一要因であったといえる。また，記録閲覧との関係では，訊問が記録されていないことが重要である。治罪法や明治刑訴法において予定されていた，予審段階での証拠収集活動の記録化とそれによる証拠収集活動の経過・結果を事後的に検証するという記録閲覧の前提は十分に担保されていなかったといえる。このことについて，司法省は適法ではないとの姿勢を示しているが，記録を作成する義務に対する意識はそれほど高くなかったといえるのかもしれない。

さらに，昭和10年頃になると，弁護士層から人権蹂躙事件に対する批判が大々的になされるようになった。鈴木義男によれば，この時期の人権蹂躙は3つの類型に分けられるという。第1の類型は警察の人権蹂躙である。「事功を急ぐの余り，見込検擧を爲し，冤罪に陥れ，かりに冤罪に迄陥れぬとするも，正当以上の罪責を負はしむる傾向にあることは殆んど常習とも云ふべきである。物理的，心理的拷問の事實は今猶頻々として傳へられて居る。殴る蹴る，指の間に鉛筆を挟んで置いて固く握るとか，鞭で叩くとか，變なつるし方をするとか云ふことは廣く行はれて居るやうである」とされている。

第2の類型は，検察官による人権蹂躙である。「多くの場合検事も見込んだ結果を擧ぐるに急なる余り，物理的拷問に當らないその他の方法ならば随分之を用ふるに躊躇しないやうである。……聞くに堪へざる罵言，傳票の媒介，被疑者同士の會見斡旋，時としては菊の御紋章を引用すると云ふやうなことも」行われ，物理的な拷問もあったとされる。

第3の類型は，予審判事による人権蹂躙である。予審において「警察檢事廷の供述を變更して眞實を述べれば，往々にして檢事廷に呼び戻され」，検事廷への「逆送」を恐れて被告人は供述を変更しがたい状況に置かれていたとされている。

　以上のように，大正刑訴法においても人権蹂躙の指摘が消えることはなかった。本書の関心との関係で重要なのが，警察や検察の捜査権限が強化され，これに伴いその公正な証拠収集が要求されていたにもかかわらず，被疑者・被告人に不利な方向に偏った証拠収集をしていたと考えられ，さらに，これに予審判事も一定程度関与していたと考えられることである。

　このような状況に対し，第一東京弁護士会および帝国弁護士会は，「第一東京辯護士會及帝國辯護士會の檢察権限強化提案に対する反對決議」を示し，予審を廃止し検察に強制捜査権限を与えること，その聴取書に証拠能力を付与することについて反対した。その理由として，予審判事の取調べ開始後に検察官が追及態度を示しながら取調べを行い，被疑者尋問調書や予審調書が往々にして，その検察官の聴取書の謄本となっているという実務の確立が理由とされた。さらに，「檢事は豫審判事の勾留を利用して，検事聴取書を作る便に供し，その聴取書に基づいて起訴するのでは，刑事訴訟法第255条（裁判上の捜査処分──筆者注）の趣旨は全然没却されて了る。……檢事は同条を濫用して検事自ら強制権を有すると同じ効果を挙げてをる」との指摘もなされた。

　このように，この時期における実務は，実質的に検察官が証拠収集の主体となって被疑者の身体を確保したうえで，人権侵害的または追及的な取調べを行い，そこで作成された聴取書を中心に起訴を行い，予審においては聴取書の引き継ぎが行われ公判審理へと提出されるというものであった。

　このような実務状況は統計からも窺える。大正刑訴法施行直前の1923（大正12）年から1931（昭和6）年までの統計をみてみると，不起訴率はおおむね68%前後で推移していた。このように不起訴率自体にはそれほど変化はなかった。他方で，起訴猶予率は，51.9%から59.5%とやや上昇している。大正刑訴法において起訴便宜主義的規定が明文化された後も，検察による事件選別にはそれほど変化はなかったといえる。次に，予審免訴率を確認しよう。1923（大正12）年から1931（昭和6）年までの予審免訴率は4.4%から2.2%へと低下している。大正刑訴法以前の実務状況が維持されているといえよう。最後に，1923（大正

12）年から1931（昭和6）年までの無罪率は，1923（大正12）年に0.9％，1927（昭和2）年に0.4％，そして1931（昭和6）年には0.8％となっている。[13] 無罪率についても，それほど変化はなかったといえる。

このように大正刑訴法で予定されていた，被疑者・被告人側による証拠収集への関与，検察官や予審判事による公正な証拠収集が実現したとはいい難い状態であった。それゆえ，記録閲覧権も十分に機能しているとはいえなかった。それでは，このような実務状況のもとにおいて，弁護活動はどのように行われていたのであろうか。

2　大正刑事訴訟法下の弁護活動──南波杢三郎『辯護学』

大正刑訴法下における刑事弁護の実際・方針を知るうえで参考となると思われるのが，1935（昭和10）年に公刊された南波杢三郎『辯護学──科學的辯護と防禦技術』である。[14] 同書は，刑事弁護の原理，心理学・法医学・理化学といった刑事弁護における科学技術の応用，実務における弁護技術，法廷における弁論技術など，さまざまな点について言及している。その意味で，当時の刑事弁護に関するハンドブックといえるものである。同書で注目すべきと思われるのが，「第3編辯護技術」において「一件記録の檢討」が扱われていることである。以下では，この南波の記述を概観する。

南波は，「一件記録は刑事闘争の推移経過の縮図であり，及戦線現状客観的描写の成果である。随て攻撃者側にも亦防禦者側にも頗る重要なる意義を有つ」とする。他方で，刑事事件においては，ほとんど一件記録のみに基づいて有罪判決が作られているとする。すなわち，「書面審理」，「一件記録中心主義」の支配を受けており，「被告人の禍福は繁つて一に書類の中に在る」と指摘する。以上の2点から，南波は，刑事弁護における一件記録検討の重要性を強調していることがわかる。[15]

南波は，一件記録を批判的に詳細に分析・検討することを「辯護の根本要件」とする。すなわち，①人間は書面に示されたものを非常に尊重し，正当化する傾向にある。しかも，一件記録は徹頭徹尾，常に被告人の不利益な方向で作成されているので，記録が裁判官によって不利益に解釈される危険はますます増加する。②人の供述は，言語という媒介物を介して，その真意から離れることを免れることはできない。[16] 以上の2点から，弁護人による一件記録の批判的検

第4章　捜査段階における記録閲覧をめぐる展開過程　135

討が必要であるとする。さらに,「辯護人の辯護權は出来上がつてゐる・既に事件は固めて了はれた記録を元として始めて動き出す」との記述もなされている。

　以上のように,記録閲覧は弁護活動の出発点とされる。もっとも,記録閲覧によっても,「如何なる事件であるかが判かり,今や極めて窮迫せる被告人防禦の現状を認識し得るに過ぎない」。これに対し,「攻撃者たる檢事が抑も公訴權發生の時より現在に至る迄自ら攻撃に當り,直接間接に記録作成に干與し事件の経過一切を巨細となく知悉し,又記録無くしても捜査權は實際自由に活躍し得るとの事情に比して,大きに趣きを異にする」と,南波は指摘する。それゆえ,一件記録は弁護人にとって重要な批判の対象であるとされる。ここでは,本書でも確認してきた,検察官が直接・間接の記録作成について関与し,記録を作成しないことも可能であったことが明示されている。

　以上に加え,南波は以下のように指摘する。「刑事記録なるものの殆ど全部が攻撃機關・審問機關(警察・檢事・豫審・公判)の手に依て,唯だ一方的に作成されたものであるとの点は,辯護人として重大なる關係を有つ。加之其記事は,專ら被告人の不利益の爲め有罪證據の客觀化・書面化たるの本性を有つてゐる。更に一件記録は調製者の故意あると否とに不拘,多くは審問官の主觀的精神だけで出来上るものだとの心理學的考察が,辯護人をして調書に對する深奥的攻究を一層に鞭撻する」(傍点ママ)。

　以上のように,南波は,一件記録の閲覧・検討を刑事弁護にとって不可欠な作業として位置付けつつ,記録の不正確性および記録の一方的不利益的性格を前提とする必要があるとする。まず,不正確性については,①調書を作成した審問官の主観的色彩による規則の不信用性,②供述を記述することによる誤謬可能性,③糺問の心理による記録上のつじつま合わせによる不正確性を挙げている。他方で,一方的不利益性については,一件記録は「之では殆ど辯護の余地は無い」のが原則であり,「檢事(訴訟の一方的立場に在る)の起訴状記載事實を支持するだけの範囲に於ける證據の一應の客觀化に過ぎない」(傍点ママ)としている。

　南波は,このような一件記録の意義および性格を前提とした弁護活動として,まず聴取書の検討が重要であるとする。すなわち,「刑事事件と云ふ一建築物の礎石且大黒柱と棟梁とを成すもの」であり,「事実上著しき證據力」を有するものであるからであると。そのうえで,予審調書と聴取書の比較対照を行

うべきとする。これに加え，実際に記録を検討する際には，①「暗示訊問其他不當なる訊問の形跡ある個所」，②「供述者の言葉が言語より著しく變形せるが如き記載」，③記録上の問答に一般人には困難であろうあまりにできすぎた論争の形跡があるもの，④保釈前の訊問調書（自由になりたい一心による虚偽供述），⑤前の調書と完全に反復して記載されているもの，⑥「審問官が同一事項に付き反復数回審問せる個所，又は多く顧みざりし個所」，⑦「不正確・不合理に見ゆる記載」，⑧「一件記録編纂上の不整理」に注意すべきであるとする。このような記録の検討・分析により，一方的な不利益方向で作成された記録の欠陥・弱点を発見すべきであるとされている。

　南波は，このような検討・分析作業を踏まえ，被告人その他の者と面会し，一件記録に関する疑問点を解消すべきとする。これらの作業のなかで，当該聴取書や訊問調書に関する証人などの召喚によって，記録の誤りの是正，そのうえでの公判調書の読み聞け，訂正・増減変更の申立を行い，記録誤記の予防を講ずるべきであるとされている。

　以上の南波の記述から，当時の刑事弁護における一件記録の位置付けや性格が明らかとなった。当時の一件記録は，「検事（訴訟の一方的立場に在る）の起訴状記載事實を支持するだけの範囲に於ける證據の一應の客観化に過ぎない」ものであった。これに対し，南波はさまざまな刑事弁護の方法や対応を示しているが，一件記録の一方的な不利益的性格を前提とする以上，そこには限界があったといえよう。なぜなら，一方的な不利益的性格を前提とする以上，刑事弁護活動は，その記録の誤りの指摘や，その記録から発見した不適切な捜査・訴追過程の批判が中心となるからである。これまで刑訴法が前提としてきた，被告人側に有利な証拠の確保という一件記録の閲覧の意義や機能が十分に果たされていなかったことを，南波の記述から窺うことができる。

　このように，当時の記録閲覧権は，刑事弁護にとって重要な意義を有していた。他方で，その意義や機能は，証拠の作成・収集，さらには提出について，警察や検察の選別に依存する実務により実質的に制限されていたといえる。それは，治罪法や明治刑訴法において予定されていた捜査・訴追過程を事後的に完全に知るというものではなく，検察官が選択的に作成した記録，起訴状記載事実を支えるため選別した証拠を閲覧し，その内容を批判的に検討することによって刑事弁護の活動を開始するというものであった。このような実務状況の

もと，刑事訴訟法に関する立法作業も再び活発になった。次に，いわゆる「司法改善」について概観する。

II 「司法制度改善」

1 「司法制度改善」構想

　小原司法大臣就任直後の1934（昭和9）年7月7日に行われた，全国控訴院長・検事長会議において「司法制度調査會設置ニ關スル件」が協議された。[27] 司法省は，司法制度調査会設置の準備として各界（裁判所，検事局，弁護士会，商工会議所，産業団体など）の意見を収集するため，1934（昭和9）年10月11日に「司法制度改善ニ關スル諸問題」を配布・諮問した。[28] そこでは，民事・刑事を問わず司法制度に関する28の項目を挙げていたが，刑事手続については以下の諮問がなされた。

　　第1　区裁判所ヲ第一審トスル民事及刑事ノ事件ノ上告ハ之ヲ控訴院ノ管轄トスベキカ
　　第4　軽微ナル刑事事件ニ付夜間裁判ヲ爲スノ途ヲ拓ク要ナキカ
　　第7　民事及刑事ノ訴訟記録ヲ簡便ニスル方法如何
　　第10　現在各府縣ニ分屬スル司法警察ヲ全國的ニ統一スルノ要ナキカ　其ノ他現行司法警察制度ノ改善ニ付考慮スベキ点如何
　　第11　檢事局ノ書記及雇ヲシテ司法警察官吏ノ職務ヲ行ハシムルノ制度ヲ一層徹底セシムルノ要ナキカ
　　第12　大審院ニ於ケル事實審理ヲ癈止スルノ要ナキカ
　　第13　豫審ノ現状ニ鑑ミ之ヲ適當ニ改正スルノ要ナキカ若シ其ノ要アルモノトセバ其ノ方法如何
　　第14　刑事ノ公判手續ニ付裁判長ガ陪席判事ヲシテ被告人ノ訊問及證據調ヲ爲サシムルコトヲ得ルノ途ヲ拓クベキカ
　　第15　軽微ナル刑事事件ニ付簡易手續（例ヘバ即決言渡）ノ制度ヲ設クルノ要ナキカ
　　第16　違警罪即決例ニ依ル即決處分及略式命令ニ對シテハ正式裁判ノ申立ヲ許スモ控訴ヲ許サザルモノト爲スノ要ナキカ
　　第17　地方裁判所ノ刑事事件ニ付聽取書ニ證據力ヲ認ムルノ要ナキカ
　　第18　刑事辯護ニ付代表辯論ノ制ヲ設ケ又ハ辯護人ノ数ヲ制限スルノ要ナキカ

第22　未決拘禁制度ニ關シ考慮スベキ点如何
第27　裁判所及檢事局ノ書記ノ教養訓練ノ爲講習制度ヲ設クルノ要ナキカ

　小原司法大臣は，司法制度改善の目標として，「特に重要なことは，制度の改善に依り司法の権威信用の確保，事務の適性，負擔の軽減，訴訟の敏速及訴訟経済の綜合的なる実現を期し眞に克く時代に適應する善良なる司法制度を樹立することであつて司法制度改善の目標も又實に兹に存する訳である」と述べている。このうち，本書の関心との関係で重要と思われる，①第7の訴訟記録の改善，②第13の予審制度改革，③第17の聴取書問題について，司法省による解説では，以下のように説明されている。①「現在ノ訴訟記録ハ共ノ體裁編別等必シモ簡易ナラズ而モ事件ニ依リテハ相當長期間ニ亙リ記録膨大トナルモノ尠カラズ之ガ整理閲讀ニ關シ何等カラ様式ヲ案出シテ之ヲ便ニスルノ要アリト思料セラルルモ果シテ如何ナル点ニ付改良スベキカヲ問ハントスルモノナリ」。②「刑事事件ノ取調ハ捜査，豫審及公判ノ三者間ニ於テ重複シテ行ハルルノ實情ニ在リ爲ニ生ズル訴訟關係人ノ煩労及事件ノ渋滞ハ其等關係人ノ利便及訴訟ノ進捗上深ク考慮ヲ要スルトコロニシテ之ニ何等カノ改正ヲ加フルノ要緊切ナルモノアリト思料セラルルモ果シテ如何ナル方法ニ依ルベキカヲ問ハントスルモノナリ」。③大正刑訴法においては，地方裁判所を第1審とする事件については聴取書の証拠としての利用可能性が制限されている。それゆえ，「捜査竝ニ豫審ニ於ケル取調ノ重複ヲ来タシ訴訟ノ進捗上尠カラザル障礙トナリツツアルコトハ深ク考慮ヲ要スルコトニシテ被疑者，被害者其ノ他ノ關係人ニ對シ任意ノ供述ヲ求メテ作成シタル聴取書ト雖モ其ノ證明力ハ之ヲ裁判官ノ自由ナル判断ニ任ジ……以テ叙上ノ無益ナル煩労ヲ除去スルノ要誠ニ緊切ナルモノアリ是レ本問ヲ以テ其ノ當否ヲ問ハントスル所以ナリ」。

　以上のように，司法制度改善の構想は，司法制度の合理化による刑事手続の円滑・迅速な進行の実現を目的としていたといえる。もっとも，この構想で示されている多くの項目が，大正刑訴法制定過程において激しく議論されていることからすれば，その目的はその内容に尽きるものでなかったといえる。すなわち，「司法警察の統一化（ひいては行政警察からの分離），聴取書の証拠化（直接審理主義の後退），そして予審制度の改正（検察権の強化）」がその実質的な目的であったとも評価できよう。それでは，このような諮問に対して各界はどのよう

な反応を示したのであろうか。次にこの点を確認しながら，当時の改革動向の内容とその根拠について検討する。

 2 検察官の反応
まず，検察官の予審制度改革に対する反応は以下の通りであった(計58件)。[35]

①「豫審制度は現在のままとし豫審制度の増員及檢事の聽取書に證據能力を認め事件の進捗を図るべし」47件
②「檢事に強制捜査権を認むる制度を設け豫審を全癈すべし」4件
③「起訴前豫審制を採るべし」6件
④「豫審判事に略式裁判権を許容すべし」1件

他方で聴取書問題に対する検察官の反応は以下の通りであった(計58件)。[36]

①「何れも證據能力を認むべし」58件
②「其の要なし」0件

以上のように，当時の検察官の反応は，予審制度を維持したうえで改善を加え，聴取書の証拠能力を認めるべきとする点でほぼ一致していたといえる。この点について，当時大審院検事であった池田克の見解を概観する。[37]池田は，捜査機関に強制捜査権限を付与していない大正刑訴法は，捜査に不可能または著しい困難を強いるものであるとする。そのうえで，「捜査を爲すに付，強制の處分に依ることが極度に制限されてゐる現行制度の下に於ては……甚しき不便を忍ばねばならぬこともさることながら，事に臨み機宜の措置を講じ難き障壁に突當り……捜査の追行に無理を生じ，或は強制處分の相似物又は代用物を利用し，或は法律上許容せられたる最短期間内に事を解決せんとして職権の行使が合法線の外に出で，所謂人権蹂躙等，憂ふべき派生的事象を繁からしむるの虞がある」と主張する。[38]そのうえで池田は，検察官と司法警察官に強制捜査権限を付与すべき，聴取書などに証拠能力を付与すべきとの対策案を提示した。[39]他方で，「被疑者の保護措置」として，①勾留・押収に対する不服申立て権を保障すること，②勾留理由や継続の必要性が消滅した場合は，ただちに被疑者を釈放すべきこと，③被疑者・弁護人は捜査中いつでも必要とする処分を請求できること，④弁護人は捜査段階で許可を受けて記録閲覧できること，⑤検察官・司法警察官が，公判に召喚し難いと思料する証人を捜査段階で訊問する場

合に弁護人の立会い権を認めることなどを提案している。[40]

　池田の見解において，予審はどのように位置付けられたのか。池田は，当時の起訴後予審制度について，公平維持という政策的な存在理由があるのみであり，他方で，捜査機関に強制捜査権限がないことによる予審判事への加重な負担，捜査と予審の手続の重複と訴訟関係人への負担などのデメリットを挙げて批判する。[41] そのうえで，池田は起訴前予審への転換を主張する。具体的には，①予審開始を原則的に検察官の請求によること，②予審は公訴を提起すべきか否かを決定するに必要な事項を取調べの限度とすること，③予審官（予審判事）は，予審を行ううえで必要な強制処分（捜索・押収，検証，被疑者の勾引，勾留，被疑者・証人訊問，鑑定など）ができること，④予審官が起訴・不起訴を決定することである。[42]

　池田は，このような見解が予審廃止論に近いものであることを自認している。[43] むしろ，「私は１日も早く豫審が癈止せられ，捜査が豫審を吸収してしまふ日の近からんことを期待さへもしてゐる」[44] とも主張している。このような主張の理由について，池田は以下のように述べている。①「現行豫審制度の存在理由の一たる公平維持の爲の必要」[45]を考える必要がある。「國民の公平維持感は，檢事は其の意見公平を失し，公訴の維持を努るに急にして被疑者利益の證據の蒐集を閑却する虞ありとする」からである。②捜査・勾留には十分な期間を期待しえない。それゆえ，重大かつ複雑な事件などについては，集中的な取調べが可能となるよう予審手続が必要である。

　以上のように，検察官による司法制度改善への反応においては，予審判事の増員と聴取書への証拠能力付与を要求する見解が多数であったが，他方で実質的に予審を廃止したうえで捜査機関に強制捜査権限を付与すべきとの見解も根強かったといえよう。

　これに加えて，池田の見解のように，実質的な予審廃止に伴って，被疑者・被告人に捜査活動の請求権を認め，さらに一定の制限のもとで捜査段階における記録閲覧を認めようとしていたことが注目される。また，池田が予審制度について多くの問題点を指摘しながら，公判前手続における公正性維持の要として予審を位置付けていたことも重要である。この池田の見解においては，予審の関与によって公判前手続における公正性を維持すべきとしながら，検察官に対する強制捜査権限の付与，さらには聴取書の証拠能力を認め，他方で捜査段

第4章　捜査段階における記録閲覧をめぐる展開過程　141

階における被告人側の関与，その前提である記録閲覧の強化が提案されている。その根拠の1つとしては，検察官による証拠収集が本質的に被告人側に不利益なものであることが挙げられている。このように，池田の見解においても，公正な証拠収集の確保，さらには被疑者に対する人権蹂躙防止を目的として，記録閲覧権の強化をはじめとする防御権強化が提案されていた。予審廃止に伴う捜査権限の移譲される主体の問題との関連においても，その根拠も含めて，重要な指摘であるといえる。

3　裁判官の反応

次に，予審制度改革および聴取書問題に対する裁判官の反応を確認する。予審制度改革について (計63件)[46]。

①「豫審制度は之を現在のままとし，豫審判事の増員と検事の聴取書に證據能力を認むる事とにより事件の進捗を計るべし」30件
②「検事に強制捜査権を與へて豫審を全癈すべし」3件
③「検事の聴取書に證據力を認め豫審を公判準備手續とすべし」12件
④「起訴前豫審制を採用すべし」3件
⑤「豫審判事に略式裁判権を付與すべし」8件
⑥「其の他」7件

また，聴取書問題については以下のような反応があった (計66件)[47]。

①「司法警察官及検事の別なく共に聴取書に證據能力を認むべし」52件
②「司法警察につきては其の要なく検事につきてのみ之を認むべし」7件
③「何れも證據能力を認めざるを可とする」5件
④「其の他」2件

以上のように，検察官の反応に比べ多様な反応があった。予審制度の維持を前提に予審を改革しようという姿勢が検察官以上に強くみられ，聴取書問題については検察官に比べやや慎重な姿勢がみられると評価できよう。もっとも，多数意見は検察官のそれと変わらない。大審院部長を務めた磯谷幸次郎は，司法制度において改善を要するのは「訴訟の進捗」と「検察権の独立」であるとして，以下の提案を行っている[48]。判決書の改革（証拠内容記載の簡略化，上訴申立て・当事者の請求のない場合における判決書作成の廃止），予審制度改革[49]（予審を廃止し検察官聴取書に証拠能力を認めるか，または予審判事にある程度の裁判権を与え，被告人

が希望した場合,予審判事による直接の裁判言渡しを可能にする)などである。[50] 以上のように,裁判官においても予審廃止は拒否されておらず,また聴取書の証拠能力付与についても肯定的意見が多かった。

4　弁護士層の反応[51]

最後に,弁護士層における予審制度改革・聴取書問題に対する反応を確認する。

予審制度改革について(計51件)[52]。

①「判事の増員による事件の進捗を希望するにとどまれるもの」5件
②「強制捜査制度のみならず檢事の聴取書に證據力を認むる事に反對し且豫審を全廢すべし」20件
③「現行豫審制度の改革には言及せず,單に豫審に於ける被告人及辯護人の地位を更に擴張すべし」26件

さらに,聴取書問題については以下のような反応があった(計51件)[53]。

①「何れも證據能力を認むべし」0件
②「その要なしとするもの」51件

以上のように[54],弁護士層は聴取書の証拠能力付与については全面的に反対であったといえる。他方で,予審制度改革に対する弁護士層の反応はさまざまであったが,捜査機関の権限強化について賛成する見解は見当たらない。また,予審制度改革の目的として公判中心主義の実現が挙げられていることが特徴的である。たとえば,東京弁護士会は予審廃止の理由として,「現在の豫審制度は起訴後に於て再び捜査を繰り返すものにして爲に被告人に對する長期の勾留となり一面被告人に對し眞實に反する陳述を強要するの具に供せらるる嫌甚多し又證人に對しては宣誓を爲さしめ訊問するに拘らず其の審理は公開せられざるを以て其の公正を確保するを得ず然るに一旦此等訊問調書が公判に廻付せらるるや公判に於ては之を以て重要なる證據として採用するの實情にして公判中心主義の我刑事訴訟法の根本精神を破壊するものと認む」とする[55]。また,第一東京弁護士会も,「公判中心主義を徹底して,豫審を公判の下調手續に止め且豫審終結決定には理由を附せざることと爲すべし」との意見を示している[56]。このように弁護士層は,予審制度は捜査手続を繰り返すもので弊害が多く,公判

中心主義の実現を妨げるものであることなどの批判をしていた。

　予審段階における弁護権の強化もさまざまに要求されている。たとえば，大阪弁護士会は，①被告人訊問立会い権を検察官・弁護人に与えること，②「訴訟主義の根本精神に鑑み豫審の進行を妨げざる限り書類及證據物ヲ閲覧するの権利を檢事及び辯護人に均等に與ふること（現行法が「檢事ハ豫審ノ進行ヲ妨ザゲル限リ書類及證據物ヲ閲覽スルコトヲ得，辯護人ハ豫審判事ノ許可ヲ受ケ書類及證據物ヲ閲覽スルコトヲ得」（然れども實際に於て未だ豫審判事が快く之を許可したる事例を聞かず）とあるは糺問主義の腐臭を残せるものにして訴訟主義と相容れざる不合理の規定なり此の如き規定の存在は刑事訴訟法の名に對しても認容するを得ず）」，③捜索・差押え，検証についても検察官・弁護人に立会い権を平等に付与することを要求している。また，岡山弁護士会も，「豫審判事ノ爲ス證人訊問ニハ辯護人ハ立會フコトヲ原則トスル制度ニ改メラレタシ辯護人ハ豫審ノ進行ヲ妨ケサル限リ書類及證據物ヲ閲覽スルコトヲ得ル事ニ改正セラレ度シ」と要求している。

　以上のように，弁護士層は，予審段階における弁護権強化，とくに予審段階の記録閲覧権強化を主張していた。その理由としては，糺問主義を本質とする予審手続への当事者の関与，さらにそこでの弾劾主義の実現が挙げられていた。他方で，訴訟記録の簡素化については反対する意見が大部分であった。たとえば，福岡弁護士会は，「形式ノ簡易化ニ付テハ異論ナキモ内容ヲ省略スルハ記録上事案ノ経過及眞相ヲ不明瞭ナラシムル虞アルヲ以テ反對ス」と主張している。

　この答申後，1936（昭和11）年に全国弁護士大会が開催され，「人權蹂躙ヲ根絶スル爲メ左記ノ各項ヲ實行スベシ」ことが決議された。この決議は，15項目にわたるものであったが，①裁判所と検事局の庁舎を分離すること，②捜査手続に関する監視機関を設けること，③人権蹂躙に関する事後的制裁を充実すること，④未決拘禁制度の改革，⑤捜査官の増員・訓練の向上などが挙げられている。

　この決議について重要なのは，「11　捜査中ト雖モ辯護人ヲ附シ書類ノ閲覽・證據提出等被疑者ノ利益保護ノ制度ヲ設ケ起訴後ハ固ヨリ捜査中ト雖モ辯護人トノ接見ヲ禁止セサルコト」とされていたことである。その理由として，「人權蹂躙ノ禍根ハ，自白ヲ中心トスル檢擧手段ニアリ。元来處分權ナキ被告自身ノ供述ハ，自由ニ行ハレタル場合ト雖モ，之ヲ證據ト爲スハ不合理ナルノ

ミナラス，往々無辜ヲ罰スルノ危険ナキニアラス。況シヤ傍證捜査ノ煩ヲ避ケ，強制威壓ノ末，勢ノ赴ク所，遂ニ拷問ノ不法ヲ敢テスルニ至ル。多年傳統ノ陋習非道ハ，人ヲシテ免ヲ蔽ハシムルモノアリ。洵ニ聖代文化國ノ不祥事ト云ハサルヘカラス。之ヲ矯ムルノ道ハ，監督者ヲ厳戒シテ責任ヲ連帯セシメ，随時勾禁者ノ健康診断ヲ許容シ，捜査中ト雖モ辯護制度ヲ設ケ，苟モ拷問ノ余地ナカラシムルニアリ」と説明されていた。このように，この時点において，弁護人による捜査の監視や監督，捜査段階における人権蹂躙防止，そして誤判原因である自白の強制的な獲得防止を目的とする方策として，捜査段階の弁護制度，その前提としての記録閲覧権が要求されていたといえよう。

以上のように，当時の弁護士層の見解は，人権蹂躙や強引な自白獲得など予審や捜査手続のもつ弊害を除去し，捜査手続を含めた刑事手続における手続の公正性確保や当事者の関与という意味での弾劾主義を実現するために，防御権，さらには記録閲覧権の保障を重視していたといえる。

5 学界の反応

最後に，司法制度改善に対する学界の反応を確認する。予審制度改革については，予審制度を改善する必要があるとする見解は，京都帝国大学，京城帝国大学，早稲田大学，慶應義塾大学に加え，立命館大学の教員有志，そして中央大学所属の4教授(花井忠，片山金章，升本重夫，佐々穆)によって示されている。このうち，京都帝国大学および慶應義塾大学は，予審が捜査の付属機関とならないためにも，予審の職務に対する独立を一層保障すべきという意見を示した。また，中央大学所属の4教授は「公判中心主義を徹底せしむべし。豫審終結決定には理由を附すべからず」という見解を示した。以上の意見は，聴取書への証拠能力付与についても，必要ないとして反対している。

早稲田大学および立命館大学の見解は，より具体的かつ根本的なものであった。早稲田大学は，司法省の司法制度改善構想について，費用の節減または裁判所や検察機関の権限拡大に帰着するものと批判している。そのうえで，司法権の独立，司法精神の作興，裁判所構成の改善，人権の尊重，司法機関の民衆化，司法予算の増大を改革方針として挙げている。予審を廃止することについては実情に鑑みて廃止は困難であり，また徹底的改革を加える必要があるとして，以下のような意見を示している。

一．公判中心主義を徹底し，豫審の取調は，公判準備の程度に止むること。
二．檢事が豫審に介入するの途を杜絶すること。
現在の豫審制度に於ては，豫審の内容に及ぼす檢事の影響過大なりと認む。因つて此の弊を矯むるが爲めには，豫審終結決定を初めとし，保釋許否の決定等に付き，其の都度，檢事の意見を聽くの規定を削除するを可とする。尚，其の他，實質的にも，干渉し得ざるものと爲す必要あり。
三．豫審をして公明正大ならしめ，且つ人權蹂躙の跡を斷たしむるが爲め，少なくとも辯護人の立會を原則的に許可すること。

　また，聴取書への証拠能力付与についても，「絶対に其の必要なし」として，証拠能力の認められない聴取書などを訴訟記録に含めるべきでないと主張している。
　立命館大学も，①予審判事の独立保障のために，検察官と予審判事との連絡に関する規定を改正すること，②公判中心主義を徹底させるために，公判における取調べに重点を置き，予審と公判の重複を可及的に避けること，③無制限の予審期間とこれに伴う被告人の身体拘束の長期化を避けるため，可能な限り短期の予審期間を決定し，期間を延長する場合は適切な手続を経るようにすることを要求している。他方で，聴取書の証拠能力を認める必要はないとしている。
　これに対し，京城帝国大学は不破武夫の見解を引用して，起訴前予審制度の採用を主張している。不破は，大正刑訴法が採用する起訴後予審の弊害について，予審判事が法定されている予審の目的を越えた取調べを行わざるをえない状態に置かれていること，公判中心主義は日本の国民性に適合していないことを挙げて，「豫審制度を徹底的に改めて起訴前の手續と爲すを最も可とす。然らざる場合は，豫審判事に略式命令に依て刑の言渡を爲す權限を與ふるを次善の策とす」と提案している。他方で，京城帝国大学は，検察官の聴取書のみに限って証拠能力を認めるべきと主張している。
　以上のような見解に対し，東京帝国大学は，実務では予審が検察官の補助機関として機能しているにすぎず，他方で予審が原因で検察官の行動が制限されていること，予審により手続の重複が生じ，口頭主義・直接主義を形骸化していることを理由に，予審廃止論を採った。他方で，聴取書の証拠能力付与の必要性を認めつつも，しばらくは現状維持が適当であるとしている。
　この見解は，小野清一郎の予審廃止論によるものといえる。小野は，ドイ

ツ・フランスおよび日本の歴史の検討を踏まえ，大正刑訴法が自由主義的要求や刑事訴追の公益を満たすものでないとし，その原因として予審制度を挙げる。すなわち，予審制度は本質的に糾問的なものであり，その弁論主義化には限界があり，自由主義化・弁論主義化に比例して刑事訴追の確保という本来的機能が大幅に減殺されるからである，と。そして，小野は，強制捜査権限を検察官ではなく予審判事に付与していることが，実質的に裁判官を検察官の補助機関にならしめ，裁判官の威信を失墜させるという結果を生んでいるとして，予審廃止論を主張している[72]。小野は，予審廃止に伴って，検察官に強制捜査権限を付与すること，受訴裁判所の部員たる受命裁判官による取調べをもとにして事件を公判に付すべきか否かを決定する「新たなる豫審制度」の創設を主張している。他方で，小野は，検察官への強制捜査権限付与に伴い，捜査段階における弁護人の活動の必要性も主張している。すなわち，検察官による証人訊問，捜索・押収，検証，鑑定などに対する被告人・弁護人の立会い，違法処分に対する異議申立て権を認めるべきである，と[73]。もっとも，小野が，捜査段階において「国家機関として公益のために犯罪を捜査する檢事が，被疑者たる一個人と全く對等であるといふが如きは到底あり得べからざること」とし，当事者対等主義は公判における対等を意味するにすぎず，捜査段階における検察官と被疑者との対等性を否定していることには注意を要する[74]。これに対し，牧野英一および南原繁は予審廃止に反対している[75]。

以上のように，学界は，聴取書の証拠能力付与については反対でほぼ一致しており，予審についてはさまざまな見解がみられた。もっとも，記録閲覧権については，早稲田大学が聴取書などを訴訟記録から除外すべきと述べているのみであるが，予審制度の改善の提案に実質的に記録閲覧権強化が含まれていたともいえよう。

6　司法制度改善構想後の動き

司法制度改善について議論した司法制度調査会は，司法警察官・検察官に勾留権を付与し，検察官に訊問権を付与して聴取書に証拠能力を付与する旨を提案したとの報道がなされた[76]。これに対し，第一東京弁護士会と帝国弁護士会は，検察権強化に対する反対決議を行った[77]。もっとも，司法当局はこの報道を誤報とした[78]。

1938 (昭和13) 年7月に，司法制度調査会の後身ともいうべき司法制度調査委員会が設置された。[79] 同委員会は，同10月15日から諮問第2号「刑事事件ノ処理ノ迅速，適正ヲ期スル爲考慮スヘキ点如何」に関する協議を行った。そこでの論点は，予審制度改革 (存置の場合はその改善方策，廃止の場合は廃止後の手続)，強制捜査，代表弁護制であった。[80]

　司法省が検察官の権限強化を主張したのに対し，弁護士層は強く反対したとされている。弁護士層の反対の方向性は，同委員会の委員であった清瀬一郎による以下の試案に現れているといえよう。①各検事局に相当数の専属の司法警察官を配置すること，②検事局を裁判所から分離すること，③検察官の強制権限は拡張しないこと，④関係者不拘束のままで捜査を進める訓練を積むべきこと，⑤警察聴取書と検察官聴取書の重複を除くべきこと，⑥予審の本質を改めるべきこと，⑦聴取書を作成するとき原告官以外の者による立会いを必要とし，証拠能力を付与すること，⑧公判中心主義を励行すべきこと，⑨弁護人の立会いおよび閲覧権を認めるべきことなどであった。[81]

　このような対立もあり，司法制度長委員会における議論は難航した。諮問事項第2号を検討した特別委員会は，1939 (昭和14) 年12月25日に，「検事の勾留権については意見の一致を見るに至ら」なかったこと，予審制度の存置などを総会に報告した。[82]

7　小　括

　以上のように，司法制度改善構想を発端とする議論は，予審制度改革問題および聴取書問題を中心に激しく行われた。この議論では，とくに予審制度改革問題については，予審制度を廃止し強制捜査権限を捜査機関に委譲する立場と予審制度を維持しながら改善を加えるという立場が有力に主張された。

　他方で，検察官から，起訴前予審制度の導入に伴うものとはいえ，捜査段階における記録閲覧の保障が主張されたこと，弁護士層からも，ほぼ一致した見解として捜査段階・予審段階における記録閲覧の保障が要求されたことは注目に値する。そして，その根拠としては，両当事者による証拠収集手続への関与という意味での手続の公正性，そして人権蹂躙の防止が挙げられていたことは重要である。とくに前者については，証拠収集の主体となっている，またはなるべきとされる検察官による証拠収集が被告人に不利な方向に偏ってしまうこ

とがその理由とされている。以上のような根拠付けは，予審を廃止すべきとの見解においても同様であった。

　検察官の見解は，予審の廃止，それに伴う強制捜査権限の捜査機関への委譲と関連付けるかたちで，被疑者側による自身に有利な証拠を確保する必要性に配慮したものであった。また，弁護士層の見解は，大正刑訴法下の実務においても被疑者・被告人側に有利な証拠の確保が困難であることに鑑みて，その保障のために捜査段階における記録閲覧権の保障を主張したものであった。当時の実務状況に関する評価は分かれているとはいえ，公平な裁判のためには両当事者による関与を認めることは必要であるにもかかわらず，当時の実務はこの点について不備を抱えていること，そのためにも捜査段階における記録閲覧権が必要だということが前提とされていたといえる。

　このように，日本における議論は，予審廃止の是非はともかくとして，両当事者による証拠収集手続への関与強化が必要であることを前提とすることになった。もっとも，その際，検察官のみによる公正な証拠収集手続を構想することは，その原告たる立場や実務状況などを理由に，消極的に捉えられていた。そして，とくに被告人側の関与強化のためには，捜査段階における記録閲覧権の保障が前提とされていたといえる。

Ⅲ　当事者による証拠収集への関与強化と記録閲覧権

　本章においては，まず大正刑訴法下における実務状況を確認した。当時の実務状況は，それまでの状況と基本的に変化はなく，制定過程時に政府側から主張されたような捜査機関の権限強化・拡大による人権蹂躙防止という目的は実現されなかった。さらに，証拠収集の過程に関する記録の不作成や証拠隠しも依然として行われていた。警察や検察に対しては，その捜査権限が強化され，これに伴い公正な証拠収集が要求されていたにもかかわらず，被疑者・被告人に不利な方向に偏った証拠収集をしていたといえる。そして，これに予審判事も一定程度関与していたと考えられる。この状態を是正するために規定された予審段階での記録閲覧権も，十分に機能していなかったと考えられる。

　もっとも，当時の弁護活動に関する記録に鑑みると，当時の記録閲覧権は，刑事弁護にとって重要な意義を有していたが，その意義や機能は証拠の作成・

収集，さらには提出について，警察や検察の選別に依存する実務により実質的に制限されていたといえる。それは，治罪法や明治刑訴法において予定されていた捜査・訴追過程や結果を事後的に完全に知るというものではなく，検察官が選択的に作成した記録，起訴状記載事実を支えるため選別した証拠を閲覧し，その内容を批判的に検討することによって刑事弁護の活動を開始するというものであった。このように記録閲覧権は，実質的には検察官による被告人側に不利益な方向の証拠収集過程，さらには検察官の描くストーリーを検証する手段として機能することになった。

　このような状況において，司法改善との関連で，さらに法改正の動向が生じた。そこで現れた改正要求は，予審廃止に伴う強制捜査権限の捜査機関への委譲という論理，予審維持を前提とした予審の改善と弁護権強化という論理を採用した。両者の論理からも，捜査段階における記録閲覧の保障が要求されたことは重要である。そして，いずれの論理においても，捜査段階における記録閲覧を認める根拠として，両当事者による手続関与，とくに証拠収集手続への関与という観点からの手続の公正性の維持，そして捜査段階における人権蹂躙の防止などが挙げられた。

　前者の見解は，予審廃止とその強制捜査権限の捜査機関への委譲に伴って，被疑者側による自身に有利な証拠確保の必要性に配慮したものであった。当時の実務においても被疑者・被告人側に有利な証拠の確保が困難であることに鑑みて，その保障のために捜査段階における記録閲覧が主張されたと考えられる。当時の実務状況に関する評価は分かれているとはいえ，公平な裁判のためには両当事者による関与を認めることは必要であるにもかかわらず，当時の実務はこの点について不備を抱えていること，そのためにも捜査段階における記録閲覧権が必要だということが前提とされていたといえる。もっとも，捜査機関に求められる証拠収集の範囲や量，それに伴い弁護側に求められる証拠収集のそれについては，両者の見解で一定の違いはあったと考えられる。

　このように，日本における議論は，予審廃止の是非はともかくとして，両当事者による証拠収集手続への関与強化が必要であることを前提とすることになった。もっとも，その際に，検察官のみによる公正な証拠収集手続を構想することは，その原告たる立場や実務状況などを理由に，消極的に捉えられていた。検察官は原告であるという従来の根拠付けに加えて，予審によってすら公

正な収集は困難であったという歴史的経緯も，その理由とされていたのかもしれない。そして，とくに被告人側の関与強化のためには，捜査段階における記録閲覧権の保障が前提とされていたといえる。

　日本における従来の議論の多くは，予審という公正な機関が被告人に有利・不利を問わず証拠収集を行うからこそ，その過程や結果を弁護人が公判段階において記録閲覧により検証することで被告人側に有利な証拠を確保することを前提とした。そして，これにより公正な裁判が実現されることになるという論理であった。

　その後，予審判事による公正な証拠収集は困難であること，また（現状も含めた）予審制度自体にそもそも問題があることなどを前提に，証拠収集の権限を分散，またはあらたな主体に移譲する方が望ましいという議論が，次第に支配力を増すことになった。もっとも，検察官による公正な証拠収集を期待することも困難であった。そこで，この司法改善においてなされた議論は，予審判事や検察官といった１つの機関のみによる公正かつ客観的な証拠収集は困難であることを前提に，検察官や弁護人といった当事者に証拠収集に関与させることを内容とした。そして，その被告人側による証拠収集の前提として，予審段階や捜査段階における記録閲覧の保障が議論された。その意義や機能は，証拠収集や人権蹂躙防止の前提として，その時点の手続過程を知ることであった。

　以上のような議論の変化から，日本では証拠収集の主体や証拠収集手続の構造が証拠開示の保障のあり方と不可分に関連付けられ議論されてきたということが確認できる。このような議論がなされるなか，日本は戦時体制へと突入することとなった。そこでも，記録閲覧権についても動きがあったので，次にこれを確認する。

1)　松谷與二郎「小作争議の原因及本件發生の動機」日本弁護士協会録事306号（1925）9頁以下。事件の詳細については，古屋貞雄「農村の實情と高松事件」日本弁護士協会録事306号（1925）16頁以下。
2)　「此事實を如何にせん――人権蹂躙の聴取書」日本弁護士協会録事306号（1925）27頁以下。
3)　この経過について，「高松人権蹂躙事件に對する司法當局の辯明」日本弁護士協会録事308号（1925）126頁以下。
4)　この点，松代剛枝『刑事証拠開示の分析』（日本評論社，2004）132頁以下も参照。
5)　鈴木義男「人権蹂躙の防止」正義11巻4号（1935）20頁以下。
6)　このような状況に対し，たとえば帝国弁護士会が1935（昭和10）年1月21日に，「人権問題に

關する臨時總會記事」を行い，人権蹂躙に関する調査を行っている（正義11巻2号（1935）14頁以下）。その調査の報告として，「人権問題調査實行に關する経過報告及調査資料」正義12巻3号（1936）1頁以下。さらに，1925（大正14）年に制定され，1928（昭和3）年に改正された治安維持法による人権蹂躙も，さらに凄惨なものであった。この点につき，小田中聰樹『刑事訴訟法の史的構造』（有斐閣，1986）10頁以下。さらに，戒能通孝「戦前における治安立法体系」『治安立法——その過去と現在』法律時報臨時増刊30巻13号（1958）2頁以下も参照。

7）　「第一東京辯護士會及帝國辯護士會の検察權限強化提案に対する反對決議」正義12巻9号（1936）1頁以下。
8）　島田武夫「検察官の職權濫用」正義12巻12号（1936）11頁以下。
9）　日本帝国司法省刑事統計年報による。1923（大正12）年68.3%，1924（大正13）年63.0%，1925（大正14）年64.5%，1926（大正15／昭和元）年65.3%，1927（昭和2）年65.5%，1928（昭和3）年66.6%，1929（昭和4）年66.5%，1930（昭和5）年66.8%，1931（昭和6）年69.4%。1932（昭和7）年以降の資料については入手できなかった。
10）　日本帝国司法省刑事統計年報による。1923（大正12）年51.9%，1924（大正13）年48.8%，1925（大正14）年50.4%，1926（大正15／昭和元）年52.6%，1927（昭和2）年53.0%，1928（昭和3）年54.6%，1929（昭和4）年55.0%，1930（昭和5）年55.9%，1931（昭和6）年59.5%。1932（昭和7）年以降の資料については入手できなかった。
11）　この時期の検察官による起訴猶予裁量の動態については，三井誠「検察官の起訴猶予裁量——その歴史的および実証的研究（3）」法学協会雑誌91巻9号（1974）1319頁に詳しい。
12）　日本帝国司法省刑事統計年報による。1923（大正12）年4.4%，1925（大正14）年2.8%，1926（大正15／昭和元）年2.2%，1927（昭和2）年2.9%，1928（昭和3）年2.7%，1929（昭和4）年2.6%，1930（昭和5）年2.4%，1931（昭和6）年2.2%。1932（昭和7）年以降の資料については入手できなかった。
13）　日本帝国司法省刑事統計年報による。1923（大正12）年0.9%，1924（大正13）年0.5%，1925（大正14）年0.5%，1926（大正15／昭和元）年0.5%，1927（昭和2）年0.4%，1928（昭和3）年0.5%，1929（昭和4）年0.4%，1930（昭和5）年0.9%，1931（昭和6）年0.8%。1932（昭和7）年以降の資料については入手できなかった。
14）　南波杢三郎『辯護学——科學的辯護と防禦技術』（新光閣，1935）。
15）　南波・前掲書注14）291頁。
16）　南波・前掲書注14）292頁。
17）　南波・前掲書注14）293頁。
18）　南波・前掲書注14）293頁以下。
19）　南波・前掲書注14）294頁以下。ここでは，調書の作成技術という問題と審問官の糺問的心理という問題が挙げられている。
20）　南波・前掲書注14）302頁以下。南波は，「訊問調書が審問者自身の手に依て作成されず，立會の書記等第三者の手を通じて調製せられる場合，往々記載に誤謬あるを免れない」と指摘する。
21）　南波・前掲書注14）304頁以下。南波は，捜査機関について，その当事者性から派生する「党派心理」による記録の偏執性，予審判事について，検事と同じ国家機関であること，その職業心理による予断と糺問的心理による記録の偏執性を指摘する。
22）　南波・前掲書注14）311頁以下。
23）　南波・前掲書注14）314頁以下。南波は，「被告人・證人等が前に捜査機関の尋問に對して爲せる陳述を最早想ひ出せなかったとき，或はそれと瞭かに相違若くは矛盾抵触せる供述を試みんか……，予審判事又は公判判事は，その供述に忽ち厳しく訓戒したり，非難叱責を浴びせ掛

けるを例とする事實」から，記録中における聴取書の存在意義を指摘する。
24) 南波・前掲書注14) 317頁以下。
25) 南波・前掲書注14) 323頁以下。
26) 南波・前掲書注14) 323頁以下。
27) 「全國控訴院長，檢事長會議」法律新聞3725号（1934) 1頁。
28) 「司法制度改善に關する司法省諮問案」正義10巻11号（1934) 3頁以下。
29) 「司法制度改善に關する諸問題」法曹会雑誌12巻11号（1934) 116頁。
30) 司法省調査課「司法制度改善ニ關スル諸問題」法曹会雑誌12巻12号（1934) 203頁以下。
31) 司法省調査課・前掲注30) 207頁。
32) 司法省調査課・前掲注30) 207頁以下。
33) 司法省調査課・前掲注30) 209頁。
34) 刑事訴訟法制定過程研究会「刑事訴訟法の制定過程（1）」法学協会雑誌91巻7号（1974) 1096頁〔松尾浩也〕。
35) 出射義夫「檢察制度に關する各種改革案と其の批判（二・完）」法曹会雑誌17巻2号（1939) 85頁以下。
36) 出射・前掲注35) 80頁。
37) 池田克「現行捜査並に豫審制度の批判と對策」警察研究7巻1号（1936) 23頁以下。
38) 池田・前掲注37) 25頁以下。
39) 池田・前掲注37) 31頁以下。もっとも池田は，司法警察官について，「但し被疑者を勾留すべき監獄は，警察官署に附属する留置場……とす。之が爲には留置場施設の改善を緊切とすべく，又，司法警察制度の改善をも考慮するの要あるべし」とする。
40) 池田・前掲注37) 32頁以下。
41) 池田・前掲注37) 35頁以下。
42) 池田・前掲注37) 41頁以下。
43) 池田・前掲注37) 43頁以下。
44) 池田・前掲注37) 44頁。
45) 池田・前掲注37) 44頁。
46) 出射・前掲注35) 85頁以下。
47) 出射・前掲注35) 80頁。
48) 磯谷幸次郎「司法制度改革に關する卑見」法曹会雑誌12巻10号（1934) 1頁以下。
49) 磯谷・前掲注48) 3頁以下。
50) 磯谷・前掲注48) 38頁以下。
51) 弁護士層の反応については，小田中・前掲注6) 51頁以下が詳しい。
52) 出射・前掲注35) 86頁。
53) 出射・前掲注35) 80頁。
54) 「司法制度改善」に対する弁護士層の反応をまとめたものとして，「司法制度改善に關する辯護士會の意見」法律時報7巻4号（1935) 55頁以下，「司法制度改善に關する全國各辯護士會の意見」法曹公論39巻1号（1935) 48頁以下，「司法制度改善に關する全國各辯護士會の意見（其二）」法曹公論39巻2号（1935) 52頁以下，「司法制度改善に關する全國各辯護士會の意見（其三）」法曹公論39巻3号（1935) 68頁以下，「司法制度改善に關する全國各辯護士會の意見（其四）」法曹公論39巻4号（1935) 63頁以下，さらに帝国弁護士会の反応として，「司法制度改善ニ關スル意見」正義10巻12号（1934) 1頁以下，「第一東京辯護士會，帝國辯護士會に於ける司法制度改善實行委員會決定意見　豫審及勾留ニ關スル改善意見」正義12巻1号（1936) 1頁以下，「第一東京辯護士會及帝國辯護士會の檢察權強化提案に對する反對決議」正義12巻9号

（1936）1頁以下。
55）　法律時報7巻4号（1935）57頁，法曹公論39巻1号（1935）53頁。
56）　前掲注55）60頁。
57）　前掲注55）87頁。
58）　法曹公論39巻2号（1935）69頁。
59）　法曹公論39巻3号（1935）68頁。
60）　法曹公論40巻11号（1936）5頁以下。
61）　前掲注60）9頁。また，同95頁以下にその議論状況が示されている。
62）　各大学の反応をまとめたものとして，「司法制度改善に關する學界の意見」法律時報7巻3号（1935）59頁以下。
63）　前掲注62）63頁，74頁。
64）　前掲注62）79頁。
65）　前掲注62）71頁以下。
66）　前掲注62）72頁。
67）　前掲注62）76頁。
68）　前掲注62）66頁。
69）　不破武夫「刑事訴訟手續の改正に關する私見」法律時報7巻3号（1935）22頁以下。
70）　前掲注62）66頁。
71）　前掲注62）60頁以下。
72）　小野清一郎「豫審制度の根本的改革に付て」法学協会雑誌53巻4号（1935）618頁。
73）　小野・前掲注72）623頁以下。
74）　小野・前掲注72）624頁。
75）　牧野は，小野の予審廃止論について，「公判は公判として煩雑な證據保全を爲すに堪へるものではない」こと，「検事の強制處分を許容することは，……むしろ豫審以上の弊害を招くの虞あるもの」であることを挙げ，批判している（牧野英一「喜望峰としての豫審」法律時報7巻4号（1935）3頁以下）。南原も，予審廃止は被告人にとってますます不利益であること，予審と公判という手続の重複についても，慎重公平な審理のためにはやむをえない，と主張している（前掲注62）60頁）。他方で，瀧川幸辰は，予審判事が検察官に従属していること，予審弁護制の不十分さなどのさまざまな弊害を理由に予審制廃止論を主張している（瀧川幸辰「人権保護と豫審」同『刑法と社会』（河出書房，1939）33頁以下）。もっとも，解決の鍵は，無制限に続く勾留を如何にして食い止めるかにあるとし，予審を廃止するか否かは問題の核心でない，と主張している（瀧川幸辰「予審」同上41頁以下）。
76）　「検察権強化の提案に對する反對運動の経過報告」正義12巻9号（1936）4頁以下参照。
77）　前掲注54）「第一東京辯護士會及帝國辯護士會の検察権強化提案に對する反對決議」1頁以下。
78）　「新聞記事に關する司法當局の通達」正義12巻9号（1936）6頁以下。
79）　刑事訴訟法制定過程研究会・前掲注34）1104頁。
80）　刑事訴訟法制定過程研究会・前掲注34）1105頁。
81）　清瀬一郎「検察機関の改革と予審制度の改善」法律新聞4363号（1939）3頁，同4364号（1939）3頁。
82）　刑事訴訟法制定過程研究会・前掲注34）1106頁以下。さらに，司法制度調査委員会の審議については，小田中・前掲書注6）111頁以下が詳しい。

第5章　戦時刑事立法における記録閲覧権の制限

I　国防保安法

　1940（昭和15）年7月，第2次近衛内閣が成立した。近衛内閣は，日独伊三国同盟の締結，南進政策を行った。その後，日米関係が悪化し日本は太平洋戦争への道を進むことになった。このような状況下で，国内では「国内態勢の刷新」のための「強力な新政治体制の確立」（基本国策要綱（1940（昭和15）年7月））に向けて，「新体制」運動が展開された。そのなかで，司法についても「司法の新体制」が論じられることになった。[1]

　1941（昭和16）年1月29日，政府から国防保安法案が衆議院に提出され，同年2月8日に原案通り可決され，貴族院では批判や修正案が示されたものの，同月27日に原案が可決された。同法は全2章からなっていた。第1章は実体法に関する規定であった。同章では，国家機密に関する罪が規定されていた。そこでは，国家機密の範囲が規定され（1条），さらに「国家機密」の漏洩・公表・探知・収集の処罰（3〜7条），外交・財政・経済などに関する「国防上不利益な」情報の探知・収集，治安阻害事項の流布，国民経済運行阻害行為の処罰（8〜10条），さらに以上の犯罪の未遂，予備，陰謀，教唆，誘惑，扇動の処罰（11〜13条）が規定されていた。[2]

　第2章では，無条件に同法の適用を受ける事件として，国防保安法違反，軍機保護法違反，軍用資源秘密保護法違反，外患罪，国家総動員法違反が挙げられていた。さらに，外国と通謀しまたは外国に利益を与える目的をもって犯した場合に限り適用を受ける事件として，皇室に対する罪，内乱に関する罪，国交に関する罪，騒乱の罪，放火失火の罪，溢水および水利に関する罪，往来を妨害する罪，飲料水に関する罪，通貨偽造の罪，文書偽造の罪，有価証券偽造の罪，殺人の罪，傷害の罪などが挙げられていた。[3]

155

以上の事件について，同法が定める特別な刑事手続の適用を受けると定められた[4]。その特別な刑事手続の具体的な特徴は，以下の４点であった。①捜査機関の権限が強化された（17～28条）。被疑者の召喚，勾引，勾留，被疑者の訊問権，証人の尋問権，押収，捜索，検証，鑑定，通訳・翻訳に関する捜査機関の権限が認められた。さらに，外国の船舶・航空機が法律によって禁止・制限されている区域に侵入したときの廻航・抑留，その乗務員などを滞留させる権限が認められた。②弁護権が制限された（29～32条）。弁護人は司法大臣が予め指定した弁護士の中から選任すること，弁護人の数の制限（被告人１人につき２人まで），公判における一定の機密事項に関する陳述禁止（その場合は書面の提出に代える），訴訟書類の閲覧謄写の制限などが定められた。③第１審の有罪判決に対する控訴が禁止された（上告は許される）。④陪審裁判の評議に付さないとされた。

　以上のように，国防保安法においては，捜査機関の権限強化や弁護権の制限など，ここまで議論されてきた論点について，事件が限定されつつも規定されたことがわかる。このうち，記録閲覧権については，32条で規定されていた。

　32条　①辯護人ハ訴訟ニ關スル書類ノ謄写ヲ爲サントスルトキハ裁判長又ハ豫審判事ノ許可ヲ受クルコトヲ要ス
　　　　②辯護人ノ訴訟ニ關スル書類ノ閲覧ハ裁判長又ハ豫審判事ノ指定シタル場所ニ於テ之ヲ爲スベシ

　この規定の特徴は，閲覧対象から証拠物が除外され書類のみに限定されたこと，公判段階における記録閲覧についても裁判官の許可が必要とされたことであった。その理由としては，秘密の保持が挙げられている[5]。

　このように国防保安法は，条件付きながら捜査機関への強制捜査権限を認めるなど，これまで強い反対が示されていた論点について立法化したものであるといえる[6]。このような状況は，戦争体制における特別法という意味にとどまらず，「戦時立法が一般法制のパイオニアーたる權能を持つ[7]」という意味を有するものであった。その意味で，手続などの秘密維持を目的として，記録閲覧を大幅に限定したことは，当時の政府の刑事手続改革に関する意図を明示するものであったといえよう。

II　治安維持法の全面改正

　1941（昭和16）年2月7日，政府から衆議院に対し治安維持法改正法律案が提出された。この法案も衆議院において同年2月20日に可決され，さらに貴族院においても同年3月1日に原案通り可決されるというスピード立法であった。その改正の要点は以下の通りであった。[8]
　第1に，処罰規定の拡大強化（1～16条）である。国体変革を目的とする犯罪に対する刑期の引き上げ，支援結社に対する処罰規定の新設，準備結社に対する処罰規定の新設，結社の程度にいたらない集団に関する規定の新設，宣伝その他国体変革の目的に資する一切の個人行為に関する処罰規定の新設，不逞類似宗教などに関する処罰規定の新設が行われた。
　第2に，特別刑事手続の規定（17～37条）が認められたことである。捜査機関に対する強制捜査権限（被疑者の召喚，勾引，勾留，被疑者・証人訊問，押収，捜索，検証，鑑定，通訳・翻訳）の付与が認められた。さらに，弁護権に対する制限（司法大臣が予め指定した弁護士からの弁護人の選任，弁護人の数の制限（被告人1人につき2人まで），訴訟書類の閲覧・謄写の制限），有罪判決に対する控訴禁止（上告は許される）も認められた。
　第3に，予防拘禁制度の設置（48～65条）が認められたことである。
　この改正の趣旨として，当時の柳川司法大臣は，「捜査機関ノ捜査手段ヲ強化致シ，其ノ迅速適正ヲ期スルト共ニ，裁判手続モ亦之ヲ極メテ敏速化シ，……所謂法廷闘争ヲ防止スル」ことを挙げている。[9] 同改正においても，記録閲覧が国防保安法と同様のかたちで制限が規定されている。このように，当時の政府が，法廷闘争を防止することによる手続の迅速化を目的として，記録閲覧を制限しようとしていたことが窺えよう。また，この改正においても，捜査機関に対する強制捜査権限付与などが認められている点が注目される。

III　戦時刑事特別法

　第三次近衛内閣の後，1941（昭和16）年10月に東条内閣が成立した。同年12月1日に開催された御前会議において，東条内務大臣は開戦と同時に採るべき治

安維持の方策を挙げた。そのなかには，各種戦時犯罪に対する「刑罰ノ加重或ハ刑事裁判手続ノ簡易化等ノ措置」も含まれていた。[10]

同年12月，全面的な戦争状態のもとで第79回帝国議会が開かれた。1942（昭和17）年1月24日，「裁判所構成法戦時特例」と「戦時刑事特別法」に関する案が政府から提出され，貴族院および衆議院を原案通りで通過し，同年4月24日に公布された。「裁判所構成法戦時特例」の提案理由としては，「戦時下ニ於ケル裁判所及檢事局ノ権能ヲ昂メ，以テ司法裁判ノ運行ノ迅速ヲ期スル爲，裁判所構成法ニ應急臨時ノ特例ヲ設クルノ必要」が挙げられ[11]，また戦時刑事特別法についても，戦時における刑事手続の敏速かつ的確な運行と，戦時下における一部犯罪に対して厳罰に処すべきことが挙げられている。[12]

まず，裁判所構成法戦時特例の刑事手続に関する規定を概観する。第1に，区裁判所の管轄範囲の拡張（3条）である。短期1年以上の懲役または禁錮に当たる罪のうち予審を経た事件を除いたもの，さらに戦時刑事特別法にいう戦時窃盗と常習窃盗を区裁判所の管轄とした。[13] 第2に，控訴審の部分的廃止（4条）である。他の法律（陪審法，刑訴法，国防保安法）によって二審制が認められているものに加え，安寧秩序に対する罪などに対する控訴の禁止（上告は可能）が認められた。第3に，上告に関する特例（5～6条）である。区裁判所が下した第1審判決に対する上告審を控訴院とすることが認められた。

次に，戦時刑事特別法の内容を概観する。同法も，上記の裁判所構成法戦時特例と同様に実体法の規定と手続法の規定を含むものであった。[14]実体法との関係では，「戦時に際し灯火管制中又は敵襲の危険その他人心に動揺を生ぜしむべき状態ある場合」における行為と「戦時に際し」て行われた行為について処罰規定が設けられた。前者としては，戦時放火罪，戦時猥褻罪，戦時盗犯罪，戦時恐喝罪（1～6条）が新設され，それぞれ一般刑法に比べ刑が加重された。後者としては，国政の錯乱を目的とする殺人罪，防空公務執行妨害罪，戦時騒乱罪，戦時損壊罪，買い占めおよび売り惜しみに関する罪，戦時往来妨害罪，戦時住居侵入罪，戦時飲料水に関する処罰規定が新設された（7～18条）。[15]

手続法部分については，以下のような規定が新設された。第1に，弁護人の人数および弁護権の制限（20～22条）である。[16]弁護人の数の制限（被告人に1人につき2人まで），弁護人の選任時期の制限（公判期日の召喚状を受けた日から10日を超過した場合は原則的に弁護人選任ができない），訴訟書類の閲覧・謄写の制限（国

防保安法および改正治安維持法と同様），必要的弁護の制限（必要的弁護事件からの戦時窃盗罪・常習窃盗犯にかかる事件の除外），裁判書謄本など交付の制限（機密の保持その他公益上の理由による交付の制限）が認められた。第2に，聴取書への証拠能力付与（25条）である。地方裁判所の管轄事件における聴取書などへの証拠能力付与が認められた。第3に，有罪判決に付す理由を簡易化することが認められたことである（26条）。第4に，上告に関する特例（27～29条）が設けられたことである。

　この戦時刑事特別法の特徴は，捜査機関に対する強制捜査権限付与は規定されておらず，聴取書などに対する証拠能力付与が明文で認められていたことである。たとえば，団藤重光は，この特徴について，「これは捜査機関の任意捜査に基く聴取書に證據能力を認める点で實際上極めて重要な意味を有するものといはねばならぬ。捜査機関に強制處分の權能を認めなかつたことの一部は，これによつて補はれるものといってよいであろう」としつつも，「捜査機関に強制處分の權能を認めないといふことは，實に，その裏面において従前の不合理かつ非合法ともいひ得べき捜査の實情を黙認することになるのである」としている[17]。

　記録閲覧も同様に制限されている。この規定につき，「直接の目的は訴訟の不當なる遅延を防止するに在るのであるから，原則として書類の謄寫は許可せらるべきものとの建前に出でてゐる。唯それが不当に濫用せられた過去の經驗に鑑み，一應裁判長の管理下に置くことにせられた点に本條の重大な意義」が認められるとの解説がある[18]。この規定については，帝国弁護士会および第一東京弁護士会の反対があったが[19]，この解説に沿った運用が行われるべきことが明言されていた[20]。

　他方で，「尤も最近の事案に於ては訴訟記録中に重要なる機密文書の編綴せらるる例の少なくない事實に鑑み，本條亦機密保持という点より制定せられしことも否定し得ない」との解説もある[21]。また，安平政吉も，この規定の趣旨について，「機密の保持，訴訟の促進等」を挙げ，「従来兎もすれば辯護人が訴訟記録の閲覧謄寫を爲し得ざることを理由として公判期日の延期を求め訴訟遅延を来した事例あるに鑑み，許可制とするときは，當然不許可といふことも考へられ，また許可を本則としても一定の條件又は期限を附し得ることとなり，自然，右の如き乱用を防止し得ようとなすのであるが，他の一面に於て謄寫され

た書類が被告人，證人の通謀に役立つたり，時には謄寫従業者が，これ等の資料を恐喝等の用に供したことも稀でなく，これ等の弊害を除く爲め右の規定が定立されてゐることも，とうてい否み得ない」と述べている。[22]

このように，この記録閲覧制限規定は，秘密保持・訴訟促進のほか，証人との通謀や証人威迫などの弊害の防止をも目的としていたといえる。安平は，「時局柄これは好ましい立法ではないが，已むなき所としなければならないであろう」と評価している。[23]

Ⅳ 小 括

本章で検討した戦時立法によって，これまで議論された論点について，戦時下の特別立法という理由で一気に立法が進んだ。具体的には，捜査機関の権限強化，聴取書への証拠能力の付与，控訴の禁止，弁護権の制限などがそれであった。戦時立法で実現されたこれらの規定は，当時の政府がかねてから実現を希望していたものであったともいえる。

他方で，国防保安法，改正治安維持法，戦時刑事特別法において，一貫して記録閲覧の制限規定が設けられたことは重要な意味を有している。立法目的をも併せて考えるならば，手続などの秘密保持，訴訟の促進，証人威迫などの弊害防止のために，記録閲覧を大幅に制限できるという論理がここで登場したといえる。

これに加えて，大正刑訴法で認められた予審段階での記録閲覧が全面的に制限されただけでなく，公判段階における記録閲覧さえも制限されたことは重要な意味を有しているといえる。公判段階における記録閲覧の制限は，ナチス時代のドイツにおいてさえも実現していない（第Ⅲ編第1章参照）。公判前手続における弁護人や被疑者の関与を排除しながらも，当該手続過程に関する記録をすべて開示することによって公判手続での公正性を実現するという治罪法以来の論理は，この戦時立法において，初めて明文で制限されることになった。そして，それは手続などの秘密保持，訴訟の促進，証人威迫などの弊害防止という政策目的を根拠とするものであった。

さらに，このような記録閲覧権の制限は，捜査機関の強制捜査権限や聴取書への証拠能力付与をも伴ったものであった。ここまで指摘したような証拠収集

の主体や手続の構造と記録閲覧権との密接不可分な関連性は，上述の政策目的によって分断された。

　この戦時立法における記録閲覧制限の実現は，一般法についても多大な影響力をもつものであったと考えられる。たとえば，佐伯千仭は，戦時特例法の多くがそれまでさまざまに議論されてきたものであることから，「それ等は戦時立法といふ形で，実は従来の懸案たる刑事手續法の改革について一つの大がかりの實験が行はれてゐるともいへるのである。従つてこれ等の適用の結果が良好であるならば，それがその儘将来に向つて引継がれる可能性も大きいと思はれる。……今日の所謂戦時法は一時的立法ではなくて，むしろ，恒久的性格を有するものとして考へられねばならぬことからもそういへるのである」とする。また，団藤も，「戦時臨時法的なものであつて，それが戦時の終了とともに廢止されるとしても，それはあとへ何ものかを沈殿して残すものとおもはれる」とする。これらの指摘が示すように，戦時立法の影響とともに，上記のような記録閲覧制限も後の立法に影響を与えたことも考えられる。次章では，その影響も踏まえながら，昭和刑事訴訟法の制定過程について確認・分析を行う。

1）　以上の経過については，小田中聰樹『刑事訴訟法の史的構造』(有斐閣，1986) 132頁以下が詳しい。
2）　国防保安法の概要については，大竹武七郎「國防保安法の必要性とその特質」警察研究12巻4号 (1941) 29頁以下を参照した。
3）　団藤重光「國防保安法の若干の検討」法律時報13巻5号 (1941) 2頁以下参照。
4）　団藤・前掲注3）7頁以下参照。
5）　柳川司法大臣の衆議院国防保安法委員会における説明 (「思想研究資料特輯」82号19頁以下，団藤・前掲注3) 9頁)。
6）　同法における捜査機関の権限強化を批判するものとして，牧野英一「國防保安法案」警察研究12巻3号 (1941) 1頁以下。
7）　団藤・前掲注3) 7頁。
8）　改正治安維持法の特徴については，太田耐造「改正治安維持法を繞る若干の問題」法律時報13巻5号 (1941) 15頁以下を参照した。さらに，同改正法については，山崎丹照「改正治安維持法概説 (1) - (5)」警察研究12巻3号 (1941) 33頁以下，同4号93頁以下，同5号23頁以下，同6号69頁以下，同7号81頁以下，牧野英一「教唆の獨立性と刑事訴訟における保障機能」法律時報13巻6号 (1941) 2頁以下などを参照した。さらに治安維持法の制定過程をめぐる状況については，中澤俊輔『治安維持法——なぜ政党政治は「悪法」を生んだか』(中央公論新社，2012)。
9）　「思想研究資料特輯」83号17頁，また山崎・前掲注8）「改正治安維持法概説 (1)」41頁以下も参照。
10）　由井正臣「太平洋戦争」『岩波講座日本歴史21　近代8』(岩波書店，1977) 103頁註27参照。

11）　梶田年『戦時司法特例法要義（改正版）』（法文社，1944）3頁。
12）　磯部靖「戦時刑事特別法」斎藤直一＝梶村敏樹＝磯部靖『戦時司法特別法』（厳松堂書店，1943）183頁以下。
13）　これにより，地方裁判所の管轄は，死刑・無期の予定される罪が対象とされた（梶田・前掲書注11）10頁以下）。
14）　戦時刑事特別法に関する解説としては，三井明「戦時刑事特別法規の概要（1）（2・完）」警察研究13巻4号（1942）23頁以下，同5号25頁以下，団藤重光「戦時刑事特別法」我妻栄編『第79・80帝國議會　新法律の解説』（有斐閣，1942）254頁以下，梶田・前掲注11）228頁以下，磯部・前掲書注12）181頁以下など。
15）　牧野英一「戦時刑事特別法」警察研究13巻5号（1942）1頁以下参照。
16）　団藤・前掲書注14）263頁以下参照。
17）　団藤重光「戦時刑事法の展開」法律時報14巻4号（1942）25頁。
18）　磯部・前掲書注12）282頁以下。
19）　法律新聞4252号（1942）30頁。
20）　磯部・前掲書注12）284頁。
21）　斎藤金作「戦時刑事特別法」早稲田大学東亜法制研究所編『新立法の動向第2輯』（厳松堂，1942）111頁。
22）　安平政吉「戦時の刑事特別手續に就て」法律時報14巻9号（1942）15頁。
23）　安平・前掲注22）15頁。
24）　佐伯千仭「戦時下に於ける我刑政の發展——戦時刑事特別法の制定を中心として」法学論叢46巻4号（1942）132頁以下。
25）　団藤・前掲注17）25頁。
26）　この戦時特別法との関係で，現行刑事訴訟法における伝聞例外規定を分析・批判するものとして，佐伯千仭「証拠法における戦時法の残照」同『陪審裁判の復活』（第一法規出版，1997）59頁以下。

第6章　昭和刑事訴訟法制定過程における証拠開示問題とその構造

I　司法制度改正審議会
――強制捜査権限の直接委譲と捜査段階における記録閲覧権

　第2次世界大戦が終結し，戦前および戦時中の諸制度を改革し，終戦後の事態に対応した新しい機構・制度を確立すべきことになった。このことは，司法制度についても同様であり，刑事訴訟法についても，裁判所構成法戦時特例や戦時刑事特別法などが廃止され，「終戦ニ伴ウ新事態ニ即応スル司法制度ヲ確立スル為，従来ノ制度ニ再検討ヲ加ヘ，之ヲ改正スルノ要アリ」として，1945（昭和20）年11月16日に司法制度改正審議会が設置された。[1]

　司法制度改正審議会は，1945（昭和20）年11月24日に総会を開いた。総会で司法大臣が提示した諮問事項は，「第1　新情勢ニ鑑ミ裁判並ニ検察ノ機構ニ付改正ヲ要スベキ具体的事項如何」，「第2　新情勢ニ鑑ミ犯罪捜査ニ関シ人権ヲ擁護スベキ具体的方策如何」であった。

　刑訴法改正については，上記第2諮問事項に関係する小委員会において議論がなされた。[2] ここでの審議は，司法省刑事局作成の「司法制度改革審議会諮問事項ニ対スル方策（仮案）」（以下，「仮案」とする。）を事実上の原案として進められた。[3] この仮案は，「犯罪捜査ニ関スル制度ヲ改正スルコト」として，予審の廃止およびそれに伴う捜査機関への強制権限移譲を提案し，他方で「検察権行使ノ適正ヲ確保スル為」の措置として，捜査機関の処分に対する不服申立てを認めること，「被疑者ハ弁護人ヲ選任シ或程度ノ弁護権ヲ行使セシメ得ルモノトスルコト」，不法な勾留に対する補償，不法な強制処分によって獲得された証拠書類の証拠能力を否定すること，司法省に検察権行使に対する監察官を置くことなどを提案していた。[4]

　この仮案について，佐藤藤佐委員は以下のような趣旨説明を行っている。「現在捜査機関ノ権限ガ十分デナイ為行政執行法ニ依ル行政検束ガ勾留ノ代リ

ニリヨウサレルコトニナリ……今後行政検束ヲ犯罪捜査ニ利用スルコトハ一切ヤメタイ」、「予審ヲ廃止スレバ勾留ガ無制限ニ延ビルト云フコトハ無クナル。……行政検束利用ヲ廃絶スル為ニハ、之ニ代ルベキ強制権ヲ検事、司法警察権ニ与ヘナケレバナラヌ」、と。以上のように、仮案は、人権蹂躙防止をも目的としながら、予審廃止とそれに伴う捜査機関の権限強化を提案したものであった。この仮案において、記録閲覧に関係すると思われるのは、「被疑者ハ弁護人ヲ選任シ或程度ノ弁護権ヲ行使セシメ得ルモノトスルコト」という提案である。この点に関して、佐藤委員は、「被疑者ニ弁護人ノ選任ヲ認メルコトニ付テハ、其ノ弁護権ノ範囲ニ付テハ難カシイ問題ガアルト思フガ、予審ニ於ケル弁護権ヲ大体目安ニシテ居ル」との趣旨説明を行った。

　このように、仮案においては被疑者段階の弁護制度の拡充だけでなく、大正刑訴法の予審における弁護権保障を目安とした捜査段階での弁護権保障が予定されていたことがわかる。さらに、予審を廃止し、その権限を直接に捜査機関へ委譲し、それとともに予審における防御権や手続保障をも捜査段階へ移そうという構想であったことがわかる。

　この仮案をもとに進められた第2諮問事項関係小委員会における議論について確認する。まず、草野豹一郎委員が「被疑者ニ選任セレラタ弁護士ノ権限ハ予審ニ於ケル程度ヲ考ヘテ居ルトノコトデアルガ、何ノ様ナコトヲ考ヘテ居ルカ」と質問した。これに対し、佐藤委員は、「証拠物ノ閲覧トカ、検証ノ立会トカ云フ様ナコトガアルト思フ」と返答している。

　さらに、林逸郎委員が、「被疑者ノ弁護権ハ予審ノ場合ト同程度ヲ考ヘテ居ルトノコトダガ、今日予審ノ弁護ニ付テハ被告人モ弁護人モ満足シテ居ラヌコトヲ承知デアルカ」と質問している。これに対し、佐藤委員は、「予審ハ訊問ハ密行ダガ、其ノ他ニ付テハ弁護人ノ立会ガ出来ルト考ヘテ居ル」と返答している。林委員が、さらに「被疑者ニ弁護人ガ附クト云フコトハ捜査ノ邪魔ニモナラウガ、兎ニ角モット明ルクスル様ニ考ヘラレナイカ。現状デハ満足出来ナイ」と質問したが、佐藤委員は返答しなかった。

　第2諮問事項小委員会における、捜査段階における弁護権に関する議論は以上であった。もっとも、当時の政府の意図としては、予審廃止に伴い、その強制権限を直接に捜査機関に付与し、他方で、予審段階で保障されていた弁護権を捜査段階においても認めようとする方向性、そして、そのなかに、記録閲覧

権も含められていたことが確認できる。仮案の提案は，捜査権限や弁護権も含めて予審の構造や内容を捜査手続へ可能な限り移そうとしたものと評価できる。

議論の結果，1945（昭和20）年12月18日，答申案として，「犯罪捜査ニ関スル人権擁護ノ具体的方策」がまとめられた。その主な内容は，①抜本的措置として，行政執行法・違警罪即決例の廃止，予審の廃止，公判準備手続の拡充・強化，②捜査機関への強制捜査権限付与，その他捜査制度を合理化するための措置を講じること，司法警察官の訊問調書・聴取書の作成を適当に制限すること，③捜査上の強制権限行使の公正性を確保するための措置として，準抗告制度を設けること，「被疑者ハ弁護人ヲ選任シ法令ノ範囲内ニ於テ弁護権ヲ行使セシメ得ルモノトスルコト」，不法留置に対する補償を認めること，不法行為によって獲得した証拠書類の証拠能力を否定すること，捜査に対する監察制度を設けること，④その他の措置として，私人訴追について考慮すること，自由心証主義を徹底すること，検察官を増員すること，人権蹂躙事件について糾弾することなどであった。

このうち，②強制捜査権限の捜査機関への委譲については，「検事及司法警察官ハ犯罪捜査ノ目的ヲ達スル為必要トスルトキハ押収，捜索，検証及被疑者ノ召喚，勾引，勾留，被疑者若ハ証人ノ訊問ヲ為シ又ハ鑑定，通訳若ハ翻訳ヲ命ズルコトヲ得ルモノトスルコト」とされている。ここでも，捜査機関の強制捜査権限についてなんらかの制限を付する提案はなされていない。

上記③「被疑者ハ弁護人ヲ選任シ法令ノ範囲内ニ於テ弁護権ヲ行使セシメ得ルモノトスルコト」にいう「弁護権」には，以上の審議過程をみる限り記録閲覧権も含まれているといえる。このように，司法制度改正審議会の段階では，予審廃止に伴い捜査機関に対し強制捜査権限を付与する制度を採用することを前提に，手続の公正性を担保することを目的として，大正刑訴法下の予審段階と同程度の記録閲覧が捜査段階で認められるべきとされていたことが確認できる。これは，上述の司法制度改善の時期における池田などの見解（第4章），上記仮案とほぼ同様のものといえよう。

II 司法省刑事局別室における立案作業
――捜査機関への強制捜査権限集中と捜査段階における記録閲覧

司法制度改正審議会による答申の後，具体的な改正法律案作業は，いわゆる

「刑事局別室」を中心に進められた。この刑事局別室は、「当時の司法省刑事局が、山積する立法準備作業の機動的処理のため、司法省の内外から人材を集めて作ったタースク・フォース的な機構であった」。ここでの会議は、1946（昭和21）年1月から同年2月にかけて連日のように行われた。

刑事局別室では、「検事及司法警察官ノ強制捜査権」（1月4日）、「予審ノ廃止ニ伴フ裁判所構成法・刑事補償法・刑事訴訟法ノ改正」（同7日）、「捜査中ニ於ケル弁護権」（同8日）、「検事及司法警察官ノ強制捜査権」（同9日）、「公判準備手続」（同10日）、「捜査中ニ於ケル弁護権（第二次案）」（同14日）などが議論された。以下では、記録閲覧権に関する議論を確認する。

1946（昭和21）年1月4日付けの資料「検事及司法警察官ノ強制捜査権ニ関スル規定」では、捜査機関に対し強制権限を付与する16項目の提案がなされた。記録閲覧権に関しては、「第15　被疑者又ハ辯護人ハ公訴提起前何時ニテモ證據物又ハ證據書類ヲ検事又ハ司法警察官ニ提出スルコトヲ得ルモノトスルコト　辯護人ハ検事又ハ司法警察官ノ許可ヲ受ケ書類及證據物〔ヲ〕閲覧スルコトヲ得ルモノトスルコト」との提案がなされた。

この提案は、これまでと同様に予審が有していた強制捜査権限を、基本的に制限を付すことなく捜査機関に委譲することを前提としたものといえる。そのうえで、捜査手続の主宰者たる捜査機関の許可を得て記録を閲覧し、それをもとにして起訴・不起訴を含めた手続打ち切りの判断に影響を及ぼすことを目的とする被疑者側による証拠提出を認めたのであろう。

上記の提案は、同年1月8日に配布された「捜査中ニ於ケル弁護権ニ関スル規定」に引き継がれている。

  第4　辯護人ハ公訴ノ提起アリタル後裁判所ニ於テ訴訟ニ関スル書類及證據物ヲ閲覧シ且其ノ書類ヲ謄写スルコトヲ得ルモノトスルコト　公訴提起前ニ於テハ辯護人ノ立會フコトヲ得ヘキ検事ノ處分ニ関スル書類ヲ閲覧シ且之ヲ謄写スルコトヲ得ルモノトスルコト　辯護人ハ裁判長ノ許可ヲ受ケ第2項ノ處分ニ関スル證據物ヲ閲覧又ハ謄写スルコトヲ得ルモノトスルコト
  （刑訴44）（下線部ママ）
  第9　辯護人ハ検事ノ許可ヲ受ケ書類及證據物ヲ閲覧スルコトヲ得ルモノトスルコト（参照303Ⅲ予審）

この提案では、公訴提起後の記録閲覧だけでなく、公訴提起前の記録閲覧も

認められている。公訴提起前の記録閲覧については，弁護人の立合いが認められる検察官の処分に関する書類の閲覧・謄写ができるとされ，この記録閲覧については裁判長や検事の許可が必要とされた。もっとも，この提案は，同年1月9日の「検事及司法警察官ノ強制捜査権」に関する議論で配布された「検事及司法警察官ノ強制捜査権ニ関スル規定」では削除されている。これをもとにした条文案が，同年1月14日付の「捜査中ニ於ケル弁護権ニ関スル規定（第二次案）」であった。

> 第44条を左ノ如ク改ム
> 　辯護人ハ公訴ノ提起アリタル後裁判所ニ於テ訴訟ニ関スル書類及證據物ヲ閲覧シ且ツ其ノ書類ヲ謄寫スルコトヲ得
> 　裁判長ノ許可ヲ受ケ證據物ヲ謄寫スルコトヲ得
> 　公訴提起前ニ於テハ検事ノ許可ヲ受ケ書類及ビ證據物ヲ閲覧スルコトヲ得
> 　検事ハ辯護人ニ對シ公訴提起前少ナクトモ一回書類及證據物ノ閲覧ノ機會ヲ與フルコトヲ要ス辯護人二人以上アルトキハ其ノ一人ニ對シテ閲覧ノ機會ヲ與フルヲ以テ足ル

記録閲覧については，大幅な改正が提案されていたことがわかる。また同日付の「捜査中ニ於ケル弁護人ノ記録及証拠物閲覧権ニ関スル資料」では，ドイツ刑訴法1920年草案172条2項の条文が示されている。この刑訴法44条に関する改正提案は，以下のようにドイツ刑訴法1920年草案（本書第Ⅲ編第1章参照）を参考にしたことがわかる。

> 捜査手續中ニ於テハ手續ノ目的ヲ害スルノ虞アルトキハ記録ノ各部分及個々ノ證據物ノ閲覧ヲ辯護人ニ禁ズルコトヲ得但シ捜査手續ノ終結前少ナクトモ一度記録ノ此ノ部分又ハ證據物ニ付テモ閲覧ノ機會ヲ與フルコトヲ要ス

以上の結果，1946（昭和21）年1月26日に「刑事訴訟法中改正要綱案」が示された。これは，予審廃止，公判準備手続の拡充強化，捜査機関に対する強制捜査権限の付与，そしてこの強制捜査権限付与に対応した被疑者の権利強化を柱とした。この要綱案において，記録閲覧は「捜査中ニ於ケル弁護権ノ行使ニ関スル事項」として提案されている。

> （4）弁護人ハ公訴提起前検事ノ許可ヲ受ケ捜査ニ関スル書類及証拠物ノ閲覧

第6章　昭和刑事訴訟法制定過程における証拠開示問題とその構造

スルコトヲ得ルモノトスルコト但検事ハ捜査ニ著シキ支障ナキ限リ之ヲ許可スルコトヲ要スルモノトスルコト（参照44条）

　この提案は，刑事局別室案と比較すると，公訴提起前の最低１回の記録閲覧の保障規定を削除している。とはいえ，昭和刑訴法に存在しない捜査段階における記録閲覧を提案していることは重要である。その他の規定も含めると，この改正案は，司法制度改正審議会によって示された案と基本線をほぼ同じにするものであったといえよう。

　次に，捜査機関による証拠収集に関する規定を確認する。「第２　強制捜査権ニ関スル事項」の「１，検事及司法警察官ニ左ノ如キ強制捜査権ヲ認ムルコト」は，強制捜査権限の具体的内容として，召喚，勾引，勾留，逮捕，被疑者の訊問，証人の訊問，押収，検証，鑑定，通訳・翻訳などを提案している。これらの強制捜査の主体は，検察官や司法警察官であり，現在の令状主義のような強制捜査権限に対する制限は予定されていなかった。

　これに加えて，「２，右ニ伴ヒ強制捜査権行使ノ公正ヲ確保スル為左ノ如ク措置」が提案されている。この「右」とは，「１，検事及司法警察官ニ左ノ如キ強制捜査権ヲ認ムルコト」である。そして，この「措置」の１つとして，上記の「捜査中ニ於ケル弁護権ノ行使ニ関スル事項」が挙げられ，①「被疑者ハ勾留セラレタル後何時ニテモ弁護人ヲ選任スルコトヲ得ルモノトスルコト」，②上記の公訴提起前における記録閲覧権，③「被疑者又ハ弁護人ハ公訴提起前ニ限リ必要トスル処分ヲ検事又ハ司法警察官ニ請求スルコトヲ得ルモノトスルコト（参照303条１項）」，④「被疑者又ハ弁護人ハ公訴提起前ニ限リ証拠物ヲ検事又ハ司法警察官ニ提出スルコトヲ得ルモノトスルコト」，⑤「検事又ハ司法警察官公判ニ於テ召喚シ難シト思料スル証人ヲ訊問スル場合ニ於テハ弁護人ハ其ノ訊問ニ立会フコトヲ得ルモノトスルコト」，⑥「検事捜査ノ結果ニ依リ公訴ヲ提起スベキモノト思料スルトキハ被疑者ニ対シ嫌疑ヲ受ケタル原因ヲ告知シ弁解ヲ為サシムベキモノトスルコト但シ被疑者正当ノ事由ナクシテ出頭セザルトキハ此ノ限ニ在ラザルモノトスルコト（参照301条）弁護人ハ前項ノ場合ニ立会フコトヲ得ルモノトスルコト」などが挙げられている。[19]

　このように具体的な提案がなされた。まず，予審廃止に伴い，その強制捜査権限を捜査機関に制限を付すことなく委譲することが提案されている。他方

で，捜査機関という一方当事者を証拠収集の主体とすることを前提として，人権蹂躙や不公正な証拠収集が行われる危険を防止するため，さまざまな提案もなされている。そして，その柱の1つとして，捜査段階における記録閲覧が提案されている（②）。また，被疑者や弁護人による捜査機関への証拠収集の請求権（③），さらに自身の証拠や意見を捜査や公訴提起に反映できることが認められている（④⑤⑥）。

これらの提案の多くについては，大正刑訴法の予審に関する規定が参照されている。このことから，この時期の提案は，予審廃止を前提に，予審の強制捜査権限だけでなく，公正な証拠収集を行うための予審の責務や予審段階の被告人側の権利も同じく捜査段階に委譲しようとしたものであったと評価できる。以上のように，1946（昭和21）年1月26日の刑事訴訟法中改正要綱案は，予審廃止に伴い捜査機関による一極的な証拠収集を前提としながら，公正な証拠収集手続を保障しようと試みたものといえる。そして，そのなかで公判段階での幅広い記録閲覧権や捜査段階における記録閲覧が提案されている。これまでの改正論議の1つの到達点ともいえるだろう。

Ⅲ　新憲法制定作業と刑事訴訟法改正作業
——証拠収集手続の変容と記録閲覧権

1946（昭和21）年2月に，いわゆるマッカーサー憲法草案が日本政府側に示された。同草案は，刑事手続については，令状主義，弁護人依頼権，適正手続，拷問禁止，証人審問権，黙秘権，自白法則，一事不再理の採用を提案した[20]。これに基づき，同年3月6日に「憲法改正草案要綱」が作成され[21]，この枠組みのなかで，その後の刑訴法改正作業は進められた。

憲法改正作業が進む一方で，刑訴法改正作業はGHQとの折衝のなかで進められた。1946（昭和21）年3月22日，総司令部民間情報部保安課法律班のマニスカルコによる「刑事訴訟法ニ対スル修正意見（Proposed Revision of Code of Criminal Procedure）」が日本政府に提示された。これは大正刑訴法に逐条的検討を加え，修正意見をコメントするものであった[22]。この修正意見は，交互訊問制を採用すること，反対訊問を受けない供述証拠の証拠能力を否定すること，被告人訊問制度を廃止すること，アレイメント制度を採用すること，供述録取書の証拠能力に関する規定を廃止することなど，多くの提案を行った。同修正案において

も，記録閲覧権を規定した大正刑訴法44条は「存置すべし」とされていた[23]。

他方，刑事局別室においては，1946 (昭和21) 年4月作成の刑事訴訟法改正方針試案をもとにした審議が進められた。この試案は，被疑者の弁護人選任権や予審廃止など従来の作業を引き継ぐ一方で，官選弁護制度の拡大，令状主義，被疑者と弁護人の接見交通，勾留に対する異議申立制度，保釈請求権，被疑者訊問における黙秘権告知，交互訊問制度，陪審制，不利益再審廃止など，憲法改正作業の影響も受けていた[24]。このように変化する改正作業における記録閲覧権を中心とする制定過程を次に確認する。

刑事訴訟法改正方針試案における「第3 (弁護及び補佐)」は，以下のような内容であった[25]。

> 被告人のみならず，被疑者も常に弁護人を依頼して，その公正な援助を受けられることが出来るやうにし，さらに，新憲法の規定の趣旨に従ひ，官選弁護の制度を拡充し，資力がないため弁護人を依頼できない者にも，充分弁護の機会を與へるやうにするとともに，弁護人の地位と品位の向上を図るため必要な方法を考えること。

このように従来の議論が予審廃止に伴い捜査機関へ強制権限を委譲するとともに，予審で保障されていた被疑者・被告人側の権限や手続的保障も委譲しようとしていたのに対し，この提案は，憲法草案で明示された被疑者段階の弁護人依頼権保障と官選弁護制度の拡充の刑訴法上の実現に重点を置いたことがわかる。議論の焦点は，憲法草案の要請としての弁護権の導入とその具体的検討へとシフトし，とくに被疑者・被告人の権利保障のあり方と予審廃止との関連性が弱くなった可能性がある。それは，公正な証拠収集の確保との関連付けの変化ともいえる。

他方で，捜査機関への強制捜査権限移譲との関連でも重要な変化がみられる (「第6 (捜査)」の「2 (捜査手続)」)[26]。

> 1 捜査について強制の処分を必要とするときは，現行犯事件及び要急事件の場合を除いて，常に裁判所の令状を求めなければならないものとし，令状を得たうへは，捜査機関が自ら被疑者の勾引及び勾留，押収，捜索，検証，証人の訊問等を行ふものとすること。

憲法草案との関係で令状主義が採用され，従来のような予審の強制捜査権限の単なる委譲ではなく，令状による一定の抑制付きの委譲が提案された。この

ように刑訴法改正の議論は，予審廃止と直接に関連付けない方向性を採りつつあった。

　1946（昭和21）年7月3日，憲法改正に伴う法律制定のために調査審議する総理大臣諮問機関として，臨時法制調査会が設置された。同会は，4つの小委員会に分けられたが，司法関係の法律を担当したのは第3小委員会であった。同小委員会の第1回会合で，刑事局別室作成の「刑事訴訟法改正に付考慮すべき問題」が提示された（同年7月15日）。その内容は，予審制度をどうするか，強制権限を行使する主体やその行使方法，被告人に証人訊問権を付与することとの関連問題，陪審制度に関する論点であった。

　弁護権については，「第1　弁護権拡充の範囲をどうするか。　1　捜査中の刑事被疑事件についての弁護権をどうするか。　2　官選弁護人をどうするか。　3　代表弁論その他弁論制限に関する規定を設けることはどうか。」が示された。第3小委員会では，予審廃止の可否やそれに伴う捜査機関への強制捜査権限付与などについて議論がなされたが，弁護権に関する議論は明らかでない。

　同小委員会における議論と並行して，刑事局別室における法案作成作業も進められた。その結果，1946（昭和21）年8月5日に「刑事訴訟法改正要綱試案」（以下，「改正要綱試案」とする。）が作成され，同年9月に第3小委員会に提出された。この同要綱試案は，弁護権の充実，勾留に対する異議申立制度，黙秘権告知規定の設置，予審廃止，補強法則・自白法則の採用，交互訊問制度，不利益再審廃止，さらに検察官への強制権限付与，陪審制度の削除など提案している。弁護権については，「被疑者の弁護権を次の要領により認めること」として，次のように提案されている。

　　2．弁護権の範囲
　　　……
　　　ホ　弁護人は故意に捜査を妨げるやうな行動を採ってはならないものとすること。（なほ証拠書類及び証拠物閲覧，謄写権については後記第33参照）

　このように弁護権の範囲について，捜査段階における弁護権保障を前提に，捜査妨害の禁止が定められている。他方で，記録閲覧権については，次の「第33」の参照が指示されている。

（公判手続）
……
　第33　証拠を提出するには，提出すべき証拠の標目をあらかじめ相手方（被告人に弁護人があるときは弁護人）に通知しなければならないものとすること。
　前項の通知があったときは，相手方は，その証拠を閲覧又は謄写することができるものとすること。
　前項の規定による閲覧の機会が与へられなかった証拠については，相手方は著しく不利益を受けることを理由として，その提出につき異議を申立てることができるものとすること。

　以上のように，「弁護」の項目，とくに捜査段階における弁護権の内容や範囲に関する提案から記録閲覧が削除された。その理由は明らかにされていない。[32]　他方で，記録閲覧への言及は，「公判手続」の項目においてのみなされている。また，その閲覧対象も従来とは異なり，「提出すべき証拠」とされている。その解釈については一定の含みもあるように考えられるが，現行刑訴法299条に近い提案が，この時期に登場していることは重要である。
　もっとも，捜査段階における弁護権自体について提案がなかったわけではない。勾留に対する異議申立て権，証拠保全請求権，検察官による押収・捜索・検証・鑑定への立会い権など，諸権利が拡大されている。上記の弁護権に関する提案のうち，重要と思われるのが，証拠保全請求権に関するものである。[33]

　第18　検事，被告人，被疑者及び弁護人に次の要領による証拠保全請求権を認めること。
　　一，被告人，被疑者又は弁護人は，裁判所に対し，証拠保全の申立をすることができるものとすること。
　　二，公訴提起後は，検事も，前項の申立をすることができるものとすること。
　　三，証拠保全の手続は，ほぼ民事訴訟法の規定に準じて，これを定めること。

　これに対し，捜査機関の捜査権限については，「捜査」の項目で次のような提案がなされている。[34]

　第19　検事の強制捜査権は，次の要領によりこれを認めること。
　　一，検事は，捜査を行ふにあたって，強制の処分を必要とするときは，公訴の提起前に限り，押収，捜索，検証，被疑者の召喚，勾引，勾留，訊問，及び証人の（召喚，勾引）訊問をなし，鑑定，通訳及び翻訳を命ずることが

できるものとすること。
　第21　司法警察官に対しては，現行犯の場合を除くの外，原則として，強制捜査権を認めないものとすること。但し，検事の命令があるときは，被疑者及び証人の召喚及び訊問ができるものとすること。

　以上の提案からわかることは，証拠収集手続に関する提案の変化である。まず，捜査機関の証拠収集については，その4ヶ月ほど前に作成された1946(昭和21)年4月の刑事訴訟法改正方針試案と比べて，裁判官の令状による抑制が提案されていないことが特徴的である。他方で，警察官による強制捜査権限が原則として否定され，証拠収集主体の中心として検察官が想定されている。
　これに対し，被疑者側による証拠収集については，裁判所に対する証拠保全請求権の行使が提案されている。これに伴い，被疑者側による捜査機関への証拠収集の請求などの従来の提案は削除されている。また，現行刑訴法179条の「あらかじめ証拠を保全しておかなければその証拠を使用することが困難な事情があるとき」というような要件も付されていない。さらに，公訴提起後は，検察官にも証拠保全請求権が認められている。
　以上のように，①捜査段階における証拠収集の主体たる検察官は，裁判官の令状なしに強制捜査権限を行使できること，②これに対し，被疑者側も裁判所に対する証拠保全請求権を緩やかに行使できること，③公訴提起後の証拠収集の主体は裁判所であるとされたことがわかる。
　このように，改正要綱試案では，予審廃止に伴う強制捜査権限の検察官に対する直接的な委譲という従来の方向性が維持されながら，捜査段階における裁判所を介した被疑者側による証拠収集も可能とされた。従来の提案との関係では，検察官と被告人の両当事者による証拠収集(二極的な証拠収集)が提案されたことが特徴的である。改正要綱試案で提案された現行刑訴法299条類似の規定は，この証拠収集制度を前提としたものと評価できる。
　これまでの議論との関係では，強制捜査権限と同時に委譲が予定されていた予審段階の被疑者・被告人の権利や手続保障が，予審廃止とは関連付けずに議論されていることが特徴的である。このように，改正要綱試案は，記録閲覧権との関係では，転換点であったとも評価できよう。
　この改正要綱試案が提出された第3小委員会では，さまざまな議論の結果，弁護人の人数制限の削除，司法警察官にも一定の強制捜査権限を認めること，

証拠書類は原則としてこれを申し出た当事者が朗読するものとするなどの修正がなされた。他方で，第3小委員会においても，記録閲覧規定の変化について議論はなかったようである。

この第3小委員会の修正により作成されたのが，「刑事訴訟法改正要綱案」(1946 (昭和21) 年8月8日) であった。この改正要綱案をもとにしたものが，第2回司法法制審議会総会の臨時法制調査会第3部会に付議された[35]。ここでも，記録閲覧に関する議論は見当たらない。この議論の結果，第3臨時法制調査会総会で同年10月23日に可決された刑事訴訟法改正要綱の記録閲覧規定も，改正要綱試案からまったく変化はなかった。[36]

Ⅳ 一極的な証拠収集手続の採用と記録閲覧制度

刑事訴訟法改正要綱に沿って，1946 (昭和21) 年8月に改正刑事訴訟法第1次案が作成された。第1次案は改正要綱をほぼ全面的に引き継ぐものであった。記録閲覧規定については，「公判手続」に関する第17条が挙げられる。[37]

> 検事，被告人及び弁護人が公判期日において証拠物又は証拠書類の取調をするには，あらかじめ，相手方にその証拠物又は証拠書類を閲覧又は謄写する機会を与へなければならない。但し，相手方に著しいときは，この限りでない。

他方で，第1次案16章では，証拠保全が提案されている。[38]

> 第1条　裁判所は，あらかじめ証拠調をして置かなければ，公判期日にその証拠を使用するのに困難な事情があるものと認めるときは，被告人，被疑者又は弁護人の申立により，押収，捜索若しくは検証を行ひ又は証人若しくは鑑定人の訊問をすることができる。

この提案は，改正要綱試案で提案された請求権ではなく，証拠保全を裁判所の権限として構成するものであった。これに対し，1946 (昭和21) 年9月2日の「証拠保全手続に関する修正案」は，以下のように証拠保全請求権を認めようとするものであった。[39]

> 第1条　被告人，被疑者又は弁護人は，あらかじめ証拠を保全して置かなければ，公判期日にその証拠を使用することが困難な事情があるときは，裁判所に対して，押収，捜索，検証，証人の訊問，又は鑑定の処分を請求す

ることができる。
　公訴提起後は検事も亦前項の請求をすることができる。
　前二項の請求を受けた裁判所はその処分に関しては受訴裁判所と同一の権限を有する。
　……
第4条　証拠保全の請求を理由がないものと認めるときは，決定でこれを却下しなければならない。
第5条　検事，被告人，被疑者及び弁護人は，証拠保全に関する記録を閲覧又は謄写することができる。

　このように被疑者・被告人側の証拠保全請求権には，「あらかじめ証拠を保全して置かなければ，公判期日にその証拠を使用することが困難な事情があるとき」という現行刑訴法179条と同様の要件が付された。また，証拠保全請求に関する記録の検察官や被疑者・被告人側の閲覧・謄写が認められた。この提案は，請求権の主体に被疑者・被告人を含めている点，証拠保全に関する弁護人の記録閲覧に裁判官の許可を認めていない点で，現行刑訴法と比べ証拠保全請求権をより広く認めていた。捜査段階における被疑者側による証拠収集，さらには記録閲覧を実質的に担いうる規定であったといえる。[40]
　これに対し，捜査機関による証拠収集の規定は，「第2編　第一審」の「第1章　捜査」で提案されている。[41]

第11条　検事及び司法警察官は，捜査をするについて強制の処分を必要とするときは，左の処分をすることができる。
　一，被疑者を召喚し，勾引し，勾留し又は訊問すること。
　二，公訴の提起前に限り，証人を尋問し，押収，捜索若しくは検証をし，又は鑑定，通訳若しくは翻訳を命ずること。
　検事及び司法警察官は，前項の規定により，勾引，勾留，差押，捜索若しくは検証をし又は鑑定を命ずるには，あらかじめ，その検事若しくは司法警察官の職務執行地又はその所属する官署を管轄する地方裁判所又は簡易裁判所の判事の承認を受けなければならない。但し，急速を要しその承認を受けることができないときは，この限りでない。
　前項但書の場合には，その処分をした後，速やかに，前項の承認を受けなければならない。承認が得られなかつたときは，検事及び司法警察官は，被疑者を釈放し，又は差押へた物を還付しなければならない。

第6章　昭和刑事訴訟法制定過程における証拠開示問題とその構造　175

このように第1次案は，捜査機関に対し強制捜査権限を付与し，その権限濫用防止策として判事による事前承認制を採用した。同制度は裁判官の令状という限定を付することなく捜査機関に強制捜査権限を付与し，令状以外の方法で権限濫用に対応したいと考えていた司法省側が，それでは不十分で令状主義を採用すべきとするGHQ側の要請を踏まえて採用したものとされている。[42] もっとも，現行刑訴法が採用している令状主義に比べ，「急速を要し，判事の承認を得ることができないときは，事後，直ちに，その承認を受ける」というかなり広い例外を認めていた。その意味では，予審の強制捜査権限を捜査機関へ委譲するという従来の方針は変更されていなかった。[43]

以上のように，第1次案は，改正要綱試案の基本方針を踏まえながら，捜査機関の権限濫用防止策として判事の事前承認制を設け，他方で被疑者側の証拠保全請求権についても一定の限定を行ったものといえる。この点，重要と思われるのが，後者の提案である。少なくとも，改正要綱試案は，証拠保全請求権については広範囲のものを予定しており，二極的な証拠収集を予定しているとの評価も可能な提案であった。これに対し，第1次案では，証拠保全請求権が限定され，捜査機関への強制捜査権限の委譲は，一定の限定はあるものの維持されたままであった。その意味では，捜査機関による一極的な証拠収集が維持されたとの評価も可能である。

他方で，1946(昭和21)年1月26日刑事訴訟法中改正要綱案とは異なり，第1次案では，捜査機関による一極的な証拠収集を前提としながら，被疑者側による捜査機関への証拠収集の請求や捜査段階における記録閲覧権は提案されていない。このように，この時期においては，予審廃止に伴う被疑者・被告人の防御権や手続保障の移譲は検討されていなかったことがわかる。その結果，捜査機関による一極的な証拠収集手続を採用しながら，公判段階における請求証拠のみを開示する制度を採用するという，これまでの議論からすればアンバランスな提案が示されたといえる。

もっとも，このような提案にはまったく理由がないともいえない。第1次案の第3章(第4章)第2節第23条は，「証拠は，別段の定めある場合を除く外，公判期日において直接に取調べたものに限る」として直接主義の採用を明示している。さらに，同第25条は「証人その他の者の供述は，その供述に際して，被告人に，訊問の機会を与えた場合でなければ，これを証拠とすることができ

ない。但し、その機会を与へることができず又は著しく困難であつた場合はこの限りでない」とし、さらに、「証人その他の者の供述を録取した書類で、公訴提起前に作成されたもの以外のものは、(公)第24条第1号の規定に拘らずその供述に際して、被告人に訊問の機会が与えられた場合でなければこれを証拠とすることができない。但し、その機会を与へることができず、又は著しく困難であった場合はこの限りでない」として、証人訊問を経ない供述や証拠書類の証拠能力を制限している。このように現行刑訴法321条1項類似のルールが採用されたことにより、一件記録に従来含まれていた書面などが公判廷に持ち込まれる可能性は限定されることになった。その意味では、閲覧対象を一件記録とする必然性はなくなったとの説明も可能であろう。事実、後述の国会審議ではそのような説明がなされている。

　その後、いくつかの修正を経て、1976（昭和21）年10月から12月にかけて改正刑事訴訟法第3次案が作成された。第3次案の特徴は、司法警察官を第一次捜査機関とし（237条）、逮捕や仮勾留について裁判官が発付した逮捕状・仮勾留状（246条以下）が、捜索・差押えなどについて裁判官が発した許可状が必要であるという、令状主義に近い規定を置いたことである。これまでの提案と比べ、捜査機関側の強制捜査権限はより限定された。

　1947（昭和22）年3月ごろには、第6次案が作成された。この第6次案は、被疑者に弁護人選任権を認め、国選弁護人制度を設け、被告人に黙秘権を保障し、予審を廃止し、交互訊問制を採用し、直接主義による証拠能力の制限を強化し、さらに令状主義を採用するなど、現行刑訴法にかなり近いかたちを示すものであった。

　第6次案第1編第4章「弁護及び補佐」の51条においては、「弁護人は、公訴提起後は、裁判所において、訴訟に関する書類及び証拠物を閲覧し、且つ謄写することができる。但し、証拠物を謄写するについては、裁判長の許可を受けなければならない。」として、現行刑訴法40条と同様の規定が設けられた。さらに、第2編第3章「公判」第2節「公判」376条1項は、「検察官、被告人又は弁護人が請求した証拠物の取調をするについては、裁判長は、請求をした者にその証拠物を示させなければならない。但し、裁判長は、自らこれを示し、又は裁判所書記に示させることができる。」とした。これは、第1次案「公判手続」第17条と類似の規定であるが、閲覧・謄写という文言が削除されていた。弁護

人の閲覧・謄写権は，再び弁護権として規定されたと考えられる。

第6次案においても，起訴状一本主義は提案されていない[49]。それゆえ，この時点では，検察官が起訴状に添付した請求証拠が，公訴提起後に裁判所で閲覧・謄写できることが予定されていたといえる。

1947（昭和22）年3月31日，憲法実施に伴う応急的な措置として，いわゆる刑訴応急措置法が成立した。同法は，第6次案に沿って作成されたが[50]，ここでも記録閲覧に関する規定はない。また，第7次から第9次案においても，実質的な規定の変化はなかった。

この時期の特徴は，閲覧対象を当事者の請求証拠に限定する案が確定したことである。その背景としては，いくつかの要因を指摘することができる。第1に，証拠収集手続の変容である。一件記録の閲覧や捜査段階での記録閲覧が提案されていた段階では，予審の強制捜査権限を捜査機関にそのまま委譲する提案がなされていた（捜査機関による一極的な証拠収集）。そして，予審と密接に関連していた諸制度，一件記録の閲覧，捜査段階における記録閲覧や証拠申請，証拠収集への立会いが提案された。これに対し，この時期には，証拠保全請求権が提案されるなど捜査段階での被疑者側による独自の証拠収集が提案された。これにより，従来の制度が前提としてきた特定の機関による一極的な証拠収集を前提に，その過程を事後的に記録によって検証する必要性が低くなり，記録閲覧制度も不意打ち防止のために反対当事者の請求する証拠に限定すればよいとの論理が登場したと考えられる。

第2に，令状主義の採用である。これにより，捜査機関への強制捜査権限の直接的な委譲が行われたという説明は困難となった[51]。このことも，予審と密接に関連していた権利や手続的保障も併せて委譲する提案が後退したことと関連しているといえる。

第3に，証拠書類の証拠能力を制限する規定の登場である。この規定により，一件記録を裁判所に事前に送致する従来の制度を採用することは困難となったといえる。

もっとも，これらの提案は，「立法は妥協の産物ということもあるので，権限移譲論から説明できる規定も多い」[52]。この点をさらに明らかにするため，以下では国会の審議過程を検討する。その作業に入る前に，従来，証拠開示問題と密接に関連するとされてきた起訴状一本主義との関係を確認する。

V　起訴状一本主義の採用に関する経緯

　起訴状一本主義については大きな変化があった。[53] 第9次案を詳細に検討したGHQは，1947（昭和22）年3月から開始された「刑訴改正協議会」において，以下のような勧告をした。[54]

　　3．起訴
　　1　公訴は検察官が書面により之を行い，それには左の事項を記載せねばならない。
　　　（1）被告人の氏名及び之を特定する事項。
　　　（2）被告人が違反したと主張せられる法令の条文を列挙する形式による被告人に対する公訴事実。
　　　（3）訴追される犯罪を構成する事実の簡単明瞭な叙述。之には犯罪が何時，何処で如何にして行われたかについての叙述を包含する。
　　2　警察官，検察官の訊問調書，又如何なる種類の証拠も起訴状の中に引用し，又之に添附してはならない。

　GHQは，独立の判断者である裁判官が法廷に提出されていない証拠で心証形成することは問題であるとし，事前に調書を読んで裁判に臨むことは「全く書面主義で中世の糺問主義と変わりはない」などと批判した。日本政府側は，裁判官への影響は少ないこと，起訴状だけでは審理ができないなどと反対した。その後も日本政府側の反対は根強かったが，協議会終了後の「刑訴法小委員会」において，日本政府側も「公訴を提起するについては，裁判所に予断を生ぜしめる虞のある証拠書類，証拠物その他のものを書面に附加し又はこれ等のものの内容を説明してはならない」として，起訴状一本主義の採用を決定した。[55] 現行法256条とほぼ同様の内容の条文が作成されたのは，新刑訴法案の国会上程の数日前であった。

　この規定は，国会での審議においても批判された。羽山忠弘によれば，「新法の様に事実上クロース・エグザミネイションを採用した制度の下では，法廷における証拠提出のやり方如何が訴訟の成否に大きな影響を及ぼす。証拠によつては突如として提出した方が効果的なものもある。又，重要な証人の氏名，住所を事前に通告すれば，被告人等が証人訊問前にこれに対して策謀を試みる虞もある。だから，第299条1項は不都合な規定である」[56] との批判がなされ

という。さらに,「旧刑事訴訟法の下においては,弁護人は,捜査記録その他の証拠の全部を公判前に閲覧することができた。然るに,改正案によれば,検察官が証拠として取調を請求する意思を有するものについてしか閲覧等の機会が与へられない。これでは,洵に困るから,いわば検察官の掌の中全部を知り得る様にして貰いたい」との批判もあったという。このように記録閲覧との関係では,大正刑訴法のような一件記録の閲覧ができないことへの不安が示され,他方で交互尋問との関係で事前開示への懸念が示されていた。このような意見があったものの,起訴状一本主義に関する規定は可決された。

VI 国会審議における議論——証拠開示問題の歴史的構造

1948 (昭和23) 年6月4日の第2回国会衆議院司法委員会において,猪俣委員から,当事者主義を徹底するためには,弁護人が十分に活動するという前提があるとして,次のような質問がなされた。

> 弁護士の権利の問題であります。これも相当拡張されておるのでありますが,なおこの草案を見まして二,三疑問に思うところがあるのでありまして,要は弁護士の権利の拡張,すなわち当事者訴訟主義を実行せんことといたした権利の拡張として最も問題になるのは,被疑事件についての弁護士の立場であります。この被疑事件についても十分弁護士の活動を認めないならば,検事と対等な意味において攻撃防禦ができない。この弁護士の権利といたしましては押収,捜索,検証,証人尋問等における立会権,第一は立会権でありましようが,この立会権は被疑事件について十分認めていかぬと,そこに十分なる防禦の態勢がとれないと思うのであります。ところが本草案を見ますと,どうも被疑事件におきまして検事が盛んに活動している際に,弁護士の立会権を認めておらない。

これに加えて,猪俣委員は,198条4項は被疑者に供述録取書を閲覧させるとなっているが,弁護人についてはどうかとの質問を行った。このように,猪俣委員の質問は,当事者訴訟主義の貫徹という観点から,捜査段階における弁護人の立会い権・閲覧権が重要であることを前提とする質問であった。これに対し,野木政府委員は次のように答弁している。

> 弁護人の権利義務の関係でございますけれども,この案におきましては現

行刑事訴訟法よりも被告人の当事者的地位を高め，従つて弁護人の被告人を保護する活動も一層期待されておるわけでありますけれども，それは主として憲法との関係を見ましても，公判の起訴後の段階におきまして非常に強まつたのでありまして，起訴前の段階におきましては，必ずしもそれが十分徹底したるというところまではいつておりません。それは一つは日本の検察官の制度がアメリカ等と違いまして，純然たる攻撃機関までに徹するところまでいつておりませんので，検察官はもちろん攻撃者の面をもつところに，なお多分に公益の代表者という考えもあるのでありまして，この考えはこの草案及び検察廳法案を通じて残つておりますので，その点が一つと，それからこの案におきましては，現行刑事訴訟法と違いまして証拠力の点におきまして今と非常に違つた考え方をしておる。たとえば検察官がとつた聴取書とか，そういうものにつきましてはあとで公判の証拠のところでそういうことになるかと思いますが，著しく制限されてきまして，たとえば検証，押収というようなものにつきましても，すぐそれだけで証拠としてとれないのでありまして，それをつくつた人を公判廷に呼び出して，弁護人側なり被告人側から反対尋問をしまして，十分とつたときの状況とか何かを確かめまして，初めてそれを証拠にとれる。そういうような関係になつている点も御留意願いたいと思います。今の点が結局被疑事件の立会権の問題に関連しますけれども，その検証とか押収，捜査のような場合は，そういうような観点から，この案では弁護人の権利としての立会権は認めておりません。

　この野木政府委員の答弁は，昭和刑訴法全体の構造に関わるものともいえる。これによれば，被告人の当事者としての地位向上や弁護人の活動の保障は公訴提起後に限られ，起訴前段階においては十分徹底されていない。その根拠としては，第1に，アメリカなどとは異なり，昭和刑訴法では検察官の公益の代表者性が前提とされていること，第2に，検察官の聴取書などに関する証拠能力は大幅に制限されていることが挙げられている。以上を根拠として，捜査段階における被疑者の主体的地位の保障，さらには弁護人の積極的関与は消極的に解されていることがわかる。もっとも，その具体的論理は明らかにされていない。この点について，野木政府委員は，さらに説明をしている。[60]

　　まず第一の考えといたしましては，本案におきましては当事者主義的色彩を非常に強化してまいりましたけれども，それは日本の現在の段階では，大体公判以後において非常に強化し，公判以前におきましてはそこまで徹底できなかつた。その理由といたしましては，一つは先ほど申し上げましたよう

に，起訴，不起訴という検察官の性格が，欧米のように純粋なる攻撃者という性格のみでなくて，日本の検察廳法及びこの訴訟法の考え方におきましては，攻撃者であると同時に，被疑者側の利益をもなお考えてやる。そういう気持が多分に残つておりまして，これが英米の訴訟法の検察官の性格と，この検察廳法と本案に考えておる性質と違う点であります。それが一点。

それから次の点といたしましては，捜査の段階におきましては，やはり捜査の活動を場合によつては迅速にやる必要があるが，弁護人に一々立会権を認めておきましては，迅速性に合わない場合が非常に多いのじやないかという点も考えられます。

次にかりに立会権を認めなくても，そうしてつくられたいわゆる調書につきましては，先ほども申し上げましたように公判の証拠能力という点におきまして，厳重な制限を設けております。調書がそのままで証拠にとられるということでなくて，たとえば検証調書の例を申し上げますれば，検証調書をつくつた警察官なりが公判廷に喚び出されて，弁護人側からそのつくつた状況とか，その他についての完膚なきまでの反対尋問にさらされる，そういう立て方になつておりますので，今までとまつたく違いまして，あまりあとで問題になるような調書はつくれない。そういう立て方にしておる点も一つの理由であります。結局この案の考え方といたしましては，捜査の段階におきまして，今申し上げましたように，弁護人にまつたく捜査官と対等の力を認める。それからいま一点は，今言つたように弁護人側としては，要するに被告人というものは自分のやつたことは全部知つておる。この案におきましては，被告人は自己に有利な証拠を身近にもつておる。検察官は何もわからない。暗中模索しておる。これからいろいろと調べていく。被告人は自分がやつたことであるから全部自分が知つておる。弁護人を頼めばその弁護人に，この証人が一番よく知つておる，これはこういうことだということを全部教えるという点におきまして，被疑者に弁護人がついたということは，公判の場所でいろいろ主張するという点において非常に，今までと違つて，被告人の保護があつくなつたことと思います。そういう事情ともにらみ合わせまして，捜査の段階におきまして弁護人に同じような立会権を認めて，立会のときにいろいろ反対尋問とか，何かの機会を與えるということになりますと，かえつて力の権衡が失われて，公共の福祉，被告人の保護という調和が失われてくる心配があるのじやないか。そういうような点を考えまして，この案におきましては，捜査の段階におきましては弁護人の権利として当然証人尋問，検証，押收，捜査等に立会うというところまでは認めておりません。もつとも検察官側が相当と認める場合には，弁護人側に見てもらうということは忌避しているわけではありません。

このように公判前段階に関する被疑者の主体性の保障や弁護人の積極的関与を消極的に解する根拠としての検察官の公益代表者性については，検察官が被疑者側の利益をも考慮するということが示されている。これは，検察官が，捜査手続の主体として，被疑者側の利益にも配慮しながら被疑者に有利な証拠も収集するので，とくに弁護人の関与も必要ないということであろう。第2の根拠である証拠書類の証拠能力の制限の具体的内容については，捜査段階で立ち会わなくとも，その過程や結果を示す書面に無条件で証拠能力が付与されるわけではないこと，さらに公判段階で反対尋問によりチェックできることが挙げられている。さらに，第3の根拠として，被疑者側に対する権利保護の強化が，被疑者側と検察官との力の不均衡につながることが挙げられている。

　これらの議論からわかることは，立法者は，予審からの権限移譲論を踏まえて，公益の代表者である検察官も含む捜査機関による一極的な証拠収集を予定していたことである。このような考えは，昭和刑訴法制定過程の当初のものに近い。さらに，聴取書も含む公判前の証拠収集手続の過程や結果たる記録が，原則として公判廷に持ち込まれないことも根拠とされている。このように，検察官の地位や記録の証拠能力の制限を根拠に，捜査段階における被疑者・弁護人の権利保障は消極的に解されていた。

　さらに重要と思われるのが，証拠開示の対象に関する議論である。1948（昭和23）年6月19日の第2回国会衆議院司法委員会において，明禮委員は，起訴状一本主義によって，「檢察廳側では，証拠物の点については，十分に取調べができておるはずでありますけれども，弁護士の方の立場といたしますと，被告人に聽けるでもありましようけれども，どんな取調べがあつてどういうふうになつておるという内容に至つては，わからないのが常であります。……ただ起訴状だけでは十分にわからない。大岩の筋だけでありますから，私どもは証拠物を附せないということは，取調べの公平の原則を第一破つておるのでないか」と質問した。[61]

　これに対し，木内政府委員は，被告人側が捜査記録を閲覧できないのは，「公判廷へ証拠を出すには，非常な制限がありまして，檢察官の聽取書は，從來のごとく全部法廷へ提出することはできないのであります。從つて検事の手もとに，どういう聽取書なり，あるいは証拠物があるかということを，全部被告人側が知る必要もないわけであります」として，ここでも証拠書類の証拠能力の

制限が根拠として挙げられている。次に，公平性の原則違反との指摘については，以下のような答弁がなされている。[62]

  当事者訴訟主義は，原則として公判以後の問題であります。捜査につきましては，検事の方はさような事件については，何ら白紙で知られないわけであります。それを言葉は悪いかもしれないが，暗中模索をやつて，検事はいろいろ資料を集めるわけであります。ところが弁護人の方，被告人の方は，その被疑事実については，自方が一番よく知つておることでありまして，この問題については，だれに聴いてもらえばどういうことがわかるというようなこと，またどういう書面を見てもらえば，こういう点が明らかになるというようなことは，一番被告人が知つておることでありまして，弁護人の方は，被告人によつて十分の調査ができるわけであります。なお捜査はやはり原則として密行すべきものであります。これは要するに公共の福祉，被告人保護主義とこの問題をいかように調和していくかということの問題にかかつておるわけであります。

 このように一件記録の開示を規定していない理由として，捜査段階での主体性保障などを消極的に解する根拠とほぼ同様のものが挙げられている。具体的には，捜査には当事者訴訟主義の適用はないこと，被疑事実については被告人が一番よく知っていることや捜査密行主義が挙げられている。

 以上のように，証拠開示の対象が「限定されること」に対する批判は根強かった。1948 (昭和23) 年 6 月22日の第 2 回国会衆議院司法委員会において，石井委員は，両当事者の力の不均衡などを理由に，299条は従来一件記録として添付されていた記録を弁護側に閲覧させるとか，その取調べの機会を与えることを予定しているのかという質問を行っている。[63] これに対し，野木政府委員は，299条は検察官が「証拠として出したい，すなわち事実認定の資料に供したいというそういう書類については，必ず弁護側に閲覧する機会を与えなければならない，そういう趣旨」であり，「不意討主義を封ずる，そういう考え方から出発して」いると答弁した。[64]

 これに対し，石井委員は，従来の運用に倣い，検察庁で公判前に一件記録を閲覧する手続ができるかと質問した。これに対し，野木政府委員は，「この案の考え方並びに現在の実務の実情から申しまして，大体お説の通りに運用していつたらどうかと思つております。……今のところは今まで裁判所で証拠を閲覧したように，検察廳でその証拠を閲覧する。そういうことにして，さしあた

つてこの規定を運用していつたらどうか」[65]と答弁した。

　石井委員は，さらに「檢察廳側は非常な有利な地位に立つのでありますが，この法案は公益の代表者，單なる彈劾權を行使するというのではなくて，公益の代表者として，檢察側が活動するという趣旨が，本刑事訴訟法においても，各所に現われておる関係から見ますれば，十分に檢察官側において集めたる証拠物，少くとも公判においてこれを使いたいというような関係のものは，弁護人側に取調べの便宜を与えるということを考慮してもらわなければならないと思うのでありますが，さような点も考慮に入れて，本條すなわち299条は制定されておる。かように伺つておいて差支えありませんですか」[66]と質問した。これに対し，野木政府委員は以下のように答弁している。[67]

　　結論的にまず申し上げますと，299條は御趣旨のような趣旨をもつておると解して差支えないと思います。と申しますのは，御指摘のように檢察廳法及びこの刑事訴訟法におきましては，檢察官というものは，なお公益者であるとともに，多分に公益の代表者であるという性格を維持しておるという点が一つ。それから訴訟全体が円滑に，迅速に進行していかなければならないということは，檢察官もこれを負担しなければならないことになりますので，あらかじめ聽取書，証拠書類，または証拠物を弁護人側に見せておけば，あるいは弁護人側も，そして今後はこの刑事訴訟法になりますと，取調べが非常に丁重になつて，今までのような無理が行われない結果，その聽取書は，その限度においては異議がないという場合が多かろうと思いますので，法廷でいきなりこれを出し，どうと突きつけられますと，弁護人側もそれはちよつと待つてくれ，読んでみなければということで，期日も非常に遅れる結果になりますので，どうしても檢察官側としても，訴訟の全体の運行を円滑，敏速ならしむるためには，あらかじめでき得る限り手のうちを弁護人側の方にも示しておく。そういう運用になり，またそういうように運用していきたいものと思つております。

　これと同趣旨の答弁は，木内政府委員によっても行われている。[68] このように，立法者は，公益の代表者たる検察官による一極的かつ公正な証拠収集を前提としつつ，その証拠収集手続の過程や結果を記載した書面や記録の証拠能力は原則として否定されることを根拠に，起訴前の手続への被疑者側の関与を消極的に捉え，また公判段階での証拠開示の範囲を検察官請求証拠に限定したといえる。それゆえ，検察官請求証拠は被告人に有利・不利を問わない証拠にな

るとされ，また被告人側が関与できない手続の経過や結果も書面として提出されないということによって，公判手続における公正性を保障しようとしたといえる。

また，条文の解釈としてはともかく，299条に基づく運用として，公判前の一件記録の閲覧がなされるべきことが想定されていたことも重要である。その根拠としては，検察官の公益の代表者性や訴訟の円滑な運行，昭和刑訴法案の考え方や従来の実務が挙げられている。

以上のように，立法者としては，本章Ⅱで検討した捜査機関による一極的な証拠収集を基本的な前提として，公判審理での当事者対等主義を保障するために，299条を一定の根拠として一件記録の事前開示も予定されていたといえる。

Ⅶ 小 括

本章においては，昭和刑訴法制定過程における証拠開示規定の変遷について，証拠収集に関する規定などの変遷とも併せて確認・検討した。その結果を踏まえ，制定過程を3つの時期に分け総括する。

第1期は，とくに第4章で検討した戦前の予審廃止論が刑訴法改正作業に強い影響を有していた時期である（本章Ⅱ）。1945（昭和20）年11月16日の司法制度改正審議会設置から1946（昭和21）年1月26日の刑事訴訟法中改正要綱案までの過程がこれに当たる。

同時期の提案は，公判前段階での一件記録の閲覧権の保障と捜査段階における記録閲覧を内容とした。この提案は，予審廃止を前提として，その強制捜査権限は捜査機関（とくに検察官）に制限を付すことなく委譲することが前提とされていることが特徴的である。

他方で，これまで一方当事者にすぎないことを理由に強制捜査権限の付与が否定されてきた検察官が証拠収集の主体となることにより，人権蹂躙や不公正な証拠収集が行われる危険が想定されるため，その防止のためさまざまな提案がなされている。その1つが捜査段階における記録閲覧であった。また，被疑者側による捜査機関への証拠収集を請求することができ，また自身の証拠や意見を捜査や公訴提起に反映できることが認められた。これらの提案の多くについては，大正刑訴法の予審に関する規定が参照されている。このことから，こ

の時期の提案は，予審廃止を行うことを前提に，予審の強制捜査権限だけでなく，公正な証拠収集を行うための予審の責務や被疑者・被告人側の権利も同じく捜査段階に委譲しようとしたものであったと評価できる。この時期の提案は，捜査機関による一極的な証拠収集を構想しながら，公正な手続を保障しようとしたもので，そのために公判段階での一件記録の記録閲覧や捜査段階における記録閲覧が提案されたといえる。

　第2期は，開示範囲が検察官の請求証拠に限定された時期である（本章Ⅲ）。1946（昭和21）年4月の刑事訴訟法改正方針試案から1946年10月23日に第3臨時法制調査会総会で可決された刑事訴訟法改正要綱までの時期がこれに当たる。

　その第1の特徴は，刑訴法と憲法との整合性が求められ，憲法草案で要求されていた被疑者の弁護人依頼権の保障と官選弁護制度の拡充などに改正作業の重点が移動したことである。その結果，議論の焦点は，憲法草案の要請としての弁護権の拡大・強化へとシフトし，被疑者・被告人の権利保障と上記の予審廃止との関連が弱くなったと考えられる。

　次に，第2の特徴として証拠収集手続に関する提案の変化が挙げられる。具体的には，従来の予審廃止に伴い強制捜査権限を検察官に対し直接的に委譲するという従来の方向性を維持しながら，証拠保全請求権の採用などによって，捜査段階における被疑者側による証拠収集も予定された。従来の提案との関係では，検察官と被告人側の両当事者による証拠収集（二極的な証拠収集）が一定の範囲で提案されたことが重要である。

　刑事訴訟法改正要綱試案で提案された，現行刑訴法299条類似の「提出すべき証拠」の開示規定は，上記の証拠収集手続を前提に提案されたことを考慮すべきである。

　第3期は，以上の過程を踏まえて，証拠収集手続については，証拠保全請求権も認めながら，捜査機関による一極的な証拠収集手続を前提として，開示対象を検察官請求証拠へと限定する提案がなされた時期である（本章ⅣおよびⅥ）。この考え方が，昭和刑訴法のベースになったといえる。

　これまでの検討を踏まえると，このような考えは，1つの機関による公正な一極的な証拠収集手続を前提として，その過程や結果を事後に利用可能とするための記録閲覧権を認めるという従来の考え方と矛盾するようにも思える。捜査機関による一極的な証拠収集を認めつつ，開示対象を請求証拠に限定するこ

とになると，被疑者・被告人側にとって，その証拠収集の過程や結果を利用することや手続への関与が困難となるからである。もっとも，国会審議における政府委員の答弁などを手掛かりとして，以下のような理解も可能であろう。

　答弁などでは，捜査段階においては当事者訴訟主義が採用されていないこと，捜査密行主義が妥当すること，検察官には公益の代表者としての地位が妥当すること，被疑事実に関しては被疑者側の方がむしろ知っているという検察官との情報の不均衡が存在すること，捜査機関が作成・収集した記録は原則として証拠能力を有しないことが，証拠収集手続への被疑者側の関与を消極的に理解すること，さらに開示対象を請求証拠に限定することの根拠として挙げられている。従来の手続とは異なり，公益の代表者である検察官が一極的に公正に証拠を収集すること，また，その証拠収集の過程や結果に被疑者側が関与できずとも，令状主義が妥当し，証拠収集手続に関する記録は原則として証拠能力を有しないこと，被告人側にも証拠保全請求権が認められていることから，当事者訴訟主義を採用する公判手続が公正なものになることが前提とされているのである。このような制度像においては，捜査機関による証拠収集手続は，令状主義によって規制され，またその結果収集された証拠は公益の代表者である検察官によって被告人に有利・不利を問わず証拠調べ請求されることになる。また，被疑者側が関与できない証拠収集手続についても，その経過や結果を示す記録は原則として証拠能力が否定されることになり，証拠収集手続が有する公判審理への影響力も限定されることになる。さらに，証拠保全請求権も利用できる。その結果，不意打ち防止という観点から，証拠調べ請求を行う証拠を事前に開示すれば足りるという論理が採用されたと考えられる。

　これらの根拠のうち，従来の直接的な予審の権限委譲論と比較すると，伝聞法則を根拠としていることが特徴的である。この点，「伝聞証拠排除法則のもとでは，『捜査で集められた証拠は，選択を経たその一部分しか提出されなくなる』にとどまらず，捜査で集められた証拠を公判に提出することそれ自体が許されないのであって，これを裁判所の事実認定に供するためには，同一の『証拠方法』に由来する同一の立証事項に関する『証拠資料』であっても，公判廷における『公開の対審』保障のもとで改めて採取しなおすことが要請されることになる」とし，「起訴状一本主義は，それ自体，かならずしもこのことを制度的に裏付けるものではない」[69]とする見解がある。この見解が示すように，

捜査で収集された証拠の一部選択の要請，これに加えて「『検察官の嫌疑』の形成に供される資料と『裁判所の心証』に供される証拠の採取手続を峻別すること[70]」が，一件記録を裁判所に送付することを禁止し，その結果，従来の一件記録の閲覧の廃止につながったと考えられる。

以上の検討を踏まえると，請求証拠のみを開示すべきであるという論理は，検察官が公益の代表者として被告人に有利・不利を問わず証拠を収集し提出すること，他方で伝聞法則を根拠に，収集した証拠を選別し，「検察官の嫌疑」の形成に供される資料と「裁判所の心証」に供される証拠の採取手続を峻別すべきこと（捜査手続と公判手続との断絶すべきこと）を根拠としていると理解できる[71]。一方で，起訴状一本主義の採用は，その根拠とはされていないことがわかる。

他方で，政府委員は，299条の解釈などについて，従来の一件記録閲覧に近い運用を昭和刑訴法においても行うことを約束している。その根拠としては，検察官の公益の代表者性や訴訟の円滑な運行，昭和刑訴法案の考え方や従来の実務が挙げられている。この政府委員の答弁は，上記のような伝聞法則の採用という根拠論を踏まえても，従来の直接的な予審の権限委譲論に近いとも評価可能な証拠収集手続，すなわち公益の代表者である検察官（捜査機関）による一極的な証拠収集手続を前提とする以上，やはり一件記録閲覧がなされるべきとの認識を示したものと評価できるのかもしれない。

以上のことは，日本における証拠開示制度のあり方が証拠収集手続の構造，さらには捜査手続と公判手続の関係性と密接に関連していることを示すものである。他方で，起訴状一本主義との関係は，政府委員の答弁との関係でも，それほど触れられていない。先に検討した歴史的経緯からしても証拠開示制度を支える根拠の1つにとどまると考えられる。

1) この「司法制度改正審議会」については，内藤頼博『終戦後の司法制度改革の経過（第2分冊）――一事務当局者の立場から』司法研究報告書8輯10号（1959）2頁以下が詳しい。
2) 第1諮問事項関係委員会では，4回の審議の末，裁判所と検事局を分離すること，参審制の採用についてはさらなる研究を進めることなどが決議された（内藤頼博『終戦後の司法制度改革の経過（第3分冊）――一事務当局者の立場から』司法研究報告書8輯10号（1959）505頁以下）。また，第1諮問事項関係小委員会における審議については，内藤・前掲注1）10頁以下。
3) 刑事訴訟法制定過程研究会「刑事訴訟法の制定過程（3）戦前から戦後へ――その連続性と非連続性―承前」〔松尾浩也〕法学協会雑誌91巻10号（1974）1519頁。

4） 前掲注3）1519頁以下。
5） 前掲注3）1530頁。
6） 前掲注3）1530頁。
7） 前掲注3）1531頁。
8） 前掲注3）1532頁以下。
9） 刑事訴訟法制定過程研究会「刑事訴訟法の制定過程（4）戦前から戦後へ――その連続性と非連続性」〔松尾浩也〕法学協会雑誌91巻11号（1974）1670頁以下。
10） 刑事訴訟法制定過程研究会・前掲注3）1670頁。
11） 刑事訴訟法制定過程研究会「刑事訴訟法の制定過程（5）」〔松尾浩也〕法学協会雑誌91巻12号（1974）1739頁。また，この刑事局別室については，勝田成治＝団藤重光＝羽山忠弘＝樋口勝＝横井大三＝松尾浩也「刑事訴訟法の制定過程（座談会）」ジュリスト551号（1974）30頁以下参照。
12） 井上正仁＝渡辺咲子＝田中開編著『刑事訴訟法制定資料全集　昭和刑事訴訟法編（1）』（信山社，2001）100頁。
13） 井上＝渡辺＝田中・前掲書注12）132頁。
14） 井上＝渡辺＝田中・前掲書注12）141頁以下。
15） 井上＝渡辺＝田中・前掲書注12）164頁。
16） 井上＝渡辺＝田中・前掲書注12）174頁。
17） 1月15日には，「捜査中ニ於ケル弁護権ニ関スル規定（第二次）対案」が示されている。44条4項「檢事ハ辯護人ニ對シ公訴提起前少ナクトモ一回書類及證據物ノ閲覧ノ機會ヲ與フルコトヲ要ス辯護人二人以上アルトキハ其ノ一人ニ對シテ閲覧ノ機會ヲ與フルヲ以テ足ル」を「檢事ハ弁護人ニ対シ公訴提起前少クトモ一回書類及證據物ヲ閲覧スル機會ヲ與フルコトヲ要ス」と修正すること，というものであった（井上＝渡辺＝田中・前掲書注12）182頁以下）。
18） 刑事訴訟法制定過程研究会・前掲注11）1740頁以下。
19） 刑事訴訟法制定過程研究会・前掲注11）1746頁以下。
20） マッカーサー草案は，内藤頼博『終戦後の司法制度改革の経過（第1分冊）――一事務当局者の立場から』司法研究報告書8輯10号（1959）96頁以下に掲載されている。
21） この経過については，内藤・前掲書注20）38頁以下が詳しい。
22） 刑事訴訟法制定過程研究会「刑事訴訟法の制定過程（6）」法学協会雑誌92巻5号（1975）589頁以下〔小田中聰樹〕。
23） 刑事訴訟法制定過程研究会・前掲注22）590頁。マニスカルコ修正案の原文は，井上正仁＝渡辺咲子＝田中開編著『刑事訴訟法制定資料全集　昭和刑事訴訟法編（2）』（信山社，2007）70頁以下に掲載されている。
24） 刑事訴訟法制定過程研究会「刑事訴訟法の制定過程（7）」法学協会雑誌92巻6号（1975）726頁以下〔小田中聰樹〕。
25） 刑事訴訟法制定過程研究会・前掲注24）727頁。
26） 刑事訴訟法制定過程研究会・前掲注24）727頁。
27） 刑事訴訟法制定過程研究会「刑事訴訟法の制定過程（8）」法学協会雑誌92巻7号（1975）865頁〔小田中聰樹〕。
28） この第3部会の議論の模様については，刑事訴訟法制定過程研究会・前掲注27）865頁以下が詳しい。
29） 刑事訴訟法制定過程研究会・前掲注27）875頁以下。
30） 刑事訴訟法制定過程研究会・前掲注27）876頁以下。
31） 刑事訴訟法制定過程研究会・前掲注27）881頁。

32) 刑事訴訟法制定過程研究会・前掲注27) 877頁。
33) 刑事訴訟法制定過程研究会・前掲注27) 878頁。
34) 刑事訴訟法制定過程研究会・前掲注27) 879頁。
35) この臨時法制調査会第3部会における議論の模様は，刑事訴訟法制定過程研究会「刑事訴訟法の制定過程（9）」法学協会雑誌92巻10号（1975）1370頁以下〔小田中聰樹〕に示されている。
36) 刑事訴訟法制定過程研究会・前掲注35) 1384頁以下。
37) 刑事訴訟法制定過程研究会「刑事訴訟法の制定過程（14）」法学協会雑誌93巻5号（1976）781頁以下〔小田中聰樹〕。
38) 刑事訴訟法制定過程研究会「刑事訴訟法の制定過程（13）」法学協会雑誌93巻4号（1976）597頁〔小田中聰樹〕。
39) 刑事訴訟法制定過程研究会・前掲注38) 598頁。
40) 現行法の枠組みにおいて，証拠保全請求権に証拠開示の機能も担わせるべきと主張するものとして，斎藤司「捜査機関が収集し保管している証拠を証拠保全手続の対象とすることの可否」法律時報79巻9号（2007）98頁以下。
41) 刑事訴訟法制定過程研究会・前掲注37) 771頁。
42) この経緯については，刑事訴訟法制定過程研究会「刑事訴訟法の制定過程（12）」法学協会雑誌93巻3号（1975）404頁以下〔小田中聰樹〕が詳しい。
43) 刑事訴訟法制定過程研究会・前掲注42) 414頁。
44) 刑事訴訟法制定過程研究会・前掲注37) 782頁以下。
45) 刑事訴訟法制定過程研究会・前掲注42) 414頁。
46) 刑事訴訟法制定過程研究会「刑事訴訟法の制定過程（16）」法学協会雑誌95巻9号（1978）1559頁以下〔小田中聰樹〕。
47) 刑事訴訟法制定過程研究会「刑事訴訟法の制定過程（17）」法学協会雑誌95巻12号（1978）1908頁〔小田中聰樹〕。
48) 刑事訴訟法制定過程研究会「刑事訴訟法の制定過程（19）」法学協会雑誌96巻2号（1979）192頁〔小田中聰樹〕。
49) 三井誠『刑事手続法Ⅱ』（有斐閣，2003）139頁以下。
50) 応急措置法の立案過程については，刑事訴訟法制定過程研究会「刑事訴訟法の制定過程（20）」法学協会雑誌97巻5号（1980）694頁以下〔松尾浩也〕が詳しい。
51) この点について，田宮裕「捜査の選別機能と法的規制」同『変革のなかの刑事法』（有斐閣，2000）99頁。
52) 田宮・前掲書注51) 100頁。
53) 起訴状一本主義の制定経過について詳細に整理しているものとして，三井・前掲書注49) 139頁以下。
54) 小田中聰樹『現代刑事訴訟法論』（勁草書房，1977）116頁以下。さらに，『刑事訴訟法20年のあゆみ』法務資料416号（1971）38頁も参照。
55) 三井・前掲書注49) 140頁以下を参照した。
56) 羽山忠弘「刑訴第299条第1項とその關聯問題に就いて——特に英米法におけるdiscoveryの理論との比較」警察学論集16集（1950）25頁。
57) 羽山・前掲注56) 25頁。
58) 1948（昭和23）年6月4日第2回国会衆議院司法委員会第24号（http://kokkai.ndl.go.jp/SENTAKU/syugiin/002/1340/00206041340024a.html（2014年7月10日閲覧））。
59) 前掲注58)。
60) 前掲注58)。

61) 1948（昭和23）年6月19日第2回国会衆議院司法委員会第36号（http://kokkai.ndl.go.jp/SENTAKU/syugiin/002/1340/00206191340036a.html（2014年7月10日閲覧））。
62) 前掲注61）。
63) 1948（昭和23）年6月22日第2回国会衆議院司法委員会第38号（http://kokkai.ndl.go.jp/SENTAKU/syugiin/002/1340/00206221340038a.html（2014年7月10日閲覧））。
64) 前掲注63）。
65) 前掲注63）。
66) 前掲注63）。
67) 前掲注63）。
68) 1948（昭和23）年6月24日第2回国会衆議院司法委員会第40号（http://kokkai.ndl.go.jp/SENTAKU/syugiin/002/1340/00206241340040a.html（2014年7月10日閲覧））。
69) 松田岳士『刑事手続の基本問題』（成文堂，2010）120頁以下。
70) 松田・前掲書注69）120頁。
71) このように理解すると，「起訴状一本主義導入の結果，公判審理を主宰する裁判所が，捜査過程で集積された一件記録を引き継ぎこれを直接心証形成の素材とする途は厳格に封じられることになった」という通説の理解（酒巻匡「証拠開示制度の構造と機能」同編著『刑事証拠開示の理論と実務』（判例タイムズ社，2009）4頁）には，一定の疑問が生じることになろう。

第7章　日本における証拠開示問題の歴史的構造

I　予審による一極的な証拠収集と記録閲覧権

　本編では，治罪法から現行刑訴法制定までの時期における刑事手続の構造と記録閲覧権の意義や問題点について，概観・検討してきた。

　この作業により明らかになったこととして，第1に，治罪法から明治刑訴法において予定されていた記録閲覧権の意義を挙げられる（第2章および第3章）。この時期における記録閲覧権の意義は，戦前におけるその意義の基盤を形成したものと評価できる。治罪法においては，予審判事による被告人側に有利・不利を問わない証拠収集が予定されていた（第2章）。予審は糺問・秘密の手続であって，そこでの被告人や弁護人の関与は否定されていた。他方で，捜査機関，とくに検察官は「社会の代人」と位置付けられながらも，民事訴訟における原告と同様であって被告人に不利な証拠を収集する傾向が存在することなどを根拠に，緊急の場合以外は強制捜査権限を付与されていなかった。以上のことを前提として，予審判事は被告人側に有利・不利を問わず公正に証拠を収集することが義務付けられていた。

　ここで重要なのが，上記の予審段階の証拠収集の過程および結果は，「訴訟記録」として書面化されることが予定されていたことである。治罪法において閲覧対象とされていたのは，この訴訟記録であった。すなわち，被告人側は，訴訟記録を閲覧することによって，自身らの関与が否定されていた，証拠収集や訴追の判断がどのように行われたか，その過程・結果を事後的に確認できたのである。これにより被告人側には，自身の有罪を基礎付ける証拠の確認だけでなく，自身に有利な証拠の発見や確保も可能であったのである。その意味で，治罪法で予定されていた記録閲覧権は，被告人に有利・不利を問わない予審判事による捜査・訴追過程および結果の事後的な検証にあったといえる。

次に，明治刑訴法における記録閲覧権の意義を確認できた（第3章）。この時期の特徴は，制度のあり方自体については大きな変化はなかったものの，記録閲覧権の意義が理論的に説明されたことである。当時の多くの学説は，記録閲覧権の意義として，公判手続において当事者が「対等」となる前提として，予審を中心とする公判前の手続の進行経過，そこで確認された当該事件に関するさまざまな事実を，公判段階の記録閲覧を通して確認することを指摘していた。その意味で，明治刑訴法制定時においては，記録閲覧が有する「捜査・訴追過程の事後的検証」という意義が明示されていたといえる。さらに，その目的として，公判手続における弁護側と検察官との「対等」という意義が挙げられたことも重要である。

　他方で，当時，亀山や松室などの公訴権や捜査権限の拡大・強化を主張する見解も登場していた。この見解においては，記録閲覧が有する「捜査・訴追過程の事後的検証」という意義を制限する可能性を有しえたことを指摘できる。というのも，検察官の公訴権・捜査権限が拡大されることによって，予審による捜査・訴追過程の記録化では把握できない過程が重要な意味を有しうるからである。

　この点，磯部による「元来檢事タル者ハ有罪無罪ノ證據ハ共ニ均シク蒐集セサルヘカラサル者ナレトモ實際ニ於テハ有罪ノ證據ノミヲ擧ケントスルノ傾向アリ而シテ被告人ハ其地位檢事ニ匹敵スル事能ハサルニヨリ無罪ヲ證明スルコト更ニ難キモノアリサレハ檢事ノ提出セル證據ハ果シテ有罪ノ證據ト爲スニ足ルヘキモノナルヤ否ヲ認定スル者ヲ置カサル可カラス」[1]という指摘は重要であろう。この指摘は，明治刑訴法制定当初において，検察官は有罪立証に偏る傾向であると認識されていたことを示している。それゆえ，検察に強制捜査権限を付与することは危険であること，予審は有罪・無罪の立証という観点から公正に活動すべきことが前提とされていたといえる。このことを前提として，予審における活動の過程や結果が，公判段階における記録閲覧によって示されることは大きな意味を有することになる。

　この磯部による指摘を踏まえるならば，検察官の捜査権限拡大により，公判審理に提出される証拠も有罪証拠に偏る可能性が高くなることになる。そして，それに伴い，閲覧対象の実質的内容も有罪方向に偏った捜査・訴追過程や結果に関する記録に限定されることになろう。このことは，公平な捜査・訴追

過程や結果を事後的に検証し，それにより無罪方向の証拠の存在を確認し利用するという当時の記録閲覧の意義の大幅な限定につながることになる。以上のことから，当時の記録閲覧の意義は，検察官の捜査権限や予審のあり方と密接に関連していたことを確認できる。

以上のように，当時の学説は，証拠収集を弁護人や被告人の関与を排除した一極的な証拠収集手続である予審手続を採用することを前提としながら，公判手続における公正性や被告人側と検察官との対等性を保障することが不可欠であるとしたうえで，そのための重要な制度的担保として，すなわち被告人側が「捜査・訴追過程を事後的に知る」手段として記録閲覧権を位置付けていたことがわかる。

このように職権主義を採用した明治刑訴法における記録閲覧権は，「裁判所に存在する記録である」という根拠だけでなく，予審判事による証拠収集過程をその後の公判段階で可視化し，それを前提として公判手続における弁護側の主体的な活動を可能にするという意義が付与されていたのである。この点に，職権主義とは独立した意義を見出すことができる。このような記録閲覧制度は，糺問・秘密の予審制度および証拠収集手続の採用と密接不可分の被告人側の権利，手続的保障であったといえる。

II 一極的な証拠収集を前提とする記録閲覧権の限界

本編で確認できたことの第2は，明治刑訴法の実務において，とくに被告人に有利な証拠の確保という当時の記録閲覧権の意義の限界が示されたことである（第3章，第4章）。明治刑訴法制定初期の時点で，すでに当時の記録閲覧権の意義は制限されていた可能性があった（第3章）。

治罪法における実務状況を確認することはできなかったが，明治刑訴法初期の実務状況を確認する限り，予審の機能や役割は治罪法や明治刑訴法で予定されていたものとは異なっていたことを指摘できる。当時の弁護士層からは，予審段階において身体拘束の濫用や恐嚇詐言の行使といった人権侵害などが行われていたことに加え，予審が被告人にとって不利益な証拠の収集機関となっていることが指摘・批判された。さらに検察官による不十分な起訴について証拠を補充する機能をも担っていたことも指摘された。

当時の予審の結果は，公判審理で被告人に不利な方向で決定的な役割を果たしていたという認識のもと，その改善が弁護士層を中心に要求された。また，予審に限らず，警察や検察が作成した聴取書が一件記録に添付または独立して公判の裁判官に送付され，心証形成について事実上の影響を及ぼしていることも批判された。このように当時の記録閲覧は，弁護人の関与が排除された予審において実質的に確定された有罪証拠の収集・有罪方向での訴追過程や結果を確認するに限定されていたと評価することができる。また，一件記録にどのような書類を含めるかについて，検察官や予審判事は裁量を有していた。記録閲覧権は，糺問主義的な公判前の手続を維持しながら弾劾主義を採る公判手続を採用する条件の1つであったものの，それは公判前の手続の構造に規定されていたといえる。

　これに加え，明治30年代の特徴としては，明治刑訴法制定当初の時期と同様に，有罪方向の証拠を中心として閲覧対象とせざるをえない状況であったが，その背景に変化が生じたことが挙げられる（第3章，第4章）。具体的には，捜査機関による綿密な捜査，検察による慎重な訴追判断の強調とそれに伴う予審による事件選別機能の低下が，この時期以降について確認できる。他方で，公判における無罪率は，この時期から急激に低下している。検察を中心とする捜査活動が公判審理の結果を左右しつつあったのが，この時期の実務状況の特徴といえる。そして，その中心的役割を果たしたのが聴取書であった。

　このように，予審判事による活動のあり方により，その意義・機能が左右されていた記録閲覧は，検察による証拠収集活動によってその意義・機能が左右される状況へと変化していった。他方で，従前から前提とされていたように，捜査機関による証拠収集は有罪方向へと偏る傾向にあり，その結果，記録閲覧は捜査機関による有罪方向の捜査・訴追過程を事後的に確認するものへと変化していった。記録閲覧は，被告人側による自身に有利な証拠の確保について機能しなくなったといえる。これに加えて，明治30年代以降には，捜査機関の権限拡大が特徴として挙げられる。また，当時の実務状況からすると，記録閲覧の対象たる一件記録になにをどのように編纂するかについて検察が選別可能であったことも確認できた。

　以上のような実務状況は，大正刑訴法によっても大きく変わるものではなかった。その状況は，当時の弁護士南波杢三郎による『辯護学』の「刑事記録

なるものの殆ど全部が攻撃機關・審問機關（警察・檢事・豫審・公判）の手に依て，唯だ一方的に作成されたものであるとの点は，辯護人として重大なる關係を有つ．加之其記事は，專ら被告人の不利益の爲め有罪證據の客觀化・書面化たるの本性を有つてゐる．更に一件記錄は調製者の故意あると否とに不拘，多くは審問官の主觀的精神だけで出來上るものだとの心理學的考察が，辯護人をして調書に對する深奧的攻究を一層に鞭撻する」（傍点ママ）という記述からも窺うことができる。

　同書から推認できる当時の刑事弁護における一件記録の位置付けや性格は，「檢事（訴訟の一方的立場に在る）の起訴狀記載事實を支持するだけの範圍に於ける證據の一應の客觀化に過ぎない」（傍点ママ）というものであった。これに対し，南波によって示された刑事弁護の方法や対応は，一件記録の一方的な不利益的性格を前提として，刑事弁護活動は，その記録の誤りの指摘や，その記録から発見した不適切な捜査・訴追過程の批判を中心とすべきとするものであった。これまで刑訴法が前提としてきた，被告人側に有利な証拠の発見や確保という一件記録の閲覧の意義や機能は十分果たされていなかった。

　このように，当時の記録閲覧は，刑事弁護にとって重要な意義を有していたものの，証拠の作成・収集，さらには提出について，警察や検察の選別に依存する実務により実質的に制限されていたといえる。それは，治罪法や明治刑訴法において予定されていた捜査・訴追過程を事後的に完全に知るというものではなく，検察官が選択的に作成した記録，起訴状記載事実を支えるため選別した証拠を閲覧し，その内容を批判的に検討することによって刑事弁護の活動を開始するというものであった。

Ⅲ　両当事者による証拠収集の構想と記録閲覧権

　第3に，以上のような状況に対し，大正刑訴法立法過程やその後の改正論議では，いくつかの重要な構想が示されたことである。たとえば，明治34年案をめぐる議論では，当時の予審における証拠収集は偏ったものになっているという現状認識を前提としながら，2つの考えが示された。

　第1に，予審判事による一極的な証拠収集を維持しながら，それをさらに充実したものとするため，警察・検察の証拠収集権限の強化も主張する立場であ

る。この立場は，警察・検察による公正な証拠収集を行うべきことも，その前提としているように思われる。他方で，被告人側による証拠収集過程への関与については消極的である。この立場によれば，記録閲覧権は，警察や検察，そして予審判事による公正な証拠収集の経過や結果を記録化したものを対象とすることになる。

　第2に，予審判事による一極的な証拠収集を事実上放棄し，弁護側の観点を反映させた手続によって公正な証拠収集手続を実現しようとする立場である。この立場は，公判段階における記録閲覧権に加え，予審における被告人に有利な証拠の収集を確保するため，そして予審における人権侵害防止のため，予審段階における記録閲覧権の保障を主張する。

　いずれの立場も，有罪・無罪を問わない公正なもの証拠収集を確保することを前提とすべきこと，その確保のために記録閲覧権が不可欠であることを前提としている。

　このような議論の結果，成立した大正刑訴法44条は，弁護人が立ち会うことができる予審処分（捜索・押収，検証，鑑定など）に関する予審段階での記録閲覧権を認めた。これにより予審段階からの被告人側の関与が認められることになったが，他方で記録閲覧を前提とする関与は限定されることになった。その意味では，上記の第1の立場を前提としながら，第2の立場の視点も部分的に採用したものといえる。

　大正刑訴法改正後も，予審の問題性は指摘された。司法制度改善をめぐる改正論議では，予審廃止に伴う強制捜査権限の捜査機関への委譲という論理と予審維持を前提とした予審の改善と弁護権強化という論理が示された。そのなかで，両者の論理から捜査段階における記録閲覧権の保障が要求されたことは重要といえる。その根拠としては，両当事者による手続関与および証拠収集といった手続の公正性，そして捜査段階における人権蹂躙の防止などが挙げられていた。このように日本における議論は，予審廃止の是非はともかくとして，証拠収集手続への両当事者の関与強化が必要であることを前提とすることになった。もっとも，その際，検察官のみによる公正な証拠収集手続を前提とすることは，その原告たる立場や実務状況などを理由に消極的に解されていた。そして，とくに被告人側の関与強化のためには，捜査段階における記録閲覧権の保障が前提とされていたといえる。

従来の議論は，予審という公正な機関が被告人に有利・不利を問わず証拠収集を行うからこそ，その過程や結果を弁護人が公判段階において記録閲覧により検証することにより被告人側に有利な証拠を確保し，これにより公正な裁判が実現されるという論理を採用していた。
　その後，予審判事による公正な証拠収集は困難であること，また（現状も含めた）予審制度自体にそもそも問題があることなどを前提に，証拠収集の権限を分散，または新たな主体に移譲する方が望ましいという議論が，次第に支持を集めることになった。もっとも，検察官による公正な証拠収集も，それ以上に困難であった。そこで，この司法改善での議論は，1つの機関のみによる公正かつ客観的な証拠収集は困難であることを前提に，検察官や弁護人といった当事者に証拠収集に関与させることを主張した。被告人側による証拠収集の前提として，予審段階や捜査段階における記録閲覧の保障が議論された。その意義や機能は，証拠収集や人権蹂躙防止の前提として，その時点の手続過程や結果を知ることであった。
　このように改正論議が進むなかで，証拠収集のあり方など公判前の手続のあり方と関連して，記録閲覧権も議論されていたといえる。そこでの記録閲覧権の意義・機能としては2つのものが示されたといえる。第1に，証拠収集手続が終了した段階での記録閲覧権の意義・機能である。予審や検察官などの機関による証拠収集手続の経過・結果をその記録を通して知ることが具体的内容となる。もっとも，その内容は証拠収集のあり方によって左右される。1つの機関による一極的かつ公正な証拠収集を前提とする場合，それはその過程を可視化し検証すること，さらに自身に有利な証拠の確保を内容とすることになる。他方で，一極的かつ公正な証拠収集を前提としない場合，もう一方の証拠収集機関の証拠収集活動に対する一定程度の可視化や検証が中心となり，自身に有利な証拠の発見や確保は中心的な役割ではなくなる。
　後者の立場を前提とする場合，自身に有利な証拠の確保を手続的に担保するため，証拠収集手続への被告人側の関与が構想されることになる（あるいは，被告人側に不利益な方向で進められた証拠収集手続の影響を公判審理に反映させないという手段も考えられる）。そして，その実効的な関与などのために，証拠収集段階での記録閲覧権が重要だということになる。

Ⅳ　昭和刑訴法における証拠開示問題の歴史的構造

　第4に，上記を踏まえて昭和刑訴法における証拠開示問題の歴史的構造を確認できたことである（第6章）。昭和刑訴法の制定過程における証拠開示に関する提案は，一件記録の閲覧と捜査段階の記録閲覧を認めるものと，証拠調べ請求を行う証拠開示に限定し，捜査段階における記録閲覧を認めないものに区別できる。

　前者の提案としては，1934（昭和9）年以降のいわゆる司法改善における検察官・法務省の見解や刑事局別室の当初の提案が挙げられる。この時期における提案の特徴は，予審を廃止し，予審の強制権限を全面的に警察官・検察官へ委譲する提案を前提としていることにある。そして，被疑者・弁護人は，捜査中に必要とする処分を捜査機関に請求できるとされ，その前提として捜査機関の許可に基づく記録閲覧が提案された[3]。この提案は，予審の強制処分権限をかなりストレートなかたちで捜査機関に移譲し，捜査機関による一極的な証拠収集を認めたうえで，それと直結するかたちで予審における被疑者・被告人の権利や手続保障を捜査段階へと移行しようとしたものと評価できる。他方で，これまで一方当事者にすぎないことを理由に強制捜査権限の付与が否定されてきた検察官が証拠収集の主体となることにより，人権蹂躙や不公正な証拠収集が行われる危険が想定されるため，その防止のためさまざまな提案がなされている。その1つが捜査段階における記録閲覧であった。

　後者の提案は，昭和刑訴法299条のように検察官請求証拠のみの開示を認める規定を前提としたものである。この提案と同時に，弁護人の証拠保全請求権が提案されている[4]。司法改善における議論と異なるのは，被告人側による一定程度の証拠収集が予定されながら，他方で捜査段階における記録閲覧権の保障が予定されていないことである。

　その理由としてはさまざまなものが挙げられる。まず，日本国憲法の制定過程の影響である。憲法草案で被疑者段階の弁護人依頼権の保障と官選弁護制度の拡充が明示されたことにより，その刑訴法上での実現に重点が置かれ，議論の焦点は「憲法草案の要請」としての弁護制度の導入とその具体的検討へとシフトし，被疑者・被告人の権利保障と予審廃止との関連性が弱くなった。ま

た，国会審議においては，捜査段階については当事者訴訟主義が採用されていないこと，捜査密行主義が妥当すること，検察官には公益の代表者としての地位が妥当すること，被疑事実については被疑者側の方がむしろ知っているという検察官との情報の不均衡が存在すること，捜査機関が作成・収集した記録は原則として証拠能力を有しないことが，証拠収集手続への被疑者側の関与を消極的に理解すること，さらには開示対象を請求証拠に限定することの根拠として挙げられている。すなわち，これまでの刑事手続とは異なり，公益の代表者である検察官が一極的に公平に証拠収集をすべきこと，被告人側の関与がほぼ認められない証拠収集手続を採用しても，その過程や結果を記載した記録なども含め無条件に公判廷に証拠として持ち込まれるわけではないこと（被告人側が関与しない証拠収集手続がそのまま公判廷で再現されるわけではないこと），さらに公判手続においては当事者訴訟主義が採用され被告人の権利も大幅に強化されていることを根拠としている。

　このように，証拠収集のあり方およびその公判廷への証拠提出のあり方と，開示証拠を証拠調べ請求証拠に限定する制度を採用する根拠は，密接に関連していることがわかる。日本における証拠開示問題は，捜査手続や証拠収集手続の構造と密接に関連しており，さらには捜査手続と公判手続の関係と関連している。（公判前整理手続採用前の）昭和刑訴法における証拠開示制度は，伝聞法則を前提に，収集した証拠を選別し，「検察官の嫌疑」の形成に供される資料と「裁判所の心証」に供される証拠の採取手続を峻別すべきこと（捜査手続と公判手続とを断絶すべきこと）を根拠としている。

　他方で，起訴状一本主義との関係は，国会審議における政府委員の答弁との関係ではそれほど触れられておらず，先述の歴史的経緯からしても証拠開示制度の根拠の一部にすぎないことになる。[5]

　以上のように，昭和刑訴法制定過程においては証拠開示の規定が証拠収集手続の構造や主体，公判手続との関係と関連付けて議論されてきたと指摘することが可能である。そして，その過程においては，証拠開示を検察官請求証拠に限定すべきとする立場は，まず公益の代表者である検察官が一極的に公平に証拠収集をすべきこと，その証拠収集手続の過程や結果を記載した記録なども含め無条件に公判審理に証拠として持ち込むことの禁止，さらに公判手続においては当事者訴訟主義が採用され被告人の権利も大幅に強化されていることが前

提とされていると理解できる。あるいは，予審による一極的な証拠収集権限を捜査機関のみに委譲したのではなく，証拠保全を通した被告人側による証拠収集を十分確保した，両当事者による証拠収集を前提としたものであるとの解釈も可能である。

　これに対し，予審の権限を捜査機関のみに委譲し，捜査機関を捜査手続の主体とする一極的な証拠収集手続を現行法が採用したと理解したうえで[6]，検察官が被告人に有利・不利を問わない証拠調べを請求しないという意味での「当事者主義」を想定したり，証拠収集手続の過程や結果を記載した記録なども含め幅広く公判廷に証拠として提出できることを認める場合には，予審制度と密接に関連付けられてきた記録閲覧制度や権利保障そして手続保障も，被疑者段階における権利保障や手続保障として移譲されたことを前提とする理解が採用されなければならないであろう。当事者主義を採用した公正かつ対審の公判手続を採用しながら，予審から権限を委譲された捜査機関による一極的な証拠収集を採用したと理解するのであれば，予審の権限だけでなく，そこでの被疑者・被告人の権利や手続的保障も委譲されたと理解すべきだからである。具体的には，捜査の過程を示す記録やその結果である証拠をすべて開示する制度が採用されるべきことになる。

V　本編の総括と課題の提示

　以上の検討を踏まえて，現在の証拠開示をめぐる見解を整理する。
　まず，証拠開示否定説や限定的な証拠開示を主張する見解の多くは，証拠収集について捜査機関による一極的な証拠収集（糺問的捜査観あるいはそれに近い考え）を前提とするものである。しかし，このような証拠収集手続像から導かれるのは，公益の代表者である検察官による公平な証拠収集と証拠調べ請求，さらには当該証拠の全面開示，その証拠収集手続の過程や結果を記載した記録なども含め無条件に公判廷に証拠として持ち込むことの禁止である。そうすると，証拠開示否定説の理解は，歴史的経緯からも，そして公正な裁判の保障という意味でも，根本的に疑問のあるものだということになる。
　次に，全面証拠開示説について検討する。この見解を採る多くの論者は，証拠収集のあり方について，いわゆる弾劾的捜査観を採用しているといえる。こ

のことからすると，多くの論者は，両当事者による証拠収集を前提としながら，全面証拠開示を求めるという点で，やはり問題を抱えていることになるかもしれない。もっとも，弾劾的捜査観の主眼は，両当事者による証拠収集の確保というよりも，捜査機関による糺問的な取調べや捜査の抑制にあったともいえる。また，そもそも両当事者による完全に公正な証拠収集が可能なのかという点についても検討が必要である。すでに，英米法諸国における証拠開示に関する研究が示すように，被告人側による証拠収集も広く認められている英米法諸国においても，証拠開示が幅広く認められてきた。このことは，被告人側の証拠収集を認める制度を採用しても，両当事者の証拠収集能力のバランスを証拠開示によって是正しようとする必要があることを示すものといえよう。もっとも，このような考え方は，公正な裁判の実現や証人審問権の保障といった憲法論のほか，両当事者の情報格差の是正というバランス論や政策論とも親和的であるといえよう。

　以上のように整理すると，日本でどのような証拠開示制度を採用すべきかという議論は，証拠収集制度をどのように構想するかという問題と関連付けて行われる必要があることになる。そして，これまでの証拠開示に関する研究は，被告人側による証拠収集を一定程度認めるべきという見解を前提として，なされるべきであったということになろう。また，これらの研究は，被告人側による証拠収集が認められている制度においてさえも，日本に比べ幅広い証拠開示が保障されているという点で，日本に重要な示唆を示すものと評価できる。

　他方で，その当否はさておき，捜査機関による一極的な証拠収集手続を前提とした，あるべき証拠開示制度に関する研究はそれほどなされていない。立法過程で政府側が意図していた，公益の代表者である検察官が一極的に公平に証拠収集をすべきこと，被告人側の関与がほとんどない証拠収集手続を採用しても，その過程や結果を記載した記録なども含め無条件に公判審理に証拠として持ち込まれるわけではないこと（被告人側が関与しない証拠収集手続がそのまま公判廷で再現されるわけではないこと），さらに公判手続においては当事者訴訟主義が採用され被告人の権利も大幅に強化されていることを前提とした証拠開示制度に関する，さらに詳細な研究が必要となる。

　予審の強制捜査権限を捜査機関に委譲したことを前提に，現行法においても一極的な証拠収集が採用されたとの実務の理解を採るのであれば，捜査段階に

おける証拠開示も採用されるべきと考える。すなわち，昭和刑訴法制定過程初期の提案のように，予審廃止に伴う強制捜査権限移譲論は，予審における防御権や手続保障とも密接不可分でなければならないはずである。また，本章Ⅱでも確認したように，一極的な証拠収集には限界がある。それを克服するために提示された弁護側による一定の証拠収集とその前提としての捜査段階における証拠開示が，現行法においても採用されるべきであったし，現在においても採用されるべきである。この点については，刑訴法179条の証拠保全請求権がすでに存在するという反論がありうるところである。しかし，証拠保全の前提としてはその時点で進行している捜査機関による捜査の過程も被疑者側に知らされることが必要不可欠である。そして，それこそが戦前における，一極的な証拠収集を前提とした，予審や捜査段階における証拠開示の意義であったというべきである。このように，一極的な証拠収集手続を採用する以上，捜査段階における一定の証拠開示も検討されるべきである。この点についても，捜査段階における記録閲覧を採用するドイツの状況や議論が参考となろう。

　以上を踏まえ，より具体的にドイツを対象とする比較法研究を行う際の課題を設定することができた。第1に，一極的な証拠収集手続を前提とする場合における記録閲覧制度を支える規範論の確認である。そして第2に，捜査段階における記録閲覧の意義や機能の確認である。以上の課題設定のもと，第Ⅲ編の検討に入る。

1)　磯部四郎『刑事訴訟法講義　上巻』(八尾書店，1890) 285頁以下。
2)　南波丞三郎『辯護学——科學的辯護と防禦技術』(新光閣，1935) 293頁以下。
3)　本書第Ⅱ編第6章，さらに1946年1月26日の「刑事訴訟法中改正要綱案」などを参照〔刑事訴訟法制定過程研究会「刑事訴訟法の制定過程(5)」法学協会雑誌91巻12号(1974) 1740頁以下〔松尾浩也〕)。
4)　1946年8月5日の「刑事訴訟法改正要綱試案」などを参照(刑事訴訟法制定過程研究会「刑事訴訟法の制定過程(8)」法学協会雑誌92巻7号(1975) 875頁以下〔小田中聰樹〕)。
5)　この点，松代剛枝『刑事証拠開示の分析』(日本評論社，2004) 135頁も，「大正刑事訴訟法下の閲覧・謄写権保障は，検察官が犯罪立証・情状に関連しないと判断した資料(ないし情報)については，一件記録編綴実務・調書作成実務等を介して切り崩し可能であった」とし，「証拠開示問題は大正刑事訴訟法の下においてすでに潜在したと云うことができる」とする。多くの点で，本書と理解を共通にするものといえる。
6)　この点，田宮裕「理論と現実——現状を生み出すもの」同『日本の刑事訴追』(有斐閣，1998) 29頁以下の分析も参照。

第Ⅲ編　ドイツにおける記録閲覧権の展開とその憲法的意義

第 1 章　ドイツにおける記録閲覧権と手続構造との関係

I　ドイツ帝国刑訴法にいたるまでの経緯

1　「改革された刑事訴訟」前の記録閲覧制度

　いわゆる「改革された刑事訴訟 (der reformierte Strafprozeß)」以前の時代から，ドイツには記録閲覧制度の原型が存在していた。[1] たとえば，プロイセン1717年刑事規則は，被糺問者 (Inquistio) と弁護士 (Advocato) に裁判所内における記録 (Akten) の閲覧を認め，[2] 弁護人に記録謄写を要求する権利を与えていた。[3] もっとも，1805年刑事法典 (1805年12月11日) により，3つの制限が設けられた。第1に被糺問者の記録閲覧の否定，第2に予審段階の記録閲覧の禁止，第3に記録謄写の禁止であった。ただし，弁護士が官吏である場合には，その住居への記録帯出が3日以内で認められるとされていた。[4]

　また，バイエルンでは，Feuerbachが起草したバイエルン刑事法典 (1813年10月1日) によって，「終結手続に当たっては，被告人の明示の要求により法律に通じた弁護人が付され」(142条)，その弁護人は「弁護準備をするために，被告人の免責又は刑の軽減に役立つあらゆる事情が残らず究明され且つその証拠が記録にとられているかどうかを検討しなければならない」(145条) とされ，そのために「全ての記録を，宣誓した裁判所職員の立会の下で検討する」(145条1項1号) 権利と義務が認められていた。[5]

　このように公判開始前の段階における記録閲覧を認める立法に対し，制限的な立法も存在していた。たとえば，ハノーファーでは，「被糺問者は，概して既に存在する自己に不利な証拠について情報を得ることのみを求めることが，経験上証明されているが故に，被告人には，自己の犯行を隠蔽するため不真実や各種の策略をすることができないように，一般糺問の際に採取された調書及び記録を閲覧させてはならない」[6] とされ，実務では弁護人に対しても記録閲覧

を拒否していた。さらに，ヘッセン＝ダルムシュタット1726年刑事裁判所法は，裁判所の裁量においてのみ被告人に記録閲覧を認めていた。弁護人には明文で記録閲覧が認めていたが，「記録内容を依頼者に知らせる意図はないことを誓う」ことが条件とされていた。[7]

　以上の立法や実務の動向に対し，学説は，記録閲覧権は，弁護人にのみ認められるべきこと，不可欠の弁護手段であることでは一致していたが，他方で，弁護人は被告人に記録内容を知らせてよいか，終結手続の審問前に記録閲覧が認められるかどうかについては争いがあった。[8]

　前者の問題につき，Tittmanは，可能な限り効果的な刑事訴追を維持するために，「弁護人は記録から知った内容を被告人に知らせる権利を有していない」とした。その理由として，「弁護人は擁護（verfechten）する権利のみ有しており，国家に対しては常に誠実な者として義務を負って行動しなければならない。この点において，弁護人は法を犯すようなことをなんら行ってはならない。それゆえ，法を妨害するためだけに被告人が利用しうる報告（Mitteilung）も行ってはならない」とした。[9]

　これに対して，Mittermaierは，「被告人（Inkulpat）に記録内容を伝える弁護人（Defensor）の権利」を主張した。[10] さらに，「弁護人は，被告人の助言者である……助言者という概念には，〔被告人に対し——筆者注〕率直さと誠実さを最も高い程度で示すことが含まれている。それゆえ，そこには依頼人の質問に対して完全に真実に従い答えることが含まれ，防御目的の達成に寄与しうることすべてを用いるということが含まれる」，[11]「しかし，記録内容の完全な伝達なくして，弁護人にとって弁護がほとんど不可能であるということも考えられる。なぜなら，訴追証拠に反論することが弁護人の主要な責務であるのに，記録内容の完全な伝達ができないときには，弁護人は証人について，そして証人と被告人の関係について知ることができないからである。それゆえ弁護人は，防御に資する資料を被告人に委ねるよう要求すべきであって，その目的のため，弁護人はすべての証人の証言に対して，反論できる状態となるように，被告人に記録内容を伝達しなければならない。このことを弁護人に許さないと考えることは，まさに弁護人がその責務を果すことを許さないことを意味する」[12]と述べている。さらに，被告人に対し記録内容を伝えることを禁止することについて，「ドイツ刑事訴訟における非難すべき策略と密行主義においてのみ存するので

ある。ドイツ刑事訴訟では，人々は，審理の対象とされる被告人を常に確保（fangen）しようとするのであり，そしてそれによって司法の品位と誠実さは損なわれている」と批判している。またKleinschrodも，同様の理由から被告人への記録内容の伝達を肯定している。前者の論点においては，刑事弁護人の任務をどのように捉えるかが結論に大きく影響していたことがわかる。すなわち，効果的な記事訴追という利益との関係も含めて，さらには弁護人のいわゆる司法機関性を強調するか，または被告人の防御を重視するかが影響している。

次に，後者の論点である終結手続の審問前の記録閲覧の議論を概観する。Tittman, v.Bülow-Hagemann, Grolmanなどは，権利などの「濫用が生じうるし，嘘や言い逃れへ誘惑されるような記録内容が被告人に知らされてしまう」ことなどを理由に，終結手続の審問前の記録閲覧には反対していた。これに対し，Klein, Kleinschrod, Stübel, Bauer, Martinらは肯定説を主張した。たとえば，Stübelは，「すべての被告人は，審問で利用しようとされている嫌疑の根拠を知ることを要求する権利を有している。……終結手続の審問前における記録閲覧が拒否されれば，それは弁護の妨害以外の何者でもない。そしてこのことは不法といえる」と主張した。ここでも，記録閲覧による弊害と防御権のいずれを重視するかが問題となっているが，肯定説では記録閲覧権の意義として，「嫌疑の根拠を知る権利」が明示されていることも重要といえる。

このように「改革された刑事訴訟」以前のドイツの記録閲覧制度は，領邦ごとにさまざまであった。もっとも，弁護人には，閲覧時期や場所の限定を伴いながらも，原則として記録閲覧を認められていたのに対し，被告人には記録閲覧や記録閲覧を知る機会は保障されていないという点では共通していたといえる。その背景には，被告人の記録閲覧により生じる弊害に対する警戒心が存在していたといえる。また，「ドイツ刑事訴訟における非難すべき策略と密行主義においてのみ存する」というMittermaierの批判が示すように，「手続のすべての段階で裁判官の自由な裁量が支配し，糺問判事が手続の支配者であり，被疑者・被告人は糺問の客体にすぎない」という糺問訴訟においては，記録閲覧は大幅に制限されざるをえなかったといえよう。当時の記録閲覧は，あくまで裁判所や手続の秘密事項を害さない限度で，裁判所の裁量で認められていたと評価できよう。

2 「改革された刑事訴訟」における記録閲覧制度

次に、「改革された刑事訴訟」における記録閲覧制度について検討する。「改革された刑事訴訟」[27]は、ドイツに根強く残っていた秘密・書面の糾問訴訟を非難し、口頭・公開の弾劾訴訟を求める動き、そして、それに基づき糾問訴訟の改革へと立法が動いた1840年代から1850年代における刑事訴訟制度である。以下では、当時の記録閲覧制度について、予審と公判とに区分して概観する。

1850年代までに予審段階における記録閲覧を認めた立法は、ハノーファー[28]、ナッサウ[29]、ブラウンシュバイク[30]においてのみであった。ハノーファーとナッサウにおいては、記録閲覧許可の決定は予審判事の裁量とされていた。これに対し、ブラウンシュバイクにおいては、弁護人は「被告人が勾留され尋問がなされるか、又は家宅捜索若しくは差押えが命令されたときは、予審中であっても直ちに、記録閲覧が許されるものとする」とされていた。

もっとも、プロイセン[31]、オーストリア[32]、バイエルン[33]、ヴュルテンベルク[34]、バーデン[35]、チューリンゲン諸国[36]、ヘッセン＝ホンブルク地方伯領[37]、ヘッセン大公国[38]、ヘッセン選帝侯国[39]、フランクフルト[40]、オルデンブルク[41]においては、そもそも予審段階における弁護人選任が認められておらず、予審終結後にようやく記録の閲覧が認められていた。

公判段階における記録閲覧は、すべての立法で認められていた。もっとも、閲覧の主体を弁護人に限定するかどうかについては、立場が分かれていた。オーストリア、ザクセン、チューリンゲン諸国、バーデン、ヴュルテンベルク、ヘッセン選帝侯国そしてハノーファーでは、被告人にも記録閲覧が認められていた。これに対し、プロイセンを筆頭に[42]、バイエルン、ブラウンシュバイク、ヘッセン大公国、ヘッセン地方伯領、ナッサウ、フランクフルトそしてオルデンブルクは、弁護人のみに記録閲覧を認めていた。

このように1850年代においては、公判段階における記録閲覧が一般的に承認され、予審段階における記録閲覧も少数ながら認められていた。このような状況は、当時の刑事手続の改革状況に強く規定されていたと考えられる。この時期においては、「ドイツの刑事手続には一定の基本的欠陥があり、被告人に対する不法な圧迫や実体的に見て不正な判決に対する保障が欠けている[43]」という認識に基づき、「判決裁判官の面前での弁論の直接主義が不可欠であり、糾問訴訟の問題点を除去することが不可欠[44]」であるとして刑事手続の改革の必要性

自体は認識されていた。他方で，1848年から1850年代の刑事手続に関する立法は，「普通法の糺問訴訟の根幹を維持し，それに口頭・公開の弾劾的公判を接続しただけの経過法ないし部分法」と批判されるように，後述する当時の自由主義的な改革要求を一定限度で容れながらも，全体としては糺問訴訟との連続性が色濃いものであった。

当時の記録閲覧制度は，公判段階における記録閲覧は一般的に承認されていたものの，予審段階での記録閲覧を認めている立法はわずかであった。そして，予審段階における記録閲覧の許否についても，予審の審問目的の達成を優先した結果，予審判事の裁量に委ねられていた。これらの立法の背景には，記録閲覧による記録があまりに早期の審問の公開により，被告人は「合法的手段だけでなく，違法手段そして非道徳的手段によって，審問の進行を挫折させる可能性があり，また刑事司法を妨害する可能性がある」という考えがあったとされる。

このように，ドイツにおける記録閲覧権は，一定程度改正されたものの，予審段階における記録閲覧は基本的に認められていなかった。そして，「普通法の糺問訴訟の根幹を維持し，それに口頭・公開の弾劾的公判を接続しただけの経過法ないし部分法」という当時の刑事手続全体の特徴に鑑みれば，当時の記録閲覧制度では，「口頭・公開の弾劾的公判」の帰結として公判段階における記録閲覧権が認められ，「普通法の糺問訴訟の根幹」と予審段階における記録閲覧権の否定とが関連付けられていたと評価できる。とくに後者は，予審段階における被告人の主体性保障と手続の公開に対する消極的評価と関連していたといえる。

3 「改革された刑事訴訟」後の動向

1860年代に入り，複数の領邦で記録閲覧制度は改正された。バーデンの1868年刑事訴訟法197条，ヴュルテンベルクの1868年刑事訴訟法212条，ザクセンの1868年刑事訴訟法42条は，「審問に対する不利益なく閲覧がなされ得ると裁判官の裁量により判断される限りで」，予審段階における記録閲覧を弁護人に認めた。また，これらの立法は被告人にも記録閲覧を認めた。ヴュルテンベルク刑訴法212条7項は予審段階で，バーデン刑訴法196条2項およびザクセン刑訴法42条4項は公判段階で，被告人に記録閲覧を認めていた。

第1章　ドイツにおける記録閲覧権と手続構造との関係　211

これに対し，プロイセンの1867年刑事訴訟法209条1項は，公判手続開始後に記録閲覧権を認め，同条2項では被告人の記録閲覧を否定した。[53]
　このように，1860年代には，予審段階における記録閲覧を認める立法，被告人にも記録閲覧を認める立法も増加しつつあったといえる。とはいえ，このような傾向が，当時の刑事手続全体や記録閲覧制度の特徴の根本的な変化を示しているとはいえないであろう。当時の刑事手続は，「改革された刑事訴訟」の時期に比べ，さらに自由主義的要請を容れつつあったものの，Gneistが指摘するように，「半弾劾主義，半口頭主義，半公開主義」を本質とするものであった。[54] すなわち，公判手続に限定された形式的な弾劾化，秘密・書面の糺問的な予審による公判支配および公判手続自体の糺問的性格によって，実質的には，糺問訴訟の精神は維持されたという点において，根本的改善はみられなかった。上述した，公判段階に限定された記録閲覧制度の維持は，この時期においても，この刑事手続全体の特徴と強く結び付いていたといえよう。

4　記録閲覧権に関する理論的展開

　以上のような立法状況に対して，ドイツでは，一貫して自由主義的刑事手続改革要求が示されていた。以下では，その中心的存在であったC.J.A. MittermaierとH.A.Zachariäの見解を概観し，そこでの記録閲覧制度の位置付けを確認する。MittermaierとZachariäの刑事手続改革論は，当時の糺問訴訟を克服するための改革課題を，被疑者・被告人の主体性の確立，さらに裁判官の機能純化（糺問判事の権力分散と制約）に求めるものであった。[55]
　Mittermaierの改革論は，「訴追側と被告人の地位の平等」を基本原則とする「公正な刑事手続」(ein gerechtes Strafverfahren) を理念として設定するものであった。それは公判手続の弾劾化にとどまらず，当時の予審が糺問訴訟の精神を受け継いでいることを批判し，予審の弾劾化を目指すものであった。このような改革論において，記録閲覧の強化も主張されている。すなわち，Mittermaierは，「公正な手続」の要素として，訴追側証拠や記録を被告人側へ伝達することを挙げ，また予審の弾劾化の鍵として，記録閲覧権など弁護権の包括的保障を挙げていたのである。[56]
　Zachariäの改革論は，[57] 弾劾主義の本質を「手続を指揮する公平な第三者の前での，対等な権利を有し，自由な地位において対立する2つの主体間におけ

る，ある事案に関する秩序ある審理」であると定義するものであった。そして，この弾劾主義の要素として，当事者の主体性保障，訴追側との対等，口頭・直接・公開主義と弁護制度の保障などを挙げ，このような弾劾主義の正当性を，国家的結合の各構成員の自由な人格を認め，保障する法治国家観，そして憲法原則としての個人の人格保障などに求めた。さらに，当時の刑事手続について，完全な糾問訴訟にほかならない予審と，「弾劾主義の飾りをつけた糾問訴訟」の公判手続を維持していると批判し，予審と公判の弾劾化を要求した。

Zachariäは，記録閲覧制度について，弁護人の記録閲覧権に対する制限が，弾劾主義の要素としての弁護制度を機能不全に陥れているとしている。さらに，1848年３月革命を経て検察官制度が導入されたことについて，Zachariäは，検察官と弁護人との間における「武器対等」（Waffengleichheit）を，公判における検察官と弁護人との関係に関する原則であるとし，その具体化の必須の条件として，記録閲覧権の保障を挙げている。

このように記録閲覧制度は，自由主義的な改革要求においては，被疑者・被告人の防御権保障のため，さらにはその主体的地位の確立のための必須の条件として位置付けられていたことが確認できる。そして，Zachariäが指摘するように，従来の記録閲覧制度ではその目的達成には不十分であるとされ，少なくとも予審段階における記録閲覧権の十分な保障が要求されていたことを確認できる。この時期における記録閲覧権をめぐる議論は，「両当事者の対等」，さらには「武器対等」を内容とする「公正な手続」の不可欠な要素として，訴追側の記録を被告人側に伝える手段としての記録閲覧権を主張し，さらには公判審理の弾劾化のためには予審の弾劾化が必要であるという認識のもと，予審段階での記録閲覧権を含む防御権保障が必要であると主張していたと整理できる。

5　小　括

本節では，帝国刑訴法制定過程以前の時期における記録閲覧制度や記録閲覧権をめぐる議論を検討してきた。その成果は，以下のように整理できる。

第１に，ドイツにおける記録閲覧制度は，職権主義という訴訟構造のみと密接に関連付けられてきたわけではないという歴史的経緯である。「改革された刑事訴訟」前の時期においては，さまざまな記録閲覧制度が採用されており，他方で公判段階における記録閲覧制度自体も大きく制限されていた。その後の

「改革された刑事訴訟」以降には，「口頭・公開の弾劾的公判」の採用と結び付けられるかたちで，公判段階における記録閲覧制度の採用が一般化した。このことからも，ドイツにおける記録閲覧権の展開過程は，訴訟構造だけではなく，弾劾主義の採用や手続の公開とも関連付けられてきたことを確認できる。

第2に，記録閲覧制度について残された課題についてである。公判段階における記録閲覧制度が一般化した後においても，ドイツにおいて記録閲覧制度に関する議論が沈静化しなかったことは重要である。その背景の1つとしては，公判手続の弾劾化のみでは，刑事手続全体の弾劾主義や公正な刑事手続は実現しないという問題意識の存在が挙げられよう。この問題意識のもと，ドイツで主に議論されたのは予審制度の改革であった。そして，この予審制度の改革論において，記録閲覧制度の改革も議論された。

第3に，その記録閲覧制度をめぐる議論の方向性である。この議論においては，記録閲覧制度は予審手続の公開や被告人の主体性保障と関連付けて議論された。その議論では，公開された公判段階においてのみ記録閲覧制度を認め，それ以前の手続段階における記録閲覧については否定するか，予審判事の許可による制限を設けるべきとの立場が主流であった。この立場は，予審の公開や被告人の主体性保障については，刑事訴追の利益などを根拠として消極的な態度を示していた。

これに対し，「両当事者の対等」，さらには「武器対等」を内容とする「公正な手続」の不可欠な要素として，訴追側の記録を被告人側に伝える手段としての記録閲覧権を主張し，これに加えて公判審理の弾劾化のためには予審の弾劾化が必要であるという認識のもと，予審段階での記録閲覧権の全面的な保障を主張する立場も存在した。

本節で検討した展開過程は，前者の立場を維持しつつ，後者の要求も徐々にではあるが受け入れざるをえなかったという過程を示すものといえる。このような緊張関係のなか，1877年帝国刑事訴訟法は制定されることになった。

II　1877年帝国刑事訴訟法の制定過程

1　1877年帝国刑事訴訟法の制定過程の概観

前節のような展開過程を経て，現行のドイツ刑訴法の基盤となっている帝国

刑事訴訟法においてドイツにおける記録閲覧制度がどのように構築されたかを，その制定過程の確認を通して検討する。

まず，簡単に帝国刑訴法の制定過程全体を概観する。1868年の北ドイツ連邦の結成による政治的統一を発端として，統一の刑事訴訟法を目指した立法が進められた。北ドイツ連邦帝国議会（Reichstag）と連邦参議院（Bundesrath）の決議を受けて，連邦宰相Bismarkは，1868年7月12日，プロイセン司法大臣Leonhardtに統一の刑事訴訟法草案の起草を命じた。実際の起草に当たったのはFriedbergであった。そして，その第1草案および第2草案の作成や検討を経て，ドイツ帝国成立後の1874年10月29日，第3草案が帝国議会に提出された。帝国議会は，この草案を委員会に付託した。委員会における2回の読会，その後の連邦参議院と帝国議会の議論を経て，帝国刑訴法が1877年2月1日に公布され，1878年10月10日から施行された。

以上のような制定手続を踏まえ，草案およびその理由書を概観した後に，その後の審議を概観する。ここでは，帝国刑訴法の実質的・最終的内容が決定された帝国議会の委員会審議を中心に概観する。

2　帝国刑訴法草案における記録閲覧制度

Friedbergと数人のプロイセンの法律家，さらにプロイセン司法省による検討が加えられた後，1873年1月，第1草案は連邦参議院に提出され，同時に公表された。第1草案における記録閲覧権の規定は以下の通りであった。

　126条　①弁護人は公判手続の開始後，裁判所の審問記録（Untersuchungsakten）を閲覧する権利を有する。
　②前項以前の時期においては，審問目的（Untersuchungszweck）を阻害することがないときには，閲覧が許されなければならない。

この第1草案は，公表後約3ヶ月間，意見募集をした後，連邦参議院から11名の著名な法律家で構成される委員会に付託された。この第2草案における記録閲覧権の規定は，以下の通りであった。

　128条　①弁護人は予審終結後，また予審が行われない場合には起訴状提出後，審問記録を閲覧する権利を有する。
　②前項以前の時期においては，審問目的を阻害することなく行われうるときには，裁判所の審問記録の閲覧が許されなければならない。

第1章　ドイツにおける記録閲覧権と手続構造との関係　215

この第2草案は，連邦参議院の司法制度委員会（Justizausschuß）で審議された後，1874年10月29日に連邦参議院から，帝国議会へ回付された。この第3草案では記録閲覧権規定は128条から130条に変更されたが，その内容は第2草案と同様であった(65)。

　これらの草案を概観すると，記録閲覧権が保障される時期が，「公判手続開始後」から「予審終結後又は起訴状提出後」へと変更されたこと，第2項で規定されている閲覧対象が「裁判所の審問記録」へと変更されたことがわかる。一貫している内容としては，①記録閲覧権が保障されているのは弁護人のみであること，②閲覧が許される対象は「審問記録」であること，③被疑者・被告人が記録内容を知る機会については明文の規定はないこと，④第1項にいう「予審終結後又は起訴状提出後」という時期以前における閲覧については，「審問目的を阻害することなく行われうる場合」という条件が付されていることが挙げられる。

　このうち，とくに④の理由について，草案理由書は以下のように説明している。記録を閲覧する「無制限の権利を弁護人に認めることはできない。なぜなら無制限の権利は，予審判事の計画を妨害し，審問目的を挫折させる機会を，被疑者に与えてしまう可能性があるから」，と(66)。

　制限されない記録閲覧権が認められる時期が変更された理由について，第3草案理由書は，記録閲覧権の規定に関してザクセン刑事訴訟法，ヴュルテンベルク刑事訴訟法を参考にしたことを明言している(67)。第1草案は，その規定内容からすると，プロイセン刑事訴訟法の影響が強かったといえる。もっとも，上述のように，プロイセンにおける無制限の記録閲覧が許される時期は，その他の領邦と比較しても限定的であった。そのため，プロイセン型の記録閲覧の規定は修正を受けざるをえなかったのであろう。

　このように，帝国刑訴法の草案は，これまでの議論状況を大部分引き継いだものといえよう。その結果，公判手続における制限されない記録閲覧権が保障され，また，公判前手続における記録閲覧権も，一定の制限を受けながら認める規定が提案されることになったといえる。次に，第3草案を基盤として，帝国議会の委員会において，どのように議論されたのかを確認する。

3　帝国議会委員会における議論状況

帝国議会の委員会による第１読会で，論点となったのが「審問記録」の具体的内容，２項の「審問目的を阻害することなく行われうる場合に」という条件を付することの可否，そして記録を持ち出す弁護人の権利の可否についてであった。以下では，これらの論点についての議論を確認する。[68]

まず，「審問記録」の具体的内容に関して，以下のような提案がなされた。[69]

①Hauckの提案[70]
　１項の「審問記録」に代え，「裁判所に提出された記録」とすること。
　提案理由：草案におけるような『審問記録』という文言では，検察官が持つ記録も含まれるかどうかが定かではない。

②保守党Struckmannの提案
　a）１項の「審問記録」に代え，「公判前手続及び公判における記録」とすること。
　b）１項に，以下の条文を付け加えること。
　「準備手続（vorbereitenden Verfahrens）の記録は，起訴状とともに検察から裁判所へと引き渡し（übergeben）がなされなければならない。」
　提案理由：a）については，Hauckと同様。b）については，各領邦の検察に浸透している，起訴状とともに若干の準備手続の記録のみを裁判所に提出するという検察の慣行を防止したい。

これらの提案に対して，政府委員Amsbergは，まずHauckの提案に賛意を示し，「検察官の有する記録は裁判所に提出された範囲で審問記録である[71]」と返答した。次に，Struckmannの提案b）については反対の意思を示し，その理由として，「検察が，自身の有するすべての記録を提出するという義務を実行することは不可能である」こと，さらに「検察官は，起訴状とともに，起訴理由に関して必要なものすべてのものは裁判所に移す。しかし，検察の有する記録のなかに，起訴とは関係のない第三者への調査も入っている可能性がある[72]」ことを挙げている。

このAmsbergの主張には，国民自由党Gneistやv.Puttkamer，中央党Reichenspergerも賛成している。Gneistの主張の理由は明らかではないが，v.Puttkamerは，検察による捜査を弁護士に公開することによって，大都市における組織化された犯罪者に対する警察捜査が麻痺する危険があるとの意見を

述べている。さらに，v.Puttkamerは，Struckmannが検察官が収集する資料すべてを無差別に提出することを義務付けようと考えているのであれば，bの提案はあまりにひどいものであるし，そのように考えていないのであれば，意味のない提案であるとして，以下の提案を行った。

　Struckmannの提案bにおける，『引き渡しがなされなければならない』という文言を，『引き渡しがなされうる』に置き換える。

　他方で，Struckmannの提案bに対する賛成意見も示されている。Klotzは，「検察官の提出前の記録は審問記録の欠かせない部分であり，重要な弁護資料，とくに目撃者の信用性に関連する資料は，しばしば早い時期になくなってしまう」という理由を述べている。
　このような議論のもとで，Struckmannは提案aを撤回し，結局，Hauckの提案が仮採用された。また，Struckmannの提案bが採用され，v.Puttkamerの提案は採用されなかった。とはいえ，Struckmann自身が言明しているように，Struckmannの提案は，aとbがともに採用されたときにのみ意味をもつものであった。なぜなら，第1項で閲覧が認められる記録が，「裁判所に提出された記録」であれば，彼の提案bは，その意味の大部分を失うからである。
　もっとも，この議論はそれほど激しく行われることはなかった。上記の提案者らも述べているように，この論点は，あくまで「表現上の問題」とされたからである。事実，この論点は第2読会では扱われず，第1読会において130条1項は「弁護人は予審終結後，予審が行われない場合には起訴状提出後，裁判所に提出されている記録を閲覧する権利を有する。」とされた。
　委員会における議論の焦点は，1項にいう「予審終結後」，「起訴状提出後」以前の時期における記録閲覧の可否およびその内容にあった。
　2項の「審問目的を阻害することなく行われうる場合に」という条件の可否については，激しい議論が行われた。最初に，リベラル派Eysoldt，左派自由党のHerz，Klotzから以下の提案がなされた。

　130条2項にいう「審問目的の阻害することなく行われうるときに」という文言を削除すること。
　提案理由：草案のような文言のままであるなら，記録閲覧権は予審中，その

意義を失う。このような法規定の誤った適用が簡単に思い浮かぶので，130条2項の制限を削除することが望ましい。

この提案に対し，政府委員Amsbergは全面的に反対した。その理由として，委員会で採用された秘密・書面の予審制度と矛盾していること，委員会で弁護人資格が弁護士以外の人物に与えられることがすでに決定されていることが挙げられた。とくに後者については，制限されない記録閲覧権を認めることによって，予審段階における弁護人選任制度そのものが疑問視される可能性が指摘された。また，StruckmannやReichensperger, Oehlschlägerも，同様の理由から反対意見を示した。

これらの反対意見に対して，Gneistとv.Puttkamer，そして左派自由党Gauppから反論がなされた。とくにGneistは，予審段階における「審問記録を閲覧する権利を，弁護人に付与しないでおくことはできないし，この権利の行使を，重大事件において［審問を］挫折させる諸条件と結びつけてはならない」（括弧内引用者）ことに加え，審問計画は予審判事や検察官によって立てられるべきものではなく，裁判所の所有下にある記録に対して，審問計画への配慮を認めるべきでないと主張した。さらに，「記録閲覧は草案自身が表明している当事者公開の原則の必然的な帰結」であり，「予審の公開とともに形成されなければならない」が，草案はこの点を軽視していると批判し，予審の当事者公開とともに記録閲覧権が認められることによって初めて，記録閲覧権は「裁判所の所有下にある審問資料の，弁護人のための公開」を意味するのだと主張した。

また，v.Puttkamerは，Gneistの見解と同意見であるとしたうえで，記録閲覧を予審判事の裁量により許可することは，実際には意味がないと主張した。さらに，Gauppは，予審判事は時間的な問題や自身にとって好都合かどうかのみを考慮して判断し，それは例外なく閲覧拒否の判断につながってしまうと主張した。そして，そのような事態は草案のモデルでもあるヴュルテンベルクにおける経験，さらには弁護士からの見聞を根拠とするものであり，それゆえ草案2項にいうような制限は記録閲覧権の意義を空洞化させることになると主張した。他方で，Gauppは，閲覧可能な審問記録を，行われた審問行為に関する記録のみに限定することを条件とすることも主張している。

このような対立のなかで，予審段階における制限されない記録閲覧の必要性を認めつつも，委員会で予審の公開が否決されたことを理由として，Eysoldtらの提案には賛成できないとする折衷的な見解が主流となっていった。この見解は，左派自由党BährやGrimm，リベラル派Wolffsonらによるものであった。Bährは，弁護人は記録から知ったことをすべて被告人に知らせてしまうであろうことが予測されることを前提として，弁護人への記録の公開は被告人への記録公開と同じことを意味するから，制限されない記録閲覧権は頻繁に審問目的を極度の危険に追いやってしまうことを理由として挙げた。[84] GrimmとWolffsonも，「全面的な記録閲覧権が認められない予審における十分な弁護は不可能である」ことや，バーデンにおける経験をもとに，草案が規定するような条件付許可は実務上問題があることを指摘しつつも，Bährと同様の根拠により，閲覧制限の廃止に反対した。さらに，弁護人による審問目的の挫折が，弁護人の地位を誤った地位に導く危険性も理由として挙げられた。[85] そのうえで，Grimmは，Wolffsonとともに以下の提案を行った。

> 130条2項を以下のように修正すること。
> 「前項以前の時期においては，審問目的を阻害することなく行われうるときには，裁判所の審問記録の閲覧が許されなければならない。被疑者の尋問調書，証人・鑑定人の尋問調書及び弁護人が法的に関与する権利を有する，裁判所の行為についての調書の閲覧は，いかなる場合においても弁護人に対して拒否することはできない。」[86]

Wolffsonは，この提案について，「閲覧が弁護人に許されても，審問目的を阻害することがない記録を示そうと試みた」ものと説明している。この提案には，多くの委員が賛成した。たとえば，国民自由党Miquélは，Gneistの見解を予審の公開を否決した委員会の決定に矛盾していると批判し，「弁護人の清廉潔白さを最も高い程度に危うくすることを懸念する」と述べ，Grimmらの提案に賛成している。その後，この提案について，Bährから，Grimmらの提案における「証人」の文言について，個別に採決を行うよう提案がなされ，議論は終結した。

結局，採決により，Eysoldtらの提案は否決され，Grimmらの提案が可決された。これに加え，Bährの提案により，Grimmらの提案のうち「証人」の文言について採決がなされ，同文言は削除されることになった。これにより，

Grimmらの提案は,「被疑者の尋問調書,専門家の鑑定書および弁護人が立会いの権利をもつ裁判所の行為についての調書の閲覧は,弁護人に対して,いかなる場合も拒否することはできない。」と修正され,130条3項とされた。
　さらに,130条2項についても,「審問目的を阻害することなく行われうるときに」との文言が,「審問目的を阻害することなく行われうる限りで」と修正された。その後,第2読会において,再度Eysoldtらから第1読会と同様の提案がなされたが,全面的な反対にさらされ,再度否決された。以上の経過を経て,130条2項と3項の内容が確定された。
　上記の検討を踏まえて,委員会は,草案130条3項の主な修正点を挙げ,「3項の規定は,公判前手続において弁護人が若干の証拠に関する行為に立ち会うことができ,それにより証拠に関する知識を直接得ることができるとした規定の帰結である」と報告した。さらに,議論全体については,「130条について,委員会は,草案との調和を図りながら,異議により出された論点を解消し,記録閲覧権を規定した」との報告を行った。

4　帝国刑事訴訟法における記録閲覧制度の意義
　以上の記録閲覧制度に関する制定過程の検討を踏まえて,帝国刑訴法における記録閲覧制度の意義を検討する。
　第1に,「改革された刑事訴訟」によって一般化した公判段階での記録閲覧制度は,帝国刑訴法制定過程においては当然の前提として受け入れられていたことである。そのうえで,その閲覧時期は,公判開始後から,予審終結後または起訴状提出後へと前倒しされたことが,帝国刑訴法の特徴であるといえる。
　もっとも,第2に,そこでの閲覧対象については,見解の争いが存在したことである。草案における「審問記録」という提案に対しては,制定過程においてさまざまな提案が示された。ここでは,検察官保管証拠や記録と閲覧対象との関係が議論されたといえる。そこでの議論の大勢は,①検察官保管証拠や記録のうち「裁判所に提出された記録」が閲覧対象になるということ,②検察官保管証拠や記録のすべてを閲覧対象とすることは,検察官に不可能を強いることになり,事件と無関係の第三者の情報の開示につながることから妥当ではないという見解を採用した。このように,帝国刑訴法の記録閲覧制度は,検察官に裁判所に提出する記録について一定の選択権を認めることを前提とするもの

第1章　ドイツにおける記録閲覧権と手続構造との関係　221

であったといえる。もっとも，被告人側の防御権保障の観点などから，検察官保管の証拠や記録をすべて裁判所に送致し，閲覧対象とすべきという見解も少なからず存在していたことも重要といえよう。

　第3に，予審段階における記録閲覧権の意義についてである。制定過程においては，とくに予審段階における記録閲覧に対する制限の可否について議論が集中した。この議論における草案の立場は，AmsbergやOehlschlägerなどの見解によって示されている。彼らの見解は，秘密・書面の予審制度を前提とし，その帰結として，予審段階における記録閲覧も原則として否定し，捜査や予審に支障のない限りで記録閲覧を認めようとするものであった。帝国刑訴法以前の状況を維持しようとする立場であったといえる。

　これに対し，Eysoldt, Herz, Klotz, そしてGneistやv.Puttkamerから，秘密・書面の予審制度を批判したうえで，その予審の改革と結び付けるかたちで，予審段階における記録閲覧権に対する制限を認めるべきでないとする見解が示された[89]。これらの見解は，前節で検討した公判前における弁護権を強化し，武器対等や公正な手続を実現しようとした見解の流れに与するものであったといえよう。とくに，Gneistやv.Puttkamerの見解は，英米法における予備審問を想定するものであったといえる[90]。もっとも，予審の公開がすでに委員会で否決されていることと矛盾すること，また，予審段階における制限のない記録閲覧は弁護人の地位にも悪影響を及ぼすことなどを根拠として，これらの見解は少数意見にとどまった。

　この論点について，帝国刑訴法は，GrimmやWolffsonらの立場を基本的に採用した。この見解を支持する者の多くは，予審段階における制限のない記録閲覧権の必要性は認めつつも，それでは予審の公開と同様となってしまい委員会の決定に矛盾が生じること，弁護人の地位などに悪影響を及ぼすことを理由に，これを消極的に解した。そのうえで，その閲覧を通じた予審公開による弊害を伴わない証拠や記録，すなわち予審において被告人側が関与の認められた予審行為（すでに被告人側に公開されている予審行為）に関する証拠や記録について，予審段階においても制限のない閲覧が認められることになった。

　このように，それ以前の立法動向と比較すると，帝国刑訴法における記録閲覧制度は，予審段階における記録閲覧許可の大部分が予審判事の裁量に委ねられるという基本的構造が維持されながらも[91]，公判段階における記録閲覧制度を

確立させたうえで整備が加えられ，予審段階における記録閲覧についても，予審の公開などに伴う具体的弊害との関係，さらには予審段階への被告人側の関与との関係を踏まえた制度構築がなされたものと評価できる。その結果，1877年帝国刑訴法における記録閲覧制度は，以下のように規定された[92]。

　147条　①弁護人は予審終結後，又は予審が行われなかった場合には起訴状提出後，裁判所に提出されている記録を閲覧する権限を有する。
　②前項以前の時期においては，審問目的を阻害することなく行われうる限りで，裁判所の審問記録の閲覧は弁護人に許されなければならない。
　③被疑者の尋問調書，専門家の鑑定書及び弁護人が立会い権を有する裁判所の行為に関する調書の閲覧は，弁護人に対していかなる場合も拒否することはできない。
　④裁判長の裁量により，証拠物を除いた記録を，住居又は事務所に持ち出すため，弁護人に交付することができる。

　以上の議論を踏まえると，ドイツにおける予審段階での記録閲覧制度の位置付けが，さらに明らかになったと考える。
　第1に，公判手続の弾劾主義の採用と密接に結び付いた記録閲覧制度が明確に採用されたことである。
　第2に，公判手続の弾劾主義の採用に伴い，帝国刑訴法の制定過程においては，検察官の保管する証拠や記録と，裁判所による「審問記録」との関係が問題とされたことである。最終的に，帝国刑訴法は，検察官の保管する証拠や記録も，裁判所に提出された限りで閲覧対象とする制度を採用した。検察官保管証拠や記録を，すべて裁判所に送致すべきという制度ではなく，検察官による取捨選択を認める考えが採用されたことになる。
　第3に，予審段階における記録閲覧制度の位置付けである。帝国刑訴法の制定過程の議論において，予審段階における記録閲覧権は予審の公開と密接に結び付いていることが明らかにされた。その議論の結果，帝国刑訴法は，予審段階で被告人側による関与が認められた審問行為に関する記録や証拠，すなわち予審の公開に伴う具体的な弊害が生じえない記録や証拠については，予審段階でも閲覧を無制限に認める立場を採用した。
　このように成立した帝国刑訴法の解釈をめぐっては，いくつかの問題がすぐさま生じた。まず，147条1項でいう「前項以前の時期」とは，どの時期までを

意味するのかという問題が生じた。次に、この論点とも付随して、同条3項の適用がある手続時期はどこまでを想定したものなのかとの問題が生じた。次節では、これらの議論を概観することによって、帝国刑訴法制定の運用状況を確認し、これにより帝国刑訴法における記録閲覧制度の性格を具体的に確認する。さらに、この帝国刑訴法の記録閲覧制度がどのような批判を受け、どのような方向へと改革されようとしたのかを確認する。

III　1908年草案と個別的改善

1　帝国刑訴法の記録閲覧規定をめぐる議論

　帝国刑訴法制定後における147条に関する解釈論上の問題として、記録閲覧権が認められる具体的な手続時期が議論された。

　第1に、予審前の時期に147条2項の適用があるかをめぐってなされた議論が挙げられる。これに関して、Thilo[93], Mamroth[94], Isenbart-Samter[95], Birkmeyer[96]らは、147条2項が予審前の時期にも適用されない法的根拠はないとして、同項はすべての手続時期に適用があると主張した。

　これに対して、W. Rosenberg[97], Schorn[98], そしてSchwarze[99]らによる反対説が有力であった[100]。彼らは、2項の「裁判所の審問記録」という文言を根拠として、予審前の時期では、たとえ裁判官によってとられた調書であっても、それは「検察官の記録」なのであるから、予審前には「裁判所の審問記録」は法的に存在しえないとして、予審前の手続時期における147条2項の適用を否定した。これに伴い、検察と警察が保管する記録に対する閲覧権も否定されている[101]。このように、帝国刑訴法147条は、基本的に予審段階以降の手続時期にのみ適用されるという見解が有力化した。

　第2に、147条3項が予審前の時期に適用があるかどうかが議論された。これに関しては、同条2項の議論とは対照的に、その適用を認める見解が大多数であった。その代表的見解としては、後述の1908年草案やW. Rosenbergの見解が挙げられる。W. Rosenbergは、帝国議会委員会の第1読会において「GrimmとWolffsonは、その提案によって2項の範囲の限定を試みたといえる。しかし、帝国議会の委員会はこの提案をそれほど重視しなかった」として、147条2項と3項とが独立して規定されたことに注目した。そのうえで、「この

ような根拠付けは，予審だけでなく捜査手続にも当てはまる。委員会はその根拠付けに適合するよう，2項にGrimmとWolffsonの提案を付け加えたのではなく，3項として独立させた。捜査手続中において3項にいう調書や鑑定書の閲覧を拒否する必要はまったくない」と述べている。この見解により，帝国刑訴法147条は，予審段階前の捜査段階へは原則として適用されないこと，例外的に147条3項は捜査段階にも適用されることが明らかにされた。

このことに加えて，帝国刑訴法においては，糺問的な予審の構造が公判前手続全体を質的に規定し，その予審で得られた調書が公判審理で決定的な役割を果たしていたとの指摘に鑑みれば，被告人側は，記録閲覧によって，糺問的な予審手続，さらには捜査の過程や結果を確認することができるにとどまったとも評価できよう。その基本構造は，帝国刑訴法以前の状況を基本的に引き継ぐものであったといえるが，例外的に，147条3項により，捜査段階からの記録閲覧（とそれを通じた手続の公開）とそれを前提とした被告人側の手続への関与も可能であった。

以上の確認作業を踏まえ，このような基本構造を有する帝国刑訴法が，どのような改革要求にさらされ，どのような方向で改正されようとしたのかを確認する。

2　帝国刑訴法に対する改正要求と1908年草案

その公布時からすでに生じたとされている，帝国刑訴法に対する厳しい批判に，147条もさらされた。帝国刑訴法における公判前手続については，訴追側と弁護側の間における武器対等は保障されておらず，また記録閲覧権は大幅に制限され，防御権の充実に比べ効果的な刑事訴追の確保が優先されている，と批判された。この問題点に対し，公判前における制限的な記録閲覧制度を改善し，制限のない記録閲覧を求める意見が多く示された。これらの要求は，理論的には武器対等原則から，そして弁護人を中心とする実務家の視点からは充実した弁護の準備のためには，時宜を得たそして全面的な記録資料の閲覧から得た情報が必要であるという根拠から示された。

このような状況のなか，帝国司法省は，1903年に21名からなる刑事訴訟改革委員会を招集し，刑訴法改正に着手した。この改正作業において，147条も議論され，1908年草案147条として提案された。以下，その経緯を概観する。

刑事訴訟改革委員会では第1読会と第2読会が行われているが，記録閲覧権に関する実質的な議論がなされたのは，第2読会においてであった。同委員会はすでに予審の維持を決定していたが，公判前手続における制限のない記録閲覧権を提案する者はいなかった。第2読会では，予審開始後に原則的として記録閲覧権を弁護人に認めることについては全員の一致があった。論点は，①裁判所に提出されていない記録，とくに添付記録（Beiakten）を閲覧する権利も認めるべきか，②予審の当事者公開という委員会決定に関連してどのような規定が必要か，③捜査手続においても記録閲覧権を認めるべきか，という3点に絞られた。

　論点①については，その添付記録が「審問と関連する限りで」閲覧が認められるべきとする見解が支持を集めた。論点②については，予審開始後には原則として記録閲覧権が認められるべきとされた。そのうえで，予審中に，記録内容の情報が，被告人によって，被告人の利益のため，審問目的を阻害するため利用されうる場合には，予審判事は個別の記録閲覧を拒否する権限を有するとすべきとされた。さらに，帝国刑訴法147条3項が予審段階においても適用されることが確認された。そして，論点③との関係では，捜査手続においても，147条3項の適用があるとされた。

　この委員会決定を前提として，帝国司法省はさらに議論を行い，1908年9月1日に裁判所構成法草案と刑事訴訟法の草案を公表した。翌年，この1908年草案は，政府により帝国議会に提出され，帝国議会および第7委員会において検討されることになった。

　1908年草案147条1項は，「弁護人は，裁判官の命令により添付されたその他の記録を含めた裁判所の記録，そして公的に保管されている証拠を閲覧する権利を有する。公判開始請求までは，閲覧許可が審問目的を阻害する可能性があるときは，個々の記録閲覧は拒否されうる。」と提案された。この提案は，帝国刑訴法147条1項および2項を一本化し，改正を加えたものといえる。この草案における改正点としては，次のことが確認できる。第1に，閲覧対象として，「裁判所の記録」以外に「裁判官の命令により添付されたその他の記録」，「公的に保管されている証拠」が明文で規定されたことである。第2に，制限されない記録閲覧権が認められる時期が，「公判開始請求後」とされたことである。そして第3に，「個々の記録閲覧は拒否されうる」とされたことである。

第1の点につき，草案は，帝国刑訴法147条2項で規定される手続時期に裁判所の審問調書のみが閲覧できる点を批判的に捉え，「閲覧権は，審問との関連で意味があるがゆえに記録に併合されるか，または裁判官の命令により添付された全てのものに適用されなければならない。引用された記録の一部のみが審問に関して意味を有しているだけであっても，当該被引用記録の添付を，裁判官は命じなければならない」と述べている。また，「現行法が規定していない部分について，閲覧権は公的に保管されている証拠物にも適用されるという規定によって明確化した」と説明している。[121] このように，帝国刑訴法における閲覧対象が不明確であることが批判的に捉えられ，審問行為，すなわち当該手続との関連性が閲覧対象の基準であることが明示されたといえる。

　第2の点については，明確な説明はなされていない。第3の点については，「帝国刑訴法147条1項で規定されている手続時期以前には，記録閲覧は全般的に禁止されている。しかし，このような区別は正当と思われない」として，記録閲覧を拒否する場合には個別具体的に行うべきとしている。[122]

　1908年草案147条2項は，「専門家の鑑定書の閲覧，そして被疑者の取調べに関する調書の閲覧，弁護人に立会いが許されていた，又は許されなければならなかった審問行為に関する調書の閲覧は，手続のいかなる場合においても拒否されてはならない。」とされた。これは，帝国刑訴法147条3項とほぼ同様の規定内容であったが，さらに草案は，同3項の「記録は手続のいかなる段階においても閲覧拒否されてはならない。すなわち捜査手続にも適用があること」を明確化した提案であると説明している。[123]

　草案147条3項の規定は「その申請によって，記録を閲覧するために，弁護人にその住居へ持ち出しさせることができる。」というものであった。これは帝国刑訴法147条4項に当たる規定である。草案は，同4項にいう「裁判長の裁量により」の文言を削除した。その理由として，このような制限により，帝国刑訴法においては，起訴状提出後の記録の持ち出しがそれほど認められていないが，それは正当ではないことが挙げられている。[124]

3　1908年草案の構造とその問題点

　1908年草案の内容についての概観を踏まえ，さらに検討を進める。1908年草案自体の基本的な姿勢は，①帝国刑訴法の欠陥は個別的な改善によって除去す

ることができること，②公判前手続の完全な再構成は，被疑者の利益にも真実発見にも役立たないこと，を前提とするものであった[125]。

 この基本姿勢を踏まえると，記録閲覧制度はどのように位置付けられるのだろうか。まず，帝国刑訴法と同様の基本的構造を有する記録閲覧制度が原則的として維持されていることが挙げられる。予審段階における記録閲覧権は認められているものの，その制限も認められており，捜査手続における記録閲覧権も否定されているからである。また公判開始請求まで閲覧の制限が可能とされるなど，むしろ帝国刑訴法に比べ後退する部分も有していた[126]。

 このように1908年草案においては，予審の当事者公開が認められたことに伴い，記録閲覧権の制限を個別具体的なものに限定しようという提案がみられるものの，記録閲覧による公判前手続の公開を弊害のない場合に限定しようという点では，帝国刑訴法の基本構造は維持されていたといえる。他方で，1908年草案147条1項の提案は，検察官による閲覧対象の選別を限定しようとしたものと評価できる[127]。

 このように，帝国刑訴法における基本構造を維持したうえで，記録閲覧制度を整備し，個別的改善によって改正しようとしたのが1908年草案の特徴である[128]。1908年草案の起草者は，帝国刑訴法の「根本的欠陥が，被疑者・被告人及びその弁護人が自己に不利益な証拠を通常公判のときに初めて，ほとんどは起訴状によって初めて知るということにある」という認識を踏まえ[129]，上記の個別的改善を提案したとされている[130]。1908年草案は，帝国刑訴法における記録閲覧制度の問題点について，当時どのように認識されていたかを把握する手掛かりを示しているといえる。

 その問題点の第1としては，公判段階における記録閲覧の対象を検察官が選別できることと，その判断基準の不明確性が挙げられる。「閲覧権は，審問との関連で意味があるがゆえに記録に併合されるか，又は裁判官の命令により添付された全てのものに適用されなければならない」という草案の理由は[131]，当時の記録閲覧対象（すなわち提出記録や証拠）の検察官による選別が問題視されていたことを示している。当時のドイツにおいても，単純にすべての「一件記録」が閲覧対象とされていなかったことが示されていたと評価できる。その解決策として，1908年草案は，閲覧対象について裁判所によるコントロールを認め，また閲覧対象に関する規定上の整備を試みたといえる。

第2の問題点として，予審段階における記録閲覧権が十分に保障されていなかったことが挙げられる。それゆえ，草案は，予審段階における記録閲覧拒否の可能性を維持しながらも，予審段階における記録閲覧権の保障を原則とし，そのうえで記録閲覧の一般的・全般的な閲覧拒否を否定しようとしたのである。
　第3に，捜査手続においても記録閲覧権の保障が必要であることが認識されていたことが挙げられる。それゆえ，草案は，帝国刑訴法147条3項の捜査手続への適用を明確に認めるべきとしたといえる。
　もっとも，これらの問題点が草案によって解決可能であったかについては，当時も疑問視されていた。1908年草案に対しては，帝国刑訴法に対する当時の問題提起に応え，着実な改正を行っているようにみえるが，他方で，その実質は「見せかけの譲歩（Scheinkonzession）」[132]であるとか，「主文のなかに，但し書きで再び断ち切られるような原則を掲げているのが草案の特徴である[133]」といった批判が提起されていた。たとえば，HeinemannやW. Rosenbergは，予審段階で記録閲覧権が原則として認められるか否かが重要なのではなく，予審判事によって記録閲覧が拒否される可能性があるか否かが問題なのだと批判した。[134] さらに制限されない記録閲覧権が認められる時期が「公判開始請求後」と提案されたことについても，閲覧拒否の可能性がある時期が長期化したことに鑑みれば，むしろ弁護人の地位を低くするものであるとの批判も存在した。[135]
　また，1項の「添付記録」の閲覧など検察官による閲覧対象の選別に関する整備に関しても，反対意見が大多数であった。その理由としては，実務では裁判官による添付命令はほとんど行われていないことが挙げられた。むしろ，裁判所の添付命令がなされないだけで，弁護人には閲覧させられず裁判所に送られる「内密の添付記録」が発生することになるという批判が提起された。[136] これらの批判は，検察官による閲覧対象の選別を規制する必要は認識されていたものの，その規制の主体を裁判所に委ねることを疑問とする当時の認識を示すものといえよう。[137]
　とはいえ，これらの議論の検討を通して，帝国刑訴法における記録閲覧制度について示されていた課題はより明確になったといえる。第1に，検察官の判断によって裁判所に提出されず，そして閲覧対象とされない記録や証拠を閲覧対象とする制度をどのように構築するかである。その意味で，帝国刑訴法の制定過程における第1読会の議論は，「表現上の問題」にとどまらない重要な内

容を含むものであったといえる。

　第2に，捜査段階や予審段階における記録閲覧権の保障は重要な意味を有するということである。このことは，草案の理由書などからも窺うことができる。もっとも，その根拠は十分に明示されていない。

　第3に，閲覧権と閲覧拒否制度との関係である。1908年草案では，原則として閲覧を認める適切な閲覧制度の構築を具体的にどのように行うかが模索され続けていた。少なくとも，一般的抽象的に閲覧拒否を認める制度のあり方は，相当に疑問視されていたといえる。

　これらの課題について，1908年草案以降，ドイツではどのような議論や検討がなされたのであろうか。次節では，この点について検討を進める。

Ⅳ　1920年草案における全面的改正要求

1　1908年草案後の改正要求

　1908年草案の公表後[138]，上述の批判に加えて，記録閲覧権の規定に関しては，とくにMamroth，W. Rosenberg，ベルリン弁護士協会などの弁護士層を中心として，予審段階における制限されない記録閲覧制度が要求された[139]。

　たとえば，Mamrothは，捜査段階における制限されない記録閲覧制度の採用を提案した。彼は，帝国刑訴法147条について，「予審判事を，閲覧権に対して制限的な方向へと位置付けるものであるがゆえに，この点については個別的な改善がなされるべきでない」とし，「多くの場合，公判審理は検察官の捜査記録によってのみ準備されるのであるから，これらの記録に弁護人がアクセスすることができないままであるということは，まったく不可解である」とし，手続の全段階における制限されない記録閲覧が保障されるべきとした[140]。

　もっとも，これらの見解に対しては，閲覧拒否の可能性を明文で規定することは原則として必要であるという見解が，裁判官や研究者から示されていた[141]。たとえば，Leyendeckerは，帝国刑訴法で規定されている記録閲覧権の制限でも不十分であるとし，「記録閲覧権は事件の内容が解明されたときに初めて認められるべきである」と主張している[142]。

　このように記録閲覧制度については，記録閲覧権に対する制限の可否，記録閲覧権が保障される手続時期などをめぐって，依然として議論が続いていたこ

とを確認できる。

2　1920年草案成立過程とプロイセン司法大臣の一般的指示

　上記の1908年草案は実現することなく[143]，その後，実体法改正が手続法改正に比べ先行されるべきであるという意見が有力となった。このような状況のなか，第1次世界大戦が勃発したこともあり，刑訴法改正作業は完全に中断された。もっとも，その後，事態は急変した。1918年11月に入ると，労働者・兵士を中心とした革命が生じ，同年11月9日にドイツ帝政は崩壊して，ドイツ連邦共和国が成立することになった。このような情勢のなか，刑事訴訟法や裁判所構成法を可能な限り迅速に改正すべきとする動きが生じた[144]。

　1918年末にベルリンの刑事弁護士のなかから刑事法協会が結成され，また，ほぼ同時に，戦前から刑訴法改正について，もっとも活発な動きをみせていたI・K・V（国際犯罪学協会）が，ベルリン会員会議において刑訴法改正を目的とする委員会設置を決議した。両者とも，帝国刑訴法を基盤として刑訴法改正の準備を行うという点で一致していた[145]。

　1919年1月19日に，国民議会の選挙が行われ，同年2月26日に，ヴァイマールで憲法制定のための国民議会の招集が行われた。同年2月10日に，国民議会は，憲法制定までの暫定的措置として「暫定的国権に関する法律（Gesetz über die vorläufige Reichsgewalt）」を制定し，国民議会に憲法制定権や緊急な法律を制定する権限を与えた（同法1条）。

　政府は，James Goldschmidtに委嘱し，刑訴法改正草案の作成を進めた[146]。そして，1920年1月に[147]，政府は，裁判所構成法草案と刑訴法草案，そしてそれらの理由書を発表し，国民議会を通した改正を目指した。この草案は，「大胆な構想」[148]と呼ばれ，「1908年草案以上の徹底的で根本的な改正」[149]を提案するものであった。この改正の基本的な方向性は，帝国刑訴法における糺問的残骸の除去，当事者主義の貫徹，第1審における素人の一般的な関与の維持，すべての刑事事件について控訴を許容するなどのすべての手続構造の本質的な改革であったとされる。このような性格の草案において，記録閲覧制度についても大幅な改正が提案された[150]。

　この1920年草案の公表前に，記録閲覧制度に関しては重要な動向がみられた。この重要な動向とは，捜査段階において検察官が保管する証拠や記録の弁

第1章　ドイツにおける記録閲覧権と手続構造との関係　231

護人による閲覧が認められたことである。1918年12月30日，プロイセン司法大臣は，一般的指示（Allgemeine Verweisung）として，審問目的を阻害する可能性がない限りで，捜査段階において弁護人に検察官が保管する証拠や記録の閲覧を認める旨を指示した。さらに，審問目的を阻害することを理由に閲覧を拒否した場合にも，その理由を書面で弁護人に伝えるべきことも指示した。

　この一般的指示は，「時宜を得た弁護そして適切な弁護が，事件処理を迅速にすると同時に，無罪判決で終わる公判審理，それにより避けられるべき公判審理の数を減少することについて効果的に貢献することができる[151]」という理念を根拠とするものであった。これは，当時の「社会的混乱による犯罪増加に対する刑事司法の有効な対処の要求[152]」を重視するものであったと考えられる。

　ドイツにおいては，捜査や予審における記録閲覧は，当該手続の公開を意味するとされ，それゆえ効果的な刑事訴追を阻害するものとして否定的に捉えられてきた。それゆえ，とくに，捜査段階における記録閲覧については一貫して否定されてきた。このような経緯にもかかわらず，むしろ刑事訴追の効率を促進することを理由に，捜査段階からの記録閲覧が公的に認められたという事実は重要といえる。さらに，その根拠として，捜査段階からの弁護権保障の重要性だけでなく，それにより公判前の段階でのダイバージョンの促進が挙げられていたことも重要といえよう。捜査・予審段階における記録閲覧の意義や機能として，防御権の保障，手続の当事者への公開，さらには同手続におけるダイバージョンの促進が示されたといえる。後者については，捜査・予審段階からの被疑者側の主体性保障や関与の強化により妥当な訴追判断を維持しようとする考え方を確認することができる。このように，この一般的指示は，これまでの経緯を踏まえれば，重要な動向であったといえる。

　このような状況下で，ドイツでは，1920年草案をめぐって激しい議論がなされることになった。以下では，同草案やそれをめぐる議論を概観し，さらに検討を進める。

3　1920年草案の具体的内容

　1920年草案は，書面・秘密の糾問的な予審の存在，そしてその公判前手続の結果が公判審理に大きな影響を及ぼしていること，そして公判審理自体の糾問的構成によって，帝国刑事訴訟法全体が糾問訴訟化されているという認識を前

提としていた。そのうえで，草案は，予審を廃止し，公判前における記録・調書の公判審理における朗読可能性を原則として排除し，当事者の公判審理における証拠提出権を提案した。

この草案全体の特徴は，記録閲覧制度の規定にも明確に現れていた。その現れの1つが，被疑者自身にも固有の記録閲覧の可能性が認められたことであった。1920年草案34条は，以下のように規定されていた。

　　34条　官吏の監督の下，被疑者に，公務所（Amtsstelle）における記録及び証拠物の閲覧を許すことができる。

同規定について，1920年草案の理由書は，「草案で貫徹されている被疑者の地位に関する改革は，被疑者が信頼するに値する人物で，かつ十分な監督が可能である場合に限り，記録及び証拠物の閲覧を被疑者に認めることを適切とする」と述べている。

また，弁護人の記録閲覧権も大幅に強化されている。帝国刑訴法147条に当たる1920年草案172条1項は，帝国刑訴法同様に記録閲覧権の基本原則を規定していた。

　　172条　①弁護人は，特別な許可なく，添付されたその他の記録も含めた捜査記録並びに公的に保管されている証拠物を，公務所で閲覧する権限を有する。

本項により，弁護人は原則として刑事手続全体を通じた記録閲覧権を有することが明確にされた。また，閲覧対象についても「裁判所に提出された記録」ではなく「捜査記録」としているのも大きな特徴である。理由書は，予審の廃止により捜査記録の閲覧を保障することが必要となったことを理由として挙げている。

1項に対する例外的な制限規定として，2項が提案された。

　　172条　②捜査手続中，手続の目的が阻害される可能性があるときは，弁護人に対して記録の個々の部分又は個々の証拠物の閲覧を拒否することができる。ただし，捜査終結前（194条）に，少なくとも1度は記録又は証拠物を閲覧する機会が与えられなければならない。

2項は，捜査手続においても，全般的・一般的な閲覧拒否を禁止し，さらに

必ず1度は閲覧の機会を弁護人に認めることを要求するものであった。1908年に開かれたベルリン弁護士協会では，捜査手続段階において弁護人が捜査書記録の内容をその依頼人に対して秘密にしておくことが義務付けられた場合にのみ，捜査手続における記録閲覧は許されるとの提案がなされていた。1920年草案は，この提案を超える内容を提示していた。172条2項但書の理由として，上記の弁護人の義務は，あまりに重い良心の葛藤（Gewissenskonflikt）を弁護人に課してしまうことが挙げられている。

3項は，1908年草案147条2項とほぼ同様の内容を提案したものであり，すべての手続段階で制限なく閲覧できる証拠や記録の類型を挙げていた。

4項は，公訴提起後に弁護人が選任された場合についての規定であった。

5項は，1908年草案147条3項とほぼ同様の内容で，「手続が遅延されない限りにおいて，弁護人の申請により，弁護人にその住居又は事務所に，記録をその閲覧のため持ち出しさせるものとする。」とした。

さらに，これらの規定以外にも，記録閲覧制度に関する改正案が示されている。1920年草案137条2項6文は，「勾留命令の維持は，弁護人に対し閲覧が拒否されている記録部分又は証拠物を根拠とすることはできない。」とされた。閲覧拒否が認められない証拠や記録を定めた172条3項に加えて，証拠や記録の閲覧の拒否が認められない場合を明示したものといえる。歴史的な関連はともかくとして，後述のように，このような勾留の根拠資料については閲覧拒否はできないとする見解は，戦後のドイツにおいて有力化することになる。さらに，記録閲覧制度に関連する提案として，193条1項が挙げられる。

> 193条　①捜査手続における検察官の措置が，事件の関係者から不服を申し立てられた場合，法が他に規定していない限りで，区裁判所裁判官がその決定を行う。この区裁判所裁判官の決定を取り消すことはできない。

この規定により，捜査段階における記録閲覧拒否に対する区裁判所裁判官による法的救済が提案された。この閲覧拒否に対する不服申立て制度も，戦後のドイツにおいて，その採用が有力に主張されることになる。

4　1920年草案における記録閲覧制度とこれに対する反応

以上のように，1920年草案は，記録閲覧制度の大幅かつ多様な拡大・強化を

提案するものであった．次に，同提案に対する反応を概観し，検討を行う．

　W. MittemaierやKoffka，そしてAlsbergらは，1920年草案における記録閲覧権の提案に賛成意見を示していた。もっとも，1920年草案に対する意見の大多数は反対意見であった．たとえば，Wachは，とくに172条1項および2項に対して，「現行法は弁護の目的に適っていないということについては長年一致していたところである」が，草案は記録閲覧権を過度に強化していると批判したうえで，「裁判所の記録と裁判所に提出された記録のみが，自由に閲覧されてよい」とし，1920年草案が提案する予審廃止と適合するのは，記録閲覧権の拡大ではなく，むしろその制限であるとした．さらに，被疑者と関連のない記録を，閲覧対象には含めるべきではないとも批判している。

　また，Chrzescinskiも，172条1項によって検察官の手控え（Handakten）が閲覧対象に含まれていることを激しく批判した．彼は，検察官の手控えに閲覧権を適用させるべきとする見解は，「検察官が，閲覧させられるべき記録を違法に手控えとすることによって，弁護側に閲覧させないのではないか」という疑いに基づくものであるとし，これに対し「手続の合法性とりわけ検察官自身の合法性を監視するのが検察官の任務である」と述べている。

　また，W. Rosenberg，Hagemann，Dahmらも，1920年草案における閲覧権および早期の当事者公開について，弁護人にあまりにも譲歩するものであり，刑事訴追の効率を阻害するおそれがあるという見解を示していた。

　そして，後にドイツ公判前手続における弁護権の歴史について詳細な研究を行ったKrattingerも，1920年草案について，捜査の有する公判審理への影響を大幅に削減しようとしたのに対し，捜査手続における弁護権を大幅に拡大したことは矛盾しているのではないかとの批判を行っている。

　以上のような1920年草案に対する批判的な反応は，大きく3つに分類することができよう。

　第1に，Wachのように，予審廃止と，閲覧対象たる記録および証拠の概念や閲覧権が認められる手続時期との関係に対する批判が挙げられる。この批判は，記録閲覧権を「裁判所の記録と裁判所に提出された記録のみ」を対象としたものと位置付けるものといえる。裁判所を中心とする職権主義を前提とする制度理解からの批判といえよう。これらの見解は，予審という裁判所を中心とする手続が廃止される以上，同手続に関する記録閲覧権は存在しえないと理解

したのであろう。

　もっとも，このような理解は，帝国刑訴法147条3項を説明できないと思われる。他方で，このような批判の存在は，ドイツにおける記録閲覧制度が，純粋に職権主義との関係のみで存在し，展開されてきたのではないことを示すものといえよう。

　第2に，Chrzescinskiのように，閲覧権の拡大と準司法官という検察官の性格とは適合しないとする批判が挙げられる。Chrzescinskiは，閲覧権の強化は「弁護人による検察官の監視を意味する」とし，予審廃止によってもたらされるべきなのは，「客観的不偏的な独立の官吏」たる予審判事の客観性・不偏性を検察官に委譲することだとする。そうすると，予審廃止後のあるべき刑事手続は，客観的・不偏的な検察官の主宰する捜査手続を前提とすることになり，これに対する「弁護人による監視」，すなわち捜査手続における記録閲覧制度は必要ないというのである。

　しかし，予審廃止がただちに上記のような捜査手続像をもたらすことになるかについては疑問の余地がある。小田中聰樹も指摘するように，草案の作成者Goldschmidtは，そもそも「予審判事は実は裁判官の衣をまとった捜査官吏にすぎない」という認識に立ったうえで，予審を廃止し，弁護権の強化や検察官調書の証拠能力制限などによって，捜査手続の公正性を保障し，被疑者の権利保障を図ろうとした。そうすると，ここでの予審廃止によって導かれるのは，「検察官は一方当事者であるとする認識こそ，むしろ客観性・不偏性に向けての有効な匡正を可能とする」捜査手続像であったともいえる。1920年草案は，検察官による捜査手続は，あくまで一方当事者たる検察官によるものと位置付け，捜査段階から反対当事者たる被疑者側による関与を必要なものとし，その関与の実効性を保障するために記録閲覧権を強化したものであったと評価できる。他方で，Chrzescinskiの批判は，予審廃止や検察官の地位との関係で，捜査・予審手続における記録閲覧権の意義や機能に対する当時の認識を窺わせる重要なものといえる。

　第3に，Krattingerのように，公判前手続における記録閲覧権を強化することは，予審を廃止し，公判前手続を短縮するなどして，公判前手続の比重を軽くすることと矛盾するのではないかという批判が挙げられる。公判前手続の比重を軽くすべきとする見解の代表例であったI・K・V派の見解の核心は，必

然的に秘密・糾問的にならざるをえない捜査手続の期間を可能な限り短縮することによって，公判が捜査記録や証拠の引継ぎの場になり公判の口頭・直接主義を形骸化するという状況を防止しようとすることにあった。Ⅰ・Ｋ・Ｖ派の大多数は，検察官による捜査手続を一方当事者の行為であるという認識に立ったため，捜査手続は秘密のものでなければならないとして，記録閲覧権を否定した[181]。以上を踏まえ，Krattingerは，捜査手続の位置付けと閲覧権強化との関係で，草案の提案には内部矛盾が存在するのではないかと批判したのである。

　この点，弁護人の情報権について詳細な研究を行ったWinterは，上記の批判について，「捜査手続において拡大された弁護権の主要な目的をあまりに過小評価している。その目的とは，すなわち，捜査段階においても被疑者を消極的な客体的地位から脱却させ，公判審理を避けるために，手続打ち切りを目指す十分な可能性を被疑者に認めることである[182]」と指摘している。Winterによる指摘が適切であることは，1920年草案が，捜査終結前における検察官の被疑事実の口頭による告知制度である捜査終結尋問を提案していたことからも窺うことができる[183]。この尋問前の段階で，捜査記録や証拠をすべて閲覧した被疑者側は検察官の公訴提起の決定に対し，主体的地位や関与を前提とした訴追判断への影響力を持つことが可能となること（Chrzescinskiのいう「検察官の監視」）が想定されていたといえる。光藤景皎も，1920年草案は，公判前手続が「必然的にある程度の期間にわたると考えたからであろうし，また公判での武器対等を実質的なものにするため被告人・弁護側の準備の必要を認識した」と指摘している[184]。

　このように1920年草案は，公判前手続における記録閲覧制度の意義や機能たる被疑者の主体的地位の保障の具体的内容として，「手続打ち切りを目指す十分な可能性を被疑者に認めること」や捜査段階からの「公判の準備」を意図していたといえる。また，捜査手続を一方当事者によるものと位置付けることと記録閲覧権の保障との関係に関する当時の認識の一部も確認することができる。

　第4に，効果的な刑事訴追が維持できないという伝統的批判を挙げることができる。たとえば，Krattingerは，1920年草案が挫折した理由として，政治的混乱・経済的急迫，一般的な不安定さと，それに伴う犯罪の異常増加の時代にこの議論がなされたことを挙げる[185]。そのような状況下で，被疑者および弁護人にあまりに広範囲な権限を認めたことが批判されたというのである。

もっとも，このような批判も，上述のプロイセン司法大臣の一般的指示によって捜査段階での記録閲覧が認められた理由に鑑みれば疑問が残るものである。さらに，上述の1920草案に対する批判の検討からも明らかなように，捜査段階における記録閲覧権の意義や機能は，無用な公判審理を避け，手続打ち切りの十分な可能性を被疑者に認めることをも内容とした。そうすると，記録閲覧の十分な保障と効率的な刑事訴追は矛盾しないという論理も成り立つといえよう。

5　1920年草案における記録閲覧制度の意義

　以上の検討を経て，1920年草案における記録閲覧制度の意義が，以下のように明らかとなった。

　第1に，帝国刑訴法や1908年草案が相当程度前提としてきたと考えられる「裁判所に提出された（提出すべき）記録を閲覧する」という記録閲覧制度の基本思想から，大胆な転換を図るものであったということである。そうすると，記録閲覧権の保障がなぜ必要なのかについて，別の説明が必要となる。帝国刑訴法147条2項や3項も，実はこの説明を必要とするものであったと考えられるが，1920年草案は正面から，この課題に取り組んだものといえる。

　この説明として，第2に，公判前手続における記録閲覧権の意義が示されたことである。1920年草案は，予審廃止と並行して，捜査機関の権限強化はそれほど行わず，他方で被疑者の防御権や弁護権を大幅に強化した。同草案では，公判前手続において両当事者が主体的に証拠を収集するなどの活動を行うことが予定されていたといえる。この主体としての活動の前提として，記録閲覧制度は位置付けられた。もっとも，この論理自体は目新しいものではない。同草案は，公判前手続を被告人側の準備手続として構成するだけでなく，同手続における被疑者の主体的地位を認めることにより，被疑者側にとって，さらには刑事司法全体にとって負担となる公判審理を避ける十分な可能性を認めたことが重要である。この意味での主体的活動の前提として，記録閲覧制度が位置付けられていたといえる。

　第3に，これまでの改革論で示されてこなかった勾留と関連付けられた記録閲覧権の保障や閲覧拒否決定に対する法的救済という考えが示された点である。これらの改正点が，公判前手続における被疑者の主体的地位の保障，さら

に刑事手続全体における実質的武器対等に不可欠であると考えられていたといえる。

　後者について，1920年草案は，長年議論がなされてきた閲覧拒否の可否や閲覧拒否を前提とする場合の具体的制度のあり方について，1つの回答を示したものといえる。同草案は，制限されない閲覧権の保障は，むしろ弁護人にとって不利益となる場合があるとの考え方を採用した。そのうえで，明文規定によって閲覧拒否要件を厳格化し，さらに不服申立てを認めるという方向性を示した。このような考えは，ドイツにおける，以降の議論にも大きな影響を与えたといえる。

　以上のように，1920年草案における記録閲覧制度は，公判前手続における被疑者の主体的地位を保障するための記録閲覧制度の具体的あり方を示した点で重要な意義を有するものであったといえる。

V　ナチス期における記録閲覧制度の制限

1　ナチス期への突入

　上述のような大多数の批判もあって，政府は，国民議会を通しての1920年草案による刑訴法改正を断念し，まず実体刑法の改革を優先することを判断した。結局，ヴァイマール期に記録閲覧制度の改正が行われることはなかった。1930年に，司法省は多くの刑訴法改正に関する提案を含む刑法典導入法草案を提出した[186]。しかし，このような実体刑法の改革と並行した手続法の包括的改正を近い将来に行うことは不可能であるとして，この刑法典導入法草案は拒否された[187]。

　その後，まもなくヴァイマール体制は実質的に崩壊し，1933年1月にはHitlerが宰相に就任した。さらに，同年3月の総選挙でナチスは過半数の議席を占め，Hitlerが全権を掌握した。このような情勢のなか，記録閲覧権との関係では1939年に草案が提出された[188]。

　同草案は，1936年12月14日に開始された「大刑事訴訟委員会（Große Strafprozeßkommission）」での審議を基礎とするものであった。そこで，まず，同委員会に提出された司法省草案（Entwurf einer Strafverfahrensordnung, einer Friedensrichter- und Schiedsmannsordnung und eines Girichtsverfassungsgesetzes）を

確認したうえで，委員会の審議を概観する。

2　1939年草案の審議過程

1936年に提出された司法省草案140条は，以下のような内容であった。[189]

> 140条　①公訴提起後，弁護人は裁判所の記録及びそれに添付された記録を閲覧し，職務上保管されている証拠を閲覧することができる。
> ②公訴提起以前の時期において，手続の目的が阻害されない場合には，検察官は，裁判所に提出されうる記録及び職務上保管されている記録を許可しなければならない。
> ③被疑者の供述録取書及び弁護人が立ち会う権利を有していた審問行為に関する記録，鑑定書はいかなる場合も閲覧することができる。

委員会においては，その第1読会で，この草案について，①制限されない記録閲覧権を認める手続時期，②閲覧対象たる記録の概念を中心に審議が行われた。①については，「捜査の終結後」という手続時期が有力に主張された。これは，制限されない接見交通が認められる時期と同様であった。その理由としては，捜査終結後から捜査終結聴取までの期間における準備が，被疑者側にとって重要であることが挙げられている。②については，検察官の手控え（Handakten）などは除外されるべきであるとされ，「審理の対象とされるべき記録（die Akten, die zum Gegenstand der Verhandlung gemacht werden sollen）」と修正された。[190] この第1読会の結果が，以下のような草案として提出された。[191]

> 135条　①弁護人は審理の対象とされるべき記録及び職務上保管されている証拠を閲覧することができる。但し，捜査が終結するまで，検察官は，閲覧により手続の目的が阻害される可能性がある場合は，裁判所に提出されうる記録及び職務上保管されている証拠の閲覧を拒否することができる。
> ②被疑者の供述録取書及び弁護人が立ち会う権利を有していた審問行為に関する記録，鑑定書はいかなる場合も閲覧することができる。

このように，閲覧対象は「審理の対象とされるべき記録及び証拠」とされた。第1読会の議論を受けて，審理との関連性が，閲覧対象となるかの基準として採用されたと考えられる。

この草案を受けた第2読会では，さらに多くの議論がなされた。帝国弁護士会会長のNeubertは，第1読会草案に対して，記録閲覧対象は，「裁判所に提

出されるべき記録又は提出された記録」とすべきとの対案を示した。さらに，第１項に，「この権利は，当該手続において使用されない記録には適用がない」との１文を挿入すべきとした。これは，第１読会の草案が「審理の対象」という閲覧対象の判断基準に対する批判を含むものであった。Neubertは，「ある裁判長が，公判審理の準備段階で10の記録の提出を受けたとする。結局，重要と思われないという理由から，裁判長はそのうち３つの記録のみを審理の対象とする場合，裁判長によって使用された10の記録全ての閲覧について，弁護人が拒否されるということはあってはならない。なぜなら，裁判長が，事件や行為者の人物像について持ったイメージは，何らかのかたちで除外された残り７つの記録から影響を受けた可能性があるからである。このとき，弁護人も，残り７つの記録内容について知る可能性を持たなければならない」と述べた。この見解は，多くの賛成を得た。

捜査終結後から制限されない閲覧権が認められるという部分は修正を受けなかったものの，起訴前の段階における記録閲覧許可について，「閲覧を認めれば手続の目的が阻害される可能性がある場合」という制限が追加された。第２読会においては，多くの委員から記録閲覧権の濫用に対する批判や警戒が示された。制限なく閲覧が認められる第２項を不要とする見解もあるほどであった。この第２読会を経て，1939年草案146条が提案された。

> 146条 ①弁護人は，裁判所に提出されるべき記録又は提出された記録及び職務上保管されている証拠を閲覧することができる。
> ②但し，捜査が終結するまで，検察官は，閲覧拒否をしなければ手続の目的が阻害される可能性がある場合には，裁判所に提出されるべき記録及び職務上保管されている証拠の閲覧を拒否することができる。被疑者の供述録取書及び弁護人が立ち会う権利を有していた審問行為に関する記録，鑑定書はいかなる場合も閲覧することができる。

3　1939年草案の構造と記録閲覧制度

1939年草案は，帝国刑訴法および従来の草案が，一定程度で個人主義的な方向性を有し，個人の自由の保障を重視しており，民族共同体の保護や贖罪の要求を軽視しているという思想から出発しているとされる。ナチス期において確立された刑訴法改革は，再犯のおそれと公衆の憤激の危険という勾留理由の導入，口頭による勾留審査手続の廃止，必要的予審の廃止，検察官による管轄裁

判所の選択権,証拠調べにおける裁判所の裁量強化および供述調書の朗読可能性拡張,不利益変更禁止,検察官の勾留権限および捜索・差押え権限の承認,遵守事項つき起訴猶予制度の導入などであった。

　E.Schmidtは,これらの改革を「裁判所に対し,同様に被疑者・被告人に対する検察権限の大幅な強化」を軸とした,「すべての保障の弛緩,弁護の利益の解体,さらに検察官の影響力に比して裁判官による影響力の弱体化による,刑事手続の有する法治国家的機能を内部から崩壊させる」ものであったと評価している。[195] もっとも,このような国家社会主義的思想を背景にもつ同草案の制定過程においても,従来の議論が参照されつつ審議が進められたことには注意を払う必要がある。捜査段階における記録閲覧については,閲覧拒否が原則となりかねないような文言が提案されていたものの,公判段階における記録閲覧については,閲覧対象となる記録の検察官や裁判所による選別について限定を認める提案が示されたことは重要であろう。[196]

　また,この時期においても,公判段階における制限のない記録閲覧権の保障について異論がなかったことについては,別の理解も成り立つように思われる。ナチス期において目指された検察権限強化にとって,障害となるのは公判前手続における記録閲覧であり,公判段階における記録閲覧ではないという理解である。あるいは,公判段階における記録閲覧は,ドイツ刑事手続の不可欠の要素になっていたとの理解も可能であろう。1939年草案の規定が,帝国刑訴法147条と類似している理由も,このような観点から理解することが可能であろう。

VI　ドイツ記録閲覧権の生成と展開

　本章においては,ドイツにおける記録閲覧制度の展開過程について,帝国刑訴法の制定過程前の時期から1939年草案までの制度とこれに向けた改正論議を中心に概観し,検討してきた。これにより得られた成果は,以下のように整理できると考える。

　第1に,ドイツにおける記録閲覧制度は,職権主義という訴訟構造のみと密接に関連付けられてきたわけではないという歴史的経緯を確認できたことである。「改革された刑事訴訟」前の時期においては,さまざまな記録閲覧制度が

存在し，公判段階における記録閲覧自体も大きく制限されていた。その後，「改革された刑事訴訟」以降の時期には，「口頭・公開の弾劾的公判」の採用と結び付けられるかたちで，公判段階における記録閲覧制度の採用が一般化した。このことから，ドイツにおける記録閲覧権の展開過程は，訴訟構造だけではなく，弾劾主義の採用，さらには手続の公開とも関連付けられてきたことを確認できる。

　第2に，ドイツにおいても，閲覧対象をめぐる議論が長年なされてきたことである。帝国刑訴法においては，議論の結果，検察官の保管する証拠や記録は，裁判所に提出された限りで閲覧対象とする制度が採用された。そして，その提出には，審理対象や手続との関連性という基準が存在するものの，検察官による取捨選択が認められていた。もっとも，職権主義を採用するドイツにおいても，このような制度が当然視されていたわけではなく，むしろ疑問視する見解が有力であったといえる。たとえば，提出すべき記録を裁判所により決定してもよいとする立場（1908年草案の立場）や検察官は捜査によって作成・収集された記録や証拠をすべて閲覧させるべきとする立場（1920年草案の立場）などが示された。これらの見解が立法提案として示されたことからも，ドイツにおける記録閲覧制度は「裁判所に存在するがゆえに閲覧させる」という典型的な職権主義下における閲覧制度とは，異なるものであることがわかる。

　第3に，戦前の日本と同様，ドイツにおいても，公判前手続の改革と密接に関連付けて記録閲覧制度の改革が議論されていたことである。ドイツにおいては，糺問訴訟の克服という目的のもとで，公判前手続の改革が要求され続けてきた。そこでは，予審手続の改革が主張され，予審の当事者公開と関連付けられるかたちで予審段階における記録閲覧権の保障が主張された。さらに，学説においては，予審段階における被疑者・被告人の主体性保障のために記録閲覧権が必要であるとの見解も有力化した。

　このような議論状況のなか，帝国刑訴法は，記録閲覧という予審手続の公開によって具体的な弊害が生じえない記録や証拠，さらには予審段階で被告人側による関与が認められた審問行為（そもそも予審手続の公開がなされた審問行為）に関する記録や証拠については，予審段階においても閲覧を無制限に認める立場を採用した（帝国刑訴法147条3項）。1908年草案も，基本的に同様の前提を踏まえ，記録閲覧制度の改革を提案したものといえる。

これに対し，1920年草案は，予審制度の改革ではなく，予審廃止を前提とした記録閲覧制度を提案するものであった。このような議論の前提の変化のため，同草案には多くの意見や批判が示された。1920年草案は，予審廃止とともに，捜査機関の権限強化はそれほど認めず，他方で被疑者の防御権や弁護権を大幅に強化した。同草案では，公判前手続において両当事者が主体的に証拠を収集するなどの活動を行うことが予定されていた。そして，記録閲覧制度は，被疑者側による主体としての活動の前提として位置付けられていた。同草案において重要なのは，公判前手続を被告人側の準備手続として構成するとともに，同手続における被疑者の主体的地位を認めることにより，被疑者側にとって，さらには刑事司法全体にとって負担となる公判審理を避ける可能性を認めていたことである。同草案は，訴訟準備と手続打ち切りを目的とする主体的活動の前提として，記録閲覧権を位置付けていたといえる。

　第3とも関連して，第4に，検察官の地位と記録閲覧制度のあり方も関連付けられて議論されていたことである。帝国刑訴法の制定過程においては，司法官としての性格や客観義務を前提として，記録をすべて裁判所に引き継ぐべきとの見解（Struckmann）やそのような義務を課すことは不可能を強いることになるとの大多数の見解が挙げられた。さらに，1920年草案においては，検察官を当事者として位置付けたうえで，客観不偏的な刑事手続を目的として，検察官の主張や立証の有効な是正を可能とするための制限されない記録閲覧制度が明示された。これに対しては，予審廃止は予審判事の客観性・不偏性を検察官に委譲することを意味するとしたうえで，その客観性・不偏性を有する検察官による捜査手続においては，捜査段階における「弁護人による監視」たる記録閲覧は必要ないとする見解も示された（Chrzescinskiの見解）。このように，ドイツにおいては，準司法官論を前提としても，客観義務を前提にすべての記録や証拠を提出し閲覧させるべきとする見解と客観義務を前提として検察官の判断を全面的に信用すべきとの議論が存在した。他方で，検察官の当事者性を強調する議論においては，当事者である検察官の主張な立証を十分に是正するための手段として，捜査によって作成・収集された証拠や記録の閲覧が有力に主張された。

　第5に，公判前手続における記録閲覧権の保障のあり方について，長年の議論が行われたことである。ドイツにおいては，予審段階における記録の閲覧

は，予審の当事者公開を意味するという認識を前提として，予審の公開による弊害である「審問目的を阻害する可能性」という要件，さらには予審判事による閲覧拒否判断により，予審段階における防御権保障と刑事訴追の効率性のバランスをとってきた（帝国刑訴法147条2項がその典型である）。この前提を踏まえ，ドイツは，記録閲覧権の制限について，以下のような方法を採用した。まず，公判前手続における制限されない記録閲覧権を採用しないことを前提として，記録閲覧権の保障を可能な限り保障するべく，閲覧制限要件を個別具体的なものへと改正するという方法である。帝国刑訴法147条2項をもとにした実務においては，一般的抽象的な理由による恣意的な閲覧拒否が可能であったという認識が，その背景には存在している。次に，手続の公開や効率性との関係で具体的な弊害のない類型の証拠や記録の閲覧に対する制限を認めないという方法である。帝国刑訴法147条3項がこれに当たる。そして，閲覧拒否に対する不服申立て制度を設けるという方法である。1920年草案の提案がこれに当たる。

以上のように，ドイツにおける記録閲覧制度は，職権主義という訴訟構造だけでなく，公判手続における弾劾主義の採用，公判前手続の構造，検察官の地位，被疑者・被告人の主体性や防御権の保障，手続の効率性などさまざまな要素に規定されながら，基本的には職権主義固有の「裁判所に存在するがゆえに閲覧させる」という構造を超えるかたちで，閲覧対象や閲覧時期，閲覧に対する制限が議論され，立法提案がなされてきたといえる。

このような議論を土台として，第二次世界大戦後のドイツの記録閲覧制度は，大きく動くことになる。次章では，その動向を概観し，検討する。

1) ドイツの記録閲覧制度の起源は，ローマ法まで遡ることができるとされている。1877年帝国刑訴法までの記録閲覧制度の展開について詳細な検討を行っているものとして，Werner Schulz, Die geschichtliche Entwicklung des Akteneinsichtsrechts im Strafprozess, Diss. Marburg 1971.
2) Preussische Criminal-Ordnung von 1717, Cap. Ⅲ, §24.
3) Preussische Criminal-Ordnung von 1717, Cap. Ⅳ, §4.
4) Criminal-Ordnung für die Preussischen Staaten vom 11. Dezember 1805, §451.
5) Strafgesetzbuch für das Königreich Bayern, 2. Theil. なお，条文の訳については，久岡康成＝中村義孝「フォイエルバッハ・バイエルン刑事訴訟法（1）（2）（3）」立命館法学104号（1972）120頁以下，同115号（1974）25頁以下，同125＝126号（1976）191頁以下を参照した。
6) Hannover Criminal-Instruction Cap. Ⅳ §26. なお，条文の訳は，光藤景皎「ツァハリーエの刑事訴訟法論（3）」法学雑誌28巻3＝4号（1982）217頁以下，とくに298頁以下を参照した。

7) Die peinliche Gerichts-Ordnung,Tit. Ⅸ. §3. なお，同法の条文の訳についても，光藤・前掲注6) 238頁を参照した。
8) *Schulz* (Fn. 1), S. 141.
9) *Carl August Tittman*, Handbuch der Strafrechtswissenschaft und der Strafgesetzkunde, 2. Aufl. Bd. 3. 1824, S. 439 f.
10) Gallus Aloys Kleinschrod/Christian Gottlieb Konopak/C. J. A. Mittermaier (Hrsg.), Neues Archiv des Criminalrechts, Bd. 3. 1819, S. 170 ff.
11) Kleinschrod/Konopak/Mittermaier (Hrsg.) (Fn. 10), S. 171.
12) Kleinschrod/Konopak/Mittermaier (Hrsg.) (Fn. 10), S. 171.
13) Kleinschrod/Konopak/Mittermaier (Hrsg.) (Fn. 10), S. 172.
14) Vgl. *Gallus Aloys Kleinschrod*, Abhandlungen aus dem peinlichen Rechte und peinlichen Processe, Bd. 1. 1797, S. 75 ff.
15) Vgl. *Tittman* (Fn. 9), S. 441 f.
16) Vgl. *v.Bülow-Hagemann*, Practische Erörterungen aus allen Theil der Rechtsgelehrsamkeit, 2. Aufl. Bd. 1. 1806, S. 157.
17) Vgl. *Karl Grolman*, Grundsätze der Criminalrechtswissenschaft nebst einer systematischen Darstellung des Geistes der deutschen Criminalgesetze, 1798, §678 Fn. 1.
18) *Tittman* (Fn. 9), S. 442 f.
19) *Ernst Ferdinard Klein*, Grundsätze des gemeinen deutschen und preußischen Peinlichen Rechts, 1796, §566.
20) *Kleinschrod* (Fn. 14), S. 75 ff.
21) *Cristoph Carl Stübel*, Criminalverfahren in den deutschen Gerichten mit besonderer Rücksicht auf das Königreich Sachsen, Bd. 4. 1811, §§2341, 2342, 2345.
22) *Anton Bauer*, Grundsätze des Criminalprocesses, 1805, §213.
23) *Cristoph Martin*, Lehrbuch des Teutschen gemeinen Criminal-Processes mit besonderer Rücksicht auf die neueren in Teutschlan geltenden Strafproceßgesetze, 5. Aufl. 1857, §51.
24) *Stübel* (Fn. 21), §2341, 2342.
25) *Eberhard Schmidt*, Einführung in die Geschichte der deutschen Strafrechtspflege, 1965, S. 272. 当時のドイツ刑事訴訟は，拷問を廃止していたものの，秘密・書面の糺問訴訟は廃止することはなかった。当時のドイツ諸領邦の君主は，拷問廃止という刑事司法の「危機」を，秘密・書面の糺問訴訟の確認と再生によって打開しようとしたとされている。この時期のドイツ刑事訴訟の状況については，川崎英明「ミッターマイヤーの刑事司法論——近代ドイツ刑事司法史研究序説（１）」法学雑誌25巻２号 (1978) 179頁以下，沢登佳人＝沢登俊雄（庭山英雄訂補）『刑事訴訟法史』（風媒社，1968) 170頁以下など。
26) Vgl. *Heinrich Akbert Zachariä*, Gebrechen und die Reform des deutschen Strafverfahrens, 1846, S. 152ff. なお，Zachariäの見解について詳細に検討を加えたものとして，光藤景皎「ツァハリーエの刑事訴訟法論（１）（２）（３）」法学雑誌27巻３＝４号 (1981) 323頁以下，同28巻１号 (1981) 73頁以下，同３＝４号 (1982) 599頁以下。
27) 「改革された刑事訴訟」の詳細な状況に関しては，川崎・前掲注25) 185頁以下，沢登＝沢登・前掲書25) 170頁以下などを参照。
28) Strafprozeßordnung von 1850, §71. なおこの規定の条文は，「予審間における審問記録の閲覧は認められない。もし被疑者が前項における申請などを根拠付けるために，個々の記録の閲覧を必要とするなら，被疑者若しくはその法的援助者 (Rechtsbeistand) は，予審判事に閲覧若しくは複写を要求 (ersuchen) することができる。予審判事の判断により，閲覧若しくは複

写が許可される。しかし，それにより審問の遅延又は損害が引き起こされてはならない。このように，事件が起訴段階で長引くのであれば，記録閲覧又は記録の写しは一切許されないものとする。」としている (vgl. *Birgit Malsack*, Die Stellung der Verteidigung im reformierten Strafprozeß, 1992, S. 164 ff.)。

29) Das nassauische Gesetz über Strafverfahren von 1849, §74; vgl. *Malsack* (Fn. 28), S. 164f.
30) Strafprozeßordnung von 1849, §8; vgl. *Malsack* (Fn. 28), S. 164 f.
31) Verordnung vom 3. Januar 1849 über die Einführung des mündlichen und öffentlichen Verfahrens mit Geschworenen in Untersuchungssachen, §16; vgl. *Schulz* (Fn. 1), S. 121.
32) Strafprozeßordnung vom 17. januar 1850, §222 und kaiserliches Patent vom 29. Juli 1853, §215; vgl. *Schulz* (Fn. 1), S. 121.
33) Gesetz vom 10. November 1848, die Abänderung des zweiten Theiles des Strafgesetzbuches vom Jahre 1813 betreffend (Gesetz über Schwurgerichte), §124; vgl. *Schulz* (Fn. 1), S. 121 f.
34) Gesetz über das Verfahren in Strafsachen, welche vor die Schwurgerichtshöfe gehören, vom 14. August 1849, Art. 9.; vgl. *Schulz* (Fn. 1), S. 122 f.
35) Gesetz vom 5. Februar 1851, die Einführung des Strafgesetzbuchs, des neuen Strafverfahrens und der Schwurgerichte betreffend, §83; vgl. *Schulz* (Fn. 1), S. 122.
36) 1850: Strafprozeßordnungen für Sachsen-Weimar vom 20. März, Sachsen=Meiningen vom 21. Juni, für Schwarzburg-Sondernhausen vom 25. März, für Schwarzburg-Rudolstadt vom 26. April und für Anhalt-Dessau und Anhalt-Köthen vom 28. Mai 1850, Art. 198; Sachsen-Altenburg, Strafprozeßordnung mit Einführung-Patent vom 27. Februar 1854, Art. 180; Sachsen-Coburg-Gotha, Gesetz vom 21. September 1857, betreffend die Einführung einer neuen Strafprozeßordnung, Art. 203; Weimar-Schwarz-burgische Novelle vom 9. Dezember 1854, §40.
37) Gesetz, die Einführung von Geschworenengerichten betreffend, vom 15. Oktober 1848, Art. 46.
38) Gesetz vom 28. Oktober 1848, die Einführung des mündlichen und öffentlichen Strafverfahrens mit schwurgericht in den Provinzen Starkenburg und Oberlassen betreffend, Art. 75.
39) Gesetz vom 28. Oktober 1848, die Umbildung des Strafverfahrens betreffend, §195.
40) Gesetz über das Verfahren in Strafsachen, vom 15. Mai 1856, Art. 172.
41) Strafprozeßordnung vom 2. November 1857, Art. 173, §1; Art. 177, §1.
42) プロイセンにおける立法は，閲覧を許す対象を弁護士にのみ許していた。Schulzは，このことが帝国刑訴法の規定に大きな影響を与えたことを指摘している (vgl. *Schulz* (Fn. 1), S. 124f.)。
43) *Zachariä* (Fn. 26), S. 26.
44) *C.J.A.Mittermaier*, Die Gesetzgebung und Rechtsübung über Strafverfahren, 1856, S. 2.
45) *Julius Glaser*, Handbuch der Strafprozesses, Bd. 1. 1883, S. 166.
46) 当時の刑事立法および検察官制度に関する状況の詳細については，川崎英明『現代検察官論』(日本評論社，1997)93頁以下を参照。さらに，控訴制度については，後藤昭『刑事控訴立法史の研究』(成文堂，1987)65頁以下を参照。
47) *Arnold*, Acteneinsicht zur Verteidigung gegen die Stellung vor Gericht, Archiv des Criminalrechts, Neue Folge 1856, 157.
48) *Glaser* (Fn. 45), S. 166.

49) Strafprozeßordnung für das Großherzogtum Baden vom 18. März 1864.
50) Strafprozeßordnung für das Königreich Württemberg vom 17. April 1868.
51) Revidierte Strafprozeßordnung für das Königreich Sachsen vom 1. Oktober 1868.
52) また，オルデンブルク1868年法4条は，「被告人は申立て及び抗告のため，予審段階で弁護人を利用することができる。弁護人は，特段の事情がない限り拘禁中の被告人と接見することができる。要求があれば，予審終結の動議の時点から弁護人に対し閲覧を許す。」としている（光藤・前掲注6）621頁）。
53) このプロイセンの立法に関しては，vgl. *Schulz* (Fn. 1), S. 128.
54) Vgl. *R.v.Gneist*, Vier Fragen zur deutschen. Strafprozeßordnung, 1874, S. 1 ff. さらに，川崎・前掲注25) 196頁も参照。
55) *Mittermaier* (Fn. 44), S. 285. 川崎・前掲書注46) 84頁参照。
56) 川崎・前掲書注46) 84頁以下参照。
57) 光藤・前掲注6）599頁以下参照。
58) *Zachariä* (Fn. 26), S. 42 ff.; *Heinrich Akbert Zachariä*, Handbuch der deutschen Strafprozeß, Bd. 1. 1861, S. 43 ff.
59) *Zachariä* (Fn. 26), S. 42 ff. さらに，ドイツにおける検察官制度の生成過程を詳細に検討したものとして，川崎・前掲注46）。とくに，1800年代については73頁以下を参照。
60) 帝国刑訴法の制定手続過程については，大出良知「西ドイツ刑事再審法の研究・序説——現行刑事再審法の制定過程と改正過程を中心として（1）」法律時報49巻3号（1977）71頁，後藤・前掲書注46）112頁以下が詳しい。また，vgl. *Adolf Dochow*, Die deutsche Strafprozeßordnung vom 1. Februar 1877, in: Franz von Holtzendorffs (Hrsg.), Handbuch des deutschen Strafprozeßrechts, Bd. 1. 1879 S. 103 ff.
61) 1871年に，北ドイツ連邦はドイツ帝国へと発展している。
62) 1867年に成立した北ドイツ連邦帝国議会は，ドイツ統一の大きなエネルギーを与えながら主導権をユンカーに譲り渡したブルジョアジーに対するBismarkの贈り物だったとされている。このような要因もあって，皇帝や連邦宰相の強い絶対的性格と比べ，民主的性格の強いものであった。成立当時の議員選出方法は，25歳以上の成年男子による直接秘密投票であった。議員は382名であり，人口10万人に1人の割合で選出されていたので，「当時世界で最も民主的基盤に立つ議会」であったとされている。帝国議会で第3草案が審議された1874年から1877年の時期の党派数は，保守党22名，自由保守党（帝国党）33名，国民自由党155名，自由主義者党3名，左派自由党（当時は進歩党が中心）49名，ドイツ人民党1人，中央党91名，ベルク党4名，社会民主党9名，その他（ポーランド党，デンマーク党，エルザス・ロートリゲン党）30名であった。Bismarkを支持していたのは帝国党（主に帝国およびプロイセン官界上層の開明派）であったが，実質的な基盤は国民自由党（主に大産業ブルジョアジー）であった。これに対立していたのが，左派自由党（中小ブルジョアジー），さらにカトリックの宗教的紐帯で結ばれていた中央党であった。林健太郎『プロイセン・ドイツ史研究』（東京大学出版会，1977）256頁以下参照。
63) GA 1873, 17. なお，第1草案全文は，GA 1873, 5-39に掲載されている。その理由書をみることはできなかった。
64) 第2草案の原文を入手することはできなかった。第3草案における変更点は，GA 1874, 370-382. に示されている。本書は，これと第1草案，第3草案を比較することにより第2草案の内容を推定している。
65) 第3草案，理由書，理由書付属資料，帝国議会におけるすべての審議記録が，*Carl Hahn*, Die gesammten Materialien zur Strafprozeßordnung, Abt. I , 1885, Abt. II 1886に収録されて

いる。本書は同書の第2版によった。*Carl Hahn*, Die gesammten Materialien zur Strafprozeß-ordnung, 2. Aufl. Abt. I 1983, Abt. II 1983. なお，同書は2巻からなっているが，引用の際には通しの頁数を用いる。

66) *Hahn*（Fn. 65), S. 144.
67) *Hahn*（Fn. 65), S. 144.
68) *Hahn*（Fn. 65), S. 690 ff. 第3草案130条に関する委員会の第1読会第68回会議は1875年9月10日に行われている。委員会の審議には連邦参議院と各政府の代表者が参加しているが，草案130条に関しては Amsberg（帝国宰相官房長官）が中心的な役割を果している。
69) *Hahn*（Fn. 65), S. 964.
70) *Hahn*（Fn. 65), S. 964.
71) *Hahn*（Fn. 65), S. 964.
72) *Hahn*（Fn. 65), S. 964.
73) *Hahn*（Fn. 65), S. 964 ff.
74) *Hahn*（Fn. 65), S. 965.
75) Vgl. *Hahn*（Fn. 65), S. 965.
76) Vgl. *Hahn*（Fn. 65), S. 966. なお，Struckmann は，提案 a を撤回しつつも，提案 a と b を組み合わせてこそ，「検察官は，束とならざるをえない記録から，一部を選択し，その記録のみを裁判所に引き渡すが，この提案によって審問とわずかな関連しかない秘密の記録部分が検察官により準備された記録の一部とされないことが防止」できることを主張していた。
77) *Hahn*（Fn. 65), S. 966.
78) 草案130条に関する第2読会は，1867年6月9日に行われた。Vgl. *Hahn*（Fn. 65), S. 1282.
79) *Hahn*（Fn. 65), S. 964 ff.
80) *Hahn*（Fn. 65), S. 964 ff.
81) Vgl. *Hahn*（Fn. 65), S. 966 ff.
82) Vgl. *Hahn*（Fn. 65), S. 965 ff.
83) Vgl. *Hahn*（Fn. 65), S. 965 ff.
84) Vgl. *Hahn*（Fn. 65), S. 965 f.
85) Vgl. *Hahn*（Fn. 65), S. 966 ff. また，Grimm は制限のない記録閲覧によって妨害される審問行為の例として，家宅捜索，手紙の差押え，共犯者の逮捕などを挙げている。Grimm らは，このような審問行為が行われる予定であるという情報が，被疑者・被告人に知らされることにより，審問計画が挫折すること，さらには弁護人の地位が低くなることを懸念していた。
86) *Hahn*（Fn. 65), S. 967.
87) また，Eysoldt は，第2読会で，弁護にとって最も重要な記録は証人の供述であるという理由から，第3項に「証人の尋問調書」を加えることを提案したが，これも否決された（vgl. *Hahn*（Fn. 65), S. 1298 ff.)。
88) Vgl. *Hahn*（Fn. 65), S. 1558.
89) Struckmann の見解は，記録閲覧の対象を検察官が保管するすべての記録としようとするものであって，一見 Eysoldt らの見解に近いものとも思える。もっとも，この見解は検察官の司法官としての性格・客観義務を最大限に押し出したものである。現に Struckmann は，「司法官ー非当事者」という検察官論の有力な主張者であった。この点につき，川崎・前掲書注(46)151頁以下参照。
90) Gneist の予審の公開に関する見解を検討したものとして，光藤景皎『刑事訴訟行為論——公判前手続を中心として』(有斐閣，1974) 98頁以下，とくに104頁以下。また，同書53頁以下では，英米の予備審問の制度と機能についても詳細な検討が行われている。

91) もっとも，弁護人が記録の写しを作成する権利，依頼人に記録の内容を伝える権利については，弁護人の記録閲覧権の内容の1つとして認められたようである（vgl. *v. Holtzendorff*, Verteidigung, in: Franz von Holtzendorff (Hrsg.), Handbuch des deutschen Strafprozeßrechts, Bd. 1. 1879, S. 410 ff.; *Werner Rosenberg*, Stellung des Verteidigers im Strafverfahren, in: P.F. Aschrott (Hrsg.), Reform des Strafprozesses, 1906, S. 306, 322.
92) なお，条文の訳については，光藤・前掲書注90) 154頁以下を参照した。
93) *Thilo*, Die Strafprozeßordnung für das Deutsche Reich vom 1. Februar 1877, 1878, §147, Anm. 6.
94) *Ernst Mamroth*, Die Strafprozeßordnung, 1900, §147, Anm. 3. (vgl. *Hans Kleinjung*, Das Recht des Strafverteidigers auf Akteneinsicht, Diss. Frankfurt am Main 1939, S. 9)
95) *Isenbart-Samter*, Die Strafprozeßordnung für das Deutsche Reich, 1893, §147, Anm. 40 f. (vgl. *Kleinjung* (Fn. 94), S. 9.)
96) *Karl von Birkmeyer*, Deutsches Strafprozeßrecht, 1898, S. 359.
97) LR-StPO, 17. Aufl. 1927, §147, Rn. 5.
98) *Schorn*, Akteneinsicht und Abschriftserteilung im Strafverfahren, DRiZ 1930, 211.
99) Erörterungen praktisch wichtiger Materialien aus dem Deutschen Strafprozeßrecht, Bd. 1. 1881, S. 206.
100) さらに，*Gülland*, Das Recht des Verteidigers auf Akteneinsicht, Ausweis des Wahlverteidigers, Rechtsschutz für das Akteneinsichtsrecht, JW 1932, 1713; *Augst Köhler*, Die Lehre von der Vertheidigung nach der Reichsstrafproceßordnung GS 1897, 161, 237; *Julius Glaser*, Handbuch des Strafprozesses, Bd. 2. 1885, S. 243; *Ernst Heinrich Rosenfeld*, Deutsches Strafprozeßrecht, 1826, S. 120. が挙げられる。
101) Vgl. *v. Holtzendorff* (Hesg.) (Fn. 91), S. 410.
102) LR-StPO, 17. Aufl. 1927, §147, Rn. 5.
103) これに対し，147条は裁判所と弁護人の関係のうえに成り立っているものであり，検察官と弁護人の関係のうえに成り立っていないことは，147条2項から明らかであることから，3項も予審以前の手続時期には適用がないとするものとして，*Hans Bennecke/Ernst Beling*, Lehrbuch des deutschen Reichsstrafprozessrechts, 1900, S. 148; *Richard Eduard John*, Strafprozeßordnung für Deutsche Reich, 1884, §147, Anm. I, 1.
104) 被告人の記録の写しを要求する権利については，明文上は規定はなかったが，弁護人が選任されているときは弁護人の記録閲覧権の範囲内で認められていたとされる。しかし，弁護人が選任されていない場合は裁判官および予審判事の完全な裁量に委ねられていたようである（vgl. *v. Holtzendorff* (Hrsg.) (Fn. 91), S. 410 ff.)。
105) ドイツ帝国刑訴法における予審制度の問題性とそれに対する批判を詳細に検討しているものとして，小田中聰樹『刑事訴訟法の歴史的分析』（日本評論社，1976) 49頁以下。
106) 1877年以降の刑事訴訟に関する動向については，光藤・前掲書注90) 98頁以下で詳細に検討されている。光藤景皎によれば，1877年以降の改正論議において，「当事者訴訟」という概念は，「訴追側と被告側との武器平等をつよく顕すことを目指したあらゆる努力に対する総合概念」と変化したとされる。そのような意味の当事者訴訟を目指す改正運動において，公判前手続について以下の3つの見解があったという。第1に，Gneist, Kronecker, Bindingに代表される「口頭・弾劾の予審導入」論。第2にAschrott, v. Lilienthal, Mittermaierに代表される，いわゆるI・K・V派による「公判前手続の短縮と簡素化」論。そして第3に「公判前手続の基本構造に触れない個別的改善によって公判前手続と被疑者および弁護人の地位の改善をはかる」見解であったとされている（vgl. *Peter Georg Krattinger*, Die Strafverteidigung im

Vorverfahren im deutschen, franösischen und englischen Strafprozeß und ihre Reform, 1964, S. 220 ff.)。

107) 光藤・前掲書注90）103頁参照（vgl. *Krattinger* (Fn. 106), S. 223.)。
108) Vgl. *Hugo Heinemann*, Stellung des Verteidigers im Strafverfahren, in: Aschrott (Hrsg.) (Fn. 91), S. 334, 344.
109) *Julius Vargha*, Die Verteidigung in Strafsachen, 1879, S. 612 ff.
110) 1908年草案，さらに後述の1920年草案の立案過程と手続構造について詳細に検討したものとして，光藤・前掲書注（90）115頁，小田中・前掲書注105）34頁以下，小野清一郎「ドイツの新刑事訴訟法草案に就て（1）-（3）」法学志林24巻(1822) 791頁以下，912頁以下，1104頁以下。
111) 委員は以下の通りであった。Bassermann（弁護士・帝国議会議員），Baumbach（上級法律顧問官），Baumstark（弁護士・Fiskalanwalt），Behringer（州裁判所所長），Dr.Buff（州裁判所顧問官），Dr.v.Ealker（正教授），Gassersbach（弁護士），Gröber（州裁判所顧問官・帝国議会議員），v.Hecker（検事長），Himburg（区裁判所顧問官・帝国議会議員），Kaufmann（帝国裁判所顧問官），Dr.Kronecker（ベルリン上級地方裁判所顧問官），Lenzmann（法律顧問官・弁護士・帝国議会議員），Dr.Nagel（ドイツ帝国最高裁検事），Dr.Opfergelt（区裁判所顧問官・帝国議会議員），Dr.Oppermann（州裁判所所長），Dr.Rintelen（枢密上級法律顧問官・ベルリン上級地方裁判所顧問官・帝国議会議員），Tauchert（第１検察官），Dr.Wach（枢密官・正教授），Wachler（枢密上級法律顧問官・検事長），Dr.Wolffson（弁護士）。
112) この委員会へ政府から，「弁護人の記録閲覧権は拡大されるべきか」という諮問が行われている（vgl. Protokolle der Kommission für die Reform des Strafprozesses, Bd. 1. 1905, S. 2, S. 127.)。
113) 記録閲覧権についての第１読会は1903年７月10日に，第２読会は1905年４月18日に行われている。Protokolle der Kommission für die Reform des Strafprozesses, Bd. 1. 1905, S. 127; Protokolle der Kommission für die Reform des Strafprozesses, Bd. 2. 1905, S. 163.
114) 記録閲覧権に関する第１読会が行われた時点では，まだ公判前段階全体に対する委員会の態度は決定されておらず，さらに記録閲覧権と公判前段階の性格との密接な関連が確認されたため，実質的な議論は第２読会で行うということが第１読会で承認されている（vgl. Protokolle der Kommission für die Reform des Strafprozesses, Bd. 1. 1905, S. 127 ff.)。
115) 委員会においては「確かに弁護人は予審中においても記録閲覧権を原則的として有するが，この権利の行使はある程度の制限を受けざるをえない」という立場が支配的であった（vgl. Protokolle der Kommission für die Reform des Strafprozesses, Bd. 2., S. 164.)。
116) たとえば，行政記録や人事記録などが挙げられている（vgl. Protokolle der Kommission für die Reform des Strafprozesses, Bd. 2. 1905, S. 164.)。
117) もっとも，小田中聰樹は1908年草案における予審の当事者公開を「みせかけ」であると批判している。すなわち，むしろ予審の当事者公開により従来にくらべ予審調書がより強い信用性を得る，と（小田中・前掲書注105）62頁参照）。
118) 議論のたたき台として，第１読会で採用された以下の提案が，第２読会の冒頭で行われている。
　「現行刑訴法147条１項，２項，３項を以下のように修正する。
　　弁護人は予審開始後，又は予審が行われなかった場合には起訴状到達後に，審問記録及び裁判所に提出された記録を閲覧する権限を有する。
　　予審中に記録に関する知識が，被疑者によって，又は被疑者の利益のために，審問目的を阻害するため利用される可能性があるときは，裁判官は個々の記録の閲覧を拒否する権限を有す。前文にいう記録には，被疑者の尋問調書，専門家の鑑定書そして弁護人が立ち会った又は

法の規定により立ち会うことが許されるべきであった裁判所の行為に関する調書はいかなる場合も含まれない。」

119) Vgl. Protokolle der Kommission für die Reform des Strafprozesses, Bd. 2. 1905, S. 457.
120) Entwurf einer Strafprozeßordnung, S. 53, in: Materialien zur Strafrechtsreform, Bd. 12. 1960.
121) Begründung zu den Entwürfen eines Gesetzes, betreffend Änderungen des Gerichtsverfassungsgesetzes, einer Strafprozeßordnung und eines Einführungsgesetzes zu beiden Gesetzen（以下，「Begründung zu den Entnürten 1908」とする。）, S. 20, in: Materialien zur Strafrechtsreform (Fn. 120).
122) Begründung zu den Entwürfen 1908, S. 20, in: Materialien zur Strafrechtsreform (Fn. 120).
123) Begründung zu den Entwürfen 1908, S. 20, in: Materialien zur Strafrechtsreform (Fn. 120).
124) Begründung zu den Entwürfen 1908, S. 21, in: Materialien zur Strafrechtsreform (Fn. 120).
125) 光藤・前掲書注90) 111頁以下。また，vgl. Begründung zu den Entwürfen 1908, S. 5ff., in: Materialien zur Strafrechtsreform (Fn. 120).
126) Vgl. *Werner Rosenberg*, Die Stellung des Verteidigers in der Novelle zur Strafprozeßordnung, JW 1909, 355; *Cristoph Winter*, Die Reform der Informationsrechte des Strafverteidigers im Ermittlungsverfharen, Diss. Frankfurt am Main 1991, S. 42.
127) *v.Hippel*, Der Entwurf einer Strafprozessordnung, 1909, S. 54ff. 1908年草案の予審の当事者公開については，「疑いもなく正しい方向」と賛成していたv. Hippelによる以下の批判が興味深い。彼は「記録が『内密の添付記録』の名の下に閲覧対象から除外されることは，絶対にあってはならない」とする。また，この1項については，草案に対して発表された見解の大部分が批判していたという（vgl. *Krattinger* (Fn. 106), S. 249 ff.）。
128) *Rosenberg* (Fn. 126), S. 355; *Winter* (Fn. 126), S. 41.
129) *Krattinger* (Fn. 106), S. 234.
130) この理解について指摘しておかなければならないのが，捜査終結尋問（Schlußgehör）制度である。この制度は，あまりにも安易に公訴が提起されていることに対する抑制制度が要求されるなかで生まれたとされる。1908年草案でも，予審判事は被告人に対し，予審終結前に，その不利益な被疑事実を口頭で告知しなければならないとされていた（草案191条）。ただし，弁護人が立ち会うか否かは予審判事の裁量であったとされた。捜査終結尋問については，光藤・前掲書注90) 157頁以下が詳しい。
131) Begründung zu den Entwürfen 1908, S. 20, in: Materialien zur Strafrechtsreform (Fn. 120).
132) *v.Lilienthal*, Der Entwurf einer StPO und einer Novelle zum GVG, ZStrW 1909, 427; *v.Lilienthal*, Voruntersuchung und Entscheidung über die Eröffnung des Hauptverfahren, in: Aschrott (Hrsg.) (Fn. 91), S. 404.
133) *Martin Drucker*, Die Verteidigung nach dem Entwurf der Strafprozessordnung, 1909, S. 68.
134) Vgl. *Heinemann* (Fn. 108), S. 343; *Rosenberg* (Fn. 126), S. 355.
135) Vgl. *Krattinger* (Fn. 106), S. 249.
136) Vgl. *v.Hippel* (Fn. 127), S. 54 f.
137) W. RosenbergやHeinemannから，「弁護人の地位を弱体化するものである」と酷評されていることからも，このことを窺うことができる（vgl. *Rosenberg*(Fn. 126), 355ff, *Heinemann* (Fn. 108), S. 343 ff.）。さらに光藤・前掲書注90) 114頁も参照。
138) 先述のように，1908年草案は帝国議会および第7委員会において検討された。とくに第7委員会では後述の1920年草案でもみられるような「未決勾留下にある被疑者の弁護人は，手続のいかなる場合でも閲覧が許されなければならない」という提案などがなされているものの，

その議論と委員会の決定は草案1908年草案の内容と差異がなかった。第7委員会の議論については，Materialien zur Strafrechtsreform, Bd. 13. 1960, S. 3248 ff. また，委員会の決定については，Materialien zur Strafrechtsreform, Bd. 13. S. 3550 ff.

139) Vgl. *Rosenberg*（Fn. 126), 355;*Drucker*（Fn. 133), S. 71;*Ernst Mamroth*, Der Notstand der Verteidigung im Vorverfahren, DJZ 1908, 626; Beschluß Nr. 6 des 19. Anwaltstages, JW 1909, 596. なお，ベルリン弁護士協会の改正提案は，「捜査手続中に，弁護士が記録内容をその依頼人に対して秘密にすることを義務付けられている場合，奪われない閲覧権が認められる」というものであり，被疑者による罪証隠滅を危惧するものであった。

140) *Mamroth*（Fn. 139), 626.

141) *v.Hippel*（Fn. 127), S. 55;*Wolfgang Mittermaier*, Verhandlungen 29. Juristentag, Bd. 2, S. 191;*Hans Leyendecker*, Die Stellung des Verteidigers im Vorverfahren nach dem Entwurf der StPO, DRiZ 1910, 219 ff. もっとも，Mittermaierは，濫用のおそれにより除外されうる事実（Tatsachen）の明示が，閲覧拒否とともになされるべきであると主張している。

142) *Leyendecker*（Fn. 141), 219 ff.

143) 上述の第7委員会が帝国議会に報告書を提出した後，1911年2月6日から第2議会が開始された．控訴審に素人裁判官を導入するか否かの問題により審議は中断した．それ以降の審議は，1911年秋まで延期されたが，差し迫った選挙の存在，さらに政党側でこの問題について隠忌されたため，結局行われることはなかった（vgl. *Krattinger*（Fn. 106), S. 286.)。また，第7委員会における党派数は，保守党4名，帝国党2名，農民同盟1名，中央党8名，ポーランド人1名，国民自由党4名，進歩党4名，社会民主党3名であった。

144) Begründung zu den Entwürfen eines Gesetzes zur Änderung des Gerichtsverfassungsgesetzes und eines Gesetzes über den Rechtsgang in Strafsachen, S. 2, in: Materialien zur Strafrechtsreform, Bd. 14. 1960.

145) 1920年草案の作成経過については，小田中・前掲書注105) 34頁以下，とくに63頁以下が詳しい．さらに，光藤・前掲書注90) 98頁以下，とくに115頁以下を参照．近年，ドイツにおいてもこの草案に関する詳細な研究がなされていることが注目される．*Wolfgang Rentzel-Rothe*, Der》Goldschmidt-Entwurf《: Inhalt, reformgeschichtlicher Hintergrund und Schicksal des Entwurfs eines Gesetzes über den Rechtsgang in Strafsachen 1919/1920, Diss. Bremen 1995.

146) それゆえ，同草案はGoldschmidt草案とも呼ばれている。

147) Materialien zur Strafrechtsreform（Fn. 144）では「1919」とされているので，1919年草案と呼ばれることも多いが，本書では，1920年に公表されたという事実を踏まえて，「1920年草案」とする。

148) *Wolfgang Mittermaier*, Der Entwurf eines Gesetzes über den Rechtsgang in Strafsachen vor dem Forum der Internationaken Kriminalistischen Vereingung, DStZ 1920, 34.

149) *Krattinger*（Fn. 106), S. 256.

150) Vgl. *Schmidt*（Fn. 25), S. 417.

151) Preuß. JminBl. 1919, S. 4.

152) *Schmidt*（Fn. 25), S. 416.

153) 予審廃止の理由として，草案は以下の3点を挙げている。
①公判前段階を捜査手続と予審とに分けることは，尋問の無用な繰り返しであること。これにより官吏の負担が増大するし，手続も遅延し，さらには未決勾留を長期化させる。
②予審判事の存在によって，検察官が証拠収集の信頼性や完全性に影響を及ぼすことができなくなるし，被疑者や証人を独自に判断できなくなる。それゆえ，起訴について責任を負う検察官がその決定を左右すべき証拠資料に通じていないことになってしまう。

③被告人は予審判事を公平な独立の機関と考えているが，実際は書面・秘密手続で糺問する
　　　訴追機関であり，糺問官の後裔であり，検察官の補助機関である。その反面，その調書は
　　　公判において動かし難い証明力を持っている。
　　この点につき，さらに小田中・前掲書注105) 70頁も参照。
154) Begründung zu den Entwürfen eines Gesetzes zur Änderung des Gerichtsverfassungsgesetzes und eines Gesetzes über den Rechtsgang in Strafsachen, S. 11, in: Materialien zur Strafrechtsreform (Fn. 144).
155) *Winter* (Fn. 126), S. 42f.
156) Entwurf eines Gesetzes über den Rechtsgang in Strafsachen, S. 20, in: Materialien zur Strafrechtsreform, (Fn. 144).
157) Begründung zu den Entwürfen eines Gesetzes zur Änderung des Gerichtsverfassungsgesetzes und eines Gesetzes über den Rechtsgang in Strafsachen, S. 37, in: Materialien zur Strafrechtsreform (Fn. 144).
158) Entwurf eines Gesetzes über den Rechtsgang in Strafsachen, S. 47, in: Materialien zur Strafrechtsreform (Fn. 144).
159) Begründung zu den Entwürfen eines Gesetzes zur Änderung des Gerichtsverfassungsgesetzes und eines Gesetzes über den Rechtsgang in Strafsachen, S. 49, in: Materialien zur Strafrechtsreform (Fn. 144).
160) Entwurf eines Gesetzes über den Rechtsgang in Strafsachen, S. 47, in: Materialien zur Strafrechtsreform (Fn. 144).
161) Begründung zu den Entwürfen eines Gesetzes zur Änderung des Gerichtsverfassungsgesetzes und eines Gesetzes über den Rechtsgang in Strafsachen, S. 49ff, in: Materialien zur Strafrechtsreform (Fn. 144).
162) 172条3項「専門家の鑑定書及び，弁護人が立ち会うことが許され，又は許されなければならなかった職務行為（Amtshandlungen）に関する文書の閲覧は，いかなる手続の段階においても弁護人に対して拒否されてはならない。」
　　なお，1920年草案では検察官が自身で捜査しなければならず（188条1項），被疑者の尋問などについても同様であったので，この「職務行為」は「検察官による行為」とほぼ同義であったといえよう。
163) 172条4項「公訴提起後，記録又は証拠物が裁判所の記録に添付される場合は，裁判所書記官はそのことにつき弁護人に連絡しなければならない。ただし，添付時に弁護人選任が裁判所から命令された場合に限る。」
164) Entwurf eines Gesetzes über den Rechtsgang in Strafsachen, S. 47, in: Materialien zur Strafrechtsreform (Fn. 144).
165) Entwurf eines Gesetzes über den Rechtsgang in Strafsachen, S. 40, in: Materialien zur Strafrechtsreform (Fn. 144).
166) Entwurf eines Gesetzes über den Rechtsgang in Strafsachen, S. 51, in: Materialien zur Strafrechtsreform (Fn. 144).
167) 1920年1月にI・K・V会議がベルリンで行われており，そこで1920年草案についての議論が行われている。この討議の様子はJW 1920, 256 ffにおいて示されている。また，同様に1920年1月にベルリン弁護士協会の会議も行われている。そこでも1920年草案について議論されている。その様子は，JW 1920, 259 ff. そこでは，他にKahlやPlaschkeが賛成していた。また，この会議で行われたGoldschmidtの報告は後に公にされている。*James Goldschmidt*, Die Neuordnung der Strafgerichte und Strafverfahrens, JW 1920, 230 ff.

168) また，1920年草案の有力な批判者であった，v. Hippelは，記録閲覧権の規定に関しては「適切である」という評価をしている（*v. Hippel*, Der Entwurf eines Gesetzes über den Rechtsgang in Strafsachen, ZStrW 1920, 325, 338.）。
169) *Adolf Wach*, Die Reform der Strafjustiz, DStZ 1920, 81 ff. 同論文は，1903年の刑事訴訟改革委員会で提案されたような，「審問目的と関連する記録」にのみ閲覧を制限することも提案している。
170) *Chrzescinski*, Das Vorverfahren nach dem Entwurf eines Gesetzes über den Rechtsgang in Strafsachen und die Staatsanwaitschaft, DStZ 1920, 202, 204.
171) *Werner Rosenberg*, Der neue Gesetzentwurf über den Rechtsgang in Strafsachen, DStZ 1920, 10, 12.
172) *Hagemann*, Die Stellung der Staatsanwaltschaft in Strafsachen nach den Entwürfen einer Novelle zum GVG und des Gesetzes über den Rechtsgang in Strafsachen, GA 1921-1925, 13, 20.
173) *Georg Dahm*, Die Grenzen des Parteiprozesses, ZStrW 1932, 587, 603 f.
174) *Krattinger*（Fn. 106), 266 ff.
175) Vgl. *Chrzescinski*（Fn. 170), 204.
176) *v. Hippel*（Fn. 168), 348.
177) 小田中・前掲書注105) 84頁。
178) 小田中・前掲書注105) 84頁。
179) *Rentzel-Rothe*（Fn. 145), S. 221. においても，1920年草案における記録閲覧権の強化は，「公判前手続における武器対等」を目指すものとして評価されている。
180) *Krattinger*（Fn. 106), S. 266 f.
181) 光藤・前掲書注 (90) 107頁以下参照。
182) *Winter*（Fn. 126), S. 44 ff.
183) 1908年草案および1920年草案における捜査終結尋問については，光藤・前掲書注90) 158頁を参照。
184) 光藤・前掲書注90) 118頁以下参照。
185) *Krattinger*（Fn. 106), S. 268.
186) Entwurf eines Einführungsgesetzes zum Allgemeinen Deutschen Strafgesetzbuch und zum Strafvollzugsgesetz 1930, in: Materialien zur Strafrechtsreform, Bd. 7. 1954.
187) Vgl. *Winter*（Fn. 126), S. 45.
188) Entwurf einer Strafverfahrensordnung und einer Friedensrichter- und Schiedsmannsordnung. Abgeschlossen am 1. Mai 1939, in: Werner Schubert (Hrsg.), Quellen zur Reform des Straf- und Strafprozeßrechts, Abt. Ⅲ, Bd. 1 1991, S. 297.
189) Entwurf einer Strafverfahrensordnung, einer Friedensrichter- und Schiedsmannsordnung und eines Girichtsverfassungsgesetzes, in: Schubert（Fn. 188), S. 38.
190) Werner Schubert (Hrsg.), Quellen zur Reform des Straf- und Strafprozeßrechts, Abt. Ⅲ, Bd. 2 Teil. 1. 1991, S. 369 ff.
191) Entwurf einer Strafverfahrensordnung und einer Friedensrichterordnung aufgestellen von Großen Strafprozeßkommision der Reichsjuztizministeriums Erste Lesung, in: Schubert（Fn. 188), S. 123.
192) Werner Schubert (Hrsg.), Quellen zur Reform des Straf- und Strafprozeßrechts, Abt. Ⅲ, Bd. 2 Teil. 3., 1993, S. 108 f.
193) Schubert (Hsrg.)（Fn. 188), S. 38.

194) Entwurf einer Strafverfahrensordnung und einer Friedensrichterordnung aufgestellen von Großen Strafprozeßkommision der Reichsjuztizministeriums Erste Lesung, in: Schubert (Fn. 188), S. 318.
195) *Schmidt* (Fn. 25), S. 441.
196) 松代剛枝『刑事証拠開示の分析』(日本評論社，2004) 147頁。

第2章　憲法上の権利と記録閲覧権

I　1964年小改正とその意義

1　1964年小改正前の動向

　1945年5月，ヨーロッパにおける第2次世界大戦は終了し，ナチス政権は崩壊した。これに伴い，ナチスによる刑訴法の改変はすべて廃止された。他方で，これに代わる立法は，ドイツを占領下においた4ケ国（アメリカ，イギリス，フランス，ソ連）の各占領地区でそれぞれ独自になされていた。それゆえ，ドイツでは，4つの異なる法制が並存する状況がしばらく続いた。1949年に，ドイツ連邦共和国が成立した後，1950年9月12日に，いわゆる「統一化法（Vereinhetlichungsgesetz）」が公布され，ドイツ国内での法的統一が行われた。これは，新しい法典の編纂ではなく，被疑者の取調べ方法に関する136条aの新設など若干の手直しを除いては，基本的にはナチスによる改変以前の状況への復帰を内容とするものであった。

　その数年後，捜査手続における記録閲覧に関して，若干の動向がみられた。1953年の「刑事手続に関する指針（Richtlinien für das Strafverfahren）」172項は，1918年12月30日のプロイセン司法大臣の一般的指示を継受するものであった。この服務規程（Dienstanweisung）により，刑訴法147条2項は，検察官による捜査手続にまで拡大されることになった。他方で，記録閲覧許可の決定を行うのは検察官とされ，検察官による閲覧拒否決定に対しては，刑訴法304条による地方裁判所への抗告は認められていなかった。

　統一化法以降，ドイツ刑訴法にはいまだに権威国家的理念が存続していること，とくに公判前手続への被疑者および弁護人の関与は刑事訴追機関の裁量に全面的に委ねられていること，弁護人は公判の開始にいたるまで，手続への意味ある関与から遠ざけられていること，公判においても弁護人の権限は大幅に

限定されていること，公判審理が書証に大きく依存していること，そしてあまりに多くそして長く勾留がなされていることなどの批判が提起されるようになった。このような批判のなか，弁護士層を中心とした刑訴法改正運動が活発化した。

1959年1月29日，連邦議会において，司法大臣は，依然として実体刑法の改革が手続法の改革よりも優先されるべきとしつつも，刑訴法に緊急の解決を要する部分が存在することもまた事実であると述べた。この司法大臣の指摘を契機に，連邦司法省は刑訴法および裁判所構成法の草案作成に着手した。

他方で，同年3月14日，シュトゥットガルトでは第30回ドイツ弁護士大会が開催された。同大会における，弁護士Dahsとv.Stackelbergによる講演を契機に刑訴法の改正運動は再び活性化した。Dahsは，現行の刑訴法は老朽化しており，個々の部分では相当に時代遅れの法律であるから，近代的な刑訴法がこれに取って代わるべきと主張した。そして，このような見解は，法治国家的視点とも一致するとした。また，v.Stackelbergは，英米法の刑事手続がドイツの実体刑法の性格と調和しないところに英米法の受け入れの限界があるとしつつも，英米法を部分的に受け入れること，とくに証拠調べが検察官と弁護人に委ねられる制度を採用すべきことなどを主張した。これらの講演を契機として，弁護士層からは，弁護人の地位の強化，未決拘禁の制限および短縮，捜査終結尋問制度の採用，公判開始決定の廃止などが要求された。

連邦司法省の草案は，このような弁護士層からの要求も踏まえて，緊急の改正を要する問題点に関する部分であって，かつ当時の刑事手続法の全体に変化をもたらさない部分に改正を限定するものであった。具体的には，その部分とは，未決勾留の制限，必要的弁護の拡充と起訴前手続における弁護人の地位の強化であった。同草案は政府から承認を受け，政府草案として提出され，さらに連邦参議院の見解を添付して連邦議会に提出された。ところが，連邦議会法務委員会（Rechtsausschuß）が他の立法に関する任務で手が回らず，結局当時の第3立法期内（1957年-1961年）には立法にいたらなかった。次の第4立法期（1961年-1965年）に入り，CDU/CSU，SPD，FDPから再び同内容の草案が提出され，これを受けた連邦政府は，1962年1月12日に同草案を連邦参議院に提出し，本格的に草案の審議が開始されることになった。

この政府草案をもとに，1962年2月2日に連邦参議院の審議，1962年2月14

日には連邦議会の第1読会，1962年2月から1年間にわたる連邦議会法務委員会の審議が行われた。そして，1963年3月1日に，同委員会の報告書が連邦議会に提出された。1963年に，上記の立法作業に対して，ドイツ裁判官連盟(Deutscher Richterbund)の意見表明が示された。これも受けて，連邦議会第2読会および第3読会では多くの修正が加えられた。さらに連邦議会法務委員会の審議を経て，1964年6月4日の連邦議会で草案は可決された。その後，連邦参議院の反対によって調停委員会が仲介を行い，1964年12月19日に，改正法は公布された。

この刑訴法の改正は，上述のように緊急の改正を要する問題点に限定されたものであったため，「小刑事訴訟改正（Kleine Strafprozeßreform）」とも呼ばれている。内容的には，Dahsが，「1877年2月1日の刑事訴訟法の改革に関する数十年にわたる努力の筆頭に位置する最初の成果」と評価するように，とくに公判前手続における被疑者の地位の強化に関する重要な改正を行うものであった。そして，そのなかで，記録閲覧制度も，「根本的な改革」とも評価される改正を受けた。

2　1964年小改正の制定過程

上述のように，第4立法期に，政府草案が再度提出され，1962年2月14日から，連邦議会での審議が開始されている。まず，同草案における記録閲覧制度の規定を，理由書とともに概観する。

記録閲覧制度は，政府草案147条で提案された。その第1項は，「弁護人は，裁判所に存在する記録又は公訴提起の際に提出されることになる記録を閲覧し，そして職務上保管されている証拠を閲覧する権利を有する。」と提案された。草案は，提案の理由について，「弁護人は，原則として，裁判所に存在しているか，又は公訴提起の際に検察官によって提出されることになる全ての記録を閲覧する権限を有する」と説明し，この新しい規定により，「従来の刑事手続に関する指針172項においてのみ規定されている検察の捜査記録に対する弁護人の閲覧も，上述の原則の下に置かれる」とした。すなわち，草案147条1項は，捜査手続も含めた刑事手続のすべての手続段階において，記録閲覧権を弁護人に認めることを原則とするものであった。これに加えて，公的に保管されている証拠物の閲覧権も明文化された。他方で，理由書では「裁判所の手

続で利用しないとされた検察の手控え（Handakten）や，その他の公的な関係記録のみは，記録閲覧から除外される」という例外が示された[20]。

この草案1項に対して例外的に制限を認める規定である2項は，「捜査の終結が未だ記録に書き込まれていないときで，一件記録又は個々の記録並びに職務上保管されている証拠の閲覧は，それが手続の目的を阻害する可能性があるとされる場合は，弁護人に対して拒否されうる[21]。」と提案された。これにより，制限されない記録閲覧権は，「捜査の終結」以降に認められることが提案された。理由書は，「手続目的が危うくなる可能性があるときにのみ」閲覧拒否ができるとして，その制限の例外的性格を強調している。また，「捜査終結後に，捜査が再開されるときには，記録閲覧は弁護人に対して拒否されうる」との説明もなされている[22]。

草案3項は，帝国刑訴法147条3項とほぼ同様の規定であったが，解釈上，予審開始後の時期に限るのか，捜査手続にまで適用を認めるのか争いがあったのは上述の通りである。草案147条3項は，「被疑者の尋問調書，弁護人に立会が認められ，又は認められなければならなかった裁判官の審問行為に関する調書並びに専門家の鑑定書の閲覧は，いかなる場合も拒否されてはならない[23]。」と，通説となった後者の見解を明文化したものであった。

草案4項は，帝国刑訴法147条4項に相当するものであった。草案は4項における弁護人の権利の拡大を提案し，「請求によって，証拠物を除く記録がその事務所や住居における閲覧のために，望ましい限り，弁護人に引き渡されなければならない。この決定を取り消すことはできない。」とした。草案は，これまで弁護人による記録の持ち出しが完全に裁判長の裁量によっていた点を批判的に捉え，「弁護人の記録引渡し請求は，原則的に許可されるべき」とし，例外的に「弁護人自ら示す必要はない特別な事情だけが弁護人への記録の引渡しを望ましくないものと考えさせ，この請求の拒否が正当化されうる」とした。この提案によって，弁護人による記録の持ち出しは，弁護人の権利として認められた。ただし，記録持ち出し拒否の決定に対して抗告（刑訴法304条）で争うことはできないとされた[24]。

最後に，草案は，あらたな規定の追加を提案している。草案5項は，「公訴提起前の記録閲覧の許可については検察が，予審の間は予審判事が，それ以外はその事件を扱う裁判所の裁判長が決定する」とされた[25]。草案1項および2項

により，閲覧許可の決定者が複雑になったことから，当該決定者の区分を明文化したと，理由書は説明している[26]。

　このような記録閲覧規定の提案は，連邦議会では，ほとんど議論されることもなく，そのまま連邦議会法務委員会に送付された。その後，法務委員会の審議において[27]，147条は若干の修正を受けた。法務委員会の審議では，まず2項に修正が加えられた。法務委員会は，閲覧拒否要件である「手続の目的 (Zweck des Verfahrens) を阻害する可能性があるとされる (könnte) ときは」という文言を，「審問目的 (Untersuchungszweck) を阻害する可能性がある (kann) ときは」と修正した[28]。その理由として，手続を「阻害することについて，より高い蓋然性が強調されるべき」ことが挙げられており[29]，閲覧拒否の判断主体である検察官の主観的評価ではなく，客観的評価へと修正されたといえる。さらに4項についても，「望ましい限り (soweit tunlich), 弁護人に引き渡されるべきである」の部分が，「十分な根拠が対立しない限り (soweit nicht wichtige Gründe entgegenstehen), 弁護人に引き渡されるべきである」と修正された[30]。これは，法務委員会における連邦弁護士会側の意見が採用された結果であるとされている[31]。この修正によって，4項における弁護人の権利はさらに拡大された。最後に，新しく6項として，「2項による命令が前もって失効されることがなければ，検察官は遅くとも捜査終結とともに，予審判事は予審終結とともに，これを取り消さなければならない」という規定が置かれた[32]。理由書は，この内容は当時実務で確立されているものであり，それを明文化したにすぎないと説明している[33]。

3　1964年小改正に対する反応およびその意義

　1964年改正における記録閲覧制度は，上記の委員会報告の提案をその内容とするものであった[34]。Kernによれば，委員会審議後の連邦議会第2読会の時点で，すべての政党が被疑者および弁護人の地位の強化が必須であることについては一致しており，また連邦参議院においても147条の改正自体について反対意見はなかったとされる[35]。

　改正後に公表された1964年小改正に関する評価でも，改正された記録閲覧規定は好意的な評価を受けている。たとえば，Dahsは，「最も重要な新規定であり，弁護権の重大な拡大[36]」とし，Schornも「法治国家的根拠から正当化される要求を満たしている[37]」との評価を行っている。とくに，捜査段階においても，

弁護人の記録閲覧権を原則として認めたこと，制限されない記録閲覧権が保障される時期の前倒しが高く評価された。

長年にわたり拒否され続けてきた捜査段階における弁護人の記録閲覧権の保障や，制限されない記録閲覧権が認められる時期の前倒しが，この改正で実現した理由はどこにあったのであろうか。

その理由としては，上述の弁護士層による強い改正運動に加え，主に以下の2点を挙げることができると考える。第1の理由として，1964年小改正自体を促す要因ともなったLettenbauer事件，Rohrbach事件などのセンセーショナルな誤判事件の存在が挙げられる。そして，これらの事件とともに大きな影響力を有したと考えられるのが，Hirschbergにより1960年に公刊された『刑事訴訟における誤判——判決病理学のために（Das Fehrurteil im Strafprozeß, Zur Pathologie der Rechtsprechung）』である。同書は，ドイツおよび諸外国における48件の誤判事件を対象として刑事訴訟における誤判原因を分析することを主な目的としていたが，「誤判原因としての法の欠落」として，刑訴法147条も挙げている。Hirschbergは，以下のように指摘する。「真実発見，従って誤判の防止にとってとくに禍多きものは，公判における当事者公開，弁護人による記録の閲覧に関する諸規定である。……弁護人は，予審の終結後，もしくは予審が行われなかったときは起訴状の提出後において初めて，記録を閲覧する権利をもつ。その手続時期までは無罪を立証する材料の全体が，弁護人や被告人に知られることなく秘密にされている。弁護人は，時宜にかなった証拠申請によって現に始まっている誤審の防止に効果を与えるいかなる可能性ももたない。刑事訴訟法第147条第3項の例外規定は，ほとんど意味がない。まず第1に問題になるのは，証人尋問の場合である。予審中，もしくは，起訴状の提出以前の段階では，弁護人に記録の閲覧が許されるのは，それが審問に危険を及ぼすことなくしてなされる場合に限られる。この規定は，解明すべき疑点を非常に多く含んでいる。法律は，弁護人が記録を閲覧するときは，審問を危うくすることがありうるというような嫌疑を弁護人にかけている。とくに興味深いのは，被疑者に罪を着せしめようとする訴追訴訟の方向，従って有罪を立証しうる要素の一方的収集ということを明白に特色付けている『審問の目的』……という表現である」，と。

同書による批判は，帝国刑訴法147条2項により，予審における記録閲覧の

制限が原則となることによって，被告人側による無罪方向の情報へのアクセスが困難となり，公判審理における証拠調べ申請にも悪影響を及ぼしており，その結果，誤判原因ともなっているとするものであった。この批判は，実証研究をもとに，記録閲覧権と被告人側の無罪方向の情報へのアクセスや証拠調べ申請との関係性を指摘したものとしても重要といえる。同書は，Petersの提言もあり，1960年に連邦議会の議論で取り上げられるほどの反響を得た[42]。1964年小改正の記録閲覧制度は，このHirschbergの誤判研究を中心とする冤罪防止に向けた努力が結実したものとも評価できよう[43]。

　第2の理由として挙げられるのが，実務において，1918年のプロイセン司法大臣の一般的指示，それを継受した1953年の刑事手続に関する指針によって，既に捜査段階における記録閲覧が実現・運用されていたことである。実務において，すでに数十年にわたり，捜査段階における記録閲覧が行われていた経験から，基本的には大きな弊害のおそれがないことなどが実証されていたと考えられる。

　この1964年小改正によって，ドイツの記録閲覧制度が大きな転換を迎えたことは明らかである。この改正された記録閲覧制度の第1の特徴は，制限されない記録閲覧権が認められる時期が「捜査の終結」とされたことである。これにより，公判期日前に被告人にとって不利益な証拠を検討することが可能となり，また無罪方向の証拠や記録を探ることが可能となり，有効な弁護がより保障されることになったからである[44]。1908年草案が示した，帝国刑訴法の「根本的欠陥が，被疑者およびその弁護人が自己に不利益な証拠を通常公判のときに初めて，ほとんどは起訴状によって初めて知るということにある」という認識と共通のものがみられる。公判前の充実した準備活動のために，公判前の一定期間における制限されない記録閲覧が必要不可欠であると認められたことに，その意義が存在するといえる。

　この第1の特徴は，弁護士層が要求していた捜査終結尋問制度の実現との関係でも重要な意味を有する。この制度について政府草案は，被疑者は弁護人の援助を得て，検察官が保管する全証拠を把握し，公訴提起前の被疑事実の反駁に役立つ全事実および有利な証拠を提出する可能性をもつべきであるとする[45]。この制度は，あまりに安易な公訴提起を抑制するために，被疑者およびその弁護人が，検察官の訴追判断に相当の影響を及ぼす機会を認めるために創設され

た。[46] このことに鑑みると,「捜査段階においても被疑者を消極的な客体的地位から脱出させ,公判審理を避けるために手続打ち切りを目指す十分な可能性を被疑者に認める」[47]という被疑者の主体的地位の保障のためには,制限されない記録閲覧権が必要不可欠であることが承認されたといえる。

第2の特徴は,捜査段階においても,弁護人の記録閲覧権が原則として認められたことである。他方で,1964年小改正においては,閲覧拒否の可能性は維持された。とはいえ,記録閲覧の拒否要件は,検察官の主観的判断ではなく,客観的要件として修正された。この規定によりドイツ刑訴法の捜査手続は,国家による捜査活動という意味に加え,「被疑者・弁護人による準備活動という意味を勝ちえた」[48]とされる。捜査手続の段階から,検察官による捜査のチェック・監視に加え,自身に有利な証拠が確保されたという情報の把握などが可能となったといえる。

このように,1964年小改正によって,捜査段階からの記録閲覧が保障され,同手続からの被疑者・被告人側の主体的な公判準備や訴追判断への主体的関与が可能となった。この公判前手続からの主体的準備や関与を可能とする記録閲覧制度の整備という点においては,1920年草案と類似する部分も含んでいたといえよう。ドイツ記録閲覧権が有する「裁判所に提出された記録を閲覧する」という従来の基本構造からの転換が一定程度存在するとか,ドイツの「刑事手続の性格を著しく変えて,法の適用における思考を改めることを余儀なくするような,あらたな特徴が付与された」[50]という評価は基本的に妥当であるといえる。

他方で,1964年小改正が,緊急の改正を要する部分に限られていたこと,また当時のドイツの改革論においては,「糺問的な刑事手続の開始から制限された当事者公開の中間段階を経て弾劾的な公判前審問へ」というDahmらの段階説[51]が有力であったこともあり,1964年小改正はあくまで個別的改正にとどまったこと[52]を看過すべきではないであろう。具体的には,予審制度や準司法官としての地位や客観義務を負う検察官制度は維持され,公判審理のあり方も基本的には変更されなかった。1964年小改正は,この刑事手続の基本構造を維持したうえで,可能な限り被疑者・被告人の主体的準備や関与を認めようとした改正であったといえる。

また,記録閲覧制度の関係に限定しても,さらに改革が必要な部分が残ると

されていた。たとえば，捜査段階における検察官による閲覧拒否決定に対する法的救済が存在しないこと，そして被疑者自身に記録閲覧の可能性が認められなかったことが挙げられる。1964年小改正後のドイツにおいては，これらの論点を中心に記録閲覧権の議論が進められることになった。

このように，ドイツ記録閲覧制度は，あらたな局面を迎えることになる。次に，この記録閲覧制度をめぐるさらなる改正論議を概観し，検討を進める。

II　記録閲覧制度の改正をめぐる展開

1　1974年改正における記録閲覧制度の改正

1964年小改正後，1968年に基本法が改正され，そのもとで，いわゆる「緊急事態法」[53]が制定された。これを契機として，ドイツでは「国内の安全(innere Sicherheit)」[54]のための法制度確立が目指されることになった。刑訴法についても，1968年以降，刑事手続を簡素化，迅速化，そして効率化して犯罪を抑制すること，そしてテロリストに対する訴訟に対策を講じ犯罪を抑制すること[55]，という方向性の改正が行われた。[56]

このような立法動向のなかで，刑訴法自体も改正された。その中心とされるのが，1974年12月9日の「刑事訴訟法改正第1法律(Erstes Gesetz zur Reform des Strafverfahrensrechts)」[57]である。同法は，1974年12月20日の「刑事手続法改正第1法律補充法(Gesetz zur Ergänzung des 1. StVRG)」[58]と，同年3月2日に成立していた「刑法典新総則導入法(Einführungsgesetz zum neuen Allgemein Teil des StGB)」[59]と併せて，1974年刑事訴訟改革と呼ばれている。[60]この改革のなかで，記録閲覧制度に関する改正も行われた。

刑事訴訟改正第1法律の目的は，刑事裁判を簡潔なものにすること，そして効果的な犯罪対策を実現し，被疑者・被告人の適切な期間内における判決を受ける権利に対し，よりよく対処できるよう手続を迅速化することであった。[61]とくに，同改正法においては，捜査手続が改革の対象とされ，長年の懸案であった予審の廃止も含めさまざまな改正がなされた。[62]

同改正法は，連邦司法省参事官と州司法省の作業グループにより，1970年6月から1971年11月まで改正準備が進められた。この準備作業をもとに，連邦司法省により政府草案が作成され，1972年4月に立法機関へと送付された。1972

年秋に第5立法期（1969年-1972年）のドイツ連邦議会が解散したため，その後，若干修正された草案が，1973年1月に再び提出された。

　連邦議会法務委員会における議論は，1973年11月から1974年9月まで続けられた。1974年10月18日，連邦議会は，第2読会と第3読会において協議を行った。しかし，参議院による異議のため，1974年11月8日に仲介委員会による提案がなされた後，連邦議会は1974年11月15日に満場一致で可決し，同日，参議院も可決した。以下では，政府草案およびその理由書，そして委員会報告およびその理由書を確認する。

　政府草案の提案は，147条5項および6項を，以下のように修正するというものであった。

①5項における，「起訴状提出前は検察が，予審の間は予審判事が」の文言を，「起訴前手続の間は検察が」とすること。
②6項における，「予審判事は予審終結とともに遅くとも」との文言を削除すること。

　理由書は，この提案の根拠として予審の廃止を挙げている。この時点では，この改正はあくまで予審廃止に伴う表現上の修正にとどまっていた。ところが，同草案提出後の連邦議会法務委員会において，147条については，さらに改正を加えることが提案された。連邦議会法務委員会は，147条5項については政府草案と同様の規定を提案しつつ，6項に関して，以下のような修正提案を行っている。

　　　閲覧拒否の根拠が消滅するに至っていない場合，検察は遅くとも捜査の終結と同時に拒否の処分を取り消す。記録閲覧権が制限されなくなった場合は，直ちにその旨を弁護人に通知しなければならない。

　この修正提案の理由について，法務委員会は以下のように述べた。「弁護人は公判前手続の時点で，原則として記録閲覧権を有している。捜査終結（169条a第1項）が記録に書き込まれる前の時期においては，147条2項を根拠にしてのみ記録閲覧拒否が許される。弁護人が，全面的又は部分的に記録閲覧を拒否された場合は，捜査終結聴取（Schlußanhörung）及び捜査終結尋問（Schulßgehör）の完全な廃止の代償として，弁護人が公訴提起前に全面的な記録閲覧をできる

ようにする必要がある。このような要求を満たすため，新しく修正された6項は，記録閲覧権が制限されなくなったことについて通知することを規定しているのである。また，6項1文に表現上の修正を加えた[67]」，と。

　以上のように，この修正6項によれば記録閲覧拒否の理由が失われた場合，ただちに弁護人に通知すべき義務が検察官に課されることが提案された。法務委員会によれば，この通知義務は，「公訴提起前に完全な記録を閲覧し，必要であれば捜査結果について発言する地位に弁護人を置く[68]」という意義を有する。そして，捜査終結まで記録閲覧が全面的になされない場合は，この発言する権限を行使する機会を弁護人に与えるために，公訴提起をしばらく差し控える義務が検察官に課されるとの説明もなされている[69]。

　この修正された6項は，法務委員会報告の理由書が述べるように，捜査終結聴取および捜査終結尋問の廃止に伴うものであった。1964年小改正において，弁護士層の要望により実現した捜査終結尋問制度は，期待された役割を十分に果たせなかったとされていた。政府草案によれば，この捜査終結尋問はほとんど利用されることがなく，利用されたとしても，その効果を発揮することはほとんどなかった。また，捜査終結尋問の際に被疑者に有利となる事情を検察官に述べてしまうと，その後の公判で逆に不利になってしまうこともありうるなど，弁護人からの評判もよいものではなかった。さらに，捜査終結尋問の準備のために多くの時間が必要となるという問題点もあった。以上の理由により，捜査終結尋問制度は廃止された[70]。

　このように捜査終結尋問制度廃止と関連して，記録閲覧権が強化されたことは，弁護士層の要求によるものだと考えられる。たとえば，弁護士のSchmidt-Leichnerは，捜査終結尋問が目指した被疑者の法的聴聞権の保障は，捜査終結尋問によってではなく，むしろ捜査手続における弁護人の記録閲覧権，必要的弁護および国選弁護の保障をさらに強化することによってこそ実現されるとした[71]。このような見解が，法務委員会の審議を経て実現したといえる。そして，同改正によって，現実的・制度的に，記録閲覧制度は，被疑者の法的聴聞請求権，すなわち，捜査や訴追に対して発言し，影響を及ぼす権利を保障する意義を有することになったといえる[72]。

2 弁護権制限立法の動向

　テロリスト対策立法が進むなかで，弁護権が制限されるに伴い，弁護人の記録閲覧権が制限された動向があったことも看過することはできない。このような動向としては，まず上述の刑事手続法改正第１法律補充法で新設された弁護人排除規定を挙げることができる。

　この弁護人排除立法の契機は，1968年以降の連合赤軍，バーダー・マインホフ・グループのメンバーを担当した弁護人が，その接見交通の際に，被疑者と逃走中のメンバーらとの通謀を仲介したと疑われ，排除されたことであった。これに対する抗告について，連邦通常裁判所（BGH）は，弁護人は独立した司法機関であることなどを理由にこれを棄却し，その際に，真実発見を阻害することを理由に共犯者たる弁護人に対して刑訴法147条の記録閲覧権を認めることはできない旨を判示した。

　この決定に対して，弁護人から基本法12条１項（職業選択の自由）違反を理由に抗告がなされた。1973年２月14日に連邦憲法裁判所（BVerfG）は，この抗告を認めた。他方で，連邦憲法裁判所は，判示の最後の部分で，近い将来，適当な弁護人排除の立法措置が望まれるとの要求を立法機関に示すという異例の意見を付した。これにより，立法が急ピッチで進められることになった。そして，刑事手続法改正第１法律補充法によって，刑訴法138条a以下が新設された。記録閲覧権の制限については，「手続が係属する裁判所は，147条，148条にいう弁護人の権利が本条第１項により管轄を有する裁判所の弁護人排除に関する裁判までは停止される旨を命令することができる。……停止命令の期間中は，147条，148条の権利を保護するため，裁判所は他の弁護人を任命しなければならない」（138条c第３項）との規定が設けられた。

　また，1979年10月２日から施行された，いわゆる「接見遮断法（Kontaktsperre-Gesetz）」も重要である。同法によって，裁判所構成法施行法（EGGVG）31条以下により接見遮断が可能となり，その接見遮断の目的を阻害するおそれがある場合に記録閲覧を禁止できる旨の規定が，裁判所構成法34条３項２号３段に置かれた。

　以上のように，テロリスト対策立法をめぐる動向のなかで，弁護人の記録閲覧権は制限を受けた。他方で，これらの立法がテロ活動を弁護人が仲介するという緊急事態への対処であったということ，また弁護制限規定も弁護人による

権利行使そのものを保障するための考慮がなされていることを看過すべきではないであろう。

Ⅲ 憲法上の権利と記録閲覧権

1 基本法と記録閲覧権

　第２次世界大戦後の，ドイツにおける記録閲覧権をめぐる動向の特徴としては，上述の法改正に加え，記録閲覧権と基本法との関係について検討がなされ始めたことも挙げられる。

　まず，上記改正直後の1965年３月９日の連邦憲法裁判所の判断が挙げられる。本件は，ブレーメン地方裁判所が，被告人に記録閲覧を認めることなく抗告に対する決定を下したことにつき，基本法103条違反があると抗告人が主張した事案であった。ドイツ基本法103条１項は，「何人も，裁判所において，法的聴聞を請求する権利を有する」と規定されている。これに対して，連邦憲法裁判所は，この法的聴聞請求権（Anspruch auf rechtliches Gehör）[79]規定の解釈について，「当事者が陳述の機会を与えた事実や証拠結果（Beweisergebnis）のみを裁判の基礎にすることを要求するものである」[80]としたうえで，記録閲覧権との関係について，以下のように判示した。「基本法103条１項は，法的聴聞のより詳細なスタイルの策定が個別の訴訟法規に委ねられるべきことを前提としている。刑訴法147条の刑事手続における記録閲覧はそのうちの１つである。刑訴法147条１項によれば，弁護人は予審終結後，また予審が行われなかった場合には起訴状提出後，裁判所に存在する記録を閲覧する権限を有する。刑訴法147条２項によれば，それ以前の時期においては，審問目的を阻害することなく行われうる限りで，裁判所の審問記録の閲覧は弁護人に許されてよい。もっとも，刑訴法147条３項によれば，被疑者の尋問調書，専門家の鑑定書および弁護人が立会権を有する裁判所の行為に関する調書の閲覧は，弁護人に対していかなる場合も拒否することはできない。以上によれば，ブレーメン地方裁判所は少なくとも部分的な記録閲覧を抗告人の弁護人に許さなければならなかった」[81]，と。

　同決定は，1964年小改正前の147条に関するものだが，記録閲覧権の根拠として，基本法103条１項にいう法的聴聞請求権を挙げている。現在も法的聴聞

請求権および記録閲覧権に関する判例として引用される重要な決定である。もっとも，同決定は，基本法103条1項を刑訴法上において具体化した規定が147条であることを述べたにとどまっている。その具体的な関係については，連邦憲法裁判所のさらなる判示がなされた。

2　連邦憲法裁判所の判例の展開

「現在，ドイツにおける最も権威を持ち，有力な憲法解釈論は，特定の憲法学者の提唱するそれではなく，連邦憲法裁判所の判例理論である」[82]との指摘が示すように，ドイツにおける基本法の解釈論の展開は連邦憲法裁判所の判例によるところが大きい。記録閲覧権も，連邦憲法裁判所の一連の判例により，憲法上の権利との具体的関係が明らかにされた。連邦憲法裁判所は，法的聴聞請求権の根拠について，裁判所による「決定の事実的根拠の解明」および「人間の尊厳の顧慮」を挙げている[83]。学説でも，個人が常に人格として承認されかつ扱われ，国家による措置または決定の単なる客体とされないことを内容とする人間の尊厳を根拠とし[84]，個人が事実についての意見表明および弁明する権利を有し，それによって手続の過程および結果に影響を及ぼしうる権利である，とされている[85]。

このような根拠および性質をもつ法的聴聞請求権と基本権との具体的関係について，連邦憲法裁判所1983年5月17日決定は，以下のように判示した。「基本法103条1項は，裁判手続に関係する者に，手続において発言する機会を有する権利を認めている。すなわち，裁判所の決定の基礎となっている事実及び法状態について意見を表明し，申立てを行い，詳述する機会を持つ権利である。この点について，訴訟当事者による詳述を承知・考慮する裁判所の義務が対応する。このような意見表明と聴聞の機会を与えられることとの調和の中で，基本法103条1項が保障する法治国家的手続にとって中心的となる訴訟上の権限が実現される。さらに，基本法103条1項は，この基本権によって保障されている地位の前段階（Vorfeld）においても，国家に対し，その実効性を奪い，あるいは決定的に制限し，それによって意見を表明する訴訟当事者の権利を空虚なものにすることを禁ずる手段を予定している。裁判所は，当事者が態度決定可能であった事実および証拠結果のみを用いることが許されるのである。……結局，その情報が裁判所の決定に用いられうるとされる限り，手続当

事者による裁判所に存在する情報へのアクセスを広範な範囲で可能にする任務が裁判所に課される。ここに法的聴聞請求権の決定的な強化が存在する。そして，それが，国家の妨害に束縛されず手続関係人の意見表明権を実効的に行使することを可能にするのである」。

　以上の判示は，法的聴聞請求権の「実効的行使」という側面に着眼しているという点に特徴がある。法的聴聞請求権の前領域 (Vorbereich) は，裁判所の「情報提供義務」と関連付けられている。というのも，当事者が裁判所による決定に対して実効的に影響力を行使しうるためには，当該手続における資料に関する情報を獲得することが必要だからである。刑事手続における「情報提供義務」のなかに，記録閲覧権は含まれる。1965年連邦憲法裁判所決定は，法的聴聞請求権の訴訟法上における具体化の1つが記録閲覧権であると判示した。すなわち，当事者による主体的かつ実効的な意見表明の前提として，記録閲覧権は位置付けられているのである。

　このような憲法の解釈によって，ドイツの記録閲覧権は憲法上の根拠を有するとされている。もっとも，法的聴聞請求権は，あくまで「裁判所における」手続に関するものであり，捜査手続には適用がないというのが通説的理解である（ただし，令状審査などは「裁判所における」手続である）。それでは，捜査手続など，裁判所外の手続における記録閲覧権は憲法上の権利とは無関係なのか。この点につき重要な役割を果たしたのが，ヨーロッパ人権条約 6 条 1 項の「公正な手続を請求する権利 (Recht auf faires Verfahren)」であった。次に，この権利と記録閲覧権との関係について確認する。

3　公正な手続を請求する権利と記録閲覧権

　ヨーロッパ人権条約 6 条 1 項は，「公正な手続を請求する権利」について規定しているが，この権利に該当するドイツ基本法における明文規定は存在しない。この公正な手続を請求する権利と記録閲覧権の関係についても，法的聴聞請求権と同様，連邦憲法裁判所の判例によって展開されている。1969年 6 月 3 日の連邦憲法裁判所決定は，「公正な手続を請求する権利は，法治国家的刑事手続の本質的構成要素に属する。被告人が手続の客体に過ぎないという事実は許されない。むしろ被告人には，自己の権利を守るために，手続の進行および結果に対して影響を及ぼす機会が与えられなければならない」として，公正な

手続を請求する権利が憲法上の権利であることを認めた。

　連邦憲法裁判所の判例による展開はさらに進む。1974年10月8日決定は，公正な手続を請求する権利について，「法治国家的な刑事手続及びそれに結合した手続の不可欠の要素として，……訴訟上の権利及び機会を必要な専門知識を有した状態で独自に利用しうることが被侵害者〔被疑者・被告人——筆者注〕に保障される。法治国家的かつ公正な手続を請求する権利は，訴追者と被疑者・被告人の間における手続法上の『武器対等』の要請によって特徴付けられ，そしてそれは有罪宣告がなされるまで被疑者・被告人のために無罪の推定が守ろうとする被疑者・被告人の保護に特に仕える」[91]とした。

　このように，連邦憲法裁判所によって「機会均等という意味での武器対等」，「無罪推定」を内容とするとされた，公正な手続を請求する権利は，記録閲覧権といかなる関係に立つのか。被疑者・被告人の記録閲覧権に関する憲法的理論の検討に先鞭をつけたWelpが，以下のように述べていることが参考となろう。「知識の平等は，記録閲覧が認められることによって生じる。記録閲覧は，概して被疑者が訴訟主体の地位に昇格しうるために必要な前提条件である。というのも，刑事手続が（非難の正確な内容とその非難を根拠付ける容疑事実が知らされない）秘密の手続として進行しているのに対して，被疑者が，弁護を受ける機会を適切に利用することによって訴訟の進行に影響を及ぼす機会を得ていないのであれば，彼は……手続の単なる客体でしかないことになるからである」[92]，と。ここでは，記録閲覧によって生じる「知識の平等」（記録を通じた捜査手続の可視化）が被疑者に法的主体性を付与し，そのことが「手続の公正性」を意味するとされている。そして，その法的主体性の具体的内容としては，手続や訴訟の進行に影響を及ぼす機会，すなわち意見表明と聴聞の機会を与えられることを意味する。その意味では，法的聴聞請求権と公正な手続を請求する権利の保護領域は，多くの部分で重なっているといえよう。

　以上のように，ドイツでは，刑事手続のすべての手続段階において，記録閲覧権は，憲法上の権利を根拠とすることが認められている。法的聴聞請求権や公正な手続を請求する権利，さらにはその具体的内容としての「機会均等という意味での武器対等原則」，「無罪推定」の原則は，被疑者・被告人の法的主体性の承認，すなわち主体としての実効的な意見表明および手続に対する影響力の行使の前提として記録閲覧権の保障を要請しているといえる。

このような憲法的理論は弁護実務でも示されている。ドイツにおける著名な刑事弁護ハンドブックでは、捜査段階において「記録閲覧なくして被疑者の応訴なし」、「記録なくして弁護人の立場決定なし」との原則が示されている。[93]

4　不十分な記録閲覧を理由とする上訴

　ドイツ刑訴法147条1項は、捜査段階から一貫した記録閲覧権を弁護人に認めている。とくに、捜査終結後においては、記録閲覧の拒否は禁止されている。同規定のもとにおいても、公判審理後も記録閲覧がなされないというような事例は多数存在してきた。このような状況に対して、ドイツの判例や裁判例は、比較的早い時期から、不十分な記録閲覧を理由とする上訴を認めてきた。以下では、その一連の判例や裁判例を概観し、具体的にはどのような状況で上訴理由が認められてきたかを概観する。

　ドイツ刑訴法336条は「（原審裁判所が）判決前にした裁判も、原判決がこれに基づいているときは、上訴裁判所の審査に服する。」と規定し、さらに同法338条8号は、「裁判上重要な点についての弁護が裁判所の決定により不法に制限されたとき」を絶対的上訴理由として挙げている。

　不十分な記録閲覧は、とくに同条8号にいう「不当な弁護の制限」という上訴理由とされてきた。もっとも、「裁判上重要な点についての」という文言からも明らかなように、すべての「不当な弁護の制限」が同条8号にいう上訴理由となるわけではない。[94] 不十分な記録閲覧が「不当な弁護の制限」とされた具体的事例は、記録閲覧の範囲が不十分であったことが不当であるとされた類型と記録閲覧の方法が不当であるとされた類型という2つに大別することができる。

　記録閲覧の範囲が不十分であったことが不当であるとされた類型としては、以下のような事例が挙げられる。①弁護人に対してなされた最後の記録閲覧の後に、さらに当該手続に関する捜査がなされたにもかかわらず、その捜査で獲得された記録や証拠の閲覧が拒否された事例、[95] ②公判審理開始前に、弁護人が適切な時期における記録閲覧請求をしているにもかかわらず、十分な記録閲覧ができなかったので、公判審理中に弁護人が公判審理の中断・延期の申請を行ったところ、裁判所によって却下された事例、さらに、③開示対象となりうる証拠が、検察によって差し控えられた事例である。たとえば、正当な証拠取

第2章　憲法上の権利と記録閲覧権　273

り寄せの申請が実現されなかった場合や，共犯の被告人の供述録取書といった閲覧対象とされている証拠が差し控えられた場合などである。このように，閲覧対象とされるべき記録や証拠が閲覧の供されなかったことや閲覧のための期間が不十分であったことなどが，上訴理由とされていたといえる。

不適切な記録閲覧方法と判断された類型としては，以下のような事例がある。①捜査手続の初期において，検察官はある証拠を閲覧対象とならない手控え（Handakten）としていたが，後の公訴提起の際に当該証拠を裁判所に提出したので，その証拠が閲覧対象となったにもかかわらず，その旨を弁護人に伝えず，弁護活動に不当な影響を及ぼしたとされた事例，②弁護人による記録のコピー作成が拒否された事例，③弁護人が記録の抜粋を被告人に引き渡すことが不当に拒否された場合などがある。このように，記録閲覧時期の制限やコピーなどをはじめとする記録閲覧の方法も，さまざまなかたちで上訴理由となることが認められている。

5　AK草案と記録閲覧権の理論的検討

1970年代後半になると，1964年小改正から10年以上経過していることもあって，記録閲覧制度の問題点に関する議論が次第に蓄積されていった。他方で，1960年代後半から高まりを見せ始めた学界の手続法に対する関心が，訴訟主体論，とくに弁護人および検察官に向いていたこと，さらには上述の弁護権制限立法が連続していたこともあり，記録閲覧制度を含む刑事弁護上の諸問題を前提とした立法提案が提出されることになった。これが，1979年に公刊された刑事訴訟改革作業班（Arbeitskreis Strafprozeßreform）による『弁護—法律草案および理由書（Die Verteidigung Gesetzentwurf mit Begründung）』である（以下，「AK草案」とする。）。以下，この立法提案を概観し，その確認を通して，当時認識されていた記録閲覧制度に関する論点，これに対する理論的動向を確認する。

同作業班の目的は，「より長期的に，老朽化した刑事手続法を我々の国家の変化した社会的・法的条件に適応させ，刑事政策的に十分に練り上げられかつ理論的にも根拠のある手続の改革を開始し，それを援助すること」であり，そしてAK草案の目的は「憲法の法治国家的・社会国家的要請に則って」，弁護に関する規定を再調整することにあった。

この目的のもと，弁護人の記録閲覧権は「弁護の情報権」として，第3章で

規定されている。AK草案は，同章において，とくに起訴前手続における弁護人の地位の強化を重要視していると述べている。その理由について，草案は，「捜査手続の結果は，最後の手続段階まで影響を及ぼしている。事件の解明行為の誤りおよびその不足は，もはや，大部分が，その後の手続段階では修正されえない。誤判において，そのことが明らかとなりつつある。捜査に対する弁護の影響力の強化は，そのような解明行為の誤りや不足を防ぐ可能性を有する。その結果，その誤りや不足は公判審理にまったく到達しないか，または，しかしすべての無罪方向の事情や証拠が手続対象に含まれ，そして公判審理へと持ち込まれるのである」[106]と述べている。このような捜査手続の影響力による公判審理の形骸化の問題は，Karl Petersによる大規模な誤判の実証的研究で指摘されている[107]ことから考えても，同草案は誤判研究などの実証的研究の基盤を有しているといえる。

さらに，AK草案は，「起訴前手続そのものにおいて，被疑者は大幅に権利を侵害されている。それゆえ，弁護は，被疑者に対してなされる処分（Maßnahme）の根拠を形成する捜査に対して影響力を及ぼす必要があり，そして被疑者の権利の擁護およびその人格の尊厳を守る必要がある」と述べている。

このような，誤判研究を基礎に置いた捜査手続の影響力による公判の形骸化や，捜査手続そのものが有する人権侵害性に着目しつつ，AK草案が立法提案を行っていることは注目に値しよう。これらの前提を踏まえ，弁護人の記録閲覧権は11条で規定されている[108]。

> 11条　①弁護人は手続上の全ての記録を閲覧し，謄本又は複写を作成し，及び公務上保管されている証拠物を見分する権利を有する。また，弁護人は被疑者又は被告人に記録の内容を告げ，謄本又は複写を交付する権利を有する。
> ②捜査が終了していない場合，特定の事実を理由として，閲覧が以後の捜査を著しく妨げるおそれがある限りにおいて，弁護人に記録の一部の閲覧及び証拠の見分を拒否することができる。
> ③被疑者又は被告人が未決勾留を課せられている場合は，口頭弁論に基づく勾留審査を行う3日前までに，弁護人に勾留審査裁判官に提出される全ての記録の閲覧を認めなければならない。
> ④刑事訴訟法122条により，高等裁判所に記録を提出する場合は，遅くともその2週間前までに，弁護人に対し全ての記録の閲覧を認めなければなら

ない。
⑤弁護人に全ての記録の閲覧を認めることができない場合は，弁護人にこれを通知しなければならない。
⑥被疑者又は被告人の尋問，及び弁護人に立会いが許され，又は許されなければならなかった尋問行為に関する録取書並びに鑑定人の鑑定書は，弁護人にこれを謄本で送付しなければならない。
⑦重大な理由が存しない限り，申立てにより証拠物を除いた記録を，その事務所又はその住居における閲覧のために帯出することを弁護人に許さなければならない。
⑧警察において処理される記録も含めて，記録閲覧に関する決定は，起訴前手続の間は検察が行う。その他の場合は，裁判所の裁判長がこれを行う。決定に対しては裁判所に不服を申し立てることができる。
⑨記録閲覧を制限する理由が前もって消滅するに至っていない場合，検察は遅くとも捜査の終了とともにこの処分を取り消すものとする。記録閲覧権の制限理由が消滅した場合，直ちにこれを弁護人に通知しなければならない。

　AK草案によれば，これらの規定は2つの目的をもつ[109]。第1の目的は，弁護人が，捜査がどれだけ公開されているか，そして自分たちはどのような状況に置かれているのかを知ることを可能とし，弁護人が被疑者に対して可能な限り迅速かつ完全に態度を決定することが可能となるということである。そしてこれにより，捜査段階において，いわれなき嫌疑を晴らすことが可能となり，被疑者・被告人に大きな負担をかけることになる公判審理を避けることが可能となるとされる。
　第2の目的は，弁護人・被疑者間の信頼関係を危険にさらさないために，弁護士と依頼人との間の情報差を埋めることである。弁護人に制限されない記録閲覧権を認めながら，他方で，その知識を被疑者に伝えないことを弁護人に義務付けるのであれば，依頼人の目には弁護人がときとして国家利益の代弁者として映ることもあろうという理由を草案は挙げる。
　このうち，後者は草案1項に関連するものだが，当時の議論状況を明確に反映している。閲覧した内容を被告人に伝える義務があるかどうかは，上述のように19世紀頃から存在する論点であった[110]。さらに，1918年のプロイセン司法大臣の一般的指示により，捜査段階における記録閲覧が一定程度認められると，閲覧した記録の内容を被疑者に伝えてよいかどうかという論点もあらたに出現

した。

　この問題につき，いち早く論じていたLüttgerは，「事案の解明に役立つときにのみ」記録内容を伝えてよいと主張していた。この見解は，1964年小改正後も大きな支持を受け，さらに上述の弁護権制限立法の際に弁護人を司法機関として位置付ける説が強調されたこともあって，通説となっていた。また記録の写しを被疑者に引き渡すことができるのかについても，同様の議論状況がみられた。AK草案は，このような見解に反対し，「弁護人は被疑者に対して情報を知らせない義務はないことを明確にした」と述べている。これは，草案1条が，「弁護人は被疑者の利益を擁護する。弁護人はその信頼に基づく」としていることの必然的帰結でもあろう。

　また，AK草案11条1項は，閲覧対象を「手続上の全ての記録」とした点でも重要である。刑訴法147条1項にいう「裁判所に提出されているか又は提出されうる」という文言と，閲覧権の範囲とは無関係であるとしたものと説明されている。

　AK草案11条2項は，現行法147条2項に相当するものである。第1の特徴として，閲覧の一般的・全般的な拒否が否定されていることが挙げられる。特定の捜査記録の知識のみが捜査を妨害する危険を生むからであると説明されている。第2の特徴として，刑訴法における「審問目的の阻害化」という文言が「閲覧が以後の捜査を著しく妨げるおそれ」へと修正され，そして閲覧を拒否する場合には「特定の事実」の明示が要求されていることが挙げられる。これによって，「妨害されない」捜査という怠惰が，閲覧拒否理由になることは防止されると説明されている。

　このようにAK草案は，記録閲覧拒否の可能性を維持しながら，個別具体的な理由が存在する閲覧拒否のみを可能とするよう要件を設定しようとした。第2次世界大戦前からの立法動向を引き継ぐものともいえ，重要な提案であるといえる。さらに，AK草案は，刑訴法の問題点として，「審問目的の阻害化」要件により，147条1項と2項という原則と例外とが逆転していることを指摘しており，その防止を提案理由として挙げている。

　AK草案11条3項は，1920年草案の提案をさらに詳細にしたものといえよう。当時の刑訴法においては，勾留審査時に，弁護人は勾留理由についてまったく知らないか，あるいは審理中にようやく知るという状況であったことが指

摘されている。他方で，勾留審査の場において適切な弁護が必要であることは明らかであるから3項を設けたとの説明がなされている[119]。これも，1920年草案において提案されていたものである。この勾留審査における記録閲覧の強化については，1990年代以降大きな前進がある。これについては後述する（本編第4章）。AK草案11条4項は，勾留審査に関する特別規定である刑事訴訟法122条を改正したものである。

さらに，AK草案11条5項は，同9項とともに，1974年改正による147条6項に若干の改正を加えたものである。また，AK草案11条6項および7項も刑訴法147条3項および4項に対応するものであり，理由書でもほとんど言及されていない。

AK草案11条8項は，検察官の記録閲覧拒否に対する不服申立て制度を設けることを提案するものである。起訴前における検察官による閲覧拒否に対する法的救済が許されるか否かは，ドイツにおいて重大な問題とされていた[120]。たとえば，Dahsは，「弁護人は，記録閲覧の拒否の場合には異議申立ての可能性を検討しなければならない。裁判官の決定は抗告の適用を受けるし，検察官による閲覧拒否は職務監督上の異議（Dienstaufsichtsbeschwerde）の適用を受ける。裁判所構成法施行法（EGGVG）23条による申請が許されるかどうかについては，一貫した反応が示されていない[121]」と指摘している。この職務監督上の異議は上司の検察官に申し立てるものであるが，検察庁内部で検討させるという救済方法にとどまるものであった。それゆえ，検察官による閲覧拒否決定に対する抗告に関して，裁判所構成法施行法23条の適用が認められるか否かが大きな論点となり，実務においても争われていた[122]。これに対し，判例は，裁判所構成法施行法23条以下による手続は司法行政行為を対象としているところ，記録閲覧に対する検察官の拒否は司法行政行為ではないから，同法によって審査できないとして，裁判所構成法施行法23条の適用を否定した[123]。

このような現状を踏まえ，AK草案は不服申立ての明文による規定を提案している。理由書は以下のように述べている。「法的救済制度を設けることにより，記録閲覧の正しい保障が確立される。この規定は，被疑者の権利に対するすべての侵害が法的に再検討されなければならないという原則に一致する。確かに，記録閲覧拒否は，被疑者ではなく，弁護人に向けられるものである。しかし，閲覧拒否によって被疑者は，長期間不法行為の疑いをかけられない権

利，捜査終結前に自身に対して提起されている非難に自分自身で，あるいは弁護人を通して態度を決定する権利を侵害されているのである」，と。

6 Jürgen Welpによる「被疑者・被告人の記録閲覧権」構想

AK草案が提示された後の1980年代以降，記録閲覧制度に関する多くの論文が公刊された。そのなかで，最も精力的に議論に関与したと考えられるのが，Welpである。刑事訴訟改革作業班のメンバーでもあったWelpの諸論文，とくに「記録閲覧権の諸問題（Probleme des Akteneinsichtsrechts）」で示された「被疑者の記録閲覧権」を基礎とする見解は，1980年代以降の記録閲覧権をめぐる議論に大きな影響を与えることになった。以下では，このWelpの見解を確認し，検討する。

Welpは，起訴前段階における記録閲覧権の根拠として，法的聴聞請求権は「裁判所における（vor Gerichts）権利」であるがゆえに不十分であるとする。さらに，彼は，記録閲覧が認められることにより，被疑者側に「手続が開かれていること（Offenheit des Verfahrens）」となり，検察官と被疑者側との間における「知識の平等（Parität des Wissens）」が生じることを記録閲覧権の根拠として示している。

これに加えて，Welpは，記録閲覧権を「被疑者が訴訟主体の地位（Stellung als Prozeßsubjekt）へと昇格しうるために必要な前提条件」であるとする。その理由として，被疑者に向けられる非難の正確な認識とその非難を根拠付ける被疑事実が，被疑者に対して知らされない秘密の手続において，「被疑者が自身の権利として，弁護を受ける機会の適切な利用によって訴訟の進行に影響を及ぼす機会を得ていないのであれば，被疑者は手続の目的へと導かれる手続の単なる対象でしかないということになる」という理由が挙げられている。

また，捜査手続の経過が被疑者側に秘密にされることになれば，手続の見込みとそれぞれの防御上の選択肢のもつ危険性の現実的判断は不可能であるから，記録内容に関する知識なしに効果的な弁護活動を行うことは不可能となる。すべての弁護戦術は捜査の現状をどれだけ弁護人や被疑者が把握しているかにかかっているのであって，それゆえ記録内容の一部を被疑者や弁護人に伝えないことは，その法的地位への侵害を意味するとWelpは主張するのである。

以上のように，Welpは，被疑者の記録閲覧権を理論的に根拠付けている。

すなわち，秘密の捜査手続は，被疑者本人を単なる手続の対象とするものであるところ，捜査段階における記録閲覧によって捜査手続を開かれたものとして，訴追側と弁護側との「知識の平等」を認めることにより，被疑者は，手続に対して主体的に影響を与えることの可能な訴訟主体としての地位を有することになると主張するのである。このように，記録閲覧権は，まさに被疑者本人の主体性保障と密接な関係を有する，被疑者自身の権利とされたのである。

　なぜこのような主張が必要なのか。Welpは，すべての被疑者が弁護人を選任できていないという状況を理由として挙げている。すなわち，軽微な犯罪の嫌疑をかけられている資力のない被疑者は記録閲覧ができないし，また必要的弁護の事件においても，弁護人の選任時期がかなり遅いという状況が挙げられている。もっとも，実務においては裁判官や検察官の裁量によって，被疑者に記録を手渡すことなどが許されることはあった。だが，問題は，それが裁判官や検察官の裁量に委ねられていることにあり，被疑者が記録内容をまったく知らされることなく，刑事裁判にかけられる可能性も十分にあったとされる。弁護人が選任されているか否かに，被疑者・被告人の弁護の利益が左右されてはならないと，Welpは主張する。

　この点につき，後述の参事官草案が，被疑者・被告人本人の記録閲覧を認めていることを，Welpは高く評価をしている。だが，明文で厳格な限定要件を設けた点は不要であるとして，以下のような立法提案を行っている。第1に，弁護人と同程度の制限のみが許されるということである。すなわち，記録の隠滅や改ざんなどの明白な危険があるときにのみ閲覧が拒否されるべきであるとする。第2に，閲覧の際の監視は，被疑者・被告人が記録の原本を閲覧するときのみに限られるべきであることである。当時すでに，コピー技術も発展しており，そのコピーを被疑者に手渡すことにより記録の隠滅や改ざんの問題は解決できると，Welpは主張している。

　そして，Welpは，弁護人から依頼人への情報伝達の問題，さらに記録閲覧拒否に対する不服申立てについて，被疑者の記録閲覧権を前提に検討している。前者については，AK草案と同様に司法機関としての弁護士としての地位を強調することを批判し，弁護人と被疑者間の信頼関係の維持，さらには帝国刑訴法制定過程における議論を理由に，刑訴法147条2項は「弁護人がその依頼人に記録内容について知らせる可能性があることを想定している」として，

弁護人は記録から得た知識をすべて依頼人に伝えてもよいと主張する。

後者についても，AK草案と同様に，刑事訴訟において捜査段階が公判にもたらす影響力について検討している。「Karl Petersによる刑事訴訟の誤判研究[138]によって，実証的根拠が提示されている。すなわち，嫌疑の立証または嫌疑が誤っていることの立証に関して前もって立てられた見込みに適合するような捜査の可能性のみで，被疑者を身体拘束しているのであれば，精密な起訴行為も必然的に選択的なものとなる。もし，この段階において，最初から捜査が誤った方向に進められるのであれば，その誤りは，より遅い時期，つまり単に現実の捜査行為の再生を許しているにすぎない公判審理において，ほとんど訂正されることはない」のであって，[139]それは捜査段階における決定が公判審理で再生されること以外の何者でもないと，Welpは述べる。それゆえ，この捜査手続は，「すでに被疑者の特別な弁護利益が存在する，重要な刑事手続そのものなのである」[140]，と。このような刑事手続の構造，さらには「多くの場合，公開された公判手続が，それ自体期待可能な処罰の重さに引けを取らない社会的な害悪」[141]であるという公訴提起自体の害悪から，手続打ち切りの拡大，さらには手続打ち切りへの被疑者の主体的な関与が必要となると，Welpは述べる。

そのためには，「捜査状況の早期の可視化」[142]が必要であって，そのために捜査段階における記録閲覧拒否に対する不服申立てを保障することが必要であると，Welpは主張する。不服申立て制度が存在しないことにより，「刑訴法147条は検察の統制不可能な決定に委ねられることになり，規範は単なる秩序規定に成り下がってしまう」，と。それゆえ，そこには裁判官による統制が必要なのだとWelpは主張する。[143]

Welpの見解は，基本的にAK草案と同様の立場であるといえるが，他方で，次のような特徴を有しているといえる。第1の特徴は，記録閲覧権を弁護人の権利としてではなく，被疑者の防御権として，再構成していることである。AK草案では，被疑者・被告人の書類閲覧「権」への言及はなかった。それゆえ，弁護人を中心として構成しているため，被疑者への情報伝達という論点における「司法機関としての弁護人」を強調する見解に対して，AK草案が十分な反論をしているとはいい難かった。Welpの見解は，この点を被疑者・被告人の防御権という論理によって克服しようと試みたものと評価できる。第2の特徴として，記録閲覧権の根拠として，検察と被疑者・被告人側の「知識」を

平等にすること，そして具体的内容として「手続を開かれたものにすること」を挙げたことである。AK草案では「憲法の法治国家的及び社会国家的要請に則って」という抽象的根拠が挙げられたのみで，具体的にどのような基本法の規範に基づくのかは，不明確であった。この点につき，Welpは，記録閲覧により「手続を開かれたもの」とし，被疑者や被告人の主体性を保障するという「公正な刑事手続 (faires Strafverfahren)」を根拠として挙げている。[144]

この「公正な手続」(を請求する権利)は，すでに検討したように，基本法では明文化されていないものの，基本法1条，20条，28条によって，法治国家および社会国家の基本的な価値判断の帰結であるとされ，さらにヨーロッパ人権条約6条1項1文で規定されている。また，基本法103条1項の法的聴聞請求権は，「裁判所における」権利であって，検察による捜査手続には適用がないとする見解が優勢であった。[145]他方で，この見解によれば，捜査手続における記録閲覧権は憲法上の根拠をもたないことになる。このような問題点を解決するため，Welpは，すべての刑事手続段階に適用があるとされる「公正な手続を請求する権利」を憲法的根拠として挙げているといえる。すなわち，記録閲覧によって「手続が開かれること」が保障され，さらに，これにより被疑者側と検察側との「知識の平等」が生じることになり，そしてその結果，被疑者は手続に影響力を及ぼすことが可能な「訴訟主体の地位」へと昇格するという手続こそが，「公正な刑事手続」なのであると，Welpは主張しているといえよう。

AK草案とWelpの見解における共通点は，検察官が主宰する捜査手続の構造自体の変革を求めていないことである。実証的研究に基づき，当時の捜査手続が公判審理の結果に大きく影響を及ぼしていることを前提に，被疑者側による捜査段階からの実効的「関与」(捜査機関への働きかけや訴追判断への働きかけなど)の必要性を説いていることが，これらの見解の特徴であるといえる。捜査手続の比重を「軽く」することによって，刑事手続の弾劾化を図ろうとした第2次世界大戦前のドイツにおける一部の見解や弾劾的捜査観を主張した日本の学説とは，この点で異なっているといえる。ここで検討した見解が示すように，ドイツの学説の多くは，客観義務を有する検察官が主宰する捜査手続の構造，さらには裁判所が主宰する公判手続を前提として，意見表明や証拠の提出によって手続の結果に影響を及ぼすことができるという意味での「被疑者・被告人の主体性」の保障を求めたのである。そして，そのための中核として，記

録閲覧権が位置付けられたといえる。

　このようなAK草案やこれに憲法的観点を加えたWelpの見解は、ドイツにおける多くの注釈書や文献によって見解を引用されていることからも明らかなように、大きな影響力を有している。

7　「協働型」捜査手続

　ここまで繰り返し指摘しているように、ドイツでは、捜査手続が公判審理の結果を実質的に左右しており、それゆえ抜本的な改革が必要であるとの主張が長年存在していた。この主張について、たとえばE. Müllerは、以下のように指摘していた。「帝国刑訴法は、捜査手続を、単なる材料集めの手続――片面的な公訴の準備に向けての――という理解」を前提に立法され、公判手続が刑事手続の中心的存在とされていたのに対し、現状は以下のように異なったものになっている。①捜査手続は準備的機能を果たしているだけにとどまらず、完全に独自の意味を有している。②捜査段階は、それ以降の手続の進行に対して、強い形成的な影響力を有している（「公判審理の固定化」）。③まさに初期の嫌疑の段階において、捜査手続全体の「転換機」が設置されている。④もっとも、起訴前手続における捜査の誤りは、「滑り台」のように、再審段階にまで及ぶ。⑤公判審理における相当に低い無罪率に鑑みれば、公訴提起はかなり高い有罪の蓋然性をも意味している。

　以上の現状を踏まえ、E. Müllerは、捜査段階において被疑者に対する効果的な弁護を留保することは、法治国家的刑事手続との矛盾を意味するとして、以下の捜査手続改革の構想を示している。「立法者は、被疑者に対して、無罪の当事者と同様に、捜査手続への積極的な関与を可能にするよう義務付けられている。刑事訴追機関が、国家の任務として嫌疑の解明を反対当事者に対立的に行うのではなく、当事者と協働して行う（zusammen betreiben）というところに、糾問訴訟の克服が存在するのである。このような協働は、刑事訴追機関が、反対当事者に対して、そのときどきの状況の程度および内容について発言する機会を、可能な限り早い時期から与えるということによって最もよく行われる」、と。

　このように、E. Müllerも、上述の学説や立法提案と同じく、実務における捜査手続の比重や役割の変化を前提として、捜査段階からの被疑者の主体的な

防御活動の保障，さらには刑事訴追機関との「協働」が必要であるとする。この協働とは，刑事訴追機関による，被疑者側の意見表明権の可能な限り早期の保障とされている。

このような総論を踏まえて，具体的には，以下のような改革案が示されている。①捜査の開始およびそれを支える有罪方向の事情に関する早い段階での被疑者側への情報提供，②捜査に対する弁護側の関与権の保障，③すべての訴訟上の権利に関する時宜に適った包括的な教示，④可能な限り早い時期での記録閲覧権，⑤鑑定人の選任および依頼の内容に対する影響力の行使，⑥捜査段階における証拠調べ請求の決定，⑦拒否された決定に対する不服申立て権，⑧自ら捜査を行う権利，⑨捜査手続の状態または事件の重大性を考慮しない，選任されたまたは依頼された弁護人による弁護が妨害されない権利，⑩資力のない者の弁護費用の問題から解放される権利，⑪捜査手続終結の前に，正式な方法で法的聴聞を再度保障する検察の義務，である。

E. Müllerは，捜査手続への関与権を被疑者・被告人に対してより多く認めよとの要求は，民主主義によっても支持されうるとする。その根拠として，国家による任務遂行および政治的な決定過程に対する多数決の原理，決定過程への関係者の関与という民主主義の原理が挙げられている。

このように，この時期においては，捜査手続の位置付けや役割の変化を前提として，その捜査手続における被疑者の主体性保障が，法治国家原則や誤判の防止という観点から必要不可欠であるとされた。その主体的保障の具体的内容としては，捜査段階からの被疑者側による意見表明権などの手続への影響力の行使が挙げられた。そして，その前提として，可能な限り早期に，手続の内容や経過が公開されることが必要とされ，その中核として記録閲覧権が位置付けられたのである。

Ⅳ　あらたな立法動向

1　1983年参事官草案

AK草案公刊後の3年後の1982年9月に「1983年刑事手続改正参事官草案（StVÄG）」が公表された。このなかで，刑訴法147条の改正が提案されている。この参事官草案の目的は，理由書によれば，「①特に手続の簡素化によって刑

事裁判所及び検察庁の負担が軽減すること。②弁護権に関する緊急の改正を実現すること。③マスメディア（新聞・ラジオ及びテレビ）の押収からの自由の範囲を拡大するとともに，それを明文化すること」であった。[157]

さらに，弁護権に関する改正については，「社会国家における法治国家的刑事訴訟にとって，『有効な弁護 (effektive Verteidigung)』の保障は公正性という意義を持つ。公正な訴訟は，被告人・被疑者が訴訟主体として手続形成に積極的に関与することができるときにのみ保障されるが，それは自分の本心を打ち明けることのできる専門知識を持つ補助者の助けを借りてのみ，実効性を有する。……被疑者・被告人のみを補助すべき弁護人の任務により，弁護人は公的任務，つまり法治国家的刑事訴訟法の担い手とも考えられ」，そのような性格をもつからこそ，被疑者・被告人に認められない権限が弁護人に認められるのである，と。[158]このような総論を踏まえ，参事官草案は，「記録閲覧権及び接見交通権を，刑事司法を危うくしない限りで，拡張し且つ精密化すること」を提案している。[159]

まず，147条2項について，「捜査の終結が未だ記入されない場合は，一件記録又はその一部の閲覧及び職務上保管されている証拠物の閲覧は，それが審問目的を阻害する可能性がある限りで，弁護人に拒否される可能性がある。この規定は，被疑者尋問調書及び弁護人の立会いを許し，又は許すべきであった審問行為に関する調書並びに専門家の鑑定書については適用されない。」と提案した。そのうえで，草案は，記録閲覧権の一定の強化のため，閲覧拒否の要件を厳格化している。2項1文では，147条2項の「審問目的を阻害する可能性がある場合は」に代え，「審問目的を阻害する可能性がある限りで」とすることが提案されている。[160]また，草案2項2文は，裁判官以外の審問行為に関する調書についても制限されない記録閲覧権を認めている。[161]

次に，新設の5項として，「弁護人は，報告及び交付が拒否されない限りで，弁護人が閲覧することができる記録内容を被疑者・被告人に対して報告し，その謄本を交付することができる。本項にいう拒否は，報告若しくは交付が審問目的を阻害するおそれがある場合，又は他の重大な根拠が交付を妨げる場合に限り許される。」という文言が提案された。これは，被疑者・被告人に記録の内容を報告し，その謄本を交付する弁護人の権利を認めたものである。この弁護人の「情報伝達権 (Imformationsbefugnis)」自体は，当時認められつつあった

が，問題はその例外の可否およびその要件の内容であった。草案は，情報伝達権を例外的に制限し，その要件として「審問目的を阻害する可能性」あるいは「十分な根拠」を挙げている。「十分な根拠」とは，交付された謄本が手続外の目的に利用される可能性や，またそれにより第三者の利益が侵害される可能性がある場合を指すとされている。

　これに加え，新設の6項として，「被疑者・被告人は，重大な根拠が妨げにならない限りで，裁判所，検察庁又は他の官庁において，監視の下で一件記録の閲覧が許されうる。」との文言が提案された。同項は，被疑者・被告人自身に記録閲覧を認める規定である。このような規定を求める見解が強かったことは，上述の通りである。他方で，被疑者・被告人の記録閲覧については，記録を隠蔽・破棄する危険があるという理由から反対も強かった。これを受けて草案は，被疑者・被告人による記録閲覧の機会を認めたうえで，記録の隠滅や破棄の危険が存在する場合には，これを制限するという提案を行った。草案は，被疑者・被告人の大部分は，検察官の許可を得て近隣の警察署で記録を閲覧できるとの予測を示している。

　この参事官草案においては，これまで検討してきた弁護士や学説の要求が一定程度反映されており，これらの要求の影響力の大きさを窺うことができる。もっとも，参事官草案に対しては批判も強かった。多くの弁護士会は，記録閲覧権の意義や目的について，「弁護人が，捜査についてどれだけのものが示されているか，そして自分たちはどのような状況に置かれているのかを知ることを可能とし，弁護人が被疑者に対して可能な限り迅速かつ完全に態度を決定することが可能となるということである。そしてこれにより，捜査段階においていわれなき嫌疑を晴らすことが可能となり，被疑者に大きな負担をかけることになる公判審理を避けることが可能となるということである」，とする。AK草案やWelpの見解と同様のものが示されているといえよう。

　そのうえで，被疑者・被告人に対する記録閲覧には，好意的な評価がなされている。弁護士会は，さらに被疑者・被告人に記録の抜粋の交付も保障するべきことを提案している。また，1983年の第7回刑事弁護人大会では，この規定を認めることにつき，必要的弁護制度が制限されないことを条件とした賛成意見が多く示された。

　他方で，記録閲覧拒否規定や依頼人に対する連絡義務の例外規定については

批判がなされている。まず拒否規定については,「審問目的を阻害化する可能性」を,さらに具体化する必要があるとの批判がなされた。また,検察官による閲覧拒否について理由の告知と閲覧拒否決定に対する裁判所への不服申立制度が創設されるべきとの要求もなされた。弁護士会は,記録閲覧の拒否自体の存在は必要として,検察官による閲覧拒否理由の具体化や客観化をすべきことを要求していたと考えられる。

草案5項については,1981年にマインツで行われた第41回弁護士大会におけるE. Müllerの講演が重要であろう。E. Müllerは,「弁護人が被疑者にその知識をすべては伝えないであろうという期待のもとで,弁護人に制限されない記録閲覧権が保障されているという状況は,弁護人と依頼人との間にある関係の基本的構造を誤解させるであろう。この両者間の内密の信頼関係が負担にならないように,記録閲覧権は調整されるべきである」と述べていた。ここでは,記録閲覧により弁護人と依頼人との間で情報格差が生じることを認めるべきではなく,刑事弁護を行ううえで不可欠な両者の信頼関係を損なわないように記録閲覧規定を改正すべきことが主張されている。

以上のように,参事官草案における改正提案は,複数の問題を抱えていることが指摘された。結果的に,同草案による改正自体は実現しなかった。そして,同草案に対する批判の多くは,上記の学説とも共通するものが多く,その内容が広い範囲で共有されていたことを示しているといえる。

2　1999年刑事手続法改正法

1983年12月15日に連邦憲法裁判所により,いわゆる「国勢調査事件判決」が出された。この判決は,個人情報の保護制度に関していくつかの重要な論点について判断を下したものであるが,本書との関係では,自己に関する情報の処分を自由に決定する個人の権利を承認したこと,この権利を保護するために必要とされる立法上の原則を明確にしたことが重要である。この判決以降,「情報に関する自己決定権」に適合するように,刑事手続における個人情報の収集および取り扱いについて,数回にわたる刑訴法改正が行われた。

これらの刑訴法改正作業は,1984年連邦司法省により開始され,さまざまな検討を経て,「1988年刑事手続法改正補充法参事官草案(StVÄG1988)」へとまとめられた。同草案は,若干の手直しを経て,「1989年刑事手続法改正法政府

草案」として公表された。そして，その内容の一部が，1992年7月「組織犯罪対策法（OrgKG）」として立法された。

その後，上記草案は，1994年に連邦参議院草案，そして1996年に連邦政府草案として提出された。しかし，州と連邦がその内容をめぐって対立し，1998年の段階でほぼ妥協点に到達したものの，政府草案の161条2項および3項の削除をバイエルン州が譲らなかったので，第13立法期（1994年-1998年）中に同草案は立法にいたらなかった。第14立法期（1998年-2002年）中の1999年に，連邦政府草案が再提出され，連邦参議院により修正提案がなされた。その後，両者間の調整が図られたうえで，同年8月16日に新しい政府草案が提出され，連邦参議院の審議を経て，2000年8月2日にこの法改正は成立し，同年11月1日から施行されている。これが「1999年刑事手続法改正法（StVÄG 1999）」である。

1994年連邦参議院草案では，147条の改正は提案されておらず，その後の1996年連邦政府草案において，以下の147条の改正案が示されている。

① 5項を以下のように規定する。
「記録閲覧許可については，起訴前手続の間及び確定による手続終了後は検察が，その他の場合にはその事件を扱う裁判所の裁判長が決定する。検察が記録閲覧を拒否したときは，刑事訴訟法161条a第3項2文から4文に従い裁判所による決定を請求することができる。この決定は，その公開により審問目的が阻害される可能性がある場合には，理由は付さないものとする。」

② 7項として以下を付け加える。
「弁護人を有さない被疑者に対し，記録の情報及び写しは，審問目的が阻害される可能性がない場合であってかつ第三者の重大な保護に値する利益がそれに対立しない場合に，これを提供することができる。本条5項及び477条5項を準用する。」

両提案とも，これまでの主要な論点に対応するものである。まず政府草案5項について，理由書は「捜査手続において，弁護人に対して検察官が審問目的の阻害化の可能性を理由に記録閲覧を拒否した場合，支配的見解及び実務一般の立場によれば，弁護人は閲覧拒否に対して裁判所による審査を受ける可能性を有して」おらず，検察官が不当に拒否権限を用いた場合であっても，弁護人は捜査終結まで記録閲覧を待たなければならないとする。そのうえで，「このように裁判所から独立した，検察の決定権限は，文献などで近年ますます批判

されている。加えて，地方上級裁判所の裁判例は，147条3項の場合には裁判所構成法施行法23条による法的救済を認めている」として，「検察官や警察による捜査手続の時点において，影響力を有する必要がある効果的な弁護の前提条件としての記録閲覧が，検察による法適用だけに左右されてよいのかどうかは疑問である」とした。

これに加え，1986年被害者保護法による，犯罪被害者の代理人の記録閲覧に対する検察官の閲覧拒否について裁判所による決定を請求できること（406条e），政府草案で提案されている475条（私人のための情報提供および記録閲覧）と478条3項（475条による請求が拒否された場合の不服申立て）においても，不服申立てが認められていることも理由とされている。被害者に関する記録閲覧権の保障が，被疑者・被告人に比べ，よりよく保障されているという不均衡は，もはや適切なものではないと政府草案は指摘している。

以上の理由から，「捜査手続における記録閲覧拒否に対して出訴の途を開くことは，捜査手続における弁護の状況を改善するであろう」として，政府草案は，捜査手続における閲覧拒否決定に対する不服申立て制度が必要であるとする。そして，これにより「検察官は147条2項にいう拒否の根拠を詳細に検討しようとするし，場合によっては捜査の進行への配慮のうえで，必要である限りで，閲覧拒否の根拠が存在せず（たとえば147条3項），そしてもはや拒否する必要がない範囲内で，一部の記録の閲覧を保障しようとするだろう」として，不服申立て制度の創設によって検察官の閲覧拒否がより具体的なものになるとする。

これらの理由に加え，政府草案は，不服申立てに対する裁判所の審査内容として，「記録閲覧拒否に対して，弁護人が裁判所に審査の請求を行うとなれば，特定の場合には捜査がさらに阻害されないようにするために，検察官は147条2項にいう拒否の根拠を，弁護人に対しては非常に一般的なかたちでのみ（nur in allgemeiner Form）述べる可能性がある。裁判所は，検察官の決定があと付け可能かどうか（ob die Entscheidung des Staatsanwalts nachvollziehbar ist）を検討しなければならない。この規定は，裁判所による検討の過程が，2項にいう審問目的を阻害しうるとき，当該過程は弁護人に公開されないことを明らかにしている」と述べている。すなわち，検察官による閲覧拒否決定は具体的理由をもって行われるべきこと，それについて裁判所は「あと付け可能性」という基

第2章 憲法上の権利と記録閲覧権　289

準により審査しなければならないとされているのである。このような審査方法は、当時の諸見解においても、すでに承認されているものであった。[188]

　草案7項について、理由書は、「現行法によれば被疑者・被告人本人は、弁護人を経ることなく自身の手続における記録を閲覧し、あるいはそこから情報の獲得を請求することができない。しかし、支配的見解によれば、手続を妨害するおそれがないときには、公訴提起後は全面的な記録閲覧と同等の情報を被告人に伝える権限を検察官は有する」が、この状態では、弁護人を選任できないかあるいは選任の意志がない被疑者・被告人に、包括的な情報を提供によって事案解明に貢献せよと命じることになると指摘する。政府草案は、記録には、憲法上の情報に関する自己決定権をもつ第三者に関する情報も含まれていることからすれば、刑事手続に関する指針などに基づく実務上での対応には限界がある、と述べる。[189]

　以上の理由に加え、被害者への直接の情報提供の保障（406条e第5項）および第三者への情報提供の保障（475条4項）と適合させるという理由から、弁護人を選任していない被疑者の権利も保障されなければならないと政府草案は指摘する。他方で、審問目的を阻害するおそれがある場合や重大な保護に値する第三者の利益に対立する場合は、この情報は被疑者に与えられないともしている。この第三者の利益として、政府草案は、第三者のプライバシー、証人の保護、業務上の秘密や企業秘密を挙げている。[190]

　この政府草案7項については、上述の国勢調査事件判決の影響力があったと考えられる。それゆえ、記録閲覧制度に関する従来の議論を出発点としながらも、第三者の情報などについては、「情報に関する自己決定権」を考慮し、被疑者・被告人自身の記録閲覧に関する利益と第三者の情報などについて利益の衡量が必要になったといえる。

　上述のように、この政府草案は第13立法期中には成立しなかったが、7項は、その後も修正を受けることなく、立法された。他方で、5項は、第13立法期中に連邦政府とバイエルン州を代表とする諸州が対立するなかで大きな修正を受け、不服申立てが認められる範囲が制限された。バイエルン州が効果的な刑事訴追の維持に重点をおいていたことに対する妥協によるものとされる。[191] その結果、1999年に再提出された政府草案は、次のような提案を行った。[192]

⑤記録閲覧許可については，起訴前手続の間及び確定による手続終了後は検察官が，その他の場合にはその事件を扱う裁判所の裁判長が決定する。捜査終結を記録に記入した後に，検察官が閲覧を拒否したとき，又は本条3項にいう記録の閲覧を検察官が拒否したときは，刑事訴訟法161条a第3項2文から4文に従い裁判所による決定を請求することができる。この決定は，その公開により審問目的が阻害される可能性がある場合には，理由は付さないものとする。

　この政府草案では，判例や実務において不服申立てが認められていた部分，すなわち制限されない記録閲覧権が認められるべき記録に対する閲覧を検察官が拒否した場合の不服申立てが明文化されたにとどまっている。このような姿勢は，理由書にも明確に現れている。理由書は，1996年政府草案の一部を修正したものであった。「弁護人に対して，少なくとも検察官が正式に捜査を終結した場合（169a条）及び147条2項以外の閲覧が制限されない記録について，閲覧拒否に対する裁判官への不服申立てを認めることは適切であると思われる。被疑者・被告人及びその弁護人に対して，捜査手続における記録閲覧拒否に対する出訴の途を認め，それにより捜査手続における弁護状況を改善するべきか否か，そしてそれをどの程度認めるかは，上訴制度改革との総合的な関係の中で検討されなければならない」。このように，検察官による閲覧拒否に対する全面的な法的救済制度を設けることは今後の改革課題とされ，緊急に改正可能な部分に限定されることになったのである。

　もっとも，この提案は，さらに連邦議会法務委員会の審議において修正され，捜査の終結後の記録閲覧，147条3項で挙げられる記録の閲覧に加え，さらに不服申立てが認められるものとして，「被疑者が勾留されているとき」が付け加えられた。理由書では，「勾留命令又は強制収容命令により施設に拘禁されている者は，弁護人に記録閲覧を保障するという法律上認められるべき特別な利益を有している。このような場合における検察官による記録閲覧拒否は，裁判所による検討を受けることが考慮されなければならない。この場合，検察側から記録の写しが勾留審査や抗告を考慮して原則的として提出されていることを考慮すれば，特筆すべき手続遅延のおそれも考えられない」と説明されている。この委員会の提案は，1994年連邦憲法裁判所決定の内容を踏まえたものであった。この点については，第Ⅲ編第4章において詳細に検討する。

1999年改正については，147条は以上のように改正された。[199] 1999年改正は，検察官の閲覧拒否に対する不服申立てに関しては，1994年連邦憲法裁判所決定の影響を受けつつも，妥協的・限定的な改正にとどまっていること，被疑者・被告人の記録閲覧についても，「第三者の保護に値する利益」という制限が付されていることから，その評価は高くなかった。同改正の数少ない肯定派であるGatzweilerは，同改正が実務上どのように扱われるかは待たなければならないが，「いずれにせよ，近年の被疑者・被告人の権利を制限する立法傾向を考慮すると，喜ばしい例外」だと評価している。[200]

　これに対し，Schlothauerは，「1999年改正による147条5項は，確かに正しい方向に一歩踏み出すことになった」が，検察官による閲覧拒否に対する原則的な不服申立て制度が，迅速かつ効果的な弁護には必要であると主張する。さらに被疑者による不服申立てが限定されていることについて，「このような限定が被害者にはないこと（406条e第4項）に鑑みれば，『武器対等原則』」を踏まえたさらなる改正が必要であると主張する。[201]

　また，Dedyは，5項の改正が，すでに判例によって承認された部分を明文化したものにすぎず，「期待をかなり下回っている」とし，さらに7項については「『第三者の重要な保護に値する利益』との衡量を伴う裁量的規定の導入により，被疑者の記録閲覧権は安定することなく相対化されてしまう」と批判する。そのうえで，結局この改正は単なる「口先だけの告白」であり，改正前に比べた「前進か現状維持か」という問いには，「現状維持」としか答えようがないとの批判を行っている。[202]

3　小　括

　1983年参事官草案と1999年改正は，長年議論されてきた記録閲覧拒否要件の具体化や客観化，そして閲覧拒否に対する不服申立て制度の創設，被疑者・被告人本人の閲覧といった問題について対応している点で一貫している。さらに，1999年改正では，身体を拘束されている場合における記録閲覧保障についても立法がなされた。その意味では，AK草案やWelpの見解，さらには弁護士層の要求も，立法に強く影響を及ぼしていたと評価できよう。他方で，上記の要求がすべて立法されたわけではない。とくに，1999年改正においては，効率的な刑事訴追を維持すべきとする立場から強い批判が存在した。

とはいえ,実務における閲覧拒否のあり方が問題視されたこと,閲覧拒否に対する不服申立て制度が一定程度で承認されたこと,閲覧拒否理由を具体的なものとすべきことが求められたこと,被疑者・被告人自身の記録閲覧が認められたことは重要な意味を有するといえる。第2次世界大戦前の議論,とくに1920年草案をめぐる議論において,秘密や糺問性を本質とする捜査手続や刑事手続全体の構造,客観義務を有する検察官の地位,効率的な刑事訴追の維持などを理由として,これらの論点に対して消極的立場を示す見解も強かったことからすれば,1999年改正によって,効率的な刑事訴追の維持以外の理由は決定的な反対の根拠とならないことが,明らかにされたことになろう。

 政府草案は,「検察官や警察による捜査手続の時点において,影響力を有する必要がある効果的な弁護の前提条件としての記録閲覧が,検察による法適用だけに左右されてよいのかどうかは疑問である」と述べた。上述の改正要求と同様に,客観義務を負う検察官が主宰する捜査手続の構造,さらには裁判所が主宰する公判手続を前提として,意見表明や証拠の提出によって手続の結果に影響を及ぼすことができるという意味での「被疑者・被告人の主体性保障」が要求され,その中核として記録閲覧権が位置付けられたと評価できよう。

V 被疑者・被告人の権利としての記録閲覧権

 ドイツにおける記録閲覧権をめぐる動向は,立法作業以外にも,活発であった。第Ⅲ編第4章で検討する判例の展開に加え,ヨーロッパ人権裁判所によって注目すべき判決が示された。そのうちの1つが,1997年3月18日ヨーロッパ人権裁判所のFoucher判決である[204]。同判決は,フランス法における被告人の記録謄写権に対する制限規定が,ヨーロッパ人権条約6条1項および3項に違反するとしたものである。

 被告人Foucher父子は,森林警備官に対する侮辱罪の嫌疑で違警罪裁判所に起訴されたが,弁護人に依頼することなく審理を受けるため,警察記録の閲覧・謄写を申し出たところ,書記官に記録謄写を拒否された。これに対し,違警罪裁判所は,1991年に,この記録謄写拒否がヨーロッパ人権条約6条で保障された防御権侵害に該当するとし,公訴を棄却した。

 この判断に対する訴追側の控訴に対し,控訴院は1992年に原判決を破棄し,

上記警察記録を証拠として被告人両名に罰金刑を言い渡した。同判決は，弁護人にのみ記録謄写を認めている刑訴法のもとにおいても，本件被告人は記録閲覧を許可されており，防御権侵害には該当しないと判示した。同決定は破棄院でも支持され，国内法による救済手段が尽きたので，被告人両名はヨーロッパ人権条約に基づく判断を求めて提訴し，その後，同事件人権委員会とフランス政府によって人権裁判所に付託された。[205]

ヨーロッパ人権裁判所は，本件における記録謄写拒否によって，客観的にみて被告人は適切な弁護が可能な状況に置かれていないとし，ヨーロッパ人権条約6条3項から導かれる武器対等原則に違反すると判示した。さらに，被告人の記録閲覧権は，ヨーロッパ人権条約6条1項の公正な手続を請求する権利，3項bの嫌疑の性質および根拠を詳細に知る権利，同じく防御の準備のための十分な時間と便益の付与，3項cの自身による弁護または弁護人による弁護の保障から導かれるとした。以上を踏まえて，ヨーロッパ人権裁判所は，本件が自己弁護の事例で，記録謄写拒否によって，被告人は有罪認定に直接利用された証拠について十分な検討を行う機会を奪われており，それゆえ公正な裁判を請求する権利が侵害されていると判示した。

このFoucher判決は，被疑者・被告人自身の記録閲覧「権」を認めたものとして注目に値するものであるといえる。もっとも，同判決が，上述の1999年改正の過程で取り上げられた形跡はない。その原因の1つとして考えられるのが，マインツ地方裁判所1999年決定[206]である。同決定は，1999年改正前において弁護人を選任していない被告人による記録閲覧保障の拒否に対する抗告について，立法者が被疑者・被告人の記録閲覧権を規定するまでは，刑訴法147条の「弁護人の記録閲覧権」という原則が維持されなければならないとして，抗告を棄却した。さらに，抗告人によるヨーロッパ人権裁判所の判例違反という主張に対しては，ヨーロッパ人権裁判所は，ドイツ国内の裁判所の上位に立つものではなく，その判決は国内の裁判所への拘束力をもつものではないとし，ヨーロッパ人権裁判所の判例が拘束力をもつのは，その手続に具体的に参加しているものに対してのみであると判示した。[207]

同決定などによって，ヨーロッパ人権裁判所判決の影響力，少なくともFoucher判決の影響は，かなり限定されることになった。もっとも，概説書などでは，Foucher判決を踏まえ，ヨーロッパ人権条約6条1項および3項を根

拠として，被疑者・被告人の記録閲覧権が認められており，すでに学説レベルではFoucher判決の論理は受け入れられているといえる。[208)]

VI 捜査手続への当事者の関与と記録閲覧権

1 対案グループ『捜査手続改革対案』

2001年に，対案グループによって[209)]，上述の判例の動向も踏まえた[210)]，『捜査手続改革対案（Alternativ-Entwurf Reform des Ermittlungsverfahrens)』[211)]が示された。

同対案は，公判手続から捜査手続への比重の移動により生じた訴訟法の不適当な部分を取り除くこと，そして「司法の機能化」という視点からではなく，「捜査手続像を市民及びその基本権から」捉えることを目的としている。さらに，その方向性としては，急進的な解決ではなく，捜査手続の従来の構造を踏まえた構築を図ることが示されている。これらのことを踏まえ，対案は，捜査活動のカタログ化，そして証拠利用禁止の規定を検討している[212)]。具体的には，以下の4点の改革要求を示している。

第1に，被疑者の権利の改善である。被疑者は手続の早い段階で自身の嫌疑について伝達されることを請求する権利を有している。すなわち，捜査手続における関与権および証拠調べ請求権と同様に，被疑者およびその弁護人の記録閲覧権も強化されるべきであるとされている。必要的弁護の拡充も重要だとされている[213)]。他方で，被疑者と被害者との関係を改善する必要もあるとされている。対案は，被疑者と被害者との武器対等の確立が考慮されないまま，被害者の法的地位について相当の改善が行われた結果とのアンバランスを調整する必要があるとする[214)]。

第2に，検察官，とくに「捜査手続の主宰者」という検察官の法的地位の改革である。ここでは，検察官と警察官の関係を制度的に明確とし一貫したものにすること，捜査手続の目的として公判の準備だけでなく手続の打ち切りを加えること，検察官の指示拘束性の改革などが挙げられている[215)]。

第3に，手続打ち切りの明確化である。手続打ち切り要件をより明確にすることによって，さらなる法的安定性が生み出されるべきとされている[216)]。

第4に，捜査手続への「和解」の制度的導入である。対案は，行為者−被害者和解や賠償によって手続を終結させる検察官主宰の「終結協議」を提案して

いる。

この改革要求において、刑訴法147条の改正も提案されている。対案は、1999年改正を「極めて強く刑事訴追の利益を志向している」と批判したうえで、「5項で挙げられている場合に不服申立てを限定することは了見が狭いように思われる。もし裁判所による再検討を採用し、それを法治国家的な諸根拠から不可避のものであるとするなら、記録閲覧権の意義に鑑みて、閲覧拒否は、捜査手続開始の時期から再検討可能とするべきであろう」として、検察官が閲覧拒否した場合には、捜査判事にその審査を要求できるようにすべきとする。

さらに、7項については、「弁護人の職業的役割により（弁護人と依頼人のやり取りを）制限するフィルター機能という考えは、少なくとも現在では時代遅れである。というのも、被疑者は記録内容に関する包括的な情報を、実務上その弁護人から受け取っているからである」と述べ、弁護人を選任していない被疑者の地位がより弱体化していると述べたうえで、被害者の記録閲覧権とのアンバランスが存在する点で「武器対等原則とは一致しない」と批判する。

対案が示すように、弁護人による情報伝達に関する学説上の議論は、「弁護人は、依頼人に対して、口頭やコピーの引き渡しによって、記録内容を包括的に知らせてよい」という見解でほぼ一致していた。これに対し、Beulkeは、「不意打ちの効果を有する必要がある緊急の強制処分の場合に限っては、連絡してはならない」との例外が存在するとしている点には注意を要する。また、対案は、被疑者・被告人自身の記録閲覧請求権をヨーロッパ人権条約6条2項から導出したFoucher判決も挙げて、1999年改正は不十分であるとする。

このように対案は、公判手続から捜査手続への比重の移動により生じた訴訟法の不適当な部分を取り除くために、現在の捜査構造を維持しながら、手続の早い段階で自身の嫌疑について伝達されることを請求する被疑者の権利、公判の準備だけでなく手続の打ち切りを捜査手続の目的することなどを理由に、記録閲覧制度の改善を求めた。このことは、AK草案以降の学説の姿勢が維持されていることを示すものといえる。

2 当事者関与型捜査手続と記録閲覧権

1999年改正によって、連邦憲法裁判所の1983年国勢調査事件判決を契機とす

る，情報に関する自己決定権を指標とした改正動向は一応の完成をみた。

　2001年4月6日に，連邦政府は「刑事手続の改革に関する指針点（Eckpunkte einer Reform des Strafverfahrens）」（以下，「指針点」とする。）との改革案を示した。[225] この指針点は，以下のような改革目的を示している。「刑事手続は，将来，迅速な終結を可能なものとすべきである。同時に，刑事手続は，犯罪被害者の要求を，従来よりも明確に考慮する必要がある。法治国家性を損なうことなく，真実発見の際に，その都度定められた問題点（die jeweils entscheidenden Fragen）に集中することが目的とされる。とりわけ，本改革は，捜査手続及び中間手続の最大限の効率化（Optimierung）によって，第1審の強化を目指している。可能な限り早い時期の手続段階において，弁護をより強く関与させることによって，捜査段階以降の証拠採取（Beweiserhebung）を公判段階で活用することが，従来に比べより可能となる。より入念な，かつより公開された起訴前手続は，効率化された公判審理に寄与することになろう。このような公判審理は，従来に比べより頻繁に法的平和のうえで生じる手続の終結を第1審にもたらすことになる。とりわけ，合意の形成可能性及び合意による処理可能性の導入も，刑事訴訟の〔争いのある事件への——筆者注〕集中を可能とするであろう。」[226]

　指針点は，その目的として，刑事手続の迅速化を示し，そのためにも捜査手続への弁護の関与の強化，合意手続の導入などを提案した。さらに具体的提案として，弁護権については，以下のように提案している。[227]

　第1に，弁護権の強化である。「現行法によれば，弁護人は例外的場合においてのみ，捜査手続における証拠採取へと参加する権利を有する。……この点で，弁護をこれまで以上に幅広く選任させることは，効率的な捜査を可能にし，不必要な起訴を避け，そして公判審理の短縮を促進することを可能にするであろう。それゆえ，本改革は，〔必要な場合には国選の——筆者注〕弁護のさらなる活用を目指す」。さらに，警察による被疑者取調べ，弁護側から申請される証拠採取，裁判官または検察官による共犯とされる被疑者の尋問に弁護人が関与する権利，さらに証人および共犯とされる被疑者の尋問における参加の可能性の拡大，鑑定人選任への弁護側の参加権などが認められるべきとする。

　第2に，被疑者の地位を強化することである。捜査手続は，すべての当事者に対して開放されるべきであり，そして審問目的が許容する限りで，「関与型の（partizipatorisch）」手続であるべきとある。この手続においては，当事者は，

第2章　憲法上の権利と記録閲覧権　297

同等の情報状況を基礎として，自ら選択した解決を可能な限り模索することになる。被疑者はできるだけ早く，自身に対して進められている手続について知らされるべきことを明確にすることで，捜査手続のスタイルに関する近代的かつ変化した理解を，法に明記することになる。その限界線は，効率的な刑事訴追であって，少なくとも，捜索および電話盗聴は，今後も維持されなければならないとする。

　以上のように，指針点では，効率的な事件処理を目的として，取調べへの弁護人の立会いをはじめとする弁護人による捜査手続への関与，さらには捜査手続の可能な限りの公開を前提とする関与型手続などが提案されている。そして，この関与の前提として，記録閲覧権が位置付けられているのである。

　この指針点をもとに，2004年2月，SPDおよび90年同盟／緑の党，連邦司法省から「刑事手続に関する討議草案」が公表された[228]。従来の刑訴法に関する立法要求は，手続の迅速化を含む司法の負担軽減，刑事手続における被害者や証人の法的地位の強化，そして弁護権の強化であった。この討議草案は，これら3つの改正要求について実現可能な部分に限定しながらも対応するものとされる[229]。

　討議草案は，その目的を以下のように説明する。「刑事手続の改革は，全体的な構想として，刑事手続に関与する全ての者の権利を，全体的に信頼できる構造を原則として保持しつつ強化し，相互に適切に調整して，刑事手続の将来を保障された方向に向けるという目的を追求するものである。このようにして，刑事訴訟法は，司法の手続や制度に必要な近代化へと寄与することになる。以上のような改革構想は，今回の討議草案によって大部分実現される。この構想における全体的考察には，被害者の権利を改革する法律の草案も含まれうる。……本改革は，全ての手続段階について，コミュニケーションの要素をさらに活用する途を用意している。このことにより，手続を迅速に終結させる条件が改善されるだけでなく，手続関与者，特に被告人に対して，あと付け可能な決定がなされる条件が改善され，被告人による決定の受容性がさらに高められることになる。

　刑事訴訟法の必要的な近代化や透明性には，規範そのものの概観可能性や説明の容易さなども含まれる。このことは，司法の日常における法適用に資するが，全体として見れば法のよりよい受容にも資することになる。ここでも本改

革は，近代化や透明化に寄与する。被疑者や共犯とされる被疑者，証人及び鑑定人の取調べに関する規定の新設も，法のよりよい概観可能性につながるものである」[230]，と。

このような討議草案の構想は，指針点ペーパーの構想をさらに展開したものであったといえる。Vogelは，これら両者の構想について，「指針点および討議草案によって立てられた刑事手続に関する諸原則は，コミュニケーション，透明性，参加，合意そして受容である」と指摘している。[231]

以上の総論を踏まえ，討議草案は，以下のような具体的提案を示している。[232]
①捜査手続への弁護人の関与として被疑者取調べへの関与（現行法では，検察官・裁判官による取調べにのみ立ち会いが可能），共同被疑者・証人・鑑定人の尋問への関与（現行法では，裁判官による取調べのみに関与が可能），弁護人の立会いのもとにおける証人尋問を認めること。②取調べ調書の公判審理への「転送(Transfer)」（調書への証拠能力付与。現行法では，直接主義の要請から取調べ調書を公判廷で取調べることはできない）。③当事者間，さらには当事者と裁判所間での対話可能性の強化による手続の透明化の促進。④上訴手続の最適化。⑤被害者の権利の強化，すなわちその手続的権利の強化および証人の負担軽減。以上のような大幅な改革提案のなか，刑訴法147条について，以下のような改正が提案されている。[233]

　147条を以下のように改正する。
　a) 1項に以下の文言を追加する。
　　「以上のことは，弁護人が関与の機会を与えられる取調べの準備のために特に効力を有する。」
　b) 3項を以下のように規定する。
　　「3項　1.被疑者取調べの調書，2.弁護人が参加若しくは関与を許されていたか又は許されていなければならなかった尋問調書及び裁判官による審問行為に関する調書，又は3.鑑定人の鑑定書に関する閲覧は，いかなる場合にも弁護人に対して拒否されてはならない。」
　c) 5項2文の「161条a第3項2文から4文」を「161条a第4項2文から4文まで」とする。

このように，弁護人が立会いを認められる取調べ前における記録閲覧の特別な保障，立ち会うことができた取調べの調書に関する制限されない閲覧権が提案された。閲覧制限規定である147条2項を改正する提案がないことについて

は,「弁護人に取調べへの関与の機会が与えられるべきだとすれば,弁護人はその準備を行うことができる状態になければならない。このことから,全ての記録または部分的な記録の閲覧に関する保障がなされるとき,弁護人に認められた関与の可能性は特別な意味を持つことになる。効率的な刑事訴追の要求には変化はない。審問目的を阻害しないために記録閲覧拒否は必要であるから,刑訴法147条2項は改正しない。しかし,保障されるべき関与の機会のために,審問目的を阻害することがない状態で部分的な記録閲覧を保障できるのかが検討されるべきである」。ここでは,弁護人による取調べ立会いの実効化の前提として,記録閲覧権の強化が要求されている。

他方で,147条3項の改正については,「捜査手続における弁護人の関与権の強化によって,記録閲覧権も同様に拡大されている。弁護人に取調べへの関与の機会が与えられるべきだとすれば,その尋問の調書に関して,尋問に実際に立ち会ったか否かに関係なく,弁護人は閲覧が認められるべき」とする。

このように,討議草案では,記録閲覧権は弁護人の取調べ立会いと密接に関連付けられて議論されている。他方で,その改正はかなり部分的なものにとどまっている。

以上のように,討議草案は,「コミュニケーション,透明性,参加,合意及び受容」と刑事手続の効率化などを目的として,関与権の強化という側面から捜査段階における被疑者・被告人側の権限の強化を図ろうとするものであった。この観点から,とくに取調べへの弁護人の立会いと関連付けるかたちで記録閲覧権の強化が提案されている。この提案は,従来からのドイツにおける議論の基本線を引き継ぐものといえよう。

3　2004年第65回ドイツ法曹大会

討議草案の公開直後に,ドイツ法曹大会刑事法部会では,「捜査手続のチャンスとリスク(Chancen und Risken einer Reform des strafrechtlichen Ermittlungsverfahrens)」というテーマで,討議草案も含めた議論がなされた。その中心となったのが,Satzgerによる基調報告であった。Satzgerによる基調報告の概要は,以下のようなものであった。

①捜査手続の意義が増大していることや憲法の要求に照らして,現在の捜査手続の規範的基礎は,もはや正当化されえない。捜査手続改革は,可能である

し，不可欠である。もっとも，改革は，刑訴法全体の改革ではなく，体系内在的な試みに限定される。

②捜査手続は，「当事者関与」という意味で形成されなければならない。これは，捜査手続での証拠採取において，これまで不足していた弁護人および被疑者の出席権，質問権そして告発権（Rügerechte）を強化することを意味する。さらに，手続に対する当事者の影響力が強化されなければならない。

③捜査手続における関与権の強化は，完全に事実上のものではあるが，従来以上に頻繁に当事者間における合意を生み出す。このことは，公判審理への証拠結果の転送を可能にする。

④以上を補足するために，弁護人の記録閲覧権が強化されなければならない。147条2項にいう例外は，より具体的に規定されるべきであって，記録閲覧の拒否の告知および根拠付けが原則として必要となる。記録閲覧拒否に対して，全面的な捜査判事による（事後的な）法的救済が規定されるべきである。被疑者・被告人本人の記録閲覧権は，弁護人が選任されている場合と同程度に認められるべきである。

⑤弁護側の捜査機能をより強調しうるように，捜査手続において出席権に加えて証拠採取の請求権が強化されるべきである。この請求については，常に正式の回答を行わなければならない。そして，その拒否は根拠あるものでなければならない。もっとも，捜査判事による法的救済は，時間の経過によって証拠の滅失または証拠価値の減少のおそれが具体的に存在するという場合にのみ，例外的に保障されるべきである。

⑥刑訴法153条，153条aによる起訴便宜主義的な手続打ち切りについては，その基準などが明確に法律化されるべきである。

⑦当事者関与的に形成され，そしてより法律化された捜査手続は，必要的弁護の拡大を必要とする。捜査手続における必要的弁護の選任権を検察官に委ねようとする立法者の試みには，賛成意見が表明されるべきである。

⑧コミュニケーションの要素が，捜査手続において大きな役割を果たすようになされるべきである。それゆえ，法的協議または終結協議が原則として設置されなければならない。もっとも，そのような協議に適した事件は限定されるべきである。そこには，時期，経過に関しても，当事者に関しても，確固たる基準が存在するわけでない。しかし，このような協議においてなされたすべて

の発言については，その協議が失敗した場合には，包括的な証拠利用禁止が規定されるべきである。

⑨捜査判事には，より重要な地位が認められるべきである。純粋に事実上の改善のほかに，規範的な改善が考えられる。より法律化された捜査手続においては，捜査判事に対して，とくにより多くの権限が与えられるべきである。このことは，捜査判事がより頻繁に自身の担当する手続に対応し，そして「捜査手続の法治国家性の監視人」という，あらたな機能が認められうることにつながる。

⑩捜査手続のさらなる警察化を防止するために，「実際上の手続支配」という形式の検察官による手続支配を維持すべきである。このことは，検察官に対する警察官の報告義務を基礎とする。捜査の終結決定は検察官にのみ委ねられる。場合によっては，手続打ち切り決定についての警察による準備が考えられる。

このように，Satzgerは，従来の議論と同様に捜査手続の意味や役割の変化を前提として，当事者関与の観点から捜査手続を形成すべきとした。この観点を踏まえ，記録閲覧権についても，閲覧拒否に対する不服申立て制度の整備，さらに被疑者・被告人自身の記録閲覧権の保障を提案している。

Satzgerは，当事者関与型捜査と記録閲覧権との関係について，以下のように述べている。「改革される捜査手続においても，現実的には捜査手続の早い段階ですべての捜査の根拠が，即座に被疑者に明示されえないことが承認されるべきである。しかし，記録閲覧権を制限する可能性を，実効的な弁護と実効的な刑事訴追の間における衝突によって決定する場合，捜査手続が刑事手続全体において中心的な手続段階であるという現状認識は，このような比較衡量によって変更されえない。……閲覧拒否という例外は，完全に限定された条件下においてのみ正当化される。すなわち，より具体的な捜査の進行にとって，その秘密性が不可欠な条件となるときである。捜査が，当事者関与型として形成された範囲において，記録閲覧権の制限は限定されることになる。つまり，取調べへの弁護側の実質的関与は，それ以前に記録閲覧が保障されたときにのみ可能となる。……過度の閲覧拒否を避けるために，拒否条件は具体的に提示され，裁判所へと提示可能なものでなければならない。……具体的事実に照準を合わせることによって，さらに閲覧拒否理由として重要な危険を要求することによって，検察官は明確かつ十分な提示可能な閲覧拒否条件を述べることがで

きるのである」、と。

　以上のように、Satzgerは、効率的な刑事訴追の利益を踏まえ、記録閲覧拒否の可能性を維持しながらも、捜査手続の比重の大きさや当事者関与との関係で捜査手続における記録閲覧権の重要性を強調し、可能な限り記録閲覧を保障する方法を模索したといえる。具体的には、検察官による閲覧拒否理由の明示および裁判所への不服申立て制度を認め、閲覧拒否理由の具体的明示とそれに対する被疑者側による反証可能性を認めることによって、捜査段階における閲覧権の実効的保障を目指したといえる。

　次に、この基調報告も踏まえた、議論の結果行われた議決を確認する。このドイツ法曹大会の議決は、その後の立法過程に大きな影響力をもっているとされる。まず、捜査手続改革の必要性については、ほぼ全面的賛成があったが、捜査手続改革は憲法の要求であるという見解は否決され、慎重な改正を行うべきであると見解が採用された。

　①刑事手続の進行に対する捜査手続の意味（分岐点）に関する考察がますます進んでいること、そして捜査段階の規定に対する憲法的要求は、相当の改革要求を根拠付ける。
　　否決：51（賛成）：80（反対）：1（保留）
　②捜査手続に関する法的規定については、慎重な近代化、そして今後の展開のさらなる指針が必要である。
　　可決：65：58：3

　次に、被疑者・弁護人の法的地位およびその関与権について決議がなされた。まず、捜査に関する情報の伝達および警察による被疑者取調べへの弁護人の関与については、大多数が賛成であった。

　③捜査目的を阻害する可能性がなくなった場合、即座に捜査手続の開始が被疑者に伝達されるべきである。この伝達は、手続が即刻打ち切られた場合には、差し控えることができる。
　　可決：70：49：4
　④弁護人は、警察による被疑者取調べについても関与権を有する。
　　可決：90：26：5

　他方で、証人取調べへの弁護人の関与については反対意見が多かった。検察官による証人取調べへの立会いは認められたが、警察による証人取調べ、検

察・警察による共犯とされる被疑者の取調べについては否決された。

　⑤審問目的を阻害しない場合，警察による証人の取調べへの弁護人の関与の機会が与えられうる。
　　否決：48：76：2
　⑥重大事件において⑤を認める。
　　――必要的弁護の場合
　　否決：54：69：4
　　――重罪の嫌疑がある場合
　　否決：54：72：1
　　――刑訴法100条aのカタログによる嫌疑がある場合
　　否決：48：71：5
　⑦審問目的を阻害しない場合，検察による証人の取調べへの弁護人の関与の機会が与えられるべきである。
　　可決：68：54：3
　⑧このことは，共同被疑者の取調べにも適用がある。
　　否決：40：78：8
　⑨警察による証人の取調べの場合も，同様の適用を行う。
　　否決：40：78：8

最後に，記録閲覧権との関係で，討議草案でも示されていた立会い可能な取調べ調書に対する制限されない閲覧権については，大多数が賛成であった。

　⑩関与することができた取調べの調書を，弁護人は常に閲覧することができる。
　　可決：122：3：2

さらに，立会い可能な取調べの準備のために，記録閲覧権の利益を重視するという提案も，多数が賛成であった。

　⑪関与することができる取調べに対する準備のために，弁護人に記録閲覧が許されなければならない。
　　可決：75：48：7

他方で，閲覧拒否を具体化する検察官の義務は，僅差をもって否決された。

　⑫とくに強制処分の場合を考慮して，弁護人の記録閲覧の拒否条件は，強制的に具体化されるべきである。
　　否決：58：61：9

さらに，検察官の閲覧拒否に関する情報提供義務も否決されている。

> ⑬刑訴法147条において，審問目的の阻害化が生じる特定の事実を示したうえで，申請された記録閲覧に対する拒否理由を述べるという検察の義務が設けられるべきである。検察の視点からみて，閲覧申請に対する回答の時点で，特定の事実の伝達が審問目的を阻害する可能性がある場合，裁判官による検討を目的として，当該特定の事実が記入されなければならない。
> 否決：52：72：6

検察官による閲覧拒否に対して，いかなる場合も不服申立てができるという提案も僅差をもって否決された。

> ⑭検察による記録閲覧拒否に対して，いかなる場合においても裁判所による決定を申請することが認められるべきである。
> 否決：60：65：3

上記の限りではあるが，Satzgerが示した提案は，基本的に討議草案に沿った部分が可決され，その他の部分の多くは，僅差ながら否決された。指針点から法曹大会という一連の改革提案は，手続の迅速化や効率化という目的も含みながら，当事者間や裁判所とのコミュニケーションの強化や捜査段階における被疑者側の関与の強化の目的設定のもと，捜査段階における弁護権強化，さらにはその前提としての記録閲覧権の強化を要求したものといえる。

捜査段階からの実効的な弁護人の関与や記録閲覧権の保障は，訴訟の迅速化や実効的な刑事訴追の保障と完全に矛盾するものではなく，訴訟の迅速化にも役立ちうると，ドイツにおいて基本的に承認されていることが，これらの議論からもわかる。また，捜査手続の意味や役割を前提とすると捜査段階からの被疑者側の関与が必要であり，その実効的関与のためにも記録閲覧権が不可欠であるという従来の議論の基本線が維持されていることも確認できる。他方で，実効的な刑事訴追の維持という観点，訴訟の迅速化による限界付けによって，記録閲覧権の改正提案も部分的なものにとどまっていることも確認できる。

VII　ドイツ記録閲覧制度と手続構造

本章においては，前章で確認したドイツ記録閲覧制度の性格などを踏まえな

がら，第2次世界大戦後のドイツにおいて記録閲覧制度がどのように展開してきたのかを確認・検討してきた。その成果は次のようにまとめることができる。

第1に，とくに，1960年から1980年代にかけて，公判段階における記録閲覧権について，基本権との関係が検討されてきたことである。この時期においては，とくに連邦憲法裁判所の判例を中心として，記録閲覧権が憲法上の権利から導かれたことが確認できた。基本法103条1項の法的聴聞請求権，ヨーロッパ人権条約6条の公正な手続を請求する権利（その具体的内容としての「機会均等という意味での武器対等原則」や「無罪推定」の原則）が，その根拠とされた。記録閲覧権との関係では，これらの規範の具体的内容は多くの部分で重複する。その具体的内容は，被告人を手続やその決定の客体とすることの禁止であり，被告人が手続の主体として実効的な意見を表明するなどして，手続の経過や結果に影響を与えることという法治国家的な刑事手続である。記録閲覧権は，この意見表明権を核とする刑事手続における主体性保障の必要不可欠の前提として位置付けられているのである。

このようにドイツでは，職権主義という訴訟構造を採用しながらも，憲法規範などを根拠として，被告人の法的主体性保障が要求されてきた。ドイツ記録閲覧権は，被疑者・被告人が主体的かつ実効的に意見表明を行うための情報請求権である。被告人側がこの情報に基づき態度決定した事実および証拠結果のみを裁判所は用いることを許される。その意味では，記録閲覧に基づく意見表明は，職権主義を採るドイツの刑事裁判における裁判所の活動を，訴訟当事者，とくに被告人側の視点から規制するものといえる。

第2に，第2次世界大戦後のドイツにおける記録閲覧制度は，数度の改正を経ているが，その改正の方向性が明らかになったことである。前章で検討した第2次世界大戦前のドイツでの改正論議は，公判前手続を大きく改革することによって公判手続，さらには刑事手続全体の改革（糾問的性格の除去）を目指そうとするものが多かった。これに対し，本章で検討した改正動向は，誤判の防止，訴訟の迅速化など具体的な目的のもとで，現在の捜査手続や刑事手続の構造の範囲内で改革することを基本線とした。他方で，この時期の改正動向も，記録閲覧制度との関係では公判前手続の改正が中心であった。

これらの改正論議は，「実務における」公判前手続の意義や機能，さらにはその構造自体の変化を求めないという点に特徴があった。誤判分析など実証的

研究により，ドイツの公判前手続は，帝国刑訴法で予定されていた公判審理のための証拠収集に加え，手続打ち切りの可否を判断する場として独立の手続としての機能を果たしていることが明らかにされた。その結果，捜査手続の果たす役割は大きくなり，捜査手続の結果は，公判審理の結果を左右していることが明示された。以上の成果を踏まえて，その対策として，捜査手続の段階から，被疑者側の関与を認めることにより，捜査段階における訴追側の見込みや偏見，それに基づく誤りなどを是正すべきことが強く主張された。

　このように，ドイツにおける議論は，検察官が主宰する捜査手続の構造自体の変革を求めるのではなく，捜査段階からの被疑者側による実効的「関与」(捜査機関による捜査活動や検察官による訴追判断への働きかけ) の必要性を主張することを内容とした。捜査手続の比重を「軽く」することによって，刑事手続の弾効化を図ろうとした第2次世界大戦前のドイツの見解や弾劾的捜査観を主張した日本の学説とは，この点で異なっているといえる。そして，さらに重要と思われるのは，客観義務を負うとされる検察官 (さらに警察官) も，自身が主宰する捜査手続において被疑者側の意見表明を受ける対象であり，またその意見表明を聴き取る義務を負っているとされていることである。客観義務，客観性は，その者の判断の無謬性を意味するとはされていない。そして，検察官の客観義務は，被疑者側の主体的関与を否定するものとは捉えられていない。

　第3に，これらの見解によって示された記録閲覧権の改革論議の方向性である。ドイツにおいては，客観義務を負う検察官が主宰する捜査手続の構造，さらには裁判所が主宰する公判手続を前提として，そして，意見表明や証拠の提出によって手続の結果に影響を及ぼすことができるという意味での「被疑者の主体性保障」の前提として，記録閲覧権が位置付けられることになった。具体的には，秘密の捜査手続から脱却し，記録閲覧権の保障で捜査手続を「開かれた手続」とすることによって，被疑者の法的主体性を保障すべきとされたのである。その規範的根拠としては，ヨーロッパ人権条約6条1項の公正な手続を請求する権利が置かれた。

　捜査段階における記録閲覧権の保障自体は，1964年小改正によって実現した。その後の議論は，検察官が主宰する捜査手続の構造を前提としながら，憲法上の権利に由来する記録閲覧権をいかにして保障するかに集中した。まず，検察官が捜査手続を主宰すること，効果的な刑事訴追も保障されるべきことを

根拠として，捜査段階における記録閲覧拒否の必要性自体は承認された。他方で，記録閲覧権の上述の権利性を前提に，閲覧拒否を可能な限り個別具体的な場合に限定すべきという方向性が採られた。この論点と関連して，記録閲覧拒否がなされた場合に不服申立て制度を創設することが主張された。同制度により，検察官による閲覧拒否判断をあと付け可能な客観的かつ個別具体的なものとして構成し，また裁判所による統制を可能とすることが主張された。これらに加えて，被疑者・被告人本人の権利として記録閲覧権を構成することが明文でも規定すべきことが主張された。

以上の要求は，一定程度立法化された。その後も，当事者関与型捜査といった構想を踏まえ立法提案がなされているが，実現はしていない。

本章では，第2次世界大戦後の時期に焦点を当て，ドイツの記録閲覧権が憲法上の権利から導出されていること，その具体的内容に加え，捜査段階における記録閲覧権が認められた背景やその具体的論理を確認した。他方で，憲法上の権利から導かれる記録閲覧権が具体的にどのような意義や機能を果たしているかについては，明確にできたとはいえない。さらに，捜査段階における記録閲覧権についても，強制処分の場合など裁判官が関与する場合はどのような論理によるべきかの検討も不十分である。そこで，以下の章では，これらの問題について個別に検討を行うことにする。

1) Gesetz zum Wiederherstellung der Rechtseinheit auf dem Gebiete der GVG, des bürgelichen Rechtspflege, des Strafverfahrens und des Kostenrechts vom 12. 09. 1950, BGBl. I S. 455 ff.
2) この統一化法は，法令と統一，連邦法への顧慮，そして被疑者・被告人の人権保障という3つの目的を有していたとされている。136条aなどは，第3の目的の具体化だとされている（沢登佳人＝沢登俊雄（庭山英雄訂補）『刑事訴訟法史』（風媒社，1968）175頁参照）。
3) *Eberhard Schmidt*, Lehrkommentar zur StPO, Teil. 2. 1957, §147, Rn. 8; *Emil Niethammer*, in: LR-StPO, 20. Aufl. 1953, §147; KMR-StPO, 4. Aufl. 1958, §147 Anm. 2; *Heinrich Henkel*, Strafverfahrensrecht, 1953, S. 213.
4) *Peter Georg Krattinger*, Die Strafverteidigung im Vorverfahren im deutschen, franösischen und englischen Strafprozeß und ihre Reform, 1964 S. 56.
5) 刑事手続に関する指針172項「①起訴前手続（vorbereitenden Verfahrens）の間に，検察官は義務的裁量により，弁護人が記録を閲覧してよいか否かを決定する。」，「②手続の進行は記録閲覧によって妨げられてはならない。それゆえ弁護人と，記録を引き渡す時期や期間について協議することが望ましい。」，「③171項の原則（記録閲覧は原則的に検察の事務室又は裁判所でのみ許されるべきである——筆者注）以外の場合は，検察官の許可が必要である。疑わしい場合には官庁の長が決定しなければならない。」

6) 予審判事による閲覧拒否に対しては，刑訴法304条による抗告が認められていた。
7) *Hans Dahs*, Stellung und Grundaufgaben des Strafverteidigers, NJW 1959, 1158; *Hans Dahs*, Recht und Unrecht der Untersuchungshaft, NJW 1959, 500; *Schmidt-Leichner*, Deutcher und Anglo-amerikanischer Strafprozeß, NJW 1951, 7.
8) 当時学界の関心は手続法にはほとんどなく，実体刑法に傾斜していた。このこともあって，実体刑法が1953年から改正事業が開始されたのに対し，刑訴法の改正事業は大きく遅れていた。松尾浩也「起訴法定主義の動向」平場安治ほか編『団藤重光博士古稀祝賀論文集　第4巻』(有斐閣，1985) 197頁以下を参照。また，Krattingerはもう1つの理由として，「多くのドイツの法律家が占領軍裁判所での，英米的刑事手続を直接みる機会をもち，生きた比較が英米の法原則の導入をめぐる議論をあらたに蘇生させた」ことを挙げる。*Krattinger* (Fn. 4), S. 280.
9) 1964年小改正の経過については，*Eduard Kern*, Strafverfahrensrecht, 7. Aufl. 1965, S. 302 ff.; *Theodor Kleinknecht*, Gesetz zur Änderung der Strafprozeßordnung und des Gerichtsverfassungsgesetzes, JZ 1965, 113. などが詳しい。さらに邦語文献としては，中野次雄「西ドイツの刑事訴訟法一部改正案」法曹時報15巻7号 (1963) 34頁以下，光藤景皎『刑事訴訟行為論――公判前手続を中心として』(有斐閣，1974) 99頁以下。また，この改正に関する文献リストが，LR-StPO, 21. Aufl. 1967, S. 1 ff. に挙げられている。
10) この第30回弁護士大会の模様は，AnwBl. 1959, S. 157 ff. に詳細に記録されている。
11) 弁護士層からの改正に対する強い衝動は，多くの弁護士が刑事手続における自己の任務と地位が不十分なものと考えていたことに起因するとされている。このような認識と改正への要求は，1903年から1911年の間のそれより，はるかに強いものであったという (vgl. *Krattinger* (Fn. 4), S. 284.)。
12) これは，政府草案の理由書が，「議会に，専門家のグループに，そして全民衆に本質的に広範囲な改革願望が存在することは，看過されてはいない。しかし，それらの検査は後回しにされなければならない。草案は，現行刑事手続法の全構造に体系的に順応し，そしてその影響を概観できるような改革に限定している。公判前手続，中間手続，公判審理における裁判長の地位，検察官の地位，被告人及び弁護人の地位に関する英米法的刑事手続の原則を導入することに関する根本的な改革願望に対しては，草案は態度を明らかにしていない。現行刑事手続法へのそのような性格をもつ介入の全ては，あらゆる影響の綿密な検討を前提条件とする。性急な変更は，刑事司法へ致命的な形で影響を及ぼしうるし，ドイツ立法の名声を損なうに違いないのである」(DT-Drs. 4/178, S. 15f.) としていることからも明らかであろう。
13) BT-Drs. 4/178.
14) BT-Drs. 4/178, 4/1920.
15) Stellungnahme des Deutschen Richterbundes zum Strafpozeßänderungsgesetz, DRiZ 1963, 115. 裁判官連盟は，公判開始を行う裁判官と判決を下す裁判官の分離の提案，警察における被疑者に対し供述拒否権について注意を喚起する義務の提案などについて反対している。
16) Gesetz zum Änderung der StPO und des GVG vom 19. 12. 1964 (StPÄG), BGBl. I, S. 1067 ff.
17) *Hans Dahs*, Die kleine Strafprozeßreform, Zum Strafprozeßänderungsgesetz vom 19. 12. 1964, NJW 1965, 81.
18) *Martin Spaetgens*, Das strafprozessuale Akteneinsichtsrecht, Diss. Berlin 2001, S. 18.
19) BT-Drs. 4/178, S. 8.
20) BT-Drs. 4/178, S. 31.
21) BT-Drs. 4/178, S. 8.
22) BT-Drs. 4/178, S. 31.

23) BT-Drs. 4/178, S. 8.
24) ただし，検察官の拒否に対しては抗告が認められるとしている（BT-Drs. 4/178, S. 31.）。
25) BT-Drs. 4/178, S. 8.
26) BT-Drs. 4/178, S. 31.
27) この法務委員会には，ドイツ裁判官連盟，連邦弁護士会，連邦刑事局の専門家たちが招聘されている（Schriftlicher Bericht des Rechtsausschusses, zu BT-Drs. 4/1020, S. 1）。
28) BT-Drs. 4/1020, S. 18.
29) Schriftlicher Bericht des Rechtsausschusses, zu BT-Drs. 4/1020, S. 3.
30) BT-Drs. 4/1020, S. 18.
31) *Krattinger* (Fn. 4), S. 291.
32) BT-Drs. 4/1020, S. 18.
33) Schriftlicher Bericht des Rechtsausschusses, zu BT-Drs. 4/1020, S. 3.
34) 改正された147条の規定は以下の通りであった。
①弁護人は，裁判所に存在する記録又は公訴提起の際に提出されることになる記録を閲覧し，そして職務上保管されている証拠を閲覧する権利を有する。
②捜査の終結が，未だ記録に書き込まれていないときで，一件記録又は個々の記録並びに職務上保管されている証拠の閲覧は，それが審問目的を阻害する可能性があるときは，弁護人に対して拒否されうる。
③被疑者の尋問調書，弁護人に立会が認められ，又は認められなければならなかった裁判官の審問行為の調書並びに専門家の鑑定書の閲覧は，いかなる場合も拒否されてはならない。
④請求によって，証拠物を除いた記録がその事務所や住居における閲覧のために，重大な根拠が対立しない限り，弁護人に引き渡されるべきである。この決定は取り消すことができない。
⑤公訴提起前の記録閲覧の許可については検察が，予審の間は予審判事が，それ以外はその事件を扱う裁判所の裁判長が決定する。
⑥2項による命令が前もって失効されることがなければ，検察官は遅くとも捜査終結とともに，予審判事は予審終結ともに，これを取り消さなければならない。
35) *Kern* (Fn. 9), S. 306.
36) *Dahs* (Fn. 17), 84.
37) *Hubert Schorn*, Die Rechtsstellung des Beschuldigten und seines Verteidigers nach dem Strafprozeßänderungsgesetz, NJW 1965, 713, 716.
38) これらの事件の詳細については，*Karl Peters*, Fehlerquellen im Strafprpzeß, Bd. 1. 1970, S. 80ff., 195ff. また邦語訳としては，K. ペータース〔能勢弘之＝吉田敏雄編訳〕『誤判の研究――西ドイツ再審事例の分析』（北海道大学図書刊行会，1981）がある。同書2頁以下，さらに153頁以下など参照。
39) *v. Stackelberg*, Zur Reform des Starfprozessrechts, Juristen Jahrbuch, Bd. 2. 1961/62, S. 175.
40) *Max Hirschberg*, Das Fehlurteil im Strafprozeß, Zur Pathologie der Rechtsprechung, 1960. また，邦語訳としてマックス・ヒルシュベルク〔安西温訳〕『誤判』（日本評論社，1961）がある。
41) 安西・前掲書注40）151頁以下。
42) *Karl Peters*, Rezension über Max Hirschberg, Das Fehlurteil im Strafprozeß, Zur Pathologie der Rechtsprechung, 1960, JZ 1960, 230 f.
43) 能勢＝吉田・前掲書注38）255頁以下。
44) 光藤・前掲書注9）153頁を参照。
45) BT-Drs. 4/178, S. 177 f.

46) 光藤・前掲書注9) 157頁以下参照。さらに光藤景皎は，この捜査終結尋問の意義として，「これまで検察の内部的事象以外のものではなかった『捜査収集の段階』と『捜査終結後検察官は公訴提起をするか，又は予審の開かれたときは公判の開始を請求する段階』との境界が客観化され，それに重要な訴訟法上の効果が結びつけられたこと」を挙げている。
47) *Cristoph Winter*, Die Reform der Informationsrechte des Strafverteidigers im Ermittlungsverfharen, Diss. Frankfurt am Main 1991, S. 45.
48) *Spaetgens* (Fn. 18), S. 18.
49) 光藤・前掲書注9) 153頁参照。
50) *Dahs* (Fn. 17), 81.
51) *Georg Dahm*, Die Grenzen des Parteiprozesses, ZStrW 1932, 587.
52) 光藤・前掲書注9) 165頁。
53) この「緊急事態法」については，たとえば，影山日出彌「西独『緊急事態法』の問題点」法学セミナー149号 (1986) 8頁，水島朝穂「西ドイツ緊急事態法制の展開」法律時報51巻10号 (1978) 68頁など。
54) 水島・前掲注53) 69頁参照。
55) このようなテロ対策立法に関する邦語文献として，臼井滋夫「西ドイツにおけるテロ対策立法の推進」法律のひろば31巻6号 (1978) 32頁，神山敏雄「西ドイツにおけるテロ事件対策としての刑事訴訟法の改正」ジュリスト667号 (1978) 99頁，則定衛「西ドイツにおける最近のテロ事犯対策立法について」法律のひろば30巻2号 (1977) 30頁など。
56) 高田昭正「西ドイツ刑事訴訟法改正における検察官と弁護人」岡山大学法学会雑誌29巻3＝4号 (1980) 368頁，とくに364頁以下参照。さらに, vgl. *Peter Rieß*, Gesamtreform des Strafverfahrensrechts -eine lösbare Aufgabe?, ZRP 1977, 67, 69.
57) BGBl. I, S. 3393. この改正法の草案理由書の翻訳および解説として，高田昭正＝熊谷丞佑「『刑事訴訟法改正第1法律草案』理由書総論仮訳(1)-(6)」法学雑誌22巻2号 (1975) 167頁，3号126頁，4号78頁，23巻1号 (1976) 163頁，2号131頁，4号142頁がある。さらに，田淵浩二「ドイツ刑事訴訟における大規模事件対策」静岡大学法政研究6巻3＝4号 (2002) 95頁も参照。
58) BGBl. I, S. 3686.
59) BGBl. I, S. 469.
60) 1877年帝国刑訴法制定過程から1970年代までの法改正を詳細に検討するものとして，*Ingo Müller*, Rechtsstaat und Strafverfahren, 1980.
61) *Peter Rieß*, Der Hauptinhalt des Ersten Gsetzes zur Reform des Strafverfahrensrechts (1. StVRG), NJW 1975, 81.
62) これらの改正に対する評価につき，高田・前掲注56) 367頁以下，田淵・前掲注57) 101頁以下などを参照。
63) *Rieß* (Fn. 61), 81.
64) BT-Drs. 7/551, S. 5 f.
65) BT-Drs. 7/551, S. 69.
66) BT-Drs. 7/2600, S. 26.
67) BT-Drs. 7/2600, S. 5 f.
68) RA-Bericht, S. 5 f.
69) *Rieß* (Fn. 61), 81, 85.
70) BT-Drs. 7/551, S. 41ff. 調査によれば，捜査終結尋問が許される全事件のうち捜査終結尋問が利用された割合は，ベルリン0.4%，ハンブルク3.36%，ミュンヘン3.38%，ヘッセン0.8%など，

かなり低いものであった。当該制度が利用された事件のうち、手続打ち切りにまでいたった事件は0.06％とされている。さらに、捜査終結尋問の準備にかかる日数は、平均して少なくとも2週間から3週間とされる。結局捜査終結尋問によって、全事件のうち15.4％が1ヶ月以上手続遅延し、長いものは1年以上に及んだという（1970年のザールラントにおける検察庁調査）。

71) *Schmidt-Leichner*, Die "kleine" Strafprozeßreform, AnwBl. 1961, 26, 28.
72) また、Martin Spaetgensは、この改正につき「捜査手続における、手続の公正性の一部がもたらされることを担保」するものと評価している（*Spaetgens* (Fn. 18), S. 18.）。
73) 1970年代の弁護権制限立法およびその背景を詳細に検討したものとして、高田昭正「西ドイツにおける刑訴法改正と弁護権の制限」法律時報50巻3号（1978）39頁、髙田・前掲注56）95頁以下。さらに、ドイツ語文献として、*Hans Dahs*, Ausschliessung und Überwachung des Strafverteidigers –Blianz und Vorschau, NJW 1975, 1385. 同文献の邦語訳として、福井厚「刑事弁護人の排除及び監視──予測と評価」法学志林73巻3＝4号（1978）87頁以下。
74) BGH NJW 1972, 2140.
75) BVerfGE NJW 1973, 696.
76) *Burkhard Schulz*, Bericht aus Bonn, ZRP 1975, 44.
77) 「裁判所構成法施行法改正法（Gesetz Änderung des Einführungsgesetzes zum Gerichtsverfassungsgesetzes vom 30. 09. 1977, BGBl. I, S. 1877）」。この法律につき検討を加えているものとして、注55）の諸文献を参照。また、ドイツにおける1970年代の接見交通権に関する動向に検討を加えているものとして、福井厚「西ドイツにおける接見交通権をめぐる最近の動向（1）（2）」法学志林78巻3号（1981）91頁、79巻1号（1981）141頁。
78) この点につき、松代剛枝『刑事証拠開示の分析』（日本評論社、2004）148頁以下参照。
79) 法的聴聞権について、詳細な歴史研究を行っているものとして、*Hinrich Rüping*, Der Grundsatz des rechtlichen Gehörs und seine Bedeutung im Strafverfahren, 1976.
80) BVerfGE 18, 399 [404].
81) BVerfGE 18, 399 [405].
82) 渡辺康行「ドイツ憲法研究の50年」樋口陽一ほか編『憲法理論の50年』（日本評論社、1996）292頁。
83) ドイツにおける法的聴聞請求権の詳細については、笹田栄司『実効的基本権保障論』（信山社、1993）1頁以下。
84) BVerfGE 55, 6.
85) 当時の見解として、*Günter Dürig*, in: Theodor Maunz/Günter Dürig, GG-Kommentar, 1960, Art. 103, Rn. 5. さらに、現在の学説として、vgl. *Helmuth Schulze-Fielitz*, in: Horst Dreier (Hrsg.), GG-Kommentar, 2. Aufl. Band 3. 2008, Art. 103, Rn. 12 ff.; *Christoph Degenhart*, in: Michael Sachs (Hrsg.), GG-Kommentar, 6. Auf. 2011, Art. 103, Rn. 2 ff.
86) BVerfGE 64, 143f. 同決定につき、笹田・前掲書注83）15頁以下。
87) *Schulze-Fielitz*, in: Horst Dreier (Hrsg.) (Fn. 85) Rn. 33 ff; *Degenhart*, in: Michael Sachs (Hrsg.) (Fn. 85) Rn. 16 ff.
88) BVerfGE 18, 399 [404].
89) この「公正な手続を請求する権利」の詳細については、笹田・前掲書注83）59頁以下を参照。
90) BVerfGE 26, 66. 本決定を紹介する邦語文献として、中野貞一郎「公正な手続を求める権利」民事訴訟雑誌31号（1985）9頁。
91) BVerfGE 38, 105.
92) *Jürgen Welp*, Probleme des Akteneinsichtsrecht, FG Peters, 1984, S. 309 ff.
93) *Matthias Weihrauch*, Verteidigung im Ermittlungsverfahren, 6. Aufl. 2002, S. 41 ff. また、ド

イツにおける捜査弁護を紹介・検討するものとして，高田昭正『被疑者の自己決定と弁護』(現代人文社，2003) 69頁以下。
94) BGHSt 30, 135.
95) BGH StV 2001, 4.
96) BGHSt 30, 131 ff.
97) OLG Karlsruhe AnwBl. 1981, 18; BGH StV 1988, 193.
98) *Klaus Lüderssen*, in: LR-StPO, 25. Aufl. 2002, § 147 Rn. 174.
99) BGHSt 18, 369.
100) BGH GA 1968, 307.
101) 第2次世界大戦後から1970年代にかけてのドイツにおける刑事訴訟法学の動向については，松尾・前掲注8) 197頁以下，とくに198頁以下参照。
102) 作業班のメンバーは，Günter Bemmann, Gerald Grünwald, Winfried Hassemer, Detlef Krauß, Klaus Lüderssen, Wolfgang Nauke, Hans-Jochim Rudolphi, Jürgen Welpであった。
103) Arbeitskreis Strafprozeßreform, Die Verteidigung Gesetzentwurf mit Begründung, 1979. また，この草案の訳文としては，福井厚「(西独) 刑訴改正対案グループ『(刑事) 弁護――法律草案及び理由書』」法学志林77巻4号 (1980) 171頁，西ドイツ刑事弁護制度研究会「西ドイツにおける刑事弁護制度改革の動向について (1)－(7・完)」警察研究60巻1号 (1989) 74頁，2号76頁，3号71頁，4号65頁，5号70頁，6号70頁，7号78頁。
104) Arbeitskreis Strafprozeßreform (Fn. 103), S. 16.
105) Arbeitskreis Strafprozeßreform (Fn. 103), S. 16.
106) Arbeitskreis Strafprozeßreform (Fn. 103), S. 87 ff.
107) *Karl Peters*, Fehlerquellen im Strafprozeß: eine Untersuchung der Wiederaufnahmeverfahren in der Bundesrepublick Deutschland, Bd. 2 1972, S. 195.
108) Arbeitskreis Strafprozeßreform (Fn. 103), S. 97.
109) Arbeitskreis Strafprozeßreform (Fn. 103), S. 98.
110) この問題を裁判所と弁護人の立場から論じたものとして，*Adolf Lobe/Max Alsberg*, Ist ein Verteidiger berechtigt, nach Eröffenung des Hauptverfahrens dem Angeklagten einen Aktenauszug oder auch eine vollständige Aktenabschrift mitzuteilen und während der Hauptverhandlung zu seiner Verteidigung zu belassen?, JW 1926, 2725 ff.
111) *Hans Lüttger*, Das Recht des Verteidigers auf Akteneinsicht, NJW 1951, 744. Lüttgerによれば，1951年の段階で実務家の間では記録内容を被疑者に伝えてよいか，記録の写しを渡してよいかについて議論がなされていたという。また，1964年小改正後についても同様であったとされている (vgl. *Hans Dahs*, Das Strafprozeßänderungsgesetz in der Praxis, AnwBl. 1966, 34, 37.)。
112) *Lüttger* (Fn. 111), 745.
113) *Welp* (Fn. 92), S. 309, 315 ff.
114) 写しを被疑者・被告人に与えるべきとの主張も古くから存在し，1964年小改正後も同様の見解が主張されている。*Werner Schulz*, Die geschictliche Entwicklung des Akteneinsichtsrechts im Strafprozess, Diss. Marburg 1971, S. 132 ff. Lüttgerと同様の見解に立つ判例として，BGHSt 29, 99, 103f.; BGH GA 1968, 307 = MDR 1968, 728.
115) Arbeitskreis Strafprozeßreform (Fn. 103), S. 99.
116) Arbeitskreis Strafprozeßreform (Fn. 103), S. 99.
117) *Hans Dahs*, Zur Verteidigung im Ermittlungsverfahren, NJW 1985, 1113, 1115f.; *Wilhelm Krekeler*, Probleme der Verteidigung in Wirtschaftsstrafsachen, wistra 1983, 43, 47 f.; *Rolf*

Jörke, Akteneinsicht als Voraussetzung effektiver Verteidigungs, Diss. Tübingen 1987, S. 140; *Sven Thomas*, Erweiterte Teilhaberechte des Verteidigung im refomierten Ermittlungsverfahren, AnwBl. 1986, 56, 59.
118)　Winterによれば，捜査側の不手際や単なる怠惰という理由などにより記録閲覧が拒否されることもあるという（vgl. *Winter* (Fn. 47), S. 47.）。
119)　Arbeitskreis Strafprozeßreform (Fn. 103), S. 99.
120)　たとえば，*Hans Dahs*, Handbuch des Strafverteidigers, 2. Aufl. 1969, Rn. 180.
121)　*Dahs* (Fn. 120), Rn. 180.
122)　問題となっている裁判所構成法施行法23条1項1文は，「民法（商法を含む），民事訴訟法，非訟裁判管轄権及び刑事司法の領域における個別の問題を規制するために司法機関によってなされた命令，処分又はその他の措置（いわゆる司法行政行為）の適法性については，裁判所に対して不服申立ができる。」，同3項は「既に他の規定に基づき通常の裁判所に不服申立ができるときは，不服申立はそれに限られる。」という規定である。30条は，司法行政に対する裁判所による法的救済を認めている。
123)　たとえば，OLG Koblenz GA 1975, 340; OLG Hamm NJW 1966, 1241; OLG Kahlsruhe NJW 1976, 1418. また，このような記録閲覧権拒否に対する法的救済の可否に関する判例を紹介・検討するものとして，田淵浩二「記録閲覧の検察官による拒否に対する権利保護」法学ジャーナル57号（1990）126頁。
124)　Arbeitskreis Strafprozeßreform (Fn. 103), S. 100.
125)　*Welp* (Fn. 92), S. 309 ff. また，Welpのその他の論文として，*Jürgen Welp*, Rechtsschutz gegen verweigerte Akteneinsicht, StV 1986, 446. さらに，これらの論文を所収しているWelpの論文集として，*Jürgen Welp*, Verteidigung und Überwachung, 2001.
126)　*Welp* (Fn. 92), S. 309.
127)　*Welp* (Fn. 92), S. 309; *Hans Dünnebier*, in: LR-StPO, 23. Aufl. 1976, §147, Rn. 20. も同様の指摘をしている。また，Karl Petersは，記録閲覧権を「弁護の重要な前提条件である」と位置付け，Grohは，「弁護の重大な権利」と位置付けている（vgl.. *Karl Peters*, Strafprozeß, 4. Aufl. 1985, S. 231; *Bernd Martin Groh*, Zum Recht des Strafverteidigers auf Einsichtnahme in staatsanwaltliche Ermittlungsakten, DRiZ 1985, 54.）。
128)　*Welp* (Fn. 92), S. 309 f.
129)　*Welp* (Fn. 92), S. 309.
130)　*Welp* (Fn. 92), S. 312 f. 当時の，弁護人関与率などに関する統計資料として，*Peter Rieß*, Zur Haufigkeit der Mitwirkung von Verteidigung, StV 1985, 211. その邦訳が，西ドイツ刑事弁護制度研究会「西ドイツにおける刑事弁護制度改革の動向について（1）」警察研究60巻1号（1989）74頁以下〔福井厚〕にある。これによれば，1971年から1983年の区裁判所による手続での弁護人関与率は，約55%から61%であった。参審裁判所の場合もほぼ同様である。地方裁判所の大刑事部および小刑事部の場合，75%から83%ほどであった。
131)　*Welp* (Fn. 92), S. 313 f.
132)　*Welp* (Fn. 92), S. 314 f.
133)　*Welp* (Fn. 92), S. 314.
134)　*Welp* (Fn. 92), S. 314 f.
135)　*Welp* (Fn. 92), S. 315. それゆえ，Welpはこのようなコピー技術の発展をまったく考慮していない立法者を批判している。
136)　そして，弁護士を司法機関と位置付ける見解によって，弁護人は記録閲覧によって得た情報を，「検察官以上の慎重に守らなくてはならない」ことになる点を厳しく批判する。そして，

このような見解は，弁護人と依頼人における情報の流れを意図的に操作しようとするものであるとし，1983年参事官草案もこの立場にあると批判している。さらに，Beulke は「弁護人は弁護の効果だけでなく，刑事司法の効果にも留意すべきである」と述べているが，同草案に対しても批判を加えている（vgl. *Werner Beulke*, Der Verteidiger im Strafverfahren, Funktion und Rechtsstellung, 1980, S. 92 ff.）。 Welp や Beulke の見解も含めたドイツにおける刑事弁護人論を詳細に分析・検討するものとして，辻本典央「ドイツにおける刑事弁護人の法的地位論について（１）（２・完）」法学論叢154巻１号（2003）51頁，同２号18頁など。

137) *Welp* (Fn. 92), S. 321. たとえば，第１読会における Grimm や Miquél，Bähr の発言が挙げられる。
138) Vgl. *Karl Peters*, Fehlerquellen im Strafprpzeß, Bd. 1 1970, S. 195.
139) *Welp* (Fn. 92), S. 327.
140) *Welp* (Fn. 92), S. 327.
141) *Welp* (Fn. 92), S. 327.
142) *Welp* (Fn. 92), S. 327. Welp は，「手続打ち切りが，検察官の霊的な神の御心に委ねられたままであってはならないとするなら，被疑者に手続打ち切りへの権利主体としての権利として，聴聞に関する機会が与えられなければならない」，とする。
143) *Welp* (Fn. 92), S. 326.
144) 「公正な手続」に関する同時代の研究として，*Horst Heubel*, Der" fair trial"-ein Grundsatz des Strafverfahrens?, 1981.
145) たとえば，*Karl Schäfer*, in: LR-StPO, 23. Aufl. 1976, Einleitung Kap 13, Rn. 89; *Ethel Leonore*, Behrendt, Rechts und Gehör-Grundrecht und Grundwert, 1978, S. 14.
146) たとえば，*Karl-Peter Julius*, in: HK-StPO, 3. Aufl. 2001, § 147 Rn. 1.; *Klaus Lüderssen*, in: LR-StPO, 26. Aufl. 2007, § 147, Rn. 1, Rn. 10.
147) 好意的な評価としては，Baumann の「弁護人の改革に関する議論に参加しようとするすべての人々にとって一読に値する本であり，この草案は討論のなかで重要な役割を演じるであろう」という評価，またドイツ裁判官新聞における「今日では，『制限的』立法の法規と『法治国家的自由主義的』原則の再考とを求める声が次第に高まっている」という評価が挙げられる（*Baumann*, JZ 1979, 656; ders. DRiZ 1979, 39.）。
これに対し，批判的な評価としては，Eyrich の「刑事弁護の利益に一面的に固執しており，アナーキスティックなテロリズムから生じる危険を世間知らずにもほとんど評価していないがゆえに，大部分受け入れられない」という批判がある（*Eyrich*, Der Strafverteidiger als Organ der Rechtspflege, Südwestpresse vom 26. 7. 1979.）。
148) *Egon Müller*, Bemerkungen zu den Grundlagen der Reform des Ermittlungsverfahren, AnwBl. 1986, 50 ff. 同論文は，*Egon Müller*, Beiträge zum Strafprozeßrecht (1969-2001), 2003, S. 31 ff. に所収されている。本書では，後者を引用する。
149) *Peter Rieß*, Prolegomena zu einer Grsamtreform des Strafverfahrensrechts, in: FS Karl Schäfer, 1980, S. 207.
150) *Rieß* (Fn. 149), S. 205.
151) *Müller* (Fn. 148), S. 35.
152) *Müller* (Fn. 148), S. 36.
153) *Müller* (Fn. 148), S. 36 f.
154) *Müller* (Fn. 148), S. 37.
155) Der Bundesminister der Justiz, Referentenentwurf eines Gesetzes zur Änderung strafverfahrensrechtlicher Vorschriften (Strafverfahrensänderungsgesetz 1983-StVÄG 1983)

Stand: 30. September 1982. また，この参事官草案を詳細に紹介するものとして，西ドイツ刑事訴訟法研究会「西ドイツ刑事訴訟法改正のための参事官草案の紹介（1）－（7・完）」警察研究55巻6号（1984）84頁，7号76頁，8号94頁，9号92頁，11号77頁，12号70頁，56巻1号（1985）89頁。
156) 同参事官草案については，西ドイツ刑事訴訟法研究会・前掲注155）や，Stellungnahme des Deutschen Anwaltvereins und der Vereinigung Berliner Strafverteidiger e.V., Vereinigung Niedersächsischer Strafverteidiger e.V., Hamburger Arbeitsgemeinschaft für Strafverteidiger e.V., Initiative Bayerischer Strafverteidiger e.V., Vereinigung Hesserischer Strafverteidiger e.V., deutscher Strafverteidiger e.V. (Arbeitsgemeinschaft im DAV), Strafrechtsausschuß des Kölner Anwaltvereins e.V., StV 1983, 214. (以下，Stellungnahme zum StVÄG 1983とする。）も参照。
157) 西ドイツ刑事訴訟法研究会・前掲注155）「西ドイツ刑事訴訟法改正のための参事官草案の紹介（1）」84頁〔光藤景皎〕，Stellungnahme zum StVÄG 1983 (Fn. 156), 214f.
158) 西ドイツ刑事訴訟法研究会・前掲注155）「西ドイツ刑事訴訟法改正のための参事官草案の紹介（1）」88頁以下〔光藤景皎〕，Stellungnahme zum StVÄG 1983 (Fn. 156), 215.
159) 西ドイツ刑事訴訟法研究会・前掲注155）「西ドイツ刑事訴訟法改正のための参事官草案の紹介（4）」92頁以下〔川崎英明〕。
160) 前掲注159）92頁以下，Stellungnahme zum StVÄG 1983 (Fn. 156), 219.
161) 前掲注159）93頁。
162) 前掲注159）93頁。
163) 前掲注159）93頁，Stellungnahme zum StVÄG 1983 (Fn. 156), 219.
164) たとえば，*Hans Dünnebier*, in: LR-StPO, 21. Aufl. 1967, § 147, Rn. 4; *Schwarz/Kleinknecht* StPO, 26. Aufl. 1966, § 147, Rn. 4.
165) 前掲注159）93頁以下。
166) Stellungnahme zum StVÄG 1983 (Fn. 156), 219.
167) Stellungnahme zum StVÄG 1983 (Fn. 156), 219.
168) この刑事弁護人大会の模様については，浅田和茂＝田中輝和「西ドイツ刑事司法の現況——第7回（1983年）刑事弁護人大会にみる」法律時報55巻8号（1983）112頁，116頁を参照。この刑事弁護人大会では，この参事官草案が議論の対象として大きく扱われていたとされる。
169) Stellungnahme zum StVÄG 1983 (Fn. 156), 219.
170) Stellungnahme zum StVÄG 1983 (Fn. 156), 219.
171) *Krattinger* (Fn. 4), S. 290 f. Krattingerによると，当時の連邦弁護士会の刑法委員会は，第1にあまりに早期の記録閲覧によって，弁護人として被疑者に知らせる義務と，なお差し迫っている捜査について沈黙する義務との間に弁護人自らを陥らざるをえないこと，第2に制限されない記録閲覧は，捜査機関をかえって他の便法によることに追いやってしまうということに配慮していたという。
172) Stellungnahme zum StVÄG 1983 (Fn. 156), 219.
173) BVerfGE 65, 1. またこの判決に関しては，日本においても多くの論文が出されている。たとえば，浜砂敬郎「西ドイツ1983年国勢調査法に関する連邦憲法裁判所の判決文」経済学研究50巻1＝2号（1984）119頁以下，藤原静雄「西ドイツ国勢調査判決における『情報の自己決定』」一橋論叢94巻5号（1985）728頁以下，鈴木庸夫＝藤原静雄「西ドイツ連邦憲法裁判所の国勢調査判決（上）（下）」ジュリスト817号（1984）64頁以下，818号（1984）76頁など。
174) このようなドイツにおける刑訴法の立法動向について，詳細な検討を行っているものとして，浅田和茂「刑事手続における個人関係情報の利用——ドイツ刑事訴訟法一部改正草案の場

合」高田卓爾博士古稀祝賀論文集刊行委員会編『高田卓爾博士古稀祝賀刑事訴訟の現代的動向』（三省堂，1991）315頁以下（浅田和茂『科学捜査と刑事鑑定』（有斐閣，1994）54頁以下），浅田和茂「刑事手続における個人情報の収集と利用——ドイツ1999年刑事手続改正法の場合」『光藤景皎先生古稀祝賀論文集（上）』光藤景皎先生古稀祝賀論文集編集委員会編（三省堂，2001）49頁以下。さらにユルゲン・マイヤー「ドイツ連邦共和国の刑事手続及び警察法における情報自己決定権」〔福井厚訳〕吉川経夫編『各国警察制度の再編』（法政大学出版局，1995）185頁以下。

175) この「1988年刑事手続法改正補充法参官草案」を紹介・検討しているものとして，浅田・前掲注174)「刑事手続における個人関係情報の収集と利用」49頁以下参照。

176) 白川靖浩「ドイツにおける組織犯罪対策法について」捜査研究497号（1993）33頁以下，498号43頁以下，499号47頁以下，500号33頁以下，201号（1993）49頁以下，また，*Christoph Meertens*, Das Gesetz gegen die organisierte Kriminalität, eine unerträgliche Geschite!, ZRP 1992, 205; *Hans Hilger*, Neues Strafverfahrensrecht durch OrKG 1. Teil/2. Teil, NStZ 1993, 457, 523. さらに，その後1994年に施行された「犯罪対策法」については，川出敏裕「ドイツ犯罪対策法（上）（下）」ジュリスト1077号（1995）103頁以下，1078号（1995）51頁以下，宮澤浩一「ドイツの新犯罪対策防止法」時の法令1488号（1994）54頁以下，1494号57頁以下，1506号（1995）60頁以下など参照。

177) この立法経緯については，浅田・前掲注（174)「刑事手続における個人情報の収集と利用」30頁以下，法務省大臣官房司法法制部編『ドイツ刑事訴訟法典』（法曹会，2001）1頁以下を参照。さらに，*Hans Hilger*, Zum Strafverfahrensrechtsänderungsgesetz 1999 (StVÄG1999) -Teil. 1, 561,Teil. 2, NStZ 2001, 15; *Michael Soiné*, Strafänderungsgesetz 1999 Teil. 1, Kriminalistik 2001, 173, Teil. 2, 245; *Kilian Brodersen*, Das Strafverfahrensänderungsgesetz 1999, NJW 2000, 2536.

178) BGBl. 2000 Ⅰ, 1253.
179) BT-Drs. 13/9718, S. 5 f.
180) BT-Drs. 13/9718, S. 18 f.
181) BT-Drs. 13/9718, S. 19.
182) BT-Drs. 13/9718, S. 19.
183) Opferschutzgesetz vom 18. 12. 1986, BGBl. 1986 Ⅰ, 2496. 同法について，たとえば，田口守一「西ドイツにおける犯罪被害者の地位」刑法雑誌29巻2号（1988）221頁以下，加藤克佳「刑事手続における被害者の地位——ドイツ法を素材として」刑法雑誌40巻2号（2001）232頁以下など。さらに，vgl. *Peter Rieß/Hans Hilger*, Das neue Strafverfahrensrecht – Opferschutzgesetz und Strafverfahrensänderungsgesetz 1987 – Teil. 2., NStZ 1987, 204.

184) BT-Drs. 13/9718, S. 19.
185) BT-Drs. 13/9718, S. 19.
186) BT-Drs. 13/9718, S. 19.
187) BT-Drs. 13/9718, S. 19.
188) たとえば，*Jürgen Welp*, Anmerkung zu OLG Frankfurt am Main Beschul., StV 1989, 194; *Reinhold Schlotauer*, Zum Rechtsschutz des Beschuldigten nach StVÄG 1999 bei Verweigerung der Akteneinsicht durch die Staatsanwaltschaft, StV 2001, 192.
189) BT-Drs. 13/9718, S. 19.
190) BT-Drs. 13/9718, S. 19.
191) Vgl. *Brodersen* (Fn. 177), 2537.
192) BR-Drs. 65/99, S. 3 f.
193) *Eva Dedy*, Die Neuregelung des Akteneinsichtsrechts durch das Gesetz zur Änderung und

Ergänzung des Strafverfahrensrechts (Strafverfahrensänderungsgesetz 1999) - Forschritt oder Stillstand?, StraFO 2001, 149.
194) BR-Drs. 65/99, S. 43.
195) Beschlussempfehlung und Bericht des Rechtsausschusses, BT-Drs. 14/2595.
196) Beschlussempfehlung und Bericht des Rechtsausschusses, BT-Drs. 14/2595, S. 6.
197) Beschlussempfehlung und Bericht des Rechtsausschusses, BT-Drs. 14/2595, S. 28.
198) ただ，委員会の報告後，連邦参議院から委員会の提案に反対があり，その部分を削除するよう要求があった。だが，そのような要求は結局受け入れられなかったようである。
199) この改正で，147条5項および7項は以下のように改正された。
⑤記録閲覧許可については，起訴前手続の間及び確定による手続終了後は検察が，その他の場合にはその事件を扱う裁判所の裁判長が決定する。捜査終結を記録に記入した後に，検察が記録閲覧を拒否したとき，本条3項にいう記録の閲覧を検察官が拒否したとき，又は被疑者が勾留されているとき，刑事訴訟法161条a第3項2文から4文に従い裁判所による決定を請求することができる。この決定は，その公開により審問目的が阻害される可能性があるときは，理由を付さないものとする。
⑦弁護人を有さない被疑者に対し，記録の情報及び写しは，審問目的が阻害される可能性がない場合であってかつ第三者の重大な保護に値する利益がそれに対立しない場合に，これを提供することができる。本条5項及び477条5項を準用する。
200) *Nobert Gatzweiler*, Folgen des Strafverfahrensänderungsgesetzes 1999 (StVÄG 1999)-Änderung des Akteneinsichts, StraFo 2001, 1.
201) *Reinhold Schlothauer*, Zum Rechtsschutz des Beschuldigten nach StVÄG 1999 bei Verweigerung der Akteneinsicht durch die Staatsanwaltschaft, StV 2001, 192, 196.
202) *Dedy* (Fn. 193), 149.
203) BT-Drs. 13/9718, S. 19.
204) EGMR "Foucher", NStZ 1998, 429; Foucher v. France, (1997) 25 EHRR 234 para. 20.
205) この事件の詳細については，水谷規男「フランスの証拠開示」法学セミナー48巻8号 (2003) 58頁以下を参照。
206) LG Mainz NJW 1999, 1271.
207) このようなマインツ地裁の判示に批判を加えているものとして，*Alexander Meyer*, Das Akteninformationsrecht des Beschuldigten, Diss. Köln 2003, S. 198 ff.
208) たとえば，*Werner Beulke*, Strafprozeßrecht, 12. Aufl. 2012, S. 108 f. など。
209) この対案グループのメンバーは以下の通りである。
Britta Bannenberg, Jürgen Baumann, Frank Höpfel, Barbara Huber, Heinke Jung, Katharina Kock, Hans Lilie, Horst Luther, Werner Maihofer, Bernd-Dieter Meier, Rudolf Rengier, Peter Rieß, Franz Riklin, Dieter Rössner, Klaus Rolinski, Claus Roxin, Heinz Schöch, Horst Schüler-Springorum, Thomas Weigend, Jürgen Wolter.
210) 未決拘禁との関連に関する動向については，本書第Ⅲ編第4章を参照。また，ヨーロッパ人権裁判所における近年の未決拘禁に関する判例を詳細に検討しているものとして，*H.-H. Kühne/R. Esser*, Die Rechtsprechung des Europäischen Gerichtshofs für Menschenrechte (EGMR) zur Untersuchungshaft, StV 2002, 383.
211) Arbeitskreis deutscher, österreichischer und schweizerischer Strafrechtslehrer, Alternativ-Entwurf Reform des Ermittlungsverfahrens (AE-EV), 2001.
212) AE-EV (Fn. 211), S. 28 ff.
213) AE-EV (Fn. 211), S. 37 f.

214) AE-EV (Fn. 211), S. 38 f.
215) AE-EV (Fn. 211), S. 40 ff.
216) AE-EV (Fn. 211), S. 42 ff.
217) AE-EV (Fn. 211), S. 44 ff.
218) AE-EV (Fn. 211), S. 53. 以下に対案グループの147条の改正提案を示す。
①現行法と同じ。
②捜査の終結が未だ記録に書き込まれておらず、まだSchulssgesprächの日時が決められていないとき、記録の閲覧又は個々の証拠物への閲覧は、それにより将来の手続目的が阻害される可能性があるという仮定を特定の事実が根拠付けるときにのみ、弁護人に対し拒否することができる。
③④現行法と同じ
⑤準備手続期間の記録閲覧許可については検察が決定し、その他の場合ではその事件を管轄する裁判所の裁判長が決定する。検察が記録閲覧を拒否したとき、捜査判事による決定を請求することができる。その公開により捜査目的が阻害される可能性がある限りで、この決定には理由を付さない。捜査判事の決定に対しては、即時抗告が許される。この抗告により、手続は延期される。
⑥現行法と同じ。
⑦1項から3項、5項及び6項、そして477条5項は、被疑者についても適用がある。
219) AE-EV (Fn. 211), S. 54.
220) AE-EV (Fn. 211), S. 54.
221) AE-EV (Fn. 211), S. 55.
222) *Beulke* (Fn. 208), S. 108 f.
223) *Beulke* (Fn. 208), S. 108 f.
224) EGMR, NStZ 1998, 429.
225) Eckpunkte einer Reform des Strafverfahrens, StV 2001, 314 ff.
226) Eckpunkte einer Reform des Strafverfahrens (Fn. 225), 314 f.
227) Eckpunkte einer Reform des Strafverfahrens (Fn. 225), 315 ff. その他、同提案においては、被害者保護の改善、捜査手続における合意要素の導入、中間手続の改善、控訴審の改革などが提案されている。
228) Diskussionsentwurf für eine Reform des Strafverfahrens, StV 2004, 228 ff.（以下、Diskussionsentwurf 2004とする。）
229) Diskussionsentwurf 2004 (Fn. 228), 228.
230) Diskussionsentwurf 2004 (Fn. 228), 228 f.
231) *Joachim Vogel*, Chancen und Risken einer Reform des strafrechtlichen Ermittlungsverfahrens, JZ 2004, 827 ff.
232) Diskussionsentwurf 2004 (Fn. 228), 229 f.
233) Diskussionsentwurf 2004 (Fn. 228), 233.
234) Diskussionsentwurf 2004 (Fn. 228), 233.
235) Diskussionsentwurf 2004 (Fn. 228), 233.
236) *Helmut Satzger*, Chancen und Risken einer Reform des strafrechtlichen Ermittlungsverfahrens, Gutachten C für den 65. Deutschen Juristentag, 2004.
237) *Satzger* (Fn. 236), S. 59 ff.
238) Verhandlungen des 65. Deutschen Juristentages, Band II /1, 2004, S. 88 ff.

第3章　ドイツにおける記録閲覧権の対象と「記録完全性の原則」

I　ドイツにおける「記録閲覧権」の法的根拠

　本章では，ドイツにおける記録閲覧制度において具体的に閲覧対象とされる内容を検討し，さらにその意義についても検討を進める。まず，ドイツにおける記録閲覧権の法的根拠について整理する。ドイツ刑訴法147条は，その1項において「弁護人は，裁判所に存在する記録又は公訴提起の際に裁判所に提出されることになる記録を閲覧し，そして職務上保管されている証拠を閲覧する権利を有する。」とする。2項は，「審問目的 (Untersuchungszweck) を阻害する可能性があるとき」，捜査段階における記録閲覧について，検察官は拒否することができる旨を規定している。3項は，被疑者の尋問調書，弁護人が立ち会いを認められ，または認められるべきであったものの結果を録取した書面および鑑定人が鑑定意見を記載した書面について，手続のどの段階においても，閲覧させるべき（閲覧拒否はできない）旨を規定している。4項は，記録閲覧のための記録帯出，5項は記録閲覧許可の主体，6項は記録閲覧拒否の取消し処分やその速やかな通知について規定している。さらに，7項は，弁護人を選任していない被疑者・被告人本人の記録閲覧などを一定程度認めている。[1] さらに，2009年に，2項が改正され，被疑者が身体拘束されている場合は，捜査段階であっても，原則としてその身体拘束の根拠とされる記録の閲覧を拒否することはできないとされている。[2]

　次に，ドイツ刑訴法147条とドイツ基本法の関係について確認する。第Ⅲ編第2章でも検討したように，連邦憲法裁判所は，一連の判例において，記録閲覧権は，ドイツ基本法103条1項にいう法的聴聞請求権 (Anspruch auf rechtliches Gehör) から導出されることを確認している。[3] ドイツ基本法103条1項は，「何人も，裁判所において，法的聴聞を請求する権利を有する。」とする。この権

利について，連邦憲法裁判所は，「裁判所の判断の基礎となっている事実及び法状態について意見を表明し，申立てを行い，詳述を行う」訴訟当事者の権利として把握し，それに対応する裁判所の考慮義務を明示している。さらに，法的聴聞請求権の前領域においても，訴訟当事者の意見表明権の保障を検討することが不可欠であるとしている。具体的には，「裁判所は，訴訟当事者が態度決定した事実及び証拠結果のみを用いることを許される」ところ，そのために，当該手続における資料に関する情報が提供されなければならないとしている。連邦憲法裁判所は，この刑事手続における「情報提供義務」のなかに記録閲覧権は含まれるとする。訴訟当事者による主体的かつ実効的な意見表明の前提として記録閲覧権は位置付けられ，その結果として，「裁判所は，訴訟当事者が態度決定した事実及び証拠結果のみを用いることを許される」とされているのである。さらに，連邦憲法裁判所は，記録閲覧権の憲法上の根拠として，「公正な手続を請求する権利 (Recht auf faires Verfahren)」(ヨーロッパ人権条約6条1項) も挙げている。[4]

このような憲法的基礎を有する記録閲覧権について，Welpは，「開かれた手続」からも記録閲覧権を基礎付けた。記録閲覧により被疑者側に「手続が開かれること」によって，両当事者間の捜査手続に関する「知識の平等」が保障され，被疑者は手続に影響力を及ぼすことが可能な「訴訟主体の地位」へと昇格することができる。それこそが公正な手続なのである，と。[5]

ドイツの記録閲覧権は，被疑者・被告人が主体的かつ実効的に意見表明を行うための情報請求権とされている。被告人側がこの情報に基づき態度決定した事実および証拠結果のみを，裁判所は用いることを許される。その意味では，記録閲覧に基づく意見表明は，職権主義を採るドイツの刑事裁判における裁判所の活動を，訴訟当事者，とくに被告人側の視点から規制するものといえる。このような根拠を有する記録閲覧権は，捜査手続を事後的に被疑者側に開かれたものとして可視化することによって，被疑者・被告人が手続の主体として手続の進行に影響を及ぼすことができる公正な手続の中核とされているのである。

それでは，記録閲覧権の対象である「記録」とは，具体的にどのような根拠に基づき，どのような内容が想定されているのであろうか。まずは明文で認められている閲覧範囲について確認し，次に解釈上争われている閲覧対象について検討を進める。

第3章　ドイツにおける記録閲覧権の対象と「記録完全性の原則」　321

Ⅱ　ドイツにおける閲覧拒否規定

　ドイツ刑訴法147条2項は，検察官による閲覧拒否の要件を，「審問目的を阻害する可能性があるとき」とする。第Ⅲ編第1章や第2章でも検討したように，ドイツでは，記録閲覧の意義として，被疑者・被告人側への当該手続の公開が，それと対立する利益として，手続公開によって手続が妨害され，効果的な刑事訴追が維持されなくなることが挙げられてきた。もっとも，この閲覧拒否が可能な場合は，捜査終結前の手続段階に限られる。具体的には，記録閲覧が行われることによって，被疑者が捜査を妨害する可能性があるときに限り拒否が認められる。

　判例や通説の立場によれば，147条2項にいう「審問目的の阻害」は，弁護人が被疑者に閲覧内容を伝えることによって，手続に対する侵害（証人や共犯者との話し合い，証拠の隠滅など）が予期され，その後の捜査手続に対して影響を及ぼすことが具体的に予期される場合に，存在するとされている。147条2項にいう「審問目的の阻害」に該当しうるのは，手続への「許されない侵害」が予期される場合のみである。すなわち，手続を結果的に妨害したとしても，それが許容された弁護活動や防御活動によって生じるものであれば，閲覧拒否の根拠とはできない。なぜなら，弁護人には，捜査手続へ影響を与える可能性（さまざまな申立てや自身による捜査）が認められており，「許された影響（侵害）」（証人に対する証言拒絶権に関するアドバイスなど）がありうるからである。

　手続が阻害される抽象的可能性のみが存在するにとどまる場合やそれが推測にすぎない場合には，147条2項による閲覧拒否はできない。「捜査目的の阻害」が存在するというためには，事実的根拠によって示された具体的危険が必要とされている。すなわち，閲覧によって得られた情報が弁護人を介して被疑者に伝えられることによって，捜査目的が侵害される具体的危険である。具体的には，被疑者の人格，対象犯罪の性質，捜査の範囲や特徴が，事実によって示された具体的危険が示されなければならないとされる。もっとも，同規定自体は非常に抽象的なので，その改正が常に求められてきたことは本書第Ⅲ編第1章および第2章で述べた。

　以上に加え，その他の利益の保護を根拠として，刑事手続における一件記録

自体に編纂されないことによって記録閲覧の対象となりえない場合も，明文で定められている。警察や検察，そして裁判所以外の官庁に存在するという理由だけでは，閲覧を拒否することはできないが，証人や隠密捜査官の保護，国家や州の保護を理由とした事実上の閲覧拒否の可能性が認められている。

　その例として挙げられるのが，ドイツ刑訴法68条2項や同3項である。とくに，68条3項は，「証人の身元又は住居若しくは滞在の場所を明らかにすることにより証人その他の者の生命，身体は又は自由に危害が及ぶおそれがあるときは，その身元について開示せず，又は以前の身元のみの開示にとどめることを許すことができる。ただし，証人は，公判において質問を受けたときは，どのような地位に基づいてその供述する事実を知るに至ったかを述べなければならない。証人の身元の確認を保障する資料は，検察官がこれを保管する。危害のおそれが消滅したときに初めて記録に編綴するものとする。」として，証人などに対して，その生命や身体，自由に対する危害が及ぶ可能性がある場合には，証人の身元に関する情報を記載した資料を一件記録に含めないことができるとする。

　これに加え，ドイツ刑訴法96条1項は，「公務所又は公務員が公務上記録するその他の記録について，最高位の監督官庁が記録又は書類の内容の公然化について連邦又は州の利益を害するおそれがある旨を表明したときは，その提出又は引き渡しを要求してはならない。」として，記録の内容などが公開されることによって，連邦や州の利益が害されるおそれがあるときに記録を差し控えることができるとする。この規定により，警察機関は，検察や裁判所に対して，秘密の保持を理由に記録を差し控えることが許されている。さらに，検察も，その権限を有するという見解が有力である。

　この規定のほか，ドイツ刑訴法110条b第3項は，「隠密捜査官の身元は，投入の終了後においても秘密にしておくことができる。……刑事手続における身元の秘密保持は，第96条の要件の下で許される。特に，開示すれば，隠密捜査官その他の者の生命，身体若しくは自由又は隠密捜査官を引き続き利用する可能性を危うくするおそれがあると認められるときは，そうである。」として，隠密捜査官などの生命や身体，自由，その後の隠密捜査の維持に危険が及ぶときには，その身元の情報を一件記録に含めないことができるとしている。

　これに加え，ドイツ刑訴法100条c（住居内の会話の聴取と記録），100条f（住居外

でなされた非公開の会話の聴取と記録)，100条h第1項第2号(監視目的の特定の技術の活用)および110条a(隠密捜査官の活用)による処分に関する裁判その他の記録は，検察官が保管するとされている(ドイツ刑訴法110条2項1文)。これらの記録は，「審問目的，特定の人物の生命，身体の完全性(körperliche Unversehrtheit)及び人身の自由，さらには重要な財産を阻害することがない場合には，直ちに」(ドイツ刑訴法110条5項)，一件記録に含められることとされている(ドイツ刑訴法110条2項)。[15]

このように，ドイツにおいては，とくに証人の保護，さらには組織犯罪やテロ関連の犯罪などと関連した国家そのものに対する危険，秘密の捜査の保持などを根拠とした記録閲覧制限の可能性が存在する。もっとも，その場合においても，対象は明文で定められた情報に限られていること，制限事由とされるのは基本法上の権利を侵害する危険が存在する場合に限定されていることには注意が必要である。

III 「記録」概念をめぐる議論とその意義

憲法的に根拠付けられた記録閲覧権によって，どの程度の範囲の記録が弁護側に示されるのであろうか。ドイツでは，この点をめぐって，ドイツ刑訴法147条にいう「記録」の概念が長年議論されてきた。判例や通説によれば，この記録とは，警察による最初の介入(ドイツ刑訴法160条)から収集された有罪・無罪方向の書面および公訴提起後に生じた記録や裁判所によって取り寄せられた，または検察官によって追加された記録であるとされている。[16] さらに，「捜査手続の経過において，検察官またはその補助官および公訴提起後に裁判所によって作成された捜査結果および審理結果がすべて具体化されたもの」という定義も有力に主張されている。[17] これに対し，検察官の手控え(Handakten)は，閲覧対象たる記録に含まれないとされる。具体的には，上司への報告書，検察の起案書または上司の指示および他の官庁との通信文書などは，刑事手続の対象と直接には関連せず，形式的にのみ関連している限りにおいては，閲覧対象たる記録に含まれない。[18]

このような定義自体は，すでに定着しているが，「捜査手続の経過」の意味が不明確である。この点と関連して問題となるのが，いわゆる「証跡記録

(Spurenakten)」が閲覧対象たる記録に含まれるか否かである。捜査手続開始時には，行為に関する被疑者はまだ特定されていないから，多数の捜査行為によって多くの徴憑（Indizien）や証跡（Spuren）を調査し，それによって得られた情報を記録化する必要性が生じる。これらの記録のなかには，捜査機関の判断によれば最終的に意味のないものと判断され，一件記録に編纂されないものもある。[19] このように，被疑者・被告人が嫌疑を受けている行為（事件）には関連するが，被疑者・被告人自身に起因するものではなく，捜査機関の判断によれば当該事件とは無関係の第三者に起因する捜査記録を証跡記録という。たとえば，被疑者・被告人自身に直接に関連しない，指紋や自動車番号，住民からの通報などの警察所蔵の記録が挙げられる。[20] この証跡記録が閲覧対象になるかどうかの問題は，開示対象たる「手続」の意味を確定するうえで重要な意味を有している。この問題について，判例・通説は，証跡記録は検察官が一件記録に編纂しない限り，閲覧対象にはならないとする（形式的記録概念）。以下，その論理を確認しよう。連邦通常裁判所（BGH）は，1981年判決において以下のように判示した。[21]

①訴訟の対象（Prozeßgegenstand）と関連する場合に，そしてその限りで，刑事手続における記録は，警察の介入（ドイツ刑訴法163条1項および2項）によって生じる。しかし，記録であるかどうかは，行為の同一性（Identität）だけでなく，被疑者・被告人の同一性も含めて特定される。その同一性は，公訴提起によって最終的に具体化される。訴訟の対象を決定する訴追者の任務（Sache der Klägers）と関連して，どの記録を一件記録として提出すべきかを検討し，自らの責任で決定する訴追者の任務が，法によって導かれる。その基準は，訴追の利益でも弁護の利益でもなく，客観性の原則（Grundsatz der Objektivität）である。当該記録の内容が罪責や法律上の効果との関連で重要性を有しうる場合には，手続やその訴訟対象のために作成されていない記録は，一件記録とされなければならない。

②証跡記録についても同様の基準が示すことができる。証跡記録は，被告人に対する手続と行為および行為者を通して特定された訴訟対象を基礎として作成されたものではないことからすれば，証跡記録が「行為に関連する」「捜査」を内容とするものであっても，それは手続外の記録なのである。行為との関連性（Tatbezogenheit）のみを理由として，それが係属している刑事事件の資料を

記録化しているものであるとはいえない。行為との関連性は，捜査の意向と関連する。それは，そのときどきの捜査結果の帰納的推理を許容するものではない。それゆえ，証跡の関係記録の罪責との関連性または法律上の効果との関連性については，裁判所に記録を提出すべき訴追機関（刑訴法199条2項）が検討してよいし，またすべきである。そして，係属している刑事事件の解明に関する事実上の根拠が示された場合にのみ，証跡記録を一件記録とする理由が存在することになる。

　③客観性の原則によって規定される訴追機関による検討は，以下の2つの理由から不可欠である。第1に，手続外の（証跡）記録は，公的または私的利益に関する可能性があり，その記録の内容が罪責または法律上の効果と関連して重要であることが予想される場合にのみ，弁護側の情報の利益の支配下に置かれる。第2に，裁判所の解明義務は，見通し可能でかつ実現可能なものでなければならない。このことを基礎として，手続の過程や裁判所に提示される記録は形成される。本件のように数千という証跡記録を裁判所へ提出させることは，解明義務を，事実上の根拠なく際限なく拡張させ，手続の進行を危険にさらすことになる。

　このBGH判決の意義を検討しよう。[22] 第1に，記録提出とその閲覧に関する原則が提示されたことが挙げられる（判示①）。客観義務を負う検察官が訴訟対象と決定すると同時に，どの記録を裁判所に提出するかを決定できるとされている。これにより，検察官が裁判所に提出した記録が同時に閲覧対象になりうることが導かれている。

　第2に，その決定の基準は，手続の対象となっている行為に加えて，行為者（被疑者・被告人）に関連しているかであるとされたことである。この基準は，訴訟対象の内容から導かれたものと考えられる。もっとも，客観義務に鑑みて，検察官に記録の完全に自由な選択権があるわけではなく，当該記録の内容が罪責や法律上の効果との関連で重要性を有しうる記録を提出する義務が検察官には課せられる。

　第3に，上記の原則が，証跡記録は一件記録とされるべきかどうかという問題についても適用されていることである（判示②）。証跡記録の特徴として，行為や行為者について特定している訴訟対象を基礎としていないことが挙げられている。それゆえ，証跡記録と罪責や法律上の効果との関連性は，検察官が判

断できるとされている。この点，ドイツ刑訴法199条2項は，検察官は，起訴状とともに「記録」を裁判所に提出すると規定する。BGHは，証跡記録について，ドイツ刑訴法147条1項にいう記録概念と199条にいう「記録」概念を同一のものと解釈し，検察官の判断によって提出された証跡記録が同時に閲覧対象となるとしたのである。さらに，公的・私的な利益の存在，裁判所の解明義務の実効的保障という理由も挙げられている（判示③）。検察官がその関連性を否定した場合は，例外的に，係属している刑事事件の解明に資する事実上の根拠が示された場合にのみ，証跡記録は一件記録とされる。

　以上の理由から，BGHは，形式的記録概念を支持した。このような判示は，その後のBGHの判断においても引き継がれている。[23] さらに，同判決を踏まえながら，基本法の観点から検討を行ったのが，連邦憲法裁判所の1983年決定であった。連邦憲法裁判所は以下のような判示をしている。[24]

　①BGHによるドイツ刑訴法147条および199条の解釈は，基本法と矛盾するものではなく，被疑者・被告人の法的聴聞請求権や公正な手続を請求する権利と抵触しない。法的聴聞請求権は，裁判所に対して，裁判所は知っているが，被疑者・被告人には知らされていない事実を不利益に評価してはならないことを要求している。このことと，裁判所が自身に提出されていないという理由で知らない事実について，訴訟当事者に対してまず自身で入手させる必要はないかどうかという問題は別である。というのも，裁判所に知らされていない事実について被疑者・被告人をアクセスさせるよう強制することは，法的聴聞請求権の憲法的な意義や目的ではないからである。被疑者・被告人の法的聴聞請求権が，記録内容を知る権利であるとしても，その権利は，裁判所に実際に提出された記録に限定される。

　②第三者に対する当該行為に関する捜査およびその結果が記載された証跡記録は，被疑者・被告人に対する捜査手続外の手続において生じたものであるから，一件記録に必要的に含まれるものではない。すなわち，証跡記録は，その内容が被疑者・被告人が批難されている行為とその者に対して課されうる法律上の効果にとってなんらかの意味を有しうる場合にのみ，裁判所に提出され，それに伴い弁護人が閲覧可能とされるべきである。

　③ドイツ刑訴法160条2項にいう客観性の原則によれば，検察官は，被疑者の有利な事情の捜査，さらにはそのような証拠の申請について配慮しなければ

ならない。この客観性の原則は、すべての重要な観点が解明されること、それに伴い一面的な捜査活動の危険に対応することを保障したものでなければならない。つまり、特定の被疑者・被告人へ嫌疑を集中することは、他の嫌疑を受けた者について十分な注意を払わないということになりうる。真実発見義務の原則と客観義務のもとでは、起訴前手続の主宰者として、裁判所に起訴状とともに提出すべき刑事記録を欠落なしにすべてそろえて（vollständig）編成する検察官の任務も認められる。このことによって、裁判所と被疑者・被告人に対して、係属する刑事事件の適正な判断のために利用可能な記録に関する知識を差し控えてはならないことを志向するという評価と結びついた判断が検察官に要求される。個々の捜査経過について疑問が生じた場合、検察官はそれを差し控えてはならない。つまり、検察官は、法治国家的な手続形成の利益のもとで、記録を提出するのである。

④被疑者・被告人は、証拠調べを請求しあるいはいわゆる証拠探索を請求することによって、さらなる事実の解明を裁判所に提案する機会を有している。これにより、検察官が裁判所に提出しておらず、裁判所もその取り寄せに理由がないと考えているような証跡記録の内容についても、被疑者・被告人は知る機会を有することになる。

このように1983年連邦憲法裁判所決定は、1981年BGH判決を基本法の観点から支持し（判示①）、その論理を具体的に説明している（判示②）。他方で、検察官について、その客観義務や真実発見義務のもとでは、刑事記録を欠落なしにすべてそろえて（vollständig）編成し、裁判所に提出する検察官の任務や記録の選択について適正な判断を行う義務があることを明示している（判示③）。さらに、記録閲覧権以外の証跡記録へのアクセス方法が明示されている。この連邦憲法裁判所決定においては、形式的記録概念を採用する条件として、あらゆる観点から捜査を進め、被疑者に嫌疑を集中することになった過程も記録化し、提出すべきであることが明示されていることは重要である。

もっとも、このような判例が採用する形式的記録概念については、学説からの有力な批判が示されている。この見解は、証跡記録も含めて、対象となっている行為と関連するすべての経過が閲覧対象となるとする（実質的記録概念）。

この見解は、まず、基本法を基礎として、刑訴法147条を解釈すべきとする。そして、この解釈によれば、証跡記録は閲覧対象に含まれるとする。

WasserburgやBeulkeは，基本法103条１項の法的聴聞請求権について，裁判所に知らされていない証拠結果や捜査について被告人が立場を決定できる可能性をも認めていると解すべきであるとする[27]。さらに，Wasserburgは，被告人と検察官との間における機会均等・武器対等も根拠として挙げている[28]。また，Beulkeは，刑訴法147条１項における「公訴提起の際に裁判所に提出されることになる記録」という文言を根拠に，記録概念は，公訴提起前の段階についても関連付けることが可能であって，裁判所に公訴提起の際に実際に提出されなかったが，「提出されることになる」記録も含む，と解釈すべきとする[29]。

　第２に，この見解は，形式的記録概念を踏まえると記録閲覧の範囲が，検察による証拠選択によって許容されないかたちで特定されると批判する。これに加えて，検察が客観的に行動しようと努力したとしても，それは実際に客観的に行動していることを意味しない，と指摘する。検察を弁護側や裁判所によってコントロールすることを断念するのであれば，裁判所は検察に依存することになる。しかし，それは憲法によって保障されている裁判所の独立に反するというのである。それゆえ，検察は，弁護側や裁判所によって包括的にコントロールされる必要があるとされている[30]。

　第３に，記録概念を，行為や行為者と関連付けて定義しようとすることは誤りだという批判が示されている。この点について，判例の論理では，証跡記録の性質や範囲が被疑者・被告人に不利益な捜査結果を文書化したものであることが看過されていると指摘されている。そして，証跡記録から，なぜ検察官が訴訟対象を被告人に絞ったかについての情報を知ることができるとされているのである[31]。

　以上のようにドイツの記録閲覧の対象となる「記録概念」をめぐる議論を確認してきた。その内容は，次のように整理できる。

　第１に，検察官は，被疑者・被告人とそれに対し非難が提起されている行為からなる訴訟対象に関連する記録については，検察官は選択権を有しておらず，すべて裁判所に提出され，閲覧対象とされなければならないことである。このような記録を提出しない場合は，上告理由を構成しうる[32]。この点については，形式的記録概念と実質的記録概念における争いはない。それゆえ，この被疑者・被告人に対する捜査結果および審理結果はすべて具体的に記録化されたうえで，被疑者・被告人に全面的に提示されることになる。

第３章　ドイツにおける記録閲覧権の対象と「記録完全性の原則」　329

このような捜査手続の経過や結果の開示は，訴訟主体として「裁判所の判断の基礎となっている事実及び法状態について意見を表明し，申立てを行い，詳述を行う」被告人の権利の保障にとって必要不可欠な前提とされている（捜査手続の経過に関する「公開」による「知識の平等」）。そして，弁護側がこの情報に基づき態度決定した事実および証拠結果のみを，裁判所は用いることが許される。その意味で，記録閲覧に基づいた被告人側の意見表明は，職権主義を採るドイツの刑事裁判での裁判所の活動を規制している。職権主義下における被告人の主体性保障の核がここにある。

　第2に，形式的記録概念によれば，被疑者・被告人以外の者に対する捜査手続の経過（証跡記録）は，上記の意味での訴訟対象となんらかの関連性がある場合に，被疑者・被告人に提示されることである。その意味では，ドイツにおいては，訴訟対象との関連性が，閲覧対象たる記録となるかどうかの基準とされているといえる。

　第3に，その判断は客観義務を負う検察官に委ねられていることである。もっとも，連邦憲法裁判所決定によれば，検察官の客観義務と関連して，あらゆる観点から捜査を進め，被疑者に嫌疑を集中することになった過程についても，記録を欠落なく，すべてそろえて編成する検察官の任務や適正な判断を行う義務が遵守されなければならない。

　第4に，実質的記録概念は，訴訟対象ではなく，行為（事件）との関連性のみを重視する見解だということである。その背景には，被疑者・被告人を手続の対象として絞った経緯を知ることも防御にとって重要であるという認識が存在していた。これに加えて，形式的記録概念と実質的記録概念との対立は，法的聴聞請求権の具体的内容の理解の違い，検察官に対する他者によるコントロールを認めるかどうかに関する理解の違いにも起因している。もっとも，連邦憲法裁判所は，前者については，判示③のように一定の配慮をしているといえる。

　このように，訴訟対象と関連する捜査手続過程の事後的な可視化というドイツにおける記録閲覧権の意義が明らかとなった。また，これと関連して，検察官は，あらゆる観点から捜査を進め，被疑者に嫌疑を集中することになった過程も記録化し，それらの記録を欠落なしにすべてそろえて編成する義務を負うことも明らかとなった。この点，本書の関心との関係では，この検察官の具体

的な義務を検討することも重要な意味をもつ。

Ⅳ 「記録の完全性の原則」と検察官の義務

　ドイツ記録閲覧権は，捜査手続の過程や結果を記録化し，閲覧させるという捜査手続過程の事後的な可視化という意義を有していた。この点，ドイツでは，記録によって，捜査手続の過程が「完全に」提示されなければならないという要請が示されることになった。この要請を最初に提示したKleinknechtは，以下のように述べる。「刑訴法の構想によれば，捜査手続は，捜査行為（Untersuchungshandlung）およびその結果を書面として記録に記載しなければならないという意味で書面の手続である。……刑訴法168条 b 第 1 項，第 2 項によれば，検察による捜査の結果は，記録化されなければならない。その際，検察による取調べは通常調書のかたちで記録化されなければならない。このことは，警察による捜査行為にも適用される。……本件に関連する事情（刑訴法160条 2 項）に該当するが，証拠調べ請求されない捜査機関の捜査結果も，記録化されなければならない。証跡の追及または証拠入手の可能性の活用が試みられたのかどうか，そしてどのように試みられたのかについて事後的に重要となる場合に備えて，被疑者・被告人に不利益な捜査の経過も記録化されるべきである。これらはすべて，記録の完全性（Aktenvollständigkeit）に含まれる」[33]，と。

　以上のように，Kleinknechtは，捜査手続の過程はすべて記録化されるべきであるとする「記録の完全性の原則（Grundsatz der Aktenvollständigkeit）」を提示した。この見解は，現在では通説として支持されている。Kleinknechtが，根拠として挙げるドイツ刑訴法168条 b 第 1 項は，「検察官による捜査行為の結果は，これを記録に記載するものとする。」とし，さらに，2 項は被疑者や証人，そして鑑定人の取調べに関する検察官の調書作成義務を定めている。

　この規定は，予審を廃止した1974年改正によって新設されたものであった。同改正前には，予審における予審行為に関する調書作成義務とこれを準用した区裁判所裁判官の捜査行為に関する同様の規定があるのみであった（当時のドイツ刑訴法188条，168条）。1974年改正の政府草案理由書は，この168条 b 新設の理由について，以下のように説明している。「従前の刑訴法168条によれば，予審について適用される規定に従って，区裁判所裁判官によってなされるべき捜

査行為の記録が規定されていた。……予審の廃止により，予審の記録に関する規定を，公訴の準備について規定する第2編へと移動させる必要がある。」「新設される168条b第1項は，検察による捜査行為の結果を記録化するという，既に検察実務において存在する慣例を規範化したものである。第2項によって，今後頻繁に行われるとされている検察による被疑者，証人そして鑑定人の取調べは，裁判官に適用される168条及び168条aにより記録化されなければならない」[34]，と。

　1974年改正は予審を廃止し，その捜査に必要な強制捜査権限を検察官に与え，それを裁判所のコントロール下に置くという制度を採用した。これにより，検察官は捜査の主宰者として位置付けられ，捜査手続への武器対等原則や弁論手続の適用は消極的に解されることになった[35]。予審を廃止した後に，上記のような検察官の地位や捜査手続の構造に適合するように，この168条bは新設されたといえる。すなわち，予審廃止により委譲された内容には，予審が有していた権限だけでなく，義務も含められているのである。改正前からの規定も考慮するならば，捜査の主宰者としての義務を168条bは示しているといえる。それゆえ，この規定は警察にも適用されるというのが通説である。

　以上の内容は，記録の完全性の原則の以下のような実質的根拠とも密接に関連する。「捜査手続の結果を記録化する必要性は，とりわけ捜査段階の任務や構造から，必然的に導かれる。捜査手続においては，その後に記録内容を基礎として口頭の審理を行うことなく行われる判断（刑訴法170条にいう検察官の最終的な判断など）のために情報などが収集され，さらにそれが公判審理の準備に資する。……記録内容は，どのような事情から真実の探求に関する契機が生じたのか，刑事訴追機関はどのような処分を行ったのか，そこからどのような情報が得られたのかについて，完全な表象（lückenloses Bild）をもたらすものでなければならない。ここには，結果を出すことなく終了した捜査行為も含まれる」[36]。この点と関連して，被疑者は，公訴提起の判断や公判手続開始に関する決定に対して，法的聴聞が請求されなければならず，裁判所や検察がその判断の基礎としたすべての資料に対して立場決定する機会を与えられたときに初めて法的聴聞請求権は保障されるとする指摘がある[37]。被疑者・被告人の法的主体性が保障されるためには，検察官や裁判所が根拠とする証拠資料が収集される過程や結果が記録化され，開示される必要があることが示されているといえ

る。そして，公判審理の準備という本来予定されていた捜査手続の任務に加え，手続打ち切りという実務上生じた捜査手続の任務，その手続を検察官が主宰するという構造に鑑みて，当該捜査手続を主宰する検察官や警察官は，自身が行った捜査過程や結果を記録によって保存し，明示することが要求されているのである。

　ドイツ刑訴法168条および168条aにいう捜査行為は，包括的な内容を含むものであるとされる。具体的には，刑事訴追機関が真実探求のために行ったすべての処分，同条2項で挙げられる取調べ，書面による請求（ドイツ刑訴法161条2文），捜査の嘱託（Ermittlungsaufträge），犯行現場の実況見分，監視（Observation），情報を与えたうえでの質問（刑訴法163条a），科学的捜査，検死および死体解剖（ドイツ刑訴法87条）などが挙げられる。さらには，強制処分（捜索，差押え，通信傍受，郵便物の差押え，身体検査など）に関する命令も含まれる。上述の証跡記録もこれに含まれる。これに対し，上述の検察官の手控えなどは，捜査行為に関する記録には当たらないとされている。

　このような記録の完全性の原則は，公正な手続を請求する権利からも根拠付けられるとされている。たとえば，BGH1989年判決は，公正な手続を請求する権利を根拠に，公判審理中に行われた手続に関連する密行的な捜査の結果（たとえば，通信傍受など）を，被告人や弁護人に伝えるよう義務付けられるとする。

　以上のように，記録の完全性の原則は，記録閲覧権やその根拠となる法的聴聞権を実効的に保障するというだけでなく，検察官（さらには警察官）が主体となって証拠や資料を収集するという捜査手続の構造，さらには公判準備や手続打ち切りの場としての捜査手続を採用しながら，公正な公判手続を保障するための必然的な帰結として確立されたといえる。もっとも，上述の証跡記録をめぐる議論からも明らかなように，作成されるべき記録はすべて提出されるべきとはされておらず，ドイツ刑訴法199条などにより提出・閲覧されるべき記録は検察官により選別されることが前提とされている。

　とはいえ，上述のように，行為者（被疑者・被告人）と行為（事件）に関連する捜査の経過・結果の記録について，検察官の選別権限は限定されており，その範囲内では，上述の記録の完全性の原則をめぐる議論も当てはまることになろう。また，検察による捜査はすべての観点を踏まえるべきとされ，そのうえで

被疑者に嫌疑が集中した過程も記録化されなければならない。記録の完全性の原則は，捜査手続の過程をすべて記録化するだけでなく，嫌疑が絞られる過程もすべて記録化すべきことを内容としているのである。

V　本章の総括

ドイツにおいては，行為者（被疑者・被告人）と行為（事件）に関連する捜査の経過・結果が記録化され，それが閲覧されることにより「手続が開かれること」や「知識の平等」が生まれ，その結果，被疑者・被告人の意見表明権など，その法的主体性が保障されるという論理が確立している。そして，その開示については，客観義務を負う検察官といえども選択権を有しない。

そのうえで，形式的記録概念を前提とすれば，行為（事件）にのみ関連する捜査の経過の記録（証跡記録）については，検察官は原則として開示するべきかどうかについて選択権を有している。先に検討してきたように，ドイツでは，予審廃止後，検察官を捜査の主宰者とし，公訴の提起や公判のための証拠収集を検察官や警察の任務としてきた。他方で，弁護側の証拠収集活動に関する手続的保障は十分に整備されていない。[42]

このようなドイツにおける論理は，この捜査手続の構造と密接関連していると考えられる。検察官が主宰者として証拠収集することから，捜査手続を一定程度秘密にする必要はあることを前提に，公訴提起後については，被告人の法的主体性を保障するために，捜査の経過や結果を記録化し，開示することが絶対に必要であるとされているのである。このように，ドイツの記録閲覧権は，上記のような捜査手続を前提として，公判手続において被告人の法的主体性を保障する公正な手続を維持するための絶対的な前提条件として位置付けられているのである。その意味で，ドイツにおける記録閲覧権は，職権主義という訴訟構造だけでなく，捜査手続の構造，証拠収集の主体・あり方とも密接に関連しているといえる。

1）　この経過については，本書第Ⅲ編第 2 章を参照。
2）　この点については，本書第Ⅲ編第 4 章で詳細に検討する。
3）　本書第Ⅲ編 2 章参照。
4）　Vgl. NJW 1994, 3219＝NStZ 1994, 551. 同決定については，高田昭正『被疑者の自己決定と

弁護』(現代人文社, 2003) 169頁以下。さらに, 本書第Ⅲ編4章を参照。
5) *Jürgen Welp*, Probleme des Akteneinsichtsrechts, FG Peters, 1984, S. 309f. Welpの見解については, 本書第Ⅲ編第2章を参照。
6) *Meyer-Goßner/Schmitt* StPO, 57. Aufl. 2014, §147, Rn. 25; *Heinrich Laufhütte*, in: KK-StPO, 5. Aufl. 2003, §147, Rn. 12; *Klaus Lüderssen/Matthias Jahn*, in: LR-StPO, 26. Aufl. 2007, §147, Rn. 133; BGHSt 29 99, 103.
7) *Lüderssen/Jahn* (Fn. 6), Rn. 133.
8) *Meyer-Goßner/Schmitt* StPO, 57. Aufl. 2014, §147, Rn. 25.
9) *Lüderssen/Jahn* (Fn. 6), Rn. 135.
10) *Meyer-Goßner/Schmitt* (Fn. 8), Rn. 16.
11) この点について詳細に検討しているものとして, *Lüderssen/Jahn* (Fn. 6), Rn. 51ff.
12) *Lüderssen/Jahn* (Fn. 8), Rn. 51.
13) *Karl Schäfer*, in: LR-StPO, 25. Aufl. 2007, §96, Rn. 99.
14) なお, 松代剛枝『刑事証拠開示の分析』(日本評論社, 2004) 157頁では, 110条dも根拠条文として挙げられているが, 現在のドイツ刑訴法では削除されている。
15) 通信傍受や住居内の会話の盗聴などに関する規定は, 2004年の連邦憲法裁判所による住居内の会話の盗聴の規定に関する一部違憲判決を受けて, 2007年のドイツ刑訴法改正によって, 整備された。一件記録に含めるかどうかについては, 改正前は, 公的治安の危うくすることや隠密捜査官の移行の投入可能性を危うくすることなどの理由も規定されていた (たとえば, 松代・前掲書注14) 157頁) が, 同改正によって削除された。上記違憲判決については, 井上正仁『強制捜査と任意捜査』(有斐閣, 2006) 156頁以下。さらに, 上記立法の経緯については, 辻本典央「刑事手続における私的秘密領域の保護——ドイツにおける住居内会話盗聴問題の理論的考察」近畿大学法学54巻2号 (2006) 178頁以下。
16) BGHSt 30, 131, 138; OLG Schleswig StV 1989, 95; *Lüderssen/Jahn* (Fn. 6), Rn. 23; *Meyer-Goßner/Schmitt* (Fn. 8), Rn. 15.
17) *Helmut Schäfer*, Die Grenzen des Rechts auf Akteneinsicht durch Verteidiger, NStZ 1984, 204.
18) *Lüderssen/Jahn* (Fn. 8), §147, Rn. 31.
19) *Carl-Friedrich Stuckenberg*, in: LR-StPO, 26. Aufl. 2007, §199, Rn. 18.
20) ある幼女誘拐殺人事件では, 約1万の指紋が採取され, 約1万の自動車保有者が調査の対象となり, 市民から約5000の通報や情報提供がなされたという (vgl. *Lutz Meyer-Goßner*, Die Behandlung kriminalpolizeilicher Spurenakten im Strafverfahren, NStZ 1982, 353.)。
21) BGHSt 30, 131=StV 1981, 500.
22) Vgl. *Hans Dünnebier*, Anmerkung zu BGH Urt. vom 26.5.1981, StV 1981, 505; *Lüderssen/Jahn* (Fn. 6), Rn. 33-39.
23) BGHSt 49, 317=StV 2005, 423. さらに, しばらくの間, 共同審理されていたが, その後, 分離され, 形式的な意味で「他の手続の」記録をとり寄せられない場合には, 当該記録には記録閲覧権そのものは適用されないとしたものとして, BGHSt 52, 58=StV 2008, 452; BGH StV 2010, 615. これに加えて, 証跡記録を閲覧対象とするための事実上の根拠については, OLG Frankfurt StV 2003, 566.
24) BvefGE 63 45=NStZ 1983, 273=StV 1983, 177.
25) 形式的記録概念に賛成する学説として, *Laufhütte* (Fn. 6), Rn. 4; *Meyer-Goßner* (Fn. 20), 353; *Roxin/Schünemann*, Strafverfahrensrecht, 26. Aufl. 2009, S. 123.
26) *Klaus Wasserburg*, Einsichtsrecht des Anwalts in die kriminalpolizeilichen Spurenakten,

NJW 1980, 2440; *Klaus Wasserburg*, Einsichtsrecht des Verteidigers in kriminalpolizeiliche Spurenakten, NStZ 1981, 211; *Karl Peters*, Anmerkung zu BVerfG Beschl. vom 12. 1. 1983, NStZ 1983, 275; *Werner Beulke*, Das Einsichtsrecht des Strafverteidigers in die polizeilichen Spurenakten, FS Dünnebier 1982, S. 290.

27) *Wasserburg* 1980 (Fn. 26), 2241; *Wasserburg* 1981 (Fn. 26), 211; *Beulke* (Fn. 26), S. 293 f.
28) *Wasserburg* 1980 (Fn. 26), 2242.
29) *Beulke* (Fn. 26), 289.
30) *Wasserburg* 1981 (Fn. 26), 211; *Peters* (Fn. 26), 276; *Beulke* (Fn. 26), S. 290.
31) *Kleinknecht/Meyer* StPO, 39. Aufl. 1989, § 147, Rn. 18; *Theodor Kleinknecht*, Die Handakten der Staatsanwaltschaft, FS Dreher 1977, S. 722.
32) *Lüderssen/Jahn* (Fn. 6), Rn. 27.
33) *Kleinknecht* (Fn. 31), S. 722.
34) BT-Drs. 7/511, S. 76.
35) 1974年改正については，高田昭正「西ドイツ刑事訴訟法改正における検察官と弁護人——1975年改正を中心として」岡山法学会雑誌29巻3＝4号（1980）65頁以下。
36) *Volker Erb*, in: LR-StPO, 26. Aufl. 2007, § 160, Rn. 61, 62.
37) *Lüderssen/Jahn* (Fn. 6), Rn. 26.
38) *Erb*, in: LR-StPO (Fn. 36), Rn. 62.
39) *Erb*, in: LR-StPO, 26. Aufl. 2007, § 168b, Rn. 3, 4, 5.
40) BGH1989年判決（MDR 1990, 267）は，証拠禁止とされた電話盗聴に関する記録がこれに当たるとしている。
41) *Schäfer* (Fn. 17), 205 f.
42) この点につき，田淵浩二『証拠調べ請求権』（成文堂，2004）211頁以下参照。

第4章　捜査段階における記録閲覧の意義と機能

I　1980年代までの勾留審査（勾留理由開示）の状況

　ドイツにおいては，被疑者・被告人に重大な嫌疑（die dringende Tatverdacht）が認められ，かつ逃亡や罪証隠滅のおそれといった勾留理由が認められる場合，裁判官は勾留状を発付することができる（ドイツ刑訴法112条以下）。被疑者は，この勾留状に基づいて拘束され，裁判官の面前に引致される（ドイツ刑訴法115条以下。現行犯の場合などは，裁判官の命令なく身体拘束が可能である（vorläufige Festnahme）。この場合，速やかに，遅くとも拘束の日の翌日までに裁判官の面前に被拘束者を引致しなければならない。この点，ドイツ刑訴法127条および128条を参照）。ドイツ刑訴法114条2項2号および3号は，勾留状の記載内容について，①被疑者の氏名，②対象となる犯罪事実（Tat），③犯行の日時および場所，④行為の法律的特徴（die gesetzlichen Merkmale）ならびに適用すべき罰条，⑤勾留要件，⑥犯罪の重大な嫌疑および勾留要件の存在を示す事実を示すべきと規定されている。[1]

　もっとも，従来の実務では，これらを具体的に記載することなく，嫌疑および特定の証人の供述，そして場合によっては予期される自由刑を，形式的にかつ概括的に挙げることによって，裁判所の勾留理由提示義務が充足されると考えられていた。そして，「事件の真相が異なっているにもかかわらず，これらの勾留決定は，形式的かつ概括的な文面であることから，すべて似たようなものになっている[2]」という実務が一般化していたとされている。このように，1980年代までのドイツでは，勾留状による「情報開示」は非常に形式的なものとなっていたといえる。[3]

　勾留された被疑者は，勾留に対する抗告（ドイツ刑訴法304条）と勾留審査を請求することができる。勾留審査について規定するドイツ刑訴法117条1項は，

「被疑者は，勾留されている間はいつでも，勾留取消し又は116条による勾留状執行の猶予について，裁判所の審査を請求することができる」として，明文で勾留審査が身体拘束からの解放を目的とすることを示している。さらに，ドイツ刑訴法118条1項は，「勾留審査の際，被疑者の請求により，又は裁量に従い職権で，口頭弁論に基づいて裁判する」と規定されている。[4]

この勾留審査手続においては，後述する1994年連邦憲法裁判所決定の事案でも示されているように，検察官が，捜査目的が阻害されることを理由として，証拠資料の閲覧を拒否（ドイツ刑訴法147条2項）することが多かった。仮にその閲覧を受けられたとしても勾留状の根拠となった証拠自体ではなく，捜査機関による証拠資料の要約書が示されたにとどまっていたとされている。

このように，従来のドイツにおいては，勾留状や勾留審査を通した勾留の根拠となる証拠資料・情報の開示は，審問目的の阻害の防止という，いわば捜査の秘密保持を理由に，広範囲に拒否されたり，証拠資料の要約が示されるにとどまっていたといえる。もっとも，この実務は，次第に変化していく。この実務の変化に大きな影響を与えたのが，1989年のヨーロッパ人権裁判所Lamy判決以降の一連の判例である。[5] 以下では，これらの判例を確認したうえで，その意義を検討する。なお，前章でも検討したように，本章にいう「記録閲覧」は，ドイツ刑訴法147条にいう記録閲覧であって，捜査記録や証拠物などの証拠資料の閲覧を意味する。

II 未決拘禁における記録閲覧をめぐる判例の展開

1 ヨーロッパ人権裁判所1989年3月30日判決（Lamy判決）

ドイツにおける勾留に関する情報開示実務に大きな影響を与えたのは，ヨーロッパ人権裁判所[6]による，ベルギーのLamy事件に対する判決である。[7] Lamy事件の事案の概要は，以下の通りである。1983年2月18日の時点で勾留状が発付された。しかし，その勾留状には署名が欠けており，さらに日付の誤記もあったため，抗告人Lamy（以下，「抗告人」とする。）は地裁評議部（Ratskammer）および高裁の公訴部（Angeklagekammer）に対して，不服申立てを同年2月22日，さらには翌23日にも行った。しかし，その不服申立ては，結局認められず，勾留は同年8月18日まで延長が繰り返された。身体拘束から30日を経過した後

に，ようやく弁護人だけが勾留延長を決定する期日に先立つ48時間に限定して，捜査記録の開示を受けた。

そこで抗告人は，抗告人およびその弁護人が捜査記録を閲覧できなかったことがヨーロッパ人権条約5条4項に違反するとして，1983年6月20日にヨーロッパ人権委員会に申し立てた（ヨーロッパ人権条約2条1項）。1985年12月，ヨーロッパ人権裁判所は，この申立てを受理することを決定した（ヨーロッパ人権条約48条）。この申立ての主な内容は，以下の2点である。第1に，抗告人に対する勾留審査手続は，公平な対審的手続 (objective, adversarial hearing) でなければならないということである。そして，第2に，そのような手続においては身体を拘束されている者に対して，勾留請求者および勾留を命令する者との「武器対等 (equality of arms)」が認められなければならないということである。以上の2点は，ヨーロッパ人権裁判所1983年決定の内容を踏まえたものであった。この抗告に対して，ヨーロッパ人権裁判所は以下のように判示した。

抗告人が身体拘束を受けていた最初の30日間，法律によって，弁護人は，身体拘束を適法とした準抗告裁判所が依拠した捜査判事や警察が作成した調書，報告書，捜査書類を中心とする記録を検討できなかった。これらの記録に基づき訴追側が行った陳述 (statements) あるいは主張 (views) を争う機会が弁護人にはなかった。これらの記録へのアクセスは，抗告人を拘束するか釈放するかを裁判所が決定するという決定的な手続段階において必要不可欠のことであった。とりわけ抗告人の弁護人にとって，記録へのアクセスは，共同被告人の主張や態度を裁判所に示すことにつながっていたであろう。以上のことから，当裁判所の理解では，勾留状に対する抗告の適法性を実際に争うようにするためには，上記の記録を閲覧することが重要と考えられる。検察官はすべての記録に関する知識をもっているのに対し，この手続では抗告人に，勾留がどのようなものによって根拠付けられているのかを，適当な方法で争う機会を与えられていない。この手続は武器対等を保障していないのであるから，それゆえ事実上対審構造であるとはいえない (the procedure was not truly adversarial)，と。

このように，このLamy判決は，ヨーロッパ人権条約5条4項を根拠に，勾留に対する準抗告手続や勾留審査手続は，対審構造でなければならず，さらに訴追側と被疑者との間における武器対等が保障されたものでなければならないことを示した。そして，その武器対等が保障されていないという具体的理由と

第4章 捜査段階における記録閲覧の意義と機能　339

しては，勾留がどのようなものによって根拠付けられているのかを，適当な方法で争う機会を与えられていないことが挙げられている。以上のように，Lamy判決は，身体を拘束された者は，身体拘束の判断について実効的に影響を及ぼす権利を有していること，その権利を保障するためには，武器対等が保障された対審の手続が必要であることを示したといえる。

2　連邦憲法裁判所1994年7月11日決定

　このLamy判決が，ドイツにおける身体拘束の根拠となる記録の閲覧に関する判例を進展させる結果をもたらしたことは, すでに日本でも紹介されている。[13] 同判決以前の時期におけるドイツ国内の裁判所においても，「法的聴聞権及び公正な手続の原則に鑑みて」，捜査が阻害されない限り，証拠資料も勾留状に挙示しなければならないとする判示も存在していた。[14] だが，同様のケースで反対の見解を判示する裁判所もあり，裁判例における対立が続いていた。その状況を打開したのが，このヨーロッパ人権裁判所のLamy判決であったといえる。

　たとえば，ベルリン・カンマー裁判所は，1993年10月5日決定および1994年2月7日決定で，勾留の根拠となった証拠や記録などを弁護側に閲覧させなかったことは当該勾留処分自体を違法にすると判断した。[15] そして，このような判例の流れを決定的にしたのが，1994年7月11日の連邦憲法裁判所決定であった。[16]

　本件での事案は以下の通りであった。抗告人に対する，架空会社による詐欺事件の嫌疑による勾留状には，実名も記載のうえ3人の証人と5人の共同被告人の供述が挙示されていた。弁護人は，勾留審査の請求とともに区裁に対して，ヨーロッパ人権条約5条4項は勾留審査の決定に先立つ記録閲覧を保障しているとして，これらの供述を記載した記録などの閲覧を請求した。しかし，この請求が拒否されたため，弁護人は勾留取消しを請求した。結局，この請求も棄却され，また記録閲覧の機会も与えられなかった。その理由として，当該勾留はヨーロッパ人権条約5条に違反していないこと，刑訴法147条によれば，検察官は捜査段階における記録閲覧について拒否権を有しており，本件ではその裁量の逸脱はなかったことが挙げられている。そして，同決定に対する抗告も，地方上級裁判所によって棄却された。これらの棄却決定に対して，抗告人は連邦憲法裁判所に憲法抗告を行った。連邦憲法裁判所は，上記地方上級裁判所決定について，以下のように述べて破棄差戻しの判断を下した。[17]

①これまでの連邦憲法裁判所の判例が示すように，基本法103条1項は，被告人に対し法的聴聞請求権を保障しているが，このことは原則として，捜査手続における裁判官の判断に対しても適用される。それゆえ，基本法103条1項は，勾留状に関する判断に対しても適用されなければならない。勾留状および勾留審査手続や勾留に対する抗告手続において言い渡される裁判は，被疑者に事前に通告され，それに対して被疑者が意見を表明した事実および証拠方法（Tatsachen und Beweismittel）のみを裁判の基礎とすべきである。他方で，勾留に関する手続が開始される際に，被疑者が証拠状態（Beweislage）や勾留理由を認識していることが，その前提とされる。

②現行刑訴法の規定をみると，勾留状の記載や勾留審査手続などによって，①の点は多くの場合十分に考慮されている。とはいえ，常に十分に実質を伴った情報が提供されうるとは限らない。さらに，勾留という身体拘束について検討すると，勾留期間が長期化すればするほど，被疑者の自由の利益は次第に強くなることから勾留が比例性を満たしているかに関する情報入手の利益も大きくなる。この身体拘束に関する判断の基礎となる証拠という情報が口頭では伝達不可能な場合は，よりよい情報源，たとえば記録閲覧権が重要となる。

③法的聴聞請求権を具体化した刑訴法147条において，捜査段階における記録閲覧の制限規定が設けられていることについては，憲法上問題はない。捜査は真相解明を任務としており，すべて公開（offen）されるべきではない。そう考えないと，可能な限りの事実の探求と真実の発見という刑事手続の中心的な関心事や法治国家的任務は，耐えがたい障害と証拠隠滅の可能性にさらされることになるであろう。それゆえ，検察が捜査手続においては情報に関する優位を維持し，被疑者の情報入手の利益が捜査手続の最終的な終結まで留保されるということに反対することはできない。

④しかし，被疑者が勾留されている場合については，同様に考えるべきではない。勾留は，基本法2条2項2文による人身の自由に対する侵害である。人身の自由が要求する手続法における自由保障機能は，刑事手続における真実追及という法治国家的任務に対して，被疑者の情報入手の利益をより重要視することを帰結する。公正で法治国家的な手続を受ける権利および法的聴聞請求権から，「裁判所の勾留決定に対して効果的な反論をなすため記録に含まれる情報が必要な場合で，裁判所が判断の基礎としたと思われる事実及び証拠の口頭

による告知では十分でない場合には，拘束された被疑者の弁護人による記録閲覧を求める権利が導かれる」。もっとも，通常は，勾留の判断に関連する事実や証拠に関する部分的な閲覧で十分であろう。検察が，捜査を阻害するという理由で，刑訴法147条2項による捜査記録の閲覧を全面的に拒否した場合は，その記録などを勾留の判断の基礎とはできないという処分が，場合によっては勾留を取り消すという処分が行われるべきである。

　この1994年連邦憲法裁判所決定の意義や特徴は，以下の点にあるといえよう。第1に，基本法103条1項にいう法的聴聞請求権は，公判段階における裁判所の裁判だけでなく，捜査段階における裁判官や裁判所による裁判にも適用されるとしたことである(判示①)。法的聴聞請求権は，訴訟当事者(Betroffene)に事前に通告され，それに対して意見を表明した事実および証拠のみを裁判の基礎とすることができることを，その一内容とする[18]。本決定により，強制処分の命令といった裁判についても，その基礎となる証拠の事前通知と，それに対する意見表明権の保障が適用されることになったのである。

　第2に，未決勾留により人身の自由という基本権が侵害されている状態を重視して，その人権侵害たる強制処分の証拠的基礎を知る権利が，刑事手続における真実追及という法治国家的任務に比べ常に優先されるとしたことである(判示④)。

　第3に，これらの判断の根拠として，基本法103条1項にいう法的聴聞請求権に加え，公正で法治国家的な手続を受ける権利が示されたということである(判示④)。

　これと同趣旨の判断は，1995年9月28日に連邦通常裁判所(BGH)によっても示された[19]。これらの判断によって，被疑者の身体拘束を続ける以上，その身体拘束判断の証拠的基礎を，弁護側に閲覧させるべきであるという論理が判例・実務上確立されたことになる[20]。

　もっとも，本決定は，勾留手続における被疑者の法的聴聞請求権は，実務において多くの場合十分に考慮されているとしている(判示②③)。それゆえ，通常は身体拘束の判断の基礎となった証拠の一部閲覧や口頭による告知で十分であるとされ，身体拘束の判断の基礎となった証拠の全面の閲覧は，複雑な事件や弁護側に対する記録内容の口頭による伝達が困難である場合に限られると判示されていることを不十分として指摘する見解も存在した[21]。

3 ヨーロッパ人権裁判所2001年2月13日判決（Lietzow, Schöps, Garcia Alva 判決）

1994年連邦憲法裁判所決定を受けて、1999年にドイツ刑訴法147条は一部改正された[22]。もっとも、上述のように、勾留の場合でも、その基礎となる証拠の一部のみの閲覧や口頭による伝達が問題とされる事例も存在した。そのような事例について、ヨーロッパ人権裁判所は、2001年2月13日にあらたな判断を示した。これが、Lietzow, Schöp, Garcia Alva 判決である[23]。これらの判決は、ともにドイツの勾留審査手続における記録閲覧に関するものであった。同判決において、ヨーロッパ人権裁判所は、以下のように判示した。

①裁判所は、勾留に対する不服申立てを検討する際には、司法手続（a judical procedure）を保障しなければならない。その手続は、対審的に進められ、かつ検察官と勾留されている者という当事者間における武器対等原則が保障されたものでなければならない。しかし、弁護人が拘禁の適法性を非判（challenge）しうるために重要な（essential）文書および捜査記録にアクセスできない場合は、武器対等原則は保障されていない。ヨーロッパ人権条約5条1項(c)は、拘禁する場合には、聴聞が必要であるとしている。

②以上の要求は、ヨーロッパ人権条約6条から導出される対審的手続を求める権利から導かれる[24]。このことは、刑事手続において、検察官および弁護側（the defence）の両者が、捜査について知る機会を得ること、そして反対当事者から入手した証拠に対して立場を決定する機会を得ることが必要であることを意味する。ヨーロッパ人権裁判所の判例によれば、ヨーロッパ人権条約6条の文言（とくに、「刑事上の問責（criminal charge）」の概念の解釈）から、上記の権利は、起訴前手続についても適用可能である。したがって、自由剥奪という重大な影響とそれによる訴訟当事者の基本的権利への侵害を考慮して、ヨーロッパ人権条約5条4項にいう手続においては、（捜査が開始されたばかりという条件においてさえも）公正かつ対審の手続の原則が可能な限り考慮されなければならない。国内法ごとに、その考慮の方法は異なりうるが、反対当事者が、保管された記録（observations）について知ること、それに対し応答する実効的な機会を有していることが保障されることが必要である。

③勾留状に含まれている情報（Lietzow や Garcia Alva 判決のケース）、捜査判事によって付加的に口頭で伝えられた情報（Schöps 判決のケース）は、検察官に

よって提出された捜査記録に示されている事実をもとに，勾留を判断する裁判官が行った推論の概要にすぎない。そして，勾留の判断の根拠にアクセスできない状態では，身体を拘束されている被疑者およびその弁護人は，その裁判官の結論の正当性を検討できる状態にないといえる。この裁判官の結論の正当性に関する検討は，警察などが作成・収集した捜査結果や供述，そして証拠物を知る十分な可能性をもっていることを前提条件とする。

④他方で，警察による捜査が効率的に進められる必要があるということは確かに承認されるべきである。このことは，被疑者が証拠に不当な影響を及ぼし，そして捜査の進行を妨げることを防ぐために，続行中の捜査中に収集された情報のある部分を秘密にするということも包含するものである。しかし，このような正当な目的は，防御権 (the rights of the defence) が実質的に削減されることを導くものではない。

以上のような理由から，勾留の正当性に関する情報は，被疑者の弁護人に対して，適切な方法で (in an appropriate manner) 利用可能とされなければならない，との判断が示されたのである[25]。

これらの判決の特徴および意義は，以下の点にあるといえる。第1に，従来のドイツの実務，さらには1994年連邦憲法裁判所決定でも基本的に正当とされた実務の情報提供のあり方が否定されたことである（判示①）。すなわち，本判決は，勾留状に記載されている情報，勾留を判断した裁判官が口頭により提供する情報を，勾留の基礎となる証拠を検討した裁判官の「推論の概要にすぎない」としたのである[26]。

第2に，このような従来のドイツの実務で十分とされてきたような情報提供は，勾留の適法性を被疑者側が争うためには十分ではなく，まさに勾留の判断の基礎となった証拠や記録それ自体を閲覧させることが必要だとされたということである（判示③）[27]。

第3に，1989年Lamy判決の判示が再度確認されたこと（判示②）に加えて，身体拘束を検討する手続は，ヨーロッパ人権条約6条にいう「公正な手続」でなければならないとされ，その具体的内容が示されたことである（判示③）。

第4に，勾留の判断は，裁判官のみ判断に任せるべきでなく，被疑者側による実効的な検証可能性が重要であり，それが記録閲覧によって確保されるべきという方向性も確認されたことである（判示①②）。

そして，第5に，捜査の実効性や秘密保持の必要性を承認しながら，身体を拘束されている者の情報入手の利益を常に優先するという衡量方法を採用していることである（判示④）。[28]

以上のように，本判決によって，勾留請求のために検察から提出された証拠資料の閲覧は拒否されてはならないことが要求された。これにより，検察には，被疑者に知られたくない証拠資料は勾留請求の根拠として提出しないという選択肢のみが残されることになった。もっとも，このような裁判所の手続において，勾留請求の根拠以外のすべての証拠資料を提出する検察官の義務はないとされていることを不十分であると批判する見解も存在していた。[29]

4 小　　　括

ここまでみてきた判例の流れをまとめよう。これらの判例は，ヨーロッパ人権条約5条4項および6条，ドイツ基本法103条1項を根拠に，身体拘束という人身の自由剥奪の場合について，その権利侵害に対する実効的な権利保障（公正かつ対審，武器対等の手続）を，身体の拘束を受けている者に認めるという論理を示した。具体的には，身体拘束という権利侵害の判断の基礎とされた証拠や情報を開示することによって，身体拘束を受けている者が，その判断の適法性に対して実効的に争うことを可能にするという論理である。

もっとも，ヨーロッパ人権裁判所Lamy判決が，全面的な記録閲覧拒否，さらには部分的な記録閲覧拒否さえも，ヨーロッパ人権条約5条4項に違反すると判示したにもかかわらず，連邦憲法裁判所は，「多くの場合」，手続の対象を形成し勾留の問題にとって重要な（被疑者について収集された）有罪方向のすべての資料に関する口頭による情報提供によって，被疑者の弁護の利益は十分に考慮されるとした。

これに対し，ヨーロッパ人権裁判所は，勾留状に記載されている情報および勾留を判断する裁判官によって付加的に口頭で伝えられた情報は，検察官によって提出された証拠や情報に基づいて勾留を判断する裁判官が行った「推論」にすぎないと断じた。そのうえで，ヨーロッパ人権裁判所は，記録閲覧権について，勾留の判断が基礎としている「供述及びその他の証拠」に適用があり，また「警察などの捜査結果」といった裁判官に対して検察官が提出しているその他の記録内容すべてにも適用があるとした。[30]

第4章　捜査段階における記録閲覧の意義と機能　345

以上の結果，検察が裁判官に対して提出した証拠資料すべてにアクセスする権利を，身体を拘束された者は有することになった。これに伴い，その証拠資料を留保しようとする検察官は，その証拠を根拠に勾留請求を行ってはならないということになったのである。このことは，裁判所の観点からみると，身体を拘束された者がアクセスしていない証拠資料は，勾留判断の基礎となる証拠資料としては利用禁止されるということを意味する[31]。

　これに加えて，これらの判例は，いずれも捜査側の利益を軽視していないということも重要である。いずれの判例も，身体拘束という権利侵害が存在する場合については，人身の自由の保障を根拠として，身体を拘束されている者の情報入手の利益を常に優先するという衡量方法を採用しているのである。

　以上のように，これらの判例は，いずれも重要な内容を示すものであったといえよう。もっとも，これらの判例を扱う文献などにおいては，以下のような課題が指摘された。第1に，このような判示内容は，身体拘束の場合に限定されるのかという問題である。人権侵害に対する実効的な権利保障という点を重視するならば，身体拘束以外の強制処分についても同様に考えるべきではないかという見解が示され始めたのである[32]。もっとも，これに対しては，勾留に要求される嫌疑（重大な嫌疑）とは異なり，他の強制処分では「単なる嫌疑」で十分であるとされていることなどから，上記で示された判旨は勾留に限定されるとする裁判例もみられた[33]。第2に，記録閲覧の範囲についてである。連邦憲法裁判所決定や2001年判決が示した証拠資料自体のすべてという範囲について，どのような姿勢を示すのかが注目された[34]。この論点においては，捜査の秘密保持の利益と被疑者側の情報入手の利益とをどのように衡量するかが問題とされていた[35]。これらの論点について，連邦憲法裁判所は，連続して判断を示した。次に，これらの判断を確認・検討することにしよう。

III　他の強制処分と証拠開示

1　仮差押えと証拠開示

　勾留に関する諸判例の内容は，他の強制処分に適用されるのか否かという問題，そして閲覧可能な証拠資料の範囲に関する問題については，一定の議論があった。このような状況のもと，連邦憲法裁判所は，2004年5月5日に，ドイ

ツ刑訴法111条dにいう仮差押え（der dingliche Arrest）に対する抗告と記録閲覧との関係について判断を示した。勾留以外の強制処分は，裁判所による命令によってなされるが，「緊急を要する場合」には検察官にも，その権限が認められる（ドイツ刑訴法98条，111条e第1項など）。もっとも，検察官による強制処分の場合は，命令の相手方はいかなる場合にも裁判所による裁判を求めることができる（ドイツ刑訴法98条2項，111条e第2項）。また，これらの処分の場合，勾留審査手続のような特別の手続はなく，抗告が許されるにとどまる（ドイツ刑訴法304条）。さらに，ドイツ刑訴法33条4項は，「勾留，差押えその他の処分を命じる場合であって，事前の聴聞が処分の目的を阻害するときは」，被疑者などに聴聞の機会を与えず，上記処分を行うことができるとする。それゆえ，後述する事例のように，事前の聴聞の機会を与えることなく，裁判所が仮差押えを命令することが多いとされる。このように，仮差押えといった勾留以外の強制処分の場合，事後的にその適法性を争う手段として抗告が重要となる。

　本件の事案の概要は以下の通りであった。抗告人は禁止されていたインサイダー取引および流通に関する詐欺（Kursbetrug）を理由として，区裁は，抗告人に事前の聴聞の機会を与えることなく，検察官の請求により抗告人の財産に対して総額2170000DMの仮差押え命令を下した。これに対し，抗告人は，検察官に対し記録閲覧請求を行った。しかし，仮差押え命令状，いくつかの警察官取調べ調書などの閲覧は拒否された。この仮差押え命令に対して，抗告人は抗告を行った。抗告において，抗告人は，嫌疑に対する詳細な説明が，いまだ行われていないことを指摘し，あらたに記録閲覧を請求した。区裁，地裁は，これらの請求も棄却した。この棄却決定に対し，抗告人は基本法14条1項（財産権）および103条1項（法的聴聞請求権）違反を理由に，憲法抗告を行った。

　これを受けた連邦憲法裁判所は，地裁の決定について，基本法103条1項を侵害するものとして以下のように判示し，この仮差押え決定を取り消した。

　①基本法103条1項は，裁判所の手続における法的聴聞を保障している。法的聴聞は，人の「訴訟上の根本となる権利（prozessuales Urrecht）」というだけでなく，手続上の原則（ein objektivrechtliches Verfahrensprinzip）でもある。この権利は，基本法にいう法治国家的な手続にとって根本的かつ原則的に絶対不可欠なものである。個々人は，法律に基づく決定の客体とされてはならないというだけでなく，主体として手続およびその結果に影響を及ぼすことができるよ

第4章　捜査段階における記録閲覧の意義と機能　347

う，その者の権利に関わる決定に対して発言できる状態に置かれなければならないのである。法的聴聞は，訴訟当事者に対して情報，発言および考慮に関する権利（Recht auf Information, Äußerung und Berücksichtung）を保障している。この権利は，訴訟当事者が訴訟において自己決定して，状況に応じた行動を採りうることを帰結するものである。基本法103条1項は，基本法による法的保護の保障と機能的な関係にある。捜査手続において，裁判所によって権利侵害行為が，訴訟当事者に対する事前の聴聞なくして，裁判所によって命令された場合（刑訴法33条4項），この法的聴聞権は特別な意味をもつ。この場合，法的聴聞権は，その抗告手続におけるすべての場合において，事後的に保障されなければならない。

②捜査手続においては，危険にさらされる訴訟当事者の利益を守るための保障が，確かに規定されている。しかし，訴訟当事者には，その侵害処分の命令が下される前に，その命令に対し注意を喚起するための事前聴聞は認められていない。予防的な法的保護機能（eine präventive Rechtsschutzfunktion）としての裁判官の介入は行われており，このことは受忍可能な程度に機能しているように思われる。というのも，裁判官は，独立して，かつ自己の責任で，訴訟当事者の弁護の利益をも考慮して，決定しなければならないからである。このとき，法的聴聞は事後的に保障されうるし，そうならざるをえない。

③抗告人が利用できなかった記録内容に基づき自由心証によって決定したことに対する十分な理由付けは，本件裁判所によって示されていない。捜査手続における記録閲覧の保障は，刑訴法147条によるものである。これによれば，特定の刑事訴追の利益が存在する場合には，個別的に記録閲覧は拒否されうる。国家の秘密保持の要求（die staatlichen Geheimhaltungsbedürfnisse）は，相当の情報を認識する者が裁判所に限られることによって考慮されうる。しかし，刑事訴訟の領域においては，法治国家性の特別な要求によって，このような手続は甘受されえないものであることが承認されている。すなわち，刑事手続における国家の秘密保持の利益には，「疑わしきは被告人の利益に」が適用される。法治国家思想は，刑事訴訟上の侵害処分に関する決定はいかなる場合においても，裁判所の手続上で，その決定の基礎を知ったうえで，侵害処分およびその基礎とされた非難に対して弁護する機会を訴訟当事者に付与することを要求している。

④財産の一部喪失防止を目的とする仮差押えおよび差押え処分によるその執行は，訴訟当事者に相当な不利益をもたらす。この処分が継続する期間中は，経済上の行動の自由は深刻な影響を受けている。それゆえ，訴訟当事者に対しては，差押え手続における法的侵害の時点で，すでに法的聴聞が保障されなければならず，最終的な決定の時点で初めて保障されるということがあってはならない。

⑤刑訴法147条1項は，弁護人に，捜査終結以降に制限されない記録閲覧権を認めている。捜査終結前の時期においては，記録閲覧は検察官によって拒否されうる。しかし，裁判所による手続については，個別的規定は存在しない。「in camera（非公開の裁判官室における審理）」手続は，基本法103条1項と一致するものでない。このことから，抗告審における訴訟当事者に不利益な裁判所の決定は，いかなる場合も，訴訟当事者に前もって事実に即したかたちで伝達され，それに対して発言することができた事実および証拠方法のみを基礎として行われうることが導出されうる。刑訴法33条，33条aは，その聴聞を，事実および証拠結果に限定していない。むしろ，厳密な意味での文言を越えて，法的聴聞のあらゆる観点が含まれている。それゆえ，裁判所における法的聴聞を請求する権利には，決定にとって重要な証拠に関する情報も含まれる。勾留事件については，連邦憲法裁判所およびヨーロッパ人権裁判所の判例が示すように，記録閲覧によって弁護側に伝達された事実および証拠方法のみを基礎として，裁判所による決定をしなければならない。しかし，基本法103条1項の適用は勾留事件に限定されない。

以上の判示は，重要な意味を有しているといえよう。第1に，これまでの連邦憲法裁判所の判断をもとに法的聴聞請求権の意義が明示されたことである（判示①）。これによれば，裁判手続における訴訟当事者には，手続や結果への影響を及ぼす主体として，その決定に対して情報獲得，意見表明，考慮される権利が保障される。そして，ドイツ刑訴法33条のように，事前の聴聞なく強制処分がなされる場合は，事後の聴聞がこの権利との関係で特別な意味をもつとされたのである。もっとも，事前の聴聞がない実務の状態自体は問題とされていない（判示③）。

第2に，捜査手続における捜査の秘密保持について，詳細な検討が行われていることである（判示③）。本決定は，捜査手続において秘密を保持するという国家の利益を承認しつつも，当該訴訟当事者がその権利を侵害されている場合

には，この利益について，「疑わしきは被告人の利益に」原則の適用があるという連邦憲法裁判所の判例を引用した[40]。具体的には，権利を侵害されている場合には，秘密保持の利益は，その強制処分の根拠（証拠資料）については認められないということ（秘密保持の利益ではなく，被疑者・被告人の権利保護の利益が絶対的に優先されること）が確認されたといえる。

第3に，裁判所による手続における「in camera（非公開の裁判官室における審理）」手続は，基本法103条1項に違反するとされたことである（判示⑤）。これにより，裁判所による手続において，訴訟当事者に法的聴聞請求権が保障されない手続は，基本法103条1項に違反することが確認されたといえる。それゆえ，抗告審における訴訟当事者に不利益な裁判所の決定は，いかなる場合も，訴訟当事者に前もって事実に即したかたちで伝達され，それに対して発言することができた事実および証拠方法のみを基礎として行われうることが導出されたのである。

第4に，勾留の基礎となる証拠や記録に関する論理が，勾留の場合に限定されないことが明示されたことである（判示⑤）。基本権を侵害する処分については，同様の論理が適用可能であるという方向性が示されたといえる（判示④）。

その後，連邦憲法裁判所は，2005年10月26日の決定で，仮差押えとその根拠となる証拠や記録の閲覧が問題となった事例について，さらに判断を示した。この事例は，検察官が，弁護人の記録閲覧請求を，捜査目的の阻害を理由として一度拒否した後に，警察署長が作成した捜査報告書を弁護人に閲覧させたが，結局，仮差押え命令の根拠となった証拠資料は，その抗告審においても，そのすべては閲覧に供されなかったというものである[41]。

これに対し，連邦憲法裁判所は，本件仮差押え命令に関する抗告手続は基本法103条1項に違反するとし，同手続による仮差押え決定を取り消した。本決定は，2004年決定の内容に加え，以下の内容を示すものであった。

「捜査機関は，捜査を秘密に進めるという重要な利益を，憲法により保障された手続保障と衡量しなければならない。捜査機関が，捜査を被疑者に知られない状態のままにしておくことが必要であると考える限りにおいては，勾留や仮差押えのように，訴訟当事者に秘密にできず，基本権を大きく侵害し，それゆえ裁判所の手続において命令し，そして再検討されなければならない強制処分を断念しなければならない」，と。

以上のように，本決定においては，上記の2004年決定の内容が明確に維持され，そのうえで，捜査の利益との関係，そして検察官の採りうる選択肢がかなり具体的に明示された。すなわち，訴訟当事者に秘密にすることはできず，基本権を大きく侵害し，それゆえ裁判所の手続において命令し，そして再検討されなければならない強制処分の根拠として，閲覧を拒否した証拠資料は利用できないという論理が明示されたのである。このように，強制処分の根拠とする限りにおいては，その証拠資料に捜査機関の秘密保持の利益は優先されないことが，連邦憲法裁判所によって承認されたといえる[42]。また，同決定においても，ここまで確認してきた決定の論理が，他の強制処分について適用可能であることが示されていることが特徴的である。
　さらに，この仮差押えに関する両決定において最も特徴的なのが，1994年決定のように，強制処分の根拠資料の閲覧範囲について，「証拠の一部開示や口頭による告知」という判示が存在しないことである。この表現に代え，連邦憲法裁判所は，ヨーロッパ人権裁判所判決を引用しつつ「記録閲覧によって弁護側に伝達された事実及び証拠方法のみを基礎」との表現を採用した。これにより，強制処分の根拠とされる証拠資料自体のすべてを記録閲覧の範囲とするという論理が，連邦憲法裁判所によって採用されたとの評価がほぼ定着した[43]。

2　捜索と記録閲覧権

　捜索に関する聴聞・抗告手続も仮差押えの場合と基本的に同様である。ドイツ刑訴法102条は，被疑者などについて「その逮捕を目的とするとき，又は証拠を発見する見込みがあるときは，住居その他の場所又は身体もしくは所有物について捜索をすることができる」とする。この捜索の場合も，裁判所は，ドイツ刑訴法33条4項により，事前の聴聞の機会を与えることなく命令することができる。また，日本とは異なり，捜索に対しても抗告をすることができる（ドイツ刑訴法304条1項）。
　次に検討する連邦憲法裁判所決定の事案からも明らかなように，この捜索についても，基本的に事前の聴聞を経ることなく行われ，その抗告手続において検察官は捜索命令の根拠となっている証拠資料の閲覧請求を拒否することができるという実務が定着していた。
　この捜索についても，連邦憲法裁判所は，勾留や仮差押えと同様の判断を下

した。本件の事案の概要は以下の通りである。抗告人は，犯罪結社の結成，放火，器物損壊および強姦の嫌疑で，自宅の捜索を受けた。その捜索終了後，弁護人は，同処分に対する抗告を行い，記録閲覧を請求した。弁護人は，この記録閲覧によって，抗告をより根拠あるものにしようと考えていた。これに対し，検察官は記録閲覧を拒否した。捜索に対する抗告を受けた地裁は，その抗告を棄却した。抗告人は，記録閲覧が認められなかったこと，それにより抗告の裁判の前に十分な意見表明ができなかったことを理由に法的聴聞を再度請求した。地裁は，捜査手続は現在進行中であり，どのような場合に記録閲覧を認めることができるか予測不可能であるとして，その請求を棄却した。

　この事例について判断を示したのが，連邦憲法裁判所の2006年12月4日決定である。連邦憲法裁判所は，上記の2004年決定の判示①②③⑤に加えて，次のような判断を示して，地裁の判断は法的聴聞請求権を侵害するものであるとした。[44]

　「住居の捜索も，基本法13条1項で保護されている個人の生活空間を大きく侵害するものである。しかし，抗告手続の段階では，その侵害は継続していない。この点で，抗告手続は，終了した基本権侵害の事後的検討に資するものであって，抗告手続の間になおも継続している侵害を終結させることに資するものではない。捜査を秘密裏に進めるという公的利益は，以下の方法によって，訴訟当事者の法的保護の利益と調整されうる。すなわち，具体的理由に基づいて拒否していた記録閲覧を抗告人に保障することによって，意見表明が可能な状態とし，そのような状態に至る前には抗告の裁判を行わないという方法である。このようにして，実効的な法的保護を要求する権利（基本法19条4項）は，[45]侵害されないことになる。抗告人は，適切な期間内に，終了した基本権侵害の適法性に関する判断を請求する権利を有する。しかし，抗告を行う時点で侵害が継続している場合とは異なり，終了した捜索の場合は迅速な処理の必要性は少ないといわなければならない。刑事訴追機関の秘密維持の利益は，適切な期間の遅延の理由（sachgerechter Verzögerungsgrund）となりうる」。

　この決定は，勾留や仮差押えといった強制処分だけでなく，捜索についても，上記の判例の論理が適用されるという点で特徴的である。また，それだけでなく，すでに終了した強制処分に対する抗告についても，同様の論理が適用されるとした点でも重要といえよう。その根拠として，基本法19条4項にいう[46]実効的な法的保護を要求する権利が挙げられ，終了したものも含めて，基本権

侵害については適法性の判断を請求する権利が認められたことも重要といえよう。終了している強制処分といえども，その権利侵害の適法性を争う権利が憲法上認められることが明らかとされたのである（この点については後述する）。そして，これまでの判例も言及してきたように，基本権侵害の根拠とされた証拠資料の閲覧を受ける権利と，この実効的な法的保護を要求する権利とは機能的に連関するとされているのである（2004年決定判示①）。

もっとも，この決定は，強制処分が終了していることと関連して，一定程度の期間の記録閲覧拒否を認めている。この点については，これまでの判例が記録閲覧拒否に関する検察官の裁量を否定していたのに対し，本決定は検察官に記録閲覧の時期や範囲について決定する裁量を一定程度認めているとして批判する見解も存在する。[47]

3 電話盗聴と記録閲覧権

最後に，電話盗聴に関する連邦憲法裁判所の判断について確認する。電話盗聴に関する聴聞・抗告手続も仮差押えの場合と基本的に同様である。（当時の）ドイツ刑訴法100条aは，通信の傍受および録音を，一定の犯罪に関する嫌疑について根拠となる事実が認められ，かつ，事案の解明または被疑者の居場所の捜査が他の方法では見込みがないか，または著しく困難であるときに，裁判官は命令することができるとする。裁判所は，被疑者に事前の聴聞の機会を与えることなく，この命令をすることができる（ドイツ刑訴法33条）。

次に検討する連邦憲法裁判所決定の事案にも示されているように，この電話盗聴についても，基本的に事前の聴聞を経ることなく行われ，その抗告手続において検察官は電話盗聴命令の根拠となっている証拠資料の閲覧を拒否することができた。

このような状況に対し，連邦憲法裁判所は，2007年9月7日決定で判断を示した。本件の事案の概要は以下の通りである。抗告人は，関税未納のたばこ販売との関連で犯罪結社の結成の嫌疑で，電話盗聴を受けていた。このことについて，抗告人は正式に知らされていなかったが，処分開始の1年後に不詳の方法で，その事実を知ることになった。抗告人は，電話盗聴に対し抗告するとともに当該盗聴に関する捜査記録の閲覧を検察官に請求した。これに対し，抗告を受けた地裁は，ドイツ刑訴法33条4項などを理由に，記録内容すべての通知を

見合わせ，抗告を棄却した。これに対し，抗告人は，再度，裁判所に事後的な法的聴聞を請求し，検察官にも記録閲覧を請求したが，検察官もこれを拒否した。

連邦憲法裁判所は，捜索に関する2006年決定の内容に加えて，捜索の人権侵害性に関する検討部分を「電話盗聴処分も，基本法上保護される個人の生活空間（基本法10条1項）を大きく侵害するものである」として，地裁の判断は法的聴聞請求権を侵害するものであるとした[48]。秘密に進められることを前提とする強制処分である電話盗聴にも，このような記録閲覧の論理が適用されるとしたことは重要であろう。

他方で，本決定は，この電話盗聴についても，すでに強制処分が終了していることを理由に，捜索の事例と同様に適切な期間の遅延は許されるとしている。この判断に対しても，検察官が秘密維持の利益について十分な根拠を示し具体的に説明しえた場合にのみ，この遅延は数日間許されると考えるべきとする見解が示されている。この見解は，その遅延について，迅速な裁判を受ける権利・比例性の原則の観点からの厳格な検討が必要であるとする[49]。

Ⅳ　強制処分の根拠とされた証拠の提示に関する憲法的視点

以上のように，ヨーロッパ人権裁判所判決および連邦憲法裁判所決定の展開過程を確認してきた。その内容と意義を確認し，整理する。

第1に，とくに連邦憲法裁判所決定が根拠として示した憲法規範である。基本権侵害たる強制処分に対する実効的保障（基本法19条4項）から導出される「出訴の途」として，抗告手続や勾留審査手続などの事後的審査は位置付けられている。この基本法19条4項にいう出訴後の手続（抗告・勾留審査手続）において，強制処分を受けた者には，法的聴聞請求権（意見表明権，情報獲得権など）が保障されている（基本法103条1項）。また，その手続は，対審の手続および武器対等が保障されたものでなければならない。このように，基本権侵害に対する実効的な権利保護，すなわち「裁判」（強制処分の適法性に関する再検討）を受ける権利の中核部分として，強制処分の判断の基礎となった証拠資料への全面のアクセスを保障すべきとされているのである。その結果，弁護側がアクセスできなかった証拠資料は，当該判断の基礎として利用できないという証拠禁止の側面，そしてこれに違反した強制処分は取消しの対象になるという側面も，この

論理は有している。

　第2に，アクセスの対象とされるべき情報は，証拠資料そのものでなくてはならないということが，明確に確認されたことである。ヨーロッパ人権裁判所2001年判決や，それ以降の連邦憲法裁判所決定においても，警察や検察，裁判官による証拠調べの結果や推論（捜査報告書や令状の記載など）では不十分であることが明示されたことは重要であろう。

　第3に，いずれの判断も，被疑者側の権利的側面を強調するだけでなく，捜査の秘密維持の利益との比較衡量の方法を明示していることである。ヨーロッパ人権裁判所および連邦憲法裁判所は，実効的な捜査や真実発見という重要性を前提として判断を下している。すなわち，捜査手続における秘密保持という国家の利益を承認しつつも，基本権が侵害されている場合には，被疑者の権利と衡量について，「疑わしきは被告人の利益に」が適用される。より具体的には，基本権が侵害されている場合には，秘密保持の利益は，その強制処分の根拠（証拠資料）については認められないということ（秘密保持の利益ではなく，被疑者・被告人の権利保護の利益が絶対的に優先されること）が確認されたといえる。

　第4に，すでに終了した強制処分についても，基本的に同様の論理が適用されることが確認されていることである。このことを正確に理解するためには，終了した強制処分に対する抗告の可能性に関する連邦憲法裁判所の立場の変化を確認する必要がある。かつて，連邦憲法裁判所は，重大な権利侵害が行われた場合または権利侵害が繰り返される場合という例外的な場合以外は，捜索終了後における抗告の可能性を否定していた[50]。しかし，この立場は，1997年4月30日決定によって変更された。すなわち，「基本法19条4項において保障される法的保護の実効性は，まず訴訟法によって確保される。同条は，個々人がその権利を現実に実効的に行使することができること，そして国家による侵害の結果を裁判所による検討なしで考慮しないことについて安全装置を設けている。確かに，基本法19条4項は，上訴審への上訴を要求していない。しかし，訴訟法が上訴の可能性を認めているのであれば，基本法19条4項が，市民に対して，実効的な裁判所にコントロールを請求する権利の意味での権利保護の実効性を保障することになるのである。……訴訟法により認められている裁判所における裁判をほとんど要求することができないという類型的な手続経過によって，侵害的な国権に基づく活動（Hoheitsakt）による直接の負担の期間が限

定されている基本権を大きく侵害する（tiefgreifender Grundrechtseingriff）場合においても，法的保護の利益は存在する。実効的な基本権保護は，重大な基本権侵害（schwerwiegender Grundrechtseingriff）の正当性は，事実上もはや継続していない場合であっても，裁判所によって解明されるということも要求している」，と。このように，ドイツでは，従来，強制処分の適法性の確認に資するものではないとされてきた抗告の理解が，基本法を根拠として変化しているのである。近年のドイツにおける強制処分に対する実効的な権利保護の強調は，本書の関心からも重要であるといえる。

もっとも，第5に，すでに終了した強制処分については，証拠資料の閲覧について，適切な期間の遅延が認められるとされたことである。これは，その時点で継続している基本権侵害とすでに終了した基本権侵害に対してその除去を求める権利の必要性の差異を考慮したものといえる。しかし，この判示については，上述したように，迅速な裁判を受ける権利や比例性原則の観点からの批判も強い。

1) ただし，これによって国の安全が危うくされる場合は，この限りでない。
2) *Manfred Parigger*, Tendenzen im Haftrecht in der Rechtswirklichkeit, AnwBl 1983, 423.
3) もちろん，事件によっては勾留状が「証拠開示機能」を果たすこともあるし，また多くの学説もこのような機能が果だされるべきであることを認めていた。たとえば，vgl. *Boujong*, in: KK-StPO, 3. Aufl. 1993, §115, Rn. 9.
4) ドイツにおける身体拘束制度については，斎藤司「ドイツにおける身体拘束制度と保釈制度とその現状」丹治初彦編著『保釈 理論と実務』（法律文化社，2013）38頁以下。
5) 1994年連邦憲法裁判所までの判例の動向を検討したものとして，高田昭正『被疑者の自己決定と弁護』（現代人文社，2003）169頁以下。
6) ヨーロッパ人権条約とヨーロッパ人権裁判所については，五百蔵洋一「ヨーロッパ人権条約と人権の国際化」判例タイムズ795号（1992）21頁以下など参照。
7) EGMR StV 1993, 318; Lamy v. Belgium, (1989) 11 EHRR 529, para. 29. また，ドイツにおける身体拘束と記録閲覧に関する判例を概観・検討しているものとして，高田・前掲書注5）169頁以下，高田昭正＝高野隆「証拠開示実践例 身体拘束を争うための証拠開示」季刊刑事弁護19号（1999）47頁以下。
8) ベルギーの未決拘禁制度を簡潔に紹介しているものとして，能勢弘之「世界の未決拘禁法2 ベルギー・オランダ」法律時報49巻8号（1977）98頁以下。これによれば，ベルギーでは勾留から1ヶ月後の「追認更新手続」の際に弁護人に限り記録閲覧権が認められるとされているようである。
9) EGMR StV 1993, 283.
10) EGMR StV 1993, 283. ヨーロッパ人権条約5条4項「逮捕又は拘禁によってその自由を奪われている者は何人も，裁判所が自己の拘禁の合法性について敏速に決定しかつ拘禁が合法的でない場合に釈放を命ずることができるために，裁判所の前の手続をとる権利を有する。」
11) EGMR Sanshez-Reisse EuGRZ 1988, 523; Sanchez-Reisse v. Switzerland, (1986) 9 EHRR 71.

12) EGMR StV 1993, 284.
13) 高田・前掲書注5）116頁。さらに*Matthias Zieger*, Akteneinsichtsrecht des Verteidigers bei Untersuchungshaft, StV 1993, 320.
14) 高田・前掲書注5）174頁以下参照。
15) KG StV 1994, 318 ff.
16) BVerfG NJW 1994, 3219=NStZ 1994, 551.
17) BVerfG NStZ 1994, 551.
18) 本書第Ⅲ編第2章を参照。
19) BGH NJW 1996, 734.
20) *Detlef Burhoff*, Untersuchungshaft des Beschuldigten-eine Übersicht zur neueren Rechtsprechung, StraFo 2006, 51f.
21) Vgl. *Joachim Bohnert*, Untersuchugshaft, Akteneinsichtsrecht und Verfassungsrecht, GA 1995, 293; *Reinhold Schlothauer*, Die Verteidigung des inhaftierten Mandanten, StraFo 1995, 5.; *Gerd Pfeiffer*, Das Akteneinsichtsrecht des Strafverteidigers, FS Walter Odersky 1996, S. 453.
22) 同改正により，これまで法的救済が認められていなかった検察官の閲覧許否に対して，被疑者が身体拘束されている場合は，法的救済が認められることになった（ドイツ刑訴法147条5項）。同改正については，本書第Ⅲ編第2章。
23) EGMR StV 2001, 201; Garcia Alva v. Germany, (2001) 37 EHRR 373, para. 42; Liezow App No 24479/94. para. 47; Schöps App No 25116/94. 同判決も踏まえ，ヨーロッパ人権裁判所の判例について詳細に検討を加えたものとして，葛野尋之『未決拘禁法と人権』（現代人文社，2012）43頁以下
24) ヨーロッパ人権条約6条1項「全ての者は，その民事上の権利及び義務の決定又は刑事上の罪の決定のため，法律で設置された，独立の，かつ，公平な裁判所による妥当な期間内に公正な公開審理を受ける権利を有する。判決は，公開で言い渡される。……」。
25) StV 2001, 206.
26) *Eberhard Kempf*, Anmerkung zu EGMR, Urteil vom 13. 02. 2001, StV 2001, 206.
27) *Kempf* (Fn. 26), 207.
28) *Kempf* (Fn. 26), 207.
29) Vgl. *Rüdiger Deckers*, Anmerkung zu OLG Hamm, Beschulß vom 13. 02. 2002, StV 2002, 319f.; *Kempf* (Fn. 26), 206.
30) これらの判決を受けて，2009年に，ドイツ刑訴法147条2項は改正されることになった。検察官は，捜査が阻害される可能性があるときに記録閲覧を拒否できるとの規定を第1文とし，第2文として，「第1項の要件が存在し，かつ，被疑者が未決勾留又は仮逮捕（die vorläufige Festnahme）下にあるときは，自由剥奪の適法性判断にとって重要な情報が弁護人に適切な方法で利用可能な状態に置かれなければならない。その限りで，通常，記録閲覧は保障される」が挿入されている（BGBl I Nr. 48/2009, 2274.）。しかし，連邦憲法裁判所決定の要求に比べ，記録閲覧権の保障の程度は低いといわざるをえないであろう。
31) *Schlothauer* (Fn. 21), 193 ff.; OLG Hamm StV 2002, 319; *Hans Hilger*, §147V StPO - Untersuchungshaft, GA 2006, 295.
32) *Bohnert* (Fn. 21), 470; *Leonard Walischewski*, Das Recht auf Akteneinsicht bei strafprozessualen Zwangsmaßnahmen im Ermittlungsverfahren, StV 2001, 246.
33) LG Saarbrücken NStZ-RR, 80; LG Berlin NStZ 2006, 472.
34) 注21)で挙げた文献に加えて，次に検討する2005年決定までの時期において全面的な記録閲

覧を支持するものとして，*Kempf* (Fn. 26), 207; *Deckers* (Fn. 29), 319; *Marberth-Kubicki*, Die Akteneinsicht in der Praxis, StraFo 2003, 368.
35) 実効的な捜査や真実発見という観点から，部分開示に賛成するものとして，OLG Köln NStZ 2002, 659; *Jürgen Lange*, Vollständig oder teilsweise Akteneinsicht für inhaftierte Beschuldigte in den Fällen des § 147 II StPO? Falsche und richtige Folgerungen aus den Urteilen EGMR vom 13. 02. 2001 gegen Deutschland, NStZ 2003, 348.
36) ドイツ刑事訴訟法111条d「①対価の剝奪若しくは没収，罰金又は発生が予測される訴訟費用のために，物的仮差押えを命ずることができる。罰金又は発生が予測される訴訟費用のための仮差押えは，被告人に対して，刑を言い渡す判決があったときにこれを命ずることができる。執行費用又は僅少な金額の保全のためには，仮差押えは，行わない。②民事訴訟法917条，920条１項，923条，928条，930条から932条まで，934条１項を準用する。」
37) この仮差押え命令に関する手続や準抗告手続の法体系については，vgl. *Joachim Borggräfe/ Marc Schütt*, Grundrechte und dinglicher Arrest, StraFo 2006, 133 ff.
38) StV 2004, 412f.
39) ドイツ刑訴法33条a「裁判所がその決定において，訴訟関係者の陳述を聴かないでその者に不利益な事実又は証拠調べの結果を使用した場合において，決定に対する抗告その他の救済方法がないときは，決定による不利益が存続しているときに限り，裁判所は，職権で，又は請求により，聴聞を追完し，申立てに対する裁判をすることができる。なお，請求がない場合であっても，裁判所は，決定を変更することができる。」
40) BVerfG NJW 2000, 1175.
41) NJW 2006, 1048=StV 2006, 26.
42) *Borggräfe/Schütt* (Fn. 37), 133 ff.
43) Vgl. *Eberhard Kempf*, Zur verfassungsgerichtlichen Entwicklung des Akteneinsichtsrechts, StraFO 2004, 299ff; *Borggräfe/Schütt* (Fn. 37), 136; *René Börner*, Akteneinsicht nach Durchsuchung und Beschlagnahme, NStZ 2007, 683; *Philipp Rau*, Rechtliches Gehör auf Grund von Akteneinsicht in strafprozessualen Beschwerdeverfahren, StraFO 2008, 9; *Tido Park*, Der Anspruch auf rechtliches Gehör im Rechtsschutzverfahren gegen strafprozessuale Zwangsmaßnahmen, StV 2009, 277 f.
44) NStZ 2007, 274.
45) 「何人も，公権力によって自己の権利を侵害されたときは，裁判で争う途が開かれている。他の［機関の］管轄が認められていない限度において，通常裁判所への出訴の途が与えられている。……」。
46) Vgl. *Börner* (Fn. 43), 682 f; *Rau* (Fn. 43), 14; *Park* (Fn. 43), 279 f.
47) Vgl. *Rau* (Fn. 43), 14. さらにヨーロッパ人権裁判所が要求する迅速な裁判を受ける権利の観点からの批判を提起するものとして，*Park* (Fn. 43), 280.
48) NStZ-RR 2008, 16.
49) *Park* (Fn. 43), 282 f.
50) NJW 1979, 154.
51) NJW 1997, 2163. さらに，NJW 1999, 273; NJW 2003, 1514.
52) Vgl. *Matthias Jahn*, Strafprozessuale Eingriffsmaßnahmen im Lichte der aktuellen Rechtsprechung des BVerfG, NStZ 2007, 255.

第IV編　公正な手続を請求する権利としての証拠開示請求権

第1章　日本の証拠開示問題の構造

I　昭和刑事訴訟法までの展開過程

　本書では，まず第Ⅱ編において，日本の証拠開示問題の構造を，その歴史的展開を踏まえて検討した。日本では，証拠収集の主体の設定，そしてそれに伴い被疑者側を証拠収集手続に関与させるか否か，関与させるとしてどの程度かという問題と，記録閲覧制度の制度設計が密接に関連付けて議論されてきた。その検討の成果は，次のようにまとめることができる。

　第1に，戦前，とくに治罪法や明治刑訴法における記録閲覧制度の構想は，公判手続における公正性や被告人側と検察官との対等性を保障することが不可欠であるとしたうえで，証拠収集を弁護人や被告人の関与を排除した一極的な証拠収集手続である予審手続を採用する必要条件として，公判段階で「捜査・訴追過程や結果を知る」手段とされていたことである。

　しかし，第2に，このような制度においても，記録閲覧制度は成功したとはいい難いものだったということである。その原因の1つとしては，証拠収集権限の一極集中という制度が不安定であり，それを被告人の観点からチェックする制度がなかったこと，すなわち予審判事や検察官による証拠収集過程が真に被告人にとって有利・不利を問わない公平なものとすることについて，担保やチェックが不足していたことが考えられる。また，治罪法の時代から，検察官はその原告や当事者としての性格や地位から，証拠収集手続への関与は消極的に捉えられていた。他方で，実務においては，その検察官や警察が，証拠収集手続の中心を担うことによって，証拠収集の過程や結果が有罪方向へ偏ることになり，その記録の閲覧は，上記の機能を果たせなくなった。

　その後の立法をめぐる議論は，この捜査の偏りの是正を1つの目的とした。その結果，大正刑訴法は，予審段階から一定程度の記録閲覧を認めたうえで，予

審段階からの被告人側による証拠収集への関与も認めた。

II 昭和刑事訴訟法制定過程の検討

　以上の過程を経た，昭和刑訴法の制定過程における証拠開示に関する提案は，一件記録の閲覧と捜査段階の記録閲覧を認めるものと，証拠調べ請求を行う証拠開示に限定し，捜査段階における記録閲覧を認めないものとに区別することができた（第II編第6章）。

　前者の提案は，予審を廃止し，予審の強制捜査権限を全面的に警察官・検察官へ委譲する考えを前提としている。これに伴い，被疑者・弁護人は，捜査中必要とする処分を捜査機関に請求できるとされ，その前提として捜査機関の許可に基づく記録閲覧制度が提案された。この提案は，予審の強制捜査権限をかなりストレートなかたちで捜査機関に移譲し，その一極的な証拠収集を認めたうえで，これと直結するかたちで予審における被疑者・被告人の権利や手続保障を捜査段階へと移行しようとしたものと評価できる。他方で，これまで一方当事者にすぎないことを理由に強制捜査権限の付与が否定されてきた検察官が証拠収集の主体となることにより，人権蹂躙や不公正な証拠収集が行われる危険が想定されるため，その防止のためさまざまな提案がなされている。その1つが，捜査段階における記録閲覧やそれを前提とした被疑者側の関与であった。

　後者の提案は，昭和刑訴法299条のように検察官請求証拠のみの開示を認める規定を前提としたものである。この提案と同時に，弁護人の証拠保全請求権が提案されている。もっとも，被告人側による一定程度の証拠収集が予定されながら，捜査段階における記録閲覧権の保障は予定されていない。

　その理由としては，さまざまなものが挙げられる。まず，日本国憲法の制定過程の影響である。憲法草案で被疑者段階の弁護人依頼権の保障と官選弁護制度の拡充が明示されたことにより，その刑訴法上での実現に重点が置かれ，議論の焦点は「憲法草案の要請」としての弁護制度の導入とその具体的検討へとシフトし，被疑者・被告人の権利保障と予審廃止との関連性が弱くなったといえる。

　また，国会審議においては，従来の刑事手続とは異なり，公益の代表者である検察官が一極的に公平に証拠収集をすべきこと，被告人側の関与がほとんど

認められない証拠収集手続を採用したとしても，その過程や結果を記載した記録なども含め無条件に公判廷に証拠として持ち込まれるわけではないこと（被告人側が関与しない証拠収集手続がそのまま公判廷で再現されるわけではないこと），さらに公判手続においては当事者訴訟主義が採用され，被告人の権利も大幅に強化されていることが，根拠として示されている。

Ⅲ　日本の証拠開示問題の構造

　このように，証拠収集のあり方や公判への証拠提出のあり方と開示証拠を証拠調べ請求証拠に限定する制度を採用する根拠とが，密接に関連していることが明らかになった。日本における証拠開示問題は，捜査手続や証拠収集手続の構造と密接に関連しており，さらには捜査手続と公判手続との関係と関連している。（公判前整理手続採用前の）昭和刑訴法における証拠開示制度は，伝聞法則を前提に，収集した証拠を選別し，「検察官の嫌疑」の形成に供される資料と「裁判所の心証」に供される証拠の採取手続を峻別すべきこと（捜査手続と公判手続との断絶すべきこと）を根拠としている。他方で，起訴状一本主義との関係は，国会審議における政府委員の答弁との関係ではそれほど触れられておらず，先述の歴史的経緯からしても，証拠開示問題との関連は従来主張されてきたほど強いものではないといえる。[3]

　そして，証拠開示を検察官請求証拠に限定すべきとする立場は，まず公益の代表者である検察官が一極的に公平に証拠収集をすべきこと，その証拠収集手続の過程や結果を記載した記録なども含め無条件に公判廷に証拠として持ち込むことを禁止すること，さらに公判手続においては当事者訴訟主義が採用され被告人の権利も大幅に強化されていることが前提としていたと理解できる。あるいは，予審による一極的な証拠収集権限を捜査機関のみに委譲したのではなく，証拠保全を通した被告人側による証拠収集を十分確保した，両当事者による証拠収集を前提としたものであるとの解釈も可能であろう。

　以上の整理を前提とすると，予審の権限を捜査機関のみに委譲し，捜査機関を捜査手続の主体とする一極的な証拠収集手続を現行法が採用したと理解したうえで，[4] 被告人に有利・不利を問わない証拠調べを請求しないという意味での「当事者主義」を想定したり，また証拠収集手続の過程や結果を記載した記録

なども含め幅広く公判審理に証拠として提出できることを認める場合には，予審制度と密接に関連付けられてきた記録閲覧制度や手続保障も，被疑者段階における権利保障や手続保障として移譲されたことを前提とする理解が採用されなければならないであろう。当事者主義を採用した公正かつ対審の公判手続を採用しながら，予審から権限を委譲された捜査機関による一極的な証拠収集を現行法が採用したと理解するのであれば，予審の権限だけでなく，そこでの被疑者・被告人の権利や手続的保障も委譲されたと理解すべきだからである。具体的には，捜査の過程を示す記録やその結果である証拠をすべて開示する制度が採用されるべきことになる。

　この点，証拠開示否定説や限定的な証拠開示を主張する見解の多くは，証拠収集について捜査機関による一極的な証拠収集（糾問的捜査観やそれに近い考え，または現在の実務）を前提とするものである[5]。しかし，このような証拠収集手続像から導かれるのは，公益の代表者である検察官による公平な証拠収集と証拠調べ請求，さらには当該証拠の全面開示，その証拠収集手続の過程や結果を記載した記録なども含め無条件に公判廷に証拠として持ち込むことの禁止である。そうすると，証拠開示否定説の理解は，歴史的経緯からも，そして公正な手続の保障という意味でも，根本的に疑問のあるものだということになる。

　次に，いわゆる政策論アプローチに立つ証拠開示説について検討する。この見解は，「当事者主義だから証拠開示は認められないという一般論には過度の誇張がある。また当事者主義だから被告人に有利な証拠は自力で収集・提出すべきであるという一般論も，両当事者の事件に関する資料・情報収集能力の不均衡に着目すれば，被告人側に有利な証拠を埋没させてしまう結果を生じかねない点で適切と思われない」としたうえで，従来から全面証拠開示論の根拠として主張された「実質的当事者対等」という概念について，「この両当事者間の能力の不均衡に着目して，証拠開示を当事者訴訟の活性化の手段として位置付けようという意図に基づく」として，「真に検討されなければならないのは，何が『実質的当事者対等』なのかということであり，検察官の手中にあるどのような資料を，どのような形で開示することが，両当事者間の資料・情報収集能力の不均衡を匡正することにつながるのかという問題の立て方が必要であるように思われる[6]」とする。この点については，本書も同様の問題意識から出発しており，異論はない。問題は，その具体的方法として，「具体的な証拠開示

のあり方は，資料類型毎の開示の根拠の個別的な検討によってはじめて説得的に説明し得るものであると思われる」という方法が唯一のものなのかということである。

たとえば，証拠開示の比較法研究の対象として頻繁に挙げられるアメリカでは，弁護側は事案解明のために事前に独自の調査を行う責任を負っているとされる。そして，そのための手段として，弁護側は，日本だけでなく本書でも検討したドイツ記録閲覧制度とは比較にならない包括的な警察・検察の捜査状況に関する情報を得る権利を有しており，また，警察の捜査に対応する任意の証拠の収集・保全手段（被害者や捜査担当警察官を含めた証人への質問，証拠物や証拠書類の保全，鑑定人への依頼，監視など），私立探偵の利用が認められている。これに対し，ドイツでは，弁護側による独自調査は可能であるものの，その手続的保障は整備されておらず，裁判所が事案の解明を尽くすことが重要な課題とされている。これらのことを踏まえて，田淵浩二は，日本の2004年刑訴法改正を「公判審理並行型から事前準備型弁護への転換が求められている改革」と評価し，「日本の捜査手続はドイツ以上に糺問的であり，独自の弁護活動の余地は限られている。起訴後においても捜査情報の包括的事前開示規定はなく，独自捜査の困難性はそれ程変わらない。従って，もし現在検討が進められている刑事手続改革が，審理公判審理並行型から事前準備型への弁護活動に転換を図らせたいのであれば，捜査及び公判前手続を通じた防御活動の手段の保障を合わせて検討することが不可欠」とする。この指摘も踏まえるならば，日本における現在の捜査手続の構造や状況がもたらす「両当事者間の資料・情報収集能力の不均衡を匡正する」ためには，類型証拠開示制度，さらには現行制度で十分なのかが検討されるべきであろう。

現行制度の基本思想は，これまで，「刑事訴訟手続においては，憲法で保障された刑事被告人の防禦上の基本権とこれを実質的に担保するための手続的保障……を不合理に制約・縮減しない限りにおいて，現行法制が，証拠開示制度のあるべき第一次的「機能」として「事件の争点及び証拠の整理」を設定していることは常に留意すべき」ことにあるとされる。このような証拠開示制度は，憲法やその実質的担保たる手続保障外から導かれる，「事件の争点及び証拠の整理」や「当事者追行主義の適正・健全な機能維持」という政策的なものといえる。このような政策論は，事前全面開示に伴う弊害として，証人威迫や罪証

隠滅などの個別的弊害だけでなく，虚偽供述を含む無限定な主張，無関係な資料混入による防御準備活動の長期化や争点の拡散・混濁をも公判前整理手続の目的に反する「弊害」とすることにつながっている。特別部会においても，この基本思想を前提とした主張が以下のようになされている。

①検察官が主張する犯罪事実について合理的疑いを超えて証明しようとするのに対し，被告人・弁護人側がこれについて合理的疑いを生じさせる防御活動をするという当事者主義訴訟が健全に充実して行われるようにするための証拠開示が現行制度の基本思想である。

②この防御活動のため，検察官の主張を裏付ける証拠に加え，その証拠が疑わしいのではないかということを示すものであれば開示され（刑訴法316条の15），そのうえで，それだけの証拠開示を受けたうえで被告人の意見も聞いて，弁護人が被告人に有利な主張をしようとする場合には，その主張が具体的であればあるほどそれに関連する証拠も開示される（刑訴法316条の20）現行制度の仕組みが採られている。

③その理由は，証拠開示と争点と証拠の整理とが有機的に連動された制度とされていること，さらに証拠漁りや証拠開示に伴う弊害を防止しながら開示すべきことにある。そして，この制度により上記にいう必要な証拠はすべて開示されるはずであり，現行制度の枠組みを変える必要はない。

④事前全面開示については，現行制度の設計段階で退けられていること，開示証拠と矛盾しない主張を行い，いい逃れをする恐れがあるなどの弊害が存在する。

特別部会における基本思想の説明は，①が付け加えられている点が特徴である。そして，このことからも窺うことができるように，検察官が主張すべきと判断した犯罪事実とその根拠として選択・判断された証拠が，証拠開示の範囲を大きく左右することになるのが現行制度の基本思想だということになる。このことは，いわゆる当事者処分主義を採用する現行法の帰結であるという説明になるのだろう。他方で，検察官による開示範囲の判断，さらには開示を左右する「関連性」要件を満たすか否かの判断が重視されていることになる。しかし，このような基本思想にはいくつかの疑問が生じる。

第1に，検察官の主張・立証について「合理的疑い」を生じさせる防御活動のために現在の具体的制度しか導かれないのか疑問である。この防御活動のた

めには，検察官の視点に加えて，被告人側の視点も含めての「すべての証拠」のチェック・検討が必要であるという論理もありうるからである。ドイツでは，客観義務を負う捜査の主宰者としての検察官を前提としながらも，その捜査や訴追の過程や結果を原則として全面の記録閲覧によって被疑者・被告人が検討することが，捜査や訴追段階や公判段階における被疑者・被告人の主体性保障のために必要であるとされている。上述のような日本の捜査実務を前提とすると，ドイツのような被告人側の視点の反映方法も，日本においてはありうるといえる。また，イギリスにおいても，判例が「事件との「関連性」を被告人側も判断しうるよう，当該事件の捜査中に収集された全資料の存在を被告人側に告知することを要求し，同時に「事件との関連性」に「関連する可能性」を加えたものを内容開示の対象とした」(傍点ママ)とされ，「「関連性」とは訴追側主張事実により論点との関連性に限定されるものではなく，この意味においてそもそも訴追側の専断的な判断に服すべきものではない」というルールが登場したとされている。[11]防御活動を展開するうえで，その主体である被告人側の視点を開示判断に反映させる論理は，公正な手続の保障や効率的な手続の進行からも導かれるといえる。

　第2に，事前全面開示が公判前整理手続の目的に反するという論理にも疑問がある。近年，証拠開示をめぐる紛争による公判前整理手続の長期化が指摘されている。[12]現行制度の要件や手続がその一要因となっていることは十分考えられる。政策論を前提としても，事前全面開示に伴う上記弊害が明らかに大きいとはただちにはいえないだろう。そもそも，いずれの長期化や紛争も正当な防御活動に基づくものなのであれば，より手続保障や防御活動に資する開示制度が採用されるべきという結論もありえよう。本書でも検討したように，ドイツでは，手続の迅速かつ効率的な処理という要求からも，閲覧範囲が拡大されてきているのである。

　現行法制度の基本思想が採用する政策論は，ある意味で「バランス」を欠く部分を含んでいるという指摘がなされている。[13]検察官は自身の収集した「すべての証拠」から有罪主張・立証に使用するものだけを組み合わせて公判に提出している。これに対し，被告人側が「すべての証拠」の開示を受け，そこから主張・立証を行うことを「弊害」とするような主張が，政策論として妥当なものなのかについては疑問が残る。また，本書で検討したように，証拠開示の範

囲を確定するために求められる「バランス」は，証拠収集のあり方も含めて検討されるべきである。特別部会で一部の委員から指摘があったように，検察官性善説に立ちながら，被告人・弁護人性悪説に立つものという点でもバランスを欠く。この異なる扱いを正当化する根拠は，法律上はもちろん，上記の政策論からも直接に導くことはできないだろう。また，事前全面開示やリスト開示に対する証拠漁りという批判についても，弁護人による証拠の探索がただちに問題になるとはいい難いし，上述のように精密司法の前提となる徹底的な証拠収集や取調べに対する評価との不均衡が問題となろう。少なくとも，現行制度以上に開示範囲を拡大することが，「事件の争点及び証拠の整理」や「当事者追行主義の適正・健全な機能維持」という政策目的とただちに矛盾するとはいい難いし，よりその政策目的に資するともいえる。

第3に，現行制度や基本構想の背景には，「当事者主義の下での証拠開示というのは，それぞれの当事者が自ら証拠を収集することを前提としたうえで，一定の要件の下で，一方の当事者から他方の当事者に資料を分配するもの」[14]や「一方当事者たる検察官の収集した事件に関する証拠・資料を被告人側に再分配することによって両当事者がこれを共通に利用できる場を設けたうえで，当事者相互が立証活動を展開し，それを事実認定者が公平・中立の立場から判定するという訴訟の形態」[15]も当事者主義を採用した訴訟であるという考えがあるのかもしれない。確かに，抽象的な「当事者主義」を想定するとすれば，この指摘は正しい。しかし，少なくとも日本における当事者主義訴訟の現状は，それぞれの当事者が自ら証拠を収集することを前提としたものとはいい難い。捜査手続は捜査機関がその主宰者のように徹底的な証拠収集（一極的な証拠収集）を行い，これに対して被疑者側による証拠収集は大幅に制限されているのが現状である。その当否はともかく，この捜査実務を前提とするならば，それにふさわしい証拠・資料の分配方法が考えられなければならないのではないか。

以上のように，現在の捜査手続の構造や状況がもたらす「両当事者間の資料・情報収集能力の不均衡を匡正する」ための証拠開示制度が，より具体的に検討されるべきである。

最後に，全面証拠開示説について検討する。この見解を採る多くの論者は，証拠収集のあり方について，いわゆる弾劾的捜査観を採用しているといえる。このことからすると，多くの論者の見解は，両当事者による証拠収集を前提と

しながら，全面証拠開示を求めるという点で，やはり問題を抱えていることになるかもしれない。もっとも，弾劾的捜査観の主眼は，両当事者による証拠収集の確保というよりも，捜査機関による糺問的な取調べや捜査の抑制にあったともいえる。また，そもそも両当事者による完全に公正な証拠収集が可能なのかという点についても検討が必要である。すでに，英米法諸国における証拠開示に関する研究が示すように，被告人側による証拠収集も広く認められている英米法諸国においても，証拠開示が幅広く認められてきた。このことは，被告人側の証拠収集を認める制度を採用しても，両当事者の証拠収集能力のバランスを証拠開示によって是正しようとする必要があることを示すものといえよう。また，被告人側による証拠収集の前提としての捜査段階における証拠開示も重要な意味を有することになろう。

このように考えると，日本においてあるべき証拠開示を求めるうえで必要なのは，両当事者による証拠収集を一定程度以上認めたうえでの証拠開示制度と，現状のような一極的な証拠収集手続を前提とする証拠開示制度の両者を検討することである。

前者については，上述のとおり優れた先行研究が多数存在する。そこで，本書は，後者について，ドイツ法も参照しながら，あるべき制度について検討を進めた。

1) 1946年1月26日の「刑事訴訟法中改正要綱案」などを参照（刑事訴訟法制定過程研究会「刑事訴訟法の制定過程（5）」法学協会雑誌91巻12号（1974）1740頁以下〔松尾浩也〕）。
2) 1946年8月5日の「刑事訴訟法改正要綱試案」などを参照（刑事訴訟法制定過程研究会「刑事訴訟法の制定過程（8）」法学協会雑誌92巻7号（1975）875頁以下〔小田中聰樹〕）。
3) この点，松代剛枝『刑事証拠開示の分析』（日本評論社，2004）135頁も，「大正刑事訴訟法下の閲覧・謄写権保障は，検察官が犯罪立証・情状に関連しないと判断した資料（ないし情報）については，一件記録編綴実務・調書作成実務等を介して切り崩し可能であった」とし，「証拠開示問題は大正刑事訴訟法の下においてすでに潜在したと云うことができる」とする。多くの点で，本書と理解を共通にするものといえる。
4) この点，田宮裕「理論と現実――現状を生み出すもの」同『日本の刑事訴追』（有斐閣，1998）29頁以下の分析も参照。
5) 当事者が証拠の収集・提出を行うことを前提とする現行刑訴法のもとでは，本来証拠開示は認められるべきではないという考えを示唆するものとして，渥美東洋ほか「接見交通／公訴権の濫用／証拠開示／証拠排除」ジュリスト551号（1973）176頁以下における河上和雄による発言，友野弘「証拠開示」研修258号（1978）など。さらに，全面証拠開示と結びつくのは旧刑訴法の一件記録送致主義であると指摘するものとして，矢崎憲正ほか「座談会・刑事裁判の現状と問題点（2）――第一審公判を中心に」法の支配40号（1979）34頁における藤本一孝による発

第1章 日本の証拠開示問題の構造　369

言など。
6) 酒巻匡『刑事証拠開示の研究』(弘文堂, 1988) 294頁。
7) 田淵浩二『証拠調べ請求権』(成文堂, 2004) 248頁。さらに, 田淵浩二「米国連邦刑事訴訟における証言録取手続」法政研究76巻4号 (2010) 627頁, 同「米国刑事訴訟における証拠開示目的の証言録取手続」法政研究78巻3号 (2011) 647頁なども参照。
8) 田淵・前掲書注7) 262頁以下。
9) 酒巻匡「証拠開示制度の構造と機能」同編著『刑事証拠開示の理論と実務』(判例タイムズ社, 2009) 10頁。
10) 酒巻・前掲注9) 12頁。
11) 松代剛枝「証拠開示理論と2004年刑事訴訟法改正——比較法的検討」関西大学法学論集54巻4号 (2004) 72頁以下。さらに, 松代・前掲書注3) 81頁以下なども参照。
12) 大善文男「公判前整理手続における証拠開示」松尾浩也＝岩瀬徹編『実例刑事訴訟法Ⅱ』(青林書院, 2012) 126頁以下, 芹澤政治「公判準備と公判手続の在り方」論究ジュリスト2号 (2012) 44頁, 若園敦雄「長期の審理期間を要する争点が複雑困難な事件の取扱い」論究ジュリスト2号 (2012) 72頁など。
13) 渕野貴生「証拠開示の原点を論じる意義」法と民主主義477号 (2013) 32頁以下。
14) 川出敏裕「公判前整理手続における証拠開示の動向」刑事法ジャーナル21号 (2010) 47頁。
15) 酒巻・前掲注6) 287頁。
16) 平野龍一『捜査と人権』(有斐閣, 1981) 243頁も参照。
17) 酒巻・前掲書9) や松代・前掲注3), 指宿信『証拠開示と公正な裁判』(現代人文社, 2012) など。さらに, 近年アメリカ法の動向を詳細に研究するものとして, 三明翔「憲法上要求される証拠開示の限界 (1)-(5) Brady法理に対する批判と新たな解釈の当否」比較法雑誌44巻2号 (2010) 301頁以下, 45巻2号 (2011) 187頁以下, 45巻4号 (2012) 231頁以下, 46巻3号279頁以下, 46巻4号 (2013) 189頁以下。さらに, 伊藤睦「被告人に有利な証拠を得る権利」広渡清吾ほか編『民主主義法学・刑事法学の展望・上巻　小田中聰樹先生古稀記念論集』(日本評論社, 2005) 266頁, 同「証拠開示の運用と全面開示の展望」法律時報85巻7号 (2013) 95頁以下。イギリス法については, 幡新大実「イングランド・ウェールズにおける証拠不開示と冤罪 (1)-(6)」季刊刑事弁護50号 (2007) 167頁以下, 51号176頁以下, 52号130頁以下, 53号 (2008) 170頁以下, 54号159頁以下, 60号 (2009) 182頁以下, 同「弁護側証拠開示」季刊刑事弁護65号 (2011) 201頁以下, 井戸俊一「イギリスの刑事事件における証拠開示スキームについて」判例タイムズ1185号 (2005) 51頁以下など。
18) この点, 大澤裕「証拠開示制度」法律時報86巻10号 (2014) 49頁注15) は, 筆者の見解について, 後述する法制審議会・新時代の刑事司法制度特別部会における議論との関係で, 「この論理は, 『一極的な証拠収集』の固定化を招く論理でもあり, 『取調べ及び供述調書に過度に依存した捜査・公判のあり方の見直し』という課題との整合性も問われるように思われる」とする。確かに, 本書のように, 証拠開示について, 証拠収集のあり方の現状を前提として, 公正な公判手続を保障するための装置と解する見解には, 捜査のあり方などに変革を求める論理は乏しいといえるのかもしれない。しかし, 本書で検討してきたように, 上記の装置が十分に機能するためには, 一極的な証拠収集には限界があることを踏まえ, 両当事者の証拠収集への直接・間接の関与を必要だと理解することは可能である。また, 本書は, 現在の捜査実務を維持「すべき」ことを前提とするものでもない。本書においても, 日本のような一極的な証拠収集は克服されるべき課題とされている。そして, 特別部会の提案は, 確かに, 「取調べ及び供述調書に過度に依存した捜査・公判のあり方の見直し」(捜査と公判のバランスの変容) を求めるものではあるが, これによって, 日本における一極的な証拠収集に変容がもたらされるかについては, 疑問が残る。

第2章　被疑者・被告人の証拠開示請求権・総論

I　被疑者・被告人の主体性保障と公正な刑事手続

　第Ⅲ編においては，ドイツにおける記録閲覧制度の展開過程を検討した。1877年帝国刑訴法前からのドイツの大きな課題は，糺問訴訟の克服であった。そして，その克服の手段の1つとして，記録閲覧権は位置付けられていた。まず，公判手続の弾劾化・公開化と密接に関連付けられるかたちで，公判段階の記録閲覧制度が一般化した。他方で，刑事手続全体の弾劾化のためには，予審を中心とする公判前手続の弾劾化が必要であって，そのため予審段階における制限されない記録閲覧権が必要であるとの見解も示されるなかで，帝国刑訴法は，公判段階での制限されない記録閲覧権を認め，他方で予審段階における記録閲覧権の制限を認めた。公判前手続における記録閲覧は，当該手続の当事者への公開を意味し，多くの点で問題があるということが理由とされた。他方で，同法は，当該理由付けをもとに，手続の公開による弊害の少ない類型，公開が認められている手続に関する類型記録などについて，捜査段階から閲覧は制限されないとした。

　同法以降，ドイツで問題とされたのは，記録閲覧の範囲を検察官の判断に委ねてよいのかということと公判前手続における記録閲覧権の保障のあり方であった。これらの問題点をめぐって，1920年草案のように，両当事者の証拠収集を前提とする大きな変革を提案する見解もみられたが，その後のドイツでは，職権主義を採用する公判手続と検察官が主宰する捜査手続を前提とする改正論議が基本線となった。その内容は以下のように整理できる。

　第1に，公判手続については，職権主義という訴訟構造を採用しながらも，そのなかで憲法規範などを根拠としながら，被告人の法的主体性保障が要求されてきたことである。基本法103条1項にいう法的聴聞請求権やヨーロッパ人

権条約6条にいう公正な手続を請求する権利などがそれである。ドイツ記録閲覧権は、これらの規範から導かれる、被疑者・被告人が主体的かつ実効的に意見表明を行うための情報請求権とされた。被告人側がこの情報に基づき態度決定した事実および証拠結果のみを、裁判所は用いることを許されるとされた。その意味では、記録閲覧に基づく意見表明は、職権主義を採るドイツの刑事裁判での裁判所の活動を、訴訟当事者、とくに被告人側の視点から規制するものといえる。

　第2に、公判前手続については、これらの改正論議は、「実務における」公判前手続の意義や機能、さらには構造自体の変化を求めないことに特徴があった。誤判分析といった実証研究の成果などを踏まえて、ドイツにおける公判前手続は、帝国刑訴法で予定されていた「公判審理のための証拠収集」に加え、「手続の打ち切りを判断する場」という独立の手続としての機能を果たしていること、捜査手続の果たす役割は大きくなり、捜査手続の結果が、公判審理の結果を左右していることが明らかにされた。以上を踏まえた対策として、捜査手続の段階から、被疑者側の関与を認めることにより、捜査段階から訴追側の見込みや偏見、それに基づく誤りなどを是正すべきことが強く主張された。このように、ドイツにおける法改正の要求は、検察官が主宰する捜査手続の構造自体の変革を求めるのではなく、捜査段階からの被疑者側による実効的「関与」（捜査機関による捜査の判断や訴追判断への働きかけなど）の必要性を訴えた。また、客観義務を負うとされる検察官（さらに警察官）も、自身が主宰する捜査手続において被疑者側の意見表明を受ける対象であり、またその意見表明を聴き取る義務を負っているとされた。検察官の客観義務は、その者の判断の無謬性を意味しないことが前提とされ、被疑者側の関与を否定するものではなく、むしろ被疑者側の意見を聴き取るべきことを内容とするとされた。

　以上のように、ドイツにおける記録閲覧制度の展開過程は、職権主義や検察官主宰の捜査手続という構造を採りながらも、憲法規範を根拠として、被疑者・被告人の法的主体性を保障した手続を「公正な手続」とし、その中核の1つとして権利としての記録閲覧を保障するという経過を経てきた。

　これに対し、日本の刑事手続についても、「今日の運用の実態は、⒤捜査はほぼ捜査機関が主宰者であるかのようなペースで、いわば職権主義的に事案が解明され、ⅱ検察官の慎重な起訴判断を媒介とするので、公判はいきおい捜査

で作成された書面を多用するとびとびの審理となり，ほぼ100％に近い有罪で決着がつく。したがって，公判は『訴追（有罪）を確認するところ』のような外観を呈することになった」という指摘や，「捜査は徹底して行われ，拘禁中の被疑者の取調べも，手続の適正と正面から抵触しない限度では最大限に実行される。警察だけでなく検察官も捜査に深い関心を持ち，公訴の提起は，十分な証拠固めをした上で，確信を持ってなされるのが常態である。公判では，相手方の同意によって，又は証人の記憶喪失や供述の矛盾を理由に，捜査の過程で作成された供述調書が，極めて頻繁に証拠とされる。多くの事件では，『口頭弁論』のかなりの部分が，証拠書類の朗読（ないし要旨の告知）に費やされている。この書証依存の傾向は，裁判所が一般に多数の事件を並行的に審理していることと密接に関係する。……このような特色をひとことで表現するとすれば，『精密司法』と呼ぶのが適当であろう」という指摘がなされてきたことは周知のとおりである。この実務の刑事手続は，捜査機関が予審判事的な役割を果たすという考えに基づくものであり，「訴追側が無罪証拠をも慎重に収集し綿密に検討していることは否定しえないが，論理上，それは訴追者の目を通して見た綿密であり，『精密』」という意味での「検察官司法」をもたらすことになった。その当否はおくとしても，上記の捜査手続の構造を有する日本の実務上の刑事訴訟法において，当事者主義という訴訟構造のみを理由として，ドイツの記録閲覧権を支える論理を無視することは困難であろう。上記のような一極的な証拠収集を前提としながら，当事者主義を採用する訴訟を，被告人の主体性を保障した公正な手続とするためには，一極的な証拠収集の経過や結果をすべて開示する制度が必要だといえる。そうではなく，現行制度のようにさまざまな弊害に対応した開示制度が，公正なものというためには，両当事者による証拠収集への関与（とくに被疑者側の関与）がより強化されることが必要だといえる。

　まず，証拠開示と憲法および被告人の防御権との関係について重要な示唆があるというべきである。ヨーロッパ人権条約6条は，その文言・構成の類似性や，制定の歴史的沿革から，日本も自由権規約9条および14条に大きな影響を与えていることは一般に肯定されている。ドイツ基本法103条1項の法的聴聞請求権は，日本国憲法31条，32条や37条にいう裁判を受ける権利に当たるものとされている。その裁判においては，裁判所の情報義務，訴訟当事者の意見表明権，裁判所の考慮義務が保障されていなければならないのである（基本法103

条1項)[5]。

　日本国憲法32条は，「裁判」を受ける権利を保障しており，さらに同31条は，その手続が「適正」なものでなければならないとする。両者は，実質的に同様の内容を保障していると考えるべきであろう。すなわち，公正な裁判を受ける権利の一内容として，被告人の主体的な意見表明権と手続の経過や結果へ影響を及ぼしうることが含まれ，その前提として被告人の証拠開示請求権が位置付けられることになる。そして，この論理は，現行刑訴法において当事者主義構造を採用していないとされる手続，たとえば再審請求手続についても適用される。さらに，憲法13条などを根拠に捜査過程の情報に関する自己情報決定権という根拠も視野に含められるべきと考える。この点については後述する。このように，従来，「当事者主義」という訴訟構造を示すフレーズに，しばしば込められることもあった被告人の主体性の保障，そして公正な手続や裁判と証拠開示請求権とが関連付けられることになる。そして，その内容は，公判前手続のあり方も射程に入れて検討されることになる。その意味では，証拠開示請求権は，公判前手続とのバランスを考慮した公正な手続を請求する権利といえる。
　そして，このことから開示が原則，開示拒否は例外であるという関係が導かれる。さらに，拒否を正当化しうるのは，憲法上の権利と考量しうる重要な権利や利益が具体的に存在することが立証された場合にのみに限定されることになる。その権利や利益としては，この被告人の権利と対立せざるをえない，国内の安全，報復の危険から証人を保護する必要性，第三者のプライバシー，秘密の捜査手段の保持（抽象的な制度保持の必要性ではなく，あくまで捜査関係者の個人的法益の保護という意味である）が挙げられる。開示の制限が正当化されるためには，これらの利益が存在するだけでなく，侵害される危険が具体的に存在することが立証されるべきである。裁判における主体性を保障するという場合，この開示拒否の要件論以上に重要なのは，その手続である。開示拒否要件が例外として機能するという観点も踏まえ，訴追側の開示拒否を事後的に審査する手続も，可能な限り対審手続の原則や武器対等原則の要請を満たすこと，手続について知らされる被告人側の利益や意見表明や参加を最大限保障しなければならないこと，開示を拒否する訴追側に対しその要件について立証責任を負わせることなどが必要不可欠である[6]。

Ⅱ　公判段階の証拠開示の範囲

　ドイツにおいては，行為者（被疑者・被告人）と行為（事件）に関連する捜査の経過・結果が記録化され，それが閲覧されることにより，当該手続が公開され，被告人側と検察側との間における「知識の平等」が生まれる結果，被疑者・被告人の意見表明権など，その法的主体性が保障されるという論理が確立している。そして，その記録や証拠については，客観義務を負う検察官といえども選択権を有しない。これに対し，行為（事件）にのみ関連する捜査の経過の記録（証跡記録）については，形式的記録概念を前提とすれば，検察官は原則として閲覧させるべきかどうかについて一定の選択権を有している。その判断は，客観義務を負う検察官に委ねられているのである。もっとも，検察官の客観義務と関連して，あらゆる観点から捜査を進め，被疑者に嫌疑を集中することになった過程についても，記録を欠落なく，すべてそろえて編成する検察官の任務や適正な判断を行う義務が遵守されなければならない。ドイツでは，予審廃止後，検察官を捜査の主宰者とし，公訴の提起や公判のための証拠収集を検察官や警察の任務としてきた。これに対し，弁護側の証拠収集活動に関する手続的保障は十分に整備されていない。[7]

　このドイツにおける論理は，その捜査手続の構造と密接に関連している。検察官が主宰者として証拠収集することから，捜査手続を一定程度秘密にする必要があることを前提に，被疑者・被告人の法的主体性を保障するために，当該捜査の経過・結果を記録化し，開示することが必要であるとされている。このように，ドイツの記録閲覧権は，上記のような捜査手続の構造を前提として，刑事手続において被告人の法的主体性を保障するための前提条件として位置付けられている。その意味で，ドイツにおける記録閲覧権は，職権主義という訴訟構造だけでなく，捜査手続の構造，証拠収集の主体やあり方とも密接に関連しているといえる。

　これに対し，日本においては，大正刑訴法まで維持された予審を廃止し，その強制権限を捜査機関へと委譲したうえで，それを裁判官のコントロール下に置いたという理解が可能である。他方で，被疑者側の証拠収集活動については証拠保全などが認められているにとどまる。さらには，実務では，捜査を「本

来,捜査機関が,被疑者を取り調べるための手続であって,強制が認められるのもそのため」とする糺問的捜査観が定着している。これは,捜査機関が予審判事に当たる役割を果たすという考えであり,「訴追側が無罪証拠をも慎重に収集し綿密に検討していることは否定しえないが,論理上,それは訴追者の目を通して見た綿密であり,『精密』」という意味での「検察官司法」をもたらすことになったといえる。

このように捜査機関が一極的に証拠を収集し,検討したうえで訴追する手続を採用しているにもかかわらず,ドイツとは異なり,日本では,行為者と行為に関するものであっても,検察官による選別的な証拠調べ請求を介在して,開示対象も選別されることになった。このような運用は,第Ⅱ編で確認した手続や検察官像とも大きく異なる。日本では,不当に,ドイツにおける形式的記録概念と比べても,狭い記録・開示対象の概念が採られてきたといえる。

2004年改正刑訴法によって新設された検察官請求の証明力判断に資する類型証拠や被告人側主張に関連する証拠の開示制度は,以上の問題を一定程度解決するために設けられた。すなわち,検察官が証明予定事実を示し(刑訴法316条の13),これを立証する証拠内容の事前告知にとどまらず,「検察官の提示した証拠構造を前提として,これを構成する個別証拠についてその証明力評価に意味を持つ可能性を併せて入手」するという構造は,上記のような日本における記録・開示対象概念を,行為者・行為という訴訟対象と関連するものはすべて開示するという形式的記録概念に近づけたものと理解できる。その意味では,行為者と行為に関連する捜査や訴追の経過・結果たる記録,そして証拠は,原則として「重要かつ防御のために必要がある」(刑訴法316条の15第1項)と解釈されるべきである。

そして,ドイツの議論も踏まえるならば,その捜査過程は,あらゆる観点から捜査を進め,被疑者に嫌疑を集中することになった過程や結果も含めたものとされる必要がある。検察官が客観義務を負っているのであれば,あらゆる観点から捜査を進め,被疑者に嫌疑を集中することになった過程についても,記録を欠落なく,すべてそろえて編成する検察官の任務や適正な判断を行う義務を遵守しなければならない。この点について,検察の在り方検討会議提言「検察の再生に向けて」(2012年3月31日)においても,「検察の基本的使命・役割」として,「検察官は,「公益の代表者」として,有罪判決の獲得のみを目的とす

ることなく，公正な裁判の実現に努めなければならない。」，「検察官は，捜査段階においても，起訴・不起訴を決し公判活動を行う公訴官として期待されている冷静な証拠評価や法律問題の検討等の役割を十分に果たすべきである。」とされている。

　また，日本では検察官は当事者性を有していること，客観義務の承認には消極的見解も強いことからすれば，ドイツの判例ではなく多数説の基準が採用されるべきとの理解もありうる。その理解に立てば，証拠開示の範囲は，公訴提起の対象たる「事件」に対する捜査手続の経過や結果に関する記録，そして証拠とされるべきである。

　具体的な制度のあり方としては，上記に含まれる証拠や記録の一覧表の作成が考えられるだろう。

　これらの検討も踏まえると，証拠開示は，被告人の観点から防御の重要性を判断するために，自身の事件に関する捜査過程や結果を示す記録や証拠への（憲法13条などを根拠とする）アクセスする権利としても構成することも可能であろう。このように，当事者主義という訴訟構造ではなく憲法上の被告人の権利と関連付けて，具体的な全面証拠開示を構想することは十分可能であり，捜査実務を前提とする限り必要だというべきである。他方で，当事者の立場にある法律家の思考過程，法解釈，知的活動などが記載されている資料や法律家としての知的活動の成果といった，いわゆるワークプロダクトは，「記録」ではないのであるから，開示対象から外れることになろう。もっとも，捜査活動に事実上の影響を及ぼした意見などが記載されたものは，捜査に関する記録として開示対象とすべきと考える。

Ⅲ　捜査の主宰者としての記録作成義務

　これに加えて，日本の公判前手続を前提とするとき，重要となるのは，捜査の実質的主宰者である捜査機関の記録作成義務である。第Ⅱ編の成果や，第Ⅲ編第3章における「記録完全性の原則」の検討からは，現行刑訴法の捜査手続について，予審廃止により，捜査機関に権限が委譲されたことを前提とするならば，予審の権限だけでなく，その義務も移譲されたと理解すべきである。その義務の1つが，当該捜査手続を主宰する検察官や警察官は，自身が行った捜

査過程を記録によって保存し明示すべきという義務である[14]。

　この義務は，捜査の主宰者という地位からだけではなく，上記の規範からも導かれる。刑事手続の行方を左右し，さらには訴追判断が重要な意味を有する捜査手続において，裁判所や捜査機関が，自身のさまざまな判断の基礎としたすべての資料に対して立場決定する機会を与えられることによって初めて，被疑者・被告人の法的主体性が保障されるからである。

　以上の観点からすれば，捜査機関は，自身が行った捜査手続の過程や結果をすべて記録化する義務を負う。その結果，その記録や証拠は，捜査過程や結果を示す公的な性質を負うことになるのである。このような記録の不作成や偽造[15]については，制裁や手続上の対応が考慮されるべきであろう[16]。

　最高裁平成19年12月25日決定[17]が，「争点整理と証拠調べを有効かつ効率的に行う」という公判前整理手続における証拠開示制度の趣旨を挙げたことは，上記の観点でも理解可能である。証拠開示は，公判における被告人の主体性を保障するための必要不可欠な条件である。その意味では，実質的当事者主義の要請として証拠開示を位置付ける見解は正しい。もっとも，それは情報偏在の修正というよりも，公判における被告人の主体性保障のために，捜査の主体として証拠を収集してきた警察・検察と被告人側とによる，捜査過程の情報の共有というべきである。その意味では，開示されるべき「証拠」の内容として，いわゆる「記録」も明確に意識されるべきである。

　また，最高裁平成20年9月30日決定[18]は，「警察官としての職務を執行するに際して，その職務の執行のために作成した」ものが「公的な性質」を有し，職務上保管しているものに当たるとしている。この判示は，「警察官としての職務を執行するに際して，その職務の執行のために作成した」ものは，「公的な性質」を有するのであるから，その保管義務を認めたものと理解できる。とはいえ，やはり作成義務の観点が弱いことは否定できない。判例の趣旨を踏まえて，メモの作成自体が控えられ，また廃棄も考えられる現状も踏まえると，明文で捜査経過・結果に関する記録を捜査の都度作成する義務を明文で規定し，その保管義務が規定されるべきと考える。

　また，これらの作成・保管義務に違反した場合は，公正な裁判を受ける権利の侵害であるから，不開示に関わる証拠の排除，手続打ち切り，上訴理由に該当すること（刑訴法379条）が考えられるべきであろう[19]。

1) 田宮裕『刑事訴訟法（新版）』（有斐閣，1996）12頁。
2) 松尾浩也『刑事訴訟法　上』（有斐閣，1999）15頁以下。
3) 田宮裕「日本的特色論とは何か」同『刑事手続とその運用』（有斐閣，1990）1頁以下，田宮裕「理論と現実――現状を生み出すもの」同『日本の刑事訴追』（有斐閣，1998）29頁以下。
4) 1998年11月25日の徳島刑務所受刑者接見訴訟控訴審判決も，ヨーロッパ人権裁判所の判断を自由権規約解釈の「指針として考慮しうる」ことを承認している（判例時報1653号117頁以下）。須網隆夫「証拠開示で使える外国法国際人権法に見る証拠開示」季刊刑事弁護19号（1999）104頁も参照。
5) ドイツ基本法19条4項および103条1項について詳細に分析したうえで，日本国憲法32条の裁判を受ける権利を検討したものとして，笹田栄司『実効的基本権保障論』（信山社，1993），同「裁判を受ける権利の発展可能性――法的聴聞権を中心として（1）（2・完）」民商法雑誌133巻2号（2005）33頁以下，同3号85頁以下。さらに，憲法32条については，「この規定は，まず何人も自己の権利又は不利益が不法に侵害されたと認めるときは，裁判所に対して，その主張の当否を判断し，その損害の救済に必要な措置を執ることを求める権利――裁判請求権または訴権」を有することを意味する」とされ（宮沢俊義『憲法Ⅱ――基本的人権（新版）』（有斐閣，1971）447頁，「基本権を確保するための基本権」とされている（樋口陽一＝佐藤幸治＝中村睦男＝浦部法穂『注釈日本国憲法　上巻』（青林書院新社，1984）7171頁〔浦部法穂〕）。
6) 斎藤司「刑事手続における武器対等原則の意義とその適用可能性」法律時報84巻5号（2012）46頁以下。
7) この点につき，田淵浩二『証拠調べ請求権』（成文堂，2004）211頁以下参照。
8) 平野龍一『刑事訴訟法　法律学全集』（有斐閣，1958）83頁以下。
9) 田宮・前掲注3）「日本的特色論とは何か」1頁以下，田宮・前掲注3）「理論と現実――現状を生み出すもの」（有斐閣，1998）29頁以下。
10) 酒巻匡「証拠開示制度の構造と機能」同編著『刑事証拠開示の理論と実務』（判例タイムズ社，2009）14頁。
11) http://www.moj.go.jp/content/000072551.pdf（2014年7月10日閲覧）。
12) リスト開示についてイギリス法を参照しながら詳細に検討するものとして，松代剛枝『刑事証拠開示の分析』（日本評論社，2004），松代剛枝「証拠開示理論と2004年刑事訴訟法改正――比較法的検討」関西大学法学論集54巻4号（2004）72頁以下。
13) 東京地決平成26年1月29日判例タイムズ1401号381頁は，検察官が本件を含む各公訴事実について明示または黙示に不起訴の約束をして虚偽内容の供述調書を作成させたなどとして当該供述の証拠能力が争点となった事例について，「本件各不起訴裁定書は，当該被疑事件を担当した検察官……が，当該被疑事件の証拠や情状の検討結果である検察官の思考過程や判断をまとめて記載し押印した書面であり，公訴事実自体との関係では，事実認定に用いる証拠ではなく，評価的な書面というべき」としながら，「前記争点との関係では，当該各被疑事実についての証拠状況に関する不起訴処分当時の検察官の認識及びそれに関する検察官の法的評価，判断が立証の対象事実となり，検察官は正にこれらについて証言を求められることになる。本件各不起訴裁定書は，検察官が不起訴裁定時にこれらについて記載した書面であるから，検察官である証人による立証事項との関係では，検察官の供述書としての性格を有し，刑訴法316条の15第1項5号の『供述録取書等』に該当する」，「主任検察官が決裁の過程でその記載を修正することがあるとしても，不起訴裁定書が主任検察官の供述書にあたることは明らかである」としている。この裁判例は，ワーク・プロダクトたる性質，のちに修正される可能性があるとしても，被疑事実についての証拠状況に関する検察官の認識やそれに関する法的評価や判断が立証の対象事実となる場合には開示対象（5号類型該当性）となることを認めている。こ

のように，立証対象となる情報に加え，その経過を示す情報を開示することが重要であることが認識され始めたと評価でき，本書の立場からも支持できる。

14) 検察官倫理と証拠開示の関係について検討するものとして，指宿信『証拠開示と公正な裁判』（現代人文社，2012）119頁以下。

15) カナダ最高裁スティンチコム判決が，「検察が所有する捜査の成果は，有罪を得るための検察の財物ではなくむしろ，正義がなされるための公共の財物である」と判示したことは，この観点からも支持されるべきである。同判決の分析については，指宿・前掲書注13) 71頁以下。

16) たとえば，刑法155条の公文書偽造罪が考えられる。他方で，刑法104条については，「証拠」に「捜査過程を示す記録」が含まれるとする解釈は困難であろう。もっとも，2004年刑訴法改正によって，証拠開示の目的外使用について罰則（刑訴法281条の5など）が設けられたこととの均衡を図る意味でも，捜査機関の証拠や記録の管理について公務員という地位も考慮した処罰規定の立法が必要と考える。

17) 刑集61巻9号895頁。

18) 刑集62巻8号2753頁。

19) 指宿・前掲書注13) 155頁以下も参照。

第3章　捜査段階における証拠開示と強制処分に関する証拠資料の提示

I　捜査段階における証拠開示・総論

　日本やドイツの歴史的展開からも示されているように，1つの機関の判断による証拠収集や開示には偏りが生じることになる（第Ⅱ編，第Ⅲ編第1章および第2章）。この偏りを防止するためには，捜査手続の段階から，反対当事者による関与を認めることが必要となる。そして，ドイツにおける展開が示すように，1つの機関に捜査手続の主宰を認めることや検察官の客観義務を承認することは，捜査段階における被疑者の主体性の保障と矛盾するわけではない。ドイツと同様に，捜査手続の果たす役割は大きくなり，捜査手続の結果が，公判審理の結果を左右している日本においても，誤判防止の観点も踏まえ，捜査手続の段階から，被疑者側の関与を認め，捜査段階における訴追側の見込みや偏見，それに基づく誤りなどを是正するという方法が考えられる。検察官や警察官は，自身が主宰する捜査手続において被疑者側の意見表明を受ける対象であり，またその意見表明を聴き取る義務を負うというべきである。客観義務や客観性は，その者の判断の無謬性を意味しないのである。

　以上の証拠収集の偏り防止や捜査段階での捜査・訴追側の判断への働きかけに加え，捜査手続における証拠開示には，訴追判断に対する影響力行使を実効的なものとするという意義・機能が認められることになる。意見表明や証拠の提出によって手続の結果に影響を及ぼすことができるという意味での「被疑者の主体性」保障の前提として，記録閲覧権を位置付けることができる。秘密の捜査手続から脱却し，証拠開示の保障で捜査手続を「開かれた手続」とすることによって，被疑者の法的主体性が保障されることが必要である。

　もっとも，捜査手続において，被疑者側が捜査活動を「妨害」することは，日本においても許されるべきではない。ドイツと同様に，証拠開示によって捜

査手続への「許されない」妨害（証人や共犯者との話し合い，証拠の隠滅など）が予期され，その後の捜査手続に対して影響を与える具体的危険が，具体的事実により証明された場合，さらには公判段階と同様の開示拒否要件や手続によって，開示の制限が認められるべきであろう（第Ⅲ編第3章）。これに加えて，次節のような特別類型が認められるべきである。

Ⅱ　強制処分の根拠とされた証拠資料の提示

1　日本の状況

　まず，準備作業として，日本における強制処分に関係する記録などの閲覧をめぐる状況を，逮捕・勾留を中心に確認する。逮捕状請求書謄本は，その謄写請求が部分的に可能な地域があることも指摘されているが[1]，基本的に刑訴法47条および刑訴法40条により起訴前は閲覧できない。さらに，刑訴法200条1項および201条により，被疑者に提示するために捜査官への交付が当然の前提とされていることから，逮捕状そのものの謄本の複写は認められていない[2]。

　勾留質問との関係では，勾留質問の前提となる勾留請求書は，刑訴規則141条により請求者に返還され，勾留質問調書は裁判所に保管されず，刑訴規則150条により検察官に送付される[3]。また，勾留質問のあり方との関係では，検察官から提出されたいわゆる一件記録のみによって勾留の可否が判断されることが多く，裁判官は必要に応じた事実の取調べも可能（刑訴法43条3項）だが，「勾留の裁判では，迅速性が要求されるほか，捜査の密行性の観点から，証拠の具体的内容が被疑者等に明らかにされることを避ける必要」[4]があるとの理由から，事実調べの範囲や方法も制限され，被告人からは「意見・弁解をきくだけ[5]」であるとされている。弁護人の関与についても，捜査の秘密への配慮からほとんど立ち会わせず，例外的に「裁判官がその裁量により立ち会わせることは可能[6]」という程度にとどまるという。さらに，「勾留については，弁護人には勾留請求がいかなる資料に基づいているかがわからない結果，正確なことは言えないにしても，罪証隠滅の「おそれ」は，最悪の事態を考えておよそ抽象的にでも考えられるか否かという観点から判断されている。勾留質問の結果，ある程度の疑問が生じても，事実調べをして勾留請求を却下するのはごく稀である[7]」とも指摘される。

勾留理由開示については，刑訴法47条および刑訴法40条を根拠として，勾留理由開示請求書や勾留理由開示公判調書は裁判所に保管されているものの，その閲覧はできない。さらに，勾留理由開示の内容についても，「本制度は勾留理由の公開を要求するに止まる」というのが実務の立場である。勾留理由の開示の程度についても，「勾留の基礎となっている犯罪事実と60条1項各号所定の事由を告げ」るべきで，「証拠資料の存否と内容まで示す必要はない。被疑者の場合は，むしろ捜査の秘密との関連で，証拠資料の内容を明らかにすることは原則として許されないというべき」とされている。

　以上のように，日本においては，刑訴法47条本文にいう「訴訟に関する書類は，公判の開廷前には，これを公にしてはならない」との規定や「捜査の密行性」を根拠として，身体拘束に関する証拠資料はおろか，令状請求書謄本，令状審査などに関する調書すら，被疑者・被告人側は閲覧できない状態にある。さらに，同様の理由から，勾留理由開示において示される開示内容や程度も形式的なものにとどまっている。また，他の強制処分について，請求書，令状，疎明資料などは，そもそも裁判所に保管されておらず，閲覧の対象となりえない状況にある。

　以上をまとめると，「令状審査の形骸化」との表現の適否は別としても，日本の令状審査については，捜査機関と裁判官という二者間の関係によって基本的に構成されていること（令状請求却下率は依然として低い，取下げという非公式の処理が多い），さらに，それに伴い被疑者・被告人や弁護士が情報面や関与という点において基本的に排除されていることが，その特徴として挙げられよう。

2　強制処分判断の根拠資料の開示を求める権利

　以上の現状に対し，第Ⅲ編第4章の成果を踏まえると以下のことがいえる。ヨーロッパ人権裁判所が根拠としたヨーロッパ人権条約5条4項の文言は，日本も批准する国際人権規約9条3項の文言とほぼ同様であり，その解釈も日本法にとって十分参照可能といえる。さらに，日本国憲法34条後段は，「何人も，正当な理由がなければ，拘禁されず，要求があれば，その理由は，直ちに本人及びその弁護人の出席する公開の法廷で示されなければならない」として，明文で被拘禁者に対する権利を保障しており，ヨーロッパ人権条約やドイツ以上に身体を拘束された者に対する権利保障を要求しているといえよう。

このような国際人権法や憲法が要求する勾留理由の開示は，日本の実務のような単なる理由の提示であってはならない。これらの理由の開示は，身体を拘束された者が，その身体拘束の適法性について実効的な検討を受けるための前提として示されるものと解すべきである。そして，その手続は，公正かつ対審で，武器対等が保障されたものでなければならない。問題は，その具体的内容である。この点，連邦憲法裁判所決定が，その法的根拠としているドイツ基本法103条および19条4項について，日本国憲法32条などの「裁判を受ける権利」と類似の内容を有しているとされていることも重要である。すなわち，自身の権利を侵害された者には，裁判を受ける権利が保障されており（基本法19条4項），その裁判においては，裁判所の情報義務，訴訟当事者の意見表明権，裁判所の考慮義務が保障されていなければならないのである（基本法103条1項）[15]。日本国憲法32条は，「裁判」を受ける権利を保障しており，さらに同31条は，その手続が「適正」なものでなければならないとする。両者は，実質的に同様の内容を保障していると考えるべきであろう。この趣旨を受けて，憲法34条は規定されているというべきである。憲法34条後段が要求する公開の法廷において示される拘禁の理由は，訴訟当事者による意見表明権の実効的な行使を可能にするものでなければならない。

　このような憲法の趣旨を受けて，刑訴法における勾留理由開示，保釈請求手続，準抗告手続は解釈されるべきである。勾留理由開示は，憲法34条の保障に由来するというのが多数説である[16]。さらに，保釈請求手続も裁判官による「裁判」（刑訴法429条1項2号）であることは明らかである。そして，準抗告手続も，抗告審が上訴の一種と理解され，準抗告審に抗告審の規定が準用されることから，控訴審と同質の「裁判」であると理解されている[17]。加えて，準抗告に関する現行法の規定は，ドイツ法を参考として，旧刑訴法で拡大された捜査機関の強制処分権限に対する不服申立ての整備として導入され，それに最小限の手直しを加えたものである[18]。このように，いずれの制度も身体拘束の適否の審査および不当な身体拘束からの解放を目的とする制度であり，かつ憲法が適正かつ公正であることを要求する「裁判」であるから，そこには上述したような憲法の趣旨が適用されるというべきである。このように憲法の要求する強制処分に関する「裁判」には，上記の保障が含まれていると解される。

　これらの手続において，身体拘束の判断の基礎とされる証拠資料が提示され

ない場合，裁判所は，勾留の必要・理由がなくなったとき（刑訴法87条1項），または実効的に争う手段を保障していない拘禁が不当に長くなったとき（刑訴法91条1項）に当たるとして，勾留を取り消すか，保釈を認めるべきであろう。

　以上のように，ドイツ法の知見だけでなく，国際人権法という普遍的価値，日本における憲法・刑訴法の構造やその歴史的背景からみても，現行刑訴法における勾留理由開示，保釈請求手続，準抗告手続は，身体拘束の適法性を争う手段であり，その手続は，公正かつ対審的に構成され，さらに身体拘束の基礎とされた証拠資料がすべて弁護側に提示されるという解釈，それを怠った場合はその身体拘束が取り消されるという解釈を採ることは十分可能である。

　以上の論理は，身体拘束以外の強制処分にも適用されるべきである。日本およびドイツにおいて，強制処分の適法性に関する特別な審査手続を設けているのは身体拘束についてのみである。その理由としては，両国とも，人身の自由の剥奪の権利侵害の重大性に鑑みて，特別の手続を設けていることが考えられる[19]。このことは，人身の自由剥奪に対する権利保護をより重要視することを意味するのであって，他の強制処分について考慮が必要ないことを意味するものではない。連邦憲法裁判所決定は，ヨーロッパ人権裁判所判決の内容について「身体拘束事件に限られない」とした。そして，そのなかで重視されたのが，抗告手続の意義であった。ドイツにおいては，他の強制処分の適法性に対して実効的に争うために，事後的にその適法性を争う手段として抗告手続に重要な意義が付与されたと考えられる。上述したように，日本の刑訴法における抗告に関する規定は，ドイツ法を参考として旧刑訴法から導入され，それに最小限の修正を加えられたものである。それゆえ，近年のドイツ法の理解と同様に，強制処分という権利侵害に対する「事後的な実効的権利保護」を保障することが，準抗告手続の意義の1つであると解釈することも十分可能であろう。そして，その手続は，身体拘束の場合と同様に，強制処分の判断の基礎とされた証拠資料がすべて示されるという意味での法的聴聞請求権，そして「裁判」が保障されたものでなければならない。

　もっとも，このような解釈を展開するうえで問題となると思われるのが，日本の現行法における準抗告の対象が，勾留に関する裁判以外としては，保釈，押収または押収物の還付に関する裁判，鑑定のため留置を命ずる裁判などに限定されていることである。このことを踏まえると，刑訴法における解釈論とし

ては，上記の強制処分に加え，捜査手段としての通信傍受（通信傍受法26条），財産等の没収保全・追徴保全など（組織犯罪処罰犯罪収益規制法52条，麻薬特例法19条4項および20条4項）の基礎とされた証拠資料の提示が要求されるということになりそうである。ドイツにおいても，裁判官によるコントロール下にあり，かつ抗告が可能なすべての強制処分に適用されるという見解が有力である。[20]

しかし，現行法規定においても，捜索が問題となる場合は，差押えと関連付けて準抗告することが可能であろうし，また検証の場合も捜索のなかで行われる場合などは準抗告が可能な場合が存在するというべきであろう。[21] また，上述のように，現行法における準抗告規定が，現在の人権意識に対応していないと考えられる部分がある以上，準抗告が認められる処分を拡大するなどの法改正も必要であろう。[22]

また，ドイツでも問題となったように，終了した強制処分の基礎とされた証拠資料の提示の必要性についても検討する必要があろう。ドイツにおいては，実効的な権利保護を求める基本法19条4項が重要な意味を有していること，ドイツ刑訴法403条が基本的にすべての強制処分について抗告を認めていることが，判例の根拠となっているという評価も可能である。さらに，日本の刑訴法において準抗告の対象が押収などに限定されている理由は，その権利侵害の継続性があるか否かであり，強制処分が終了すれば，事後的にその取り消しを求めるような実質的利益はないことにあるという有力な指摘がある。[23] この指摘を踏まえると，準抗告は違法な捜査処分の「取消又は変更」（刑訴法430条1項）のみを目的としており，終了した強制処分については準抗告の利益はなく，その基礎となった証拠資料の提示も必要ないことになろう。

しかし，その処分がそもそも違法であり，原状回復が必要である場合には，権利侵害は継続しているのであるから，準抗告の利益も認めることも可能である。他方で，準抗告が限定されている理由は，財産権というとくに重大な権利を奪う処分であるという理由によるとの有力な見解も存在する。[24] 上述したように，連邦憲法裁判所も同様の見解に立ち，強制処分の適法性を確認する権利を強調し，終了した強制処分に対しても抗告の必要性を認めた。この考えを前提とすれば，少なくとも憲法を根拠とする基本的人権を侵害するような強制処分については，終了後であっても，準抗告を認め，その基礎となる証拠資料も提示すべきであると主張することも可能であるように思われる。

強制処分の違法性に関する判断およびその強制処分の基礎となる証拠資料の提示については，強制処分の基礎となった情報の提示を受けて実効的に争う権利を実現するという価値（権利侵害に対する実効的な権利保障）が認められる。さらに，その後の逮捕・勾留といった強制処分の判断資料の公開，違法収集証拠の判断などに対する実効的な弁護も可能にするという意義を有するといえる。

3 「捜査の密行性」論の克服

第Ⅲ編第4章で確認したヨーロッパ人権裁判所やドイツ連邦憲法裁判所の判例法理は，被疑者側の権利的側面を強調するだけでなく，捜査の秘密維持の利益との比較衡量の方法を明示し，実効的な捜査や真実発見という重要性をも前提としたものであった。具体的には，捜査手続における秘密保持という国家の利益を承認しつつも，被疑者の基本権が侵害されている場合には，被疑者の権利と衡量について，「疑わしきは被告人の利益に」の原則が適用され，秘密保持の利益は，その強制処分の根拠（証拠資料）については認められないということ（秘密保持の利益ではなく，被疑者・被告人の権利保護の利益が絶対的に優先されること）が確認されたといえる。このように，捜査機関が強制処分を用いる場合，その権利侵害を受けた者には，当該強制処分について実効的に争う途が開かれなければならない。そのためには，その強制処分に関する捜査の秘密という利益は放棄されなければならないのである。仮に，捜査機関が捜査の秘密を維持したいと考える場合は，当該部分を根拠資料とする当該強制処分の請求を断念するほかない。日本に近い運用を行い，捜査における真実発見やその効率性が重視されてきたドイツにおいて，このような論理が採用されたことは，日本にとっても大きな意味をもつといえる。

以上のように，捜査機関には，強制処分の根拠となる証拠的基礎を説明する義務があると解すべきである。[25] このように解することにより，「捜査の秘密」は，抽象的なものではなく，証拠によって説明される具体的なものとなると考えられる。[26] また，証拠資料の提示は，適正な強制処分の判断（適正な事実の認定）の担保にもなる。Kempfは，「法的聴聞請求権は，真実発見にとっての前提条件であって，その危険として評価しないという訴訟モデルが対置される。そこでの真実発見は，検察官や裁判官に与えられた，現存し設定された現実（eine an sich bestehende, vorgegebene Wirklichkeit）を再構成するという任務ではなく，

『武器対等が保障された』被疑者・被告人の関与のもと，間主観的に成立した『合理的な討議に基づき決定された事実的基礎の確定』と定義される。このことは，事件に関するさまざまな観点を提供する可能性をもたらすことになる」[27]とする。このような指摘自体は，当事者主義を採用する日本においてそれほど目新しいものではないが，強制処分の判断にも当事者関与が認められるとしたこと，そしてその帰結として間主観的な強制処分の判断を示したことに重要な意味がある。BorggräfeとSchüttも，証拠資料の提示は，裁判所による証拠資料の評価についての再検討を被疑者に可能にすることに意義があるとする[28]。

「捜査の密行性」を基礎とした解釈論も妥当とはいえない[29]。日本における実務は，刑訴法47条を根拠としていた。しかし，同条によって公開が禁止されている「訴訟に関する書類」は，刑訴規則37条以下で定められる尋問調書，差押状・捜索状の執行調書，捜索調書といった，基本的に裁判所書記官が作成する「訴訟に関する調書」に限られていると解されている。それゆえ，捜査機関が作成・収集した供述録取書や物的証拠などは，この「訴訟に関する書類」に含まれない。また，仮に「訴訟に関する調書」に，捜査機関が作成・収集した調書や物的証拠などが，令状請求書や令状などが含まれるとしても，本条にいう「公にしてはならない」には当たらないというべきである。最判昭和28年7月18日は，「本条本文の規定は，訴訟に関する書類が公判開廷前に公開されることによって，訴訟関係人の名誉を毀損し公序良俗を害し又は裁判に対する不当な影響を引き起こすことを防止する趣旨であって」，検察官が公訴提起のために他の被疑事件により知った事実を起訴状に記載することは，本条但書の場合に当たりなんら違法ではないとした[30]。準抗告における実効的な弁護は，上述したように憲法31条，32条，34条を根拠とするというべきであり，またその実効的弁護のために証拠資料を提示することが，最高裁が挙げる弊害に結びつくことは考えられないというべきである[31]。そのような弊害が考えられるのであれば，たとえば刑訴法299条の規定も（公判後の開示とはいえ）問題となろう。

以上のように，勾留については準抗告，勾留理由開示，保釈請求に関する手続は公正かつ対審化され，さらに他の強制処分については準抗告の対象を広く認めたうえで，その基礎となる証拠資料そのものの提示が，被疑者およびその弁護人に認められるべきである。このような被疑者および弁護人の積極的な関与があってこそ，司法的抑制という令状主義の中心となる内容・目的は達成さ

れるというべきであろう。令状主義による審査や判断は，その根拠がすべて明示されたあと付け可能なものでなければならない。以上のことが国際人権法や憲法が要求する強制処分に関する「裁判」の一内容と理解されるのである。その意味では，令状主義の実効的保障においては，「当事者による事後的関与と強制処分のコントロール」という視点も重要であると考えられる。

　本書は，証拠開示に関するものであるが，ここまで検討してきたように，ここでの証拠資料の提示を支える論理は，通常の証拠開示を支える論理と異なる。むしろ，強制処分を判断し，その適法性を審査する裁判手続が公正なものというための，そして令状主義や強制処分に対する権利保障制度の一要素（強制処分に関する「裁判」の一内容）として位置付けられるべきである。

1) 高見秀一「逮捕・勾留と『情報の不平等』」刑法雑誌35巻2号（1996）288頁。
2) 浅見宣義『裁判所改革のこころ』（現代人文社，2004）188頁，高見・前掲注1）291頁。
3) 最判昭和29年5月11日刑集8巻5号670頁は，被疑者の勾留質問調書を刑訴規則150条の書類であるとしている。もっとも，これに対しては批判も強い（高見・前掲注1）292頁，浅見・前掲書注2）189頁も参照）。
4) 村瀬均「勾留——裁判の立場から」三井誠ほか編『新刑事手続Ⅰ』（悠々社，2002）251頁など。
5) 松尾浩也監修『条解刑事訴訟法（第4版）』（弘文堂，2009）155頁など。
6) 村瀬・前掲書注4）252頁，松尾監修・前掲注5）154頁など。
7) 後藤貞人「逮捕・勾留実務と弁護からみた問題点」刑法雑誌35巻2号（1996）120頁。裁判官による事実の取調べを積極的に利用することによって，「司法的抑制」を実効化させようとする見解として，浅見・前掲書注2）166頁以下を参照。
8) 浅見・前掲書注2）187頁以下。
9) 松尾監修・前掲注5）177頁。
10) 松尾監修・前掲注5）181頁以下なども参照。
11) 高見・前掲注1）90頁以下，梶田英雄「コメント　裁判官から（一）」刑法雑誌35巻2号（1996）322頁など。
12) 浅見・前掲書注2）187頁以下など参照。
13) 日本の令状審査における，取下げ・撤回という法の予定しない運用が多く活用されていたことは多く指摘・批判されてきた。とくに，浅見・前掲書注2）165頁は，「問題ある令状請求は，却下でなく取下げ勧告をして取り下げさせ，捜査機関との間に無用の摩擦を避ける裁判官の実態が浮かび上がる」と指摘している。さらに，令状審査について，（あえてとはされているが）「捜査官と裁判官による談合的体質」も指摘されている。
14) 後藤昭「未決拘禁法の基本問題」福井厚編『未決拘禁改革の課題と展望』（日本評論社，2009）11頁以下など。
15) 第Ⅳ編第2章末注5）の文献などを参照。
16) 憲法的刑事手続研究会『憲法の刑事手続』（日本評論社，1997）305頁以下〔村岡啓一〕，木谷明「（一）勾留理由開示において開示すべき理由の限度　（二）勾留延長・更新の理由開示を求めることは許されるか」新関雅夫＝佐々木史朗ほか『増補　令状基本問題　下』（判例時報社，

1996）120頁以下による検討など参照。
17) 松尾監修・前掲書注5) 1117頁。準抗告審の構造をめぐる議論も，このことを示すものといえる（小林充「準抗告審の構造と事実の取調」法曹時報23巻3号（1971）63頁以下，関正晴「準抗告審の役割について（1）（2）」日本法学63巻3号（1997）43頁，同4号（1998）145頁，傳田喜久＝河原俊也「準抗告裁判所の判断資料，裁判」判例タイムズ1179号（2005）85頁以下など参照）。
18) 田中開「捜査手続と準抗告」松尾浩也＝井上正仁編『刑事訴訟法の争点（第3版）』（有斐閣，2002）292頁以下。
19) 葛野尋之『未決拘禁法と人権』（現代人文社，2012）43頁以下も参照。
20) *René Börner*, Akteneinsicht nach Durchsuchung und Beschlagnahme, NStZ 2007, 681. そこでは，勾留や仮差押え以外に，鑑定留置（81条），身体検査（81条a），DNA分析（81条e, f），押収（94条，98条，（郵便物）99条），運転免許の仮取消（111条a），物の保全（111条b）が含まれるとする。
21) 捜索・差押えの際の写真撮影を契機として，その写真撮影の性質，検証に対する準抗告の可否について検討するものとして，後藤昭『捜査法の論理』（岩波書店，2001）17頁以下。さらに萩原昌三郎「準抗告の諸問題」熊谷弘ほか編『捜査法大系Ⅱ』（日本評論社，1972）25頁以下，井上正仁『強制捜査と任意捜査』（有斐閣，2006）348頁以下など参照。
22) 後藤・前掲注21) 26頁以下，田中・前掲注18) 93頁，井上・前掲書注21) 362頁以下など。
23) 後藤・前掲注21) 25頁以下など。
24) 田中・前掲注18) 92頁，井上・前掲書注21) 362頁など。
25) Vgl. *Klaus Lüderssen/Matthias Jahn*, in: LR-StPO, 26. Aufl. 2007, §147, Rn. 77ff.
26) 「捜査の密行性」について，その内容の不明瞭さ，捜査側に恣意的に用いられる危険性を指摘するものとして，梶田・前掲注11) 322頁。
27) *Eberhard Kempf*, Zur verfassungsgerichtlichen Entwicklung des Akteneinsichtsrechts, StraFO 2004, 302. 同趣旨の指摘をする邦語文献として，高見・前掲注1) 290頁以下。
28) *Joachim Borgräfe/ Marc Schütt*, Grundrechte und dinglicher Arrest, StraFo 2006, 136.
29) この点に関する詳細な解釈論を展開するものとして，高見・前掲注1) 290頁以下，渡辺修『捜査と防御』（三省堂，1995）110頁以下。
30) 刑集7巻7号1547頁。
31) また，そもそも本条本文が禁止する「公開」とは不特定多数への公開を意味するのであって，当事者への開示を意味するものではないと解すべきであろう（浅見・前掲書注2) 197頁も参照）。

第4章　再審における証拠開示

I　再審における証拠開示の問題状況

　近年，再審段階における証拠開示が重要な役割を果たしている。布川事件，東電女性社員殺害事件，福井女子中学生殺害事件などにおける再審開始決定，とくに刑訴法435条6号にいう明白性判断について，証拠開示が重大な寄与を果たしていることは明らかである。また，現在再審請求が進行中の事件，狭山事件，袴田事件，飯塚事件，三鷹事件，日野町事件，恵庭OL殺人事件などにおいても，一定の証拠開示がなされていると報道されている。

　他方で，これらの証拠開示，さらにはその前提となる証拠の存在に関する求釈明などが裁判所による「勧告」によってなされていることからも窺うことができるように，現在の実務には問題も存在する。第1に，裁判所の姿勢に依存した運用になってしまうということである。これは再審請求手続自体の性格とも関わる問題かもしれない。これとの関連で，大崎事件の再審請求手続における裁判所の消極的な対応が注目を集めた。第2に，勧告の性格である。裁判所が積極的な対応を示したとしても，これに対する検察官の対応への拘束力の問題が生じる。これらの問題は，刑訴法上に再審手続に関する規定がほとんど存在せず，また証拠開示に関連する規定も存在しないことを理由としているのかもしれない。

II　証拠開示勧告に関する検討

　まず，証拠開示勧告について若干の検討を行う。再審請求手続については，裁判所による証拠の存否に関する求釈明勧告や証拠開示勧告に関する明文規定は存在しない。現在，再審請求手続において，各裁判所が証拠開示勧告を行っ

ているのは，明文上の根拠が存在していないことに配慮していることが１つの理由であろう。しかし，そうだとすると，再審請求を受けた裁判所は単なる事実行為たる勧告のみができるにとどまり，証拠開示勧告に従う義務は検察官にはないということになる。

確かに，再審請求手続について，現行刑訴法は明文の規定をほとんど用意していない。しかし，現行法の制定過程を前提に，当事者の事実取調べ立会い権に関する規定新設の動きをはじめとして，「（請求人不関与構造を採用していた）旧刑訴法の再審手続を積極的に継承するというよりも，当面意見聴取のみを規定しておいて他の手続規定の「空白」は，手続の基本的あり方とともに，判例・学説の展開に委ねたと推測できるふしがあ」り，その解釈は，「利益再審への転換を基軸にして現行法の基本構造・原則にそって独自に展開されてよい」との見解が有力に主張されている。また，近年，無辜の救済という再審の目的を踏まえて，「新しい証拠開示制度で認められることになった請求人にとって有利な措置（証拠開示システム）は，制度の枠にとらわれることなく，その手続に取り入れられてしかるべき」という指摘もなされている。

そもそも，明文の規定がなくとも，裁判所はその訴訟指揮権の行使を行うことができるとするのが判例・通説である。最決昭和44年４月25日は，「裁判所は，その訴訟法上の地位にかんがみ，法規の明文ないし訴訟の基本構造に違背しないかぎり，適切な裁量により公正な訴訟指揮を行い，訴訟の合目的的進行を図るべき権限と職責を有する」としており，同判示部分の射程は，再審請求を受けた裁判所にも及ぶといえる。問題は，再審請求審が訴訟指揮権を行使できるとして，第１審裁判所などと同じように証拠開示命令を行うことができるのかである。さらに，昭和44年決定の「その訴訟法上の地位にかんがみ」，「法規の明文ないし訴訟の基本構造に違背しないかぎり」との判示を踏まえて，再審請求審の地位と再審請求審の構造について検討する。

再審請求を受けた裁判所の地位を明示する規定は存在しない。判例は，再審請求手続について，「公判そのものではなく憲法にいわゆる『裁判の対審』ではない」とし，「事実の取調」を認める刑訴法445条について，「趣意書に添えた証拠書類及び確定事件につき必要と認める調査をするにとどめ，それ以外の事実の取調は再審請求を受けた裁判所の合理的裁量にゆだねられている」とする。これらの判例を前提とすれば，再審請求手続は，もっぱら裁判所が，再審請求

は適法であるか，またそれに理由があるかどうかを調査する手続であって，事件そのものについての審判手続ではないということになろう。それゆえ，昭和44年決定の趣旨は再審請求手続に及ばず，せいぜい事実行為である勧告ができるにすぎないという理解もありうる。もっとも，この理解においても，裁判所はその合理的裁量による調査を行うことはできるから，その裁量により，検察官が提出していない証拠の提出命令は可能であろう。

　しかし，このような理解については，いくつかの疑問が残る。まず，白鳥・財田川決定が採用した総合評価説との関係である。とくに刑訴法435条6号など，「その内容は事実の取調(法445条)が主軸をなし，同号にいう『明白性』の審理は罪責問題そのものの審理とはいいにくいがそれに近いもの——実際上は公判審理と同種のもの」であり，白鳥・財田川決定もこれを認めていることを根拠に，再審請求手続における請求人の主体的関与を認める見解がある。白鳥・財田川決定が示した総合評価・再評価のあり方の理解については，争いはあるが，新旧全証拠を総合評価・再評価し，有罪か無罪かという裸の事実認定を行うべきことを要求したものと理解する見解がある。これに対し，判例は，二段階説や限定的再評価説を採用しているとする見解も有力である。とくに限定的再評価説を前提とすると，再審における証拠開示を認めるとしても，その範囲は新証拠の立証命題に関連するもののみが限定的に開示されるべきという考えになりうる。しかし，新証拠の立証命題と関連する旧証拠の再評価という明白性の判断手法を前提としても，そのような再評価の範囲と開示範囲は別の問題であろう。

　また，判例の理解について，どのような見解に立とうとも，刑訴法435条6号の再審開始要件については，「確定判決における事実認定につき合理的疑いを生ぜしめれば足りる」のであるから，新証拠の投入によって「合理的疑い」が発生するかどうかが思考過程の最終目標であり，それは公判審理における事実認定とかなり近いといえることも重要である。「事実認定が総合評価であることからすれば，一個の証拠といえどもすべての事実関係に有機的に関連していることは否定できないはずである」ことからすれば，再評価の範囲は証拠開示の範囲に影響しない。また，限定的再評価説の根拠の1つは，財田川決定における「特段の事情もないのに，みだりに判決裁判所の心証形成に介入することを是とするものではない」という判示部分であると考えられるが，証拠開示

に関する判断が，心証形成に介入するものでないことは明らかである。さらに，判例法理がいわゆる証拠構造の組み替えを認めているという理解を前提とするならば，その理解と証拠開示の範囲が立証命題に限定されることとは論理的に整合しないことになるだろう。

以上に加えて，再審請求審による意見聴取を定めた刑訴規則286条について，「個々の裁判の事実認定の誤りを是正し，有罪の言い渡しを受けた者を救済するという再審の目的から，再審請求人の意見を十分にくんだ上で再審請求の理由の有無を判断することが望ましい」との見解も踏まえると[11]，提出された証拠を調べるうえでは請求人側の意見を十分にくむ必要があるから，その意見表明を実効的に保障するために請求人側には必要な証拠が開示されるべきという考えもありうる。

このように，再審請求手続の構造や合理的疑いがあるかどうかという明白性の判断方法，裁判所の役割，また上記のような意見聴取義務があることに鑑みれば，昭和44年決定の趣旨を踏まえて，証拠開示命令を出すこともできると考えられる。また，証拠の存否に関する求釈明（刑訴規則208条）を可能であろう。再審請求人は，その裁判所の職権発動を促すことができることになる。このように従来の判例を前提としても，再審請求審は証拠開示勧告などだけでなく，証拠開示命令を出すこともできる。それゆえ，近年の証拠開示勧告などは，明文の根拠を背景に理解すべきであり，検察官が勧告に従わない場合は証拠開示命令を出すことも可能だと解釈すべきである。そうすると，やはり証拠開示について積極的な態度を示さなかった大崎事件などに関する再審請求手続には大きな疑問が残る。

さらに，再審請求審における検察官の地位については，再審制度の目的を「誤判訂正機能」であるとして，「一方当事者が前の訴訟の誤りをただすよう，司法に救済を求める構造」になっていることから，「すでに有罪という成果を獲得した反対当事者である検察官が対立的な訴訟行動を採ることは本来的に馴染まない」とする見解がある。この見解は，検察官の公益の代表者性（検察庁法4条）や検察官に再審請求権を認めている趣旨も含めて，検察官には再審請求において（も）無罪方向の証拠の開示義務を負うとする[12]。これに加えて，再審請求審理の対象が再審請求理由の有無であること，通常の公判審理を尽くした後であることを理由に，検察官の関与について，「法が消極的な当事者として

政策的に請求手続の職権化を避け，適正な請求手続の進行を図るために認めた」とする見解もある[13]。

 以上のことからすれば，少なくとも，検察官は，確定前の手続と比べても，証拠開示勧告や命令などに積極的に応じる義務を負うと解すべきである。そして，検察官が，開示命令にも応じない場合は，提出命令（刑訴法99条）などの対応も可能である。

Ⅲ 訴訟指揮権に基づく証拠開示命令

 以上を踏まえ，再審において，裁判所の訴訟指揮権に基づく証拠開示命令の要件を検討する。再審請求に引き付けて昭和44年決定を検討すると，弁護人から，①具体的必要性を示し，②一定の証拠を特定した申出があり，③閲覧を求める証拠および内容や，④閲覧の時期，程度および方法を勘案し，その閲覧が請求人の再審請求のために，とくに重要であり，かつこれにより罪証隠滅，証人威迫などの弊害を招来するおそれがなく，相当と認めるときには，再審請求を受けた裁判所は証拠開示命令を出すべきことになる。

 このうち，①②については，確定判決の証拠構造の検討や提出した新証拠の意義の明示が不可欠である。具体的には，2つの方法がありうる。第1に，すでに提出された新証拠の明白性判断を実質化するために，新証拠の弾劾対象となっている旧証拠や新証拠と関連する証拠の開示を求めることである。第2に，提出された新証拠と関連しない前提としない開示もありうる。確定判決の証拠構造分析を前提に，その証拠構造の具体的な問題点を示したうえで，この問題点に関連する証拠の開示である（この場合，新証拠の提出自体は必要である）。

 次に，③については，現在の裁判実務は，鑑定や証拠物など客観的なものについては一定程度積極的に開示するものの，供述書面などについては消極的な態度を採っているとされる。しかし，そのような区別に合理的な理由があるかについては疑問がある。なぜなら，上記④とも関連するが，再審請求の時点での弊害の危険性は類型的に低いからである。確定判決後であること，不利益再審は廃止されていることからすれば，罪証隠滅や証人威迫を観念することはできない。また第三者のプライバシー侵害などの弊害についても期間の経過によって相当に低下していることからすれば一般的な弊害とはいえないだろう。

そして，捜査の秘密についても，数十年同じような捜査方法を採用しているのであればともかく，相当の時間が経過している捜査の秘密にどれだけの価値があるかは疑問である。いずれも個別・具体的な弊害とはいえない（一般的な弊害ともいい難い）。再審の目的である無辜の不処罰などを踏まえると，証拠開示の必要性は高く，個別・具体的な弊害があるという例外的な場合に限って開示の制限が認められるという関係になるはずである。そして，④の他の要件との関係では，事案の性質，審理の状況も再審請求手続では考慮する必要はない。

　請求人側が，証拠構造分析を踏まえたうえで，新証拠の明白性判断にとって実質的意味があり，または確定判決の証拠構造に関する具体的な問題性の具体的判断に実質的意味があることを示し，証拠を一定程度特定して請求すれば，例外的に個別・具体的な第三者のプライバシーなどの弊害が存在しない限り，裁判所は開示命令を出すべきである。

Ⅳ　再審請求人の証拠開示請求権

　このように考えると，開示勧告や命令を出すことは，裁判所の合理的裁量に委ねられることになる。しかし，そのような考え方は，白鳥・財田川決定以降の明白性判断に関する最高裁判例と適合するかについては疑問が残る。財田川決定は，事実の取調べをより積極的に行い，新証拠を作り出すべきだったのにそれをしなかった原決定について審理不尽と判断した。このような姿勢は，名張第7次最高裁決定にもみられ，確定判決のさまざまな疑点を解消するような事実の取調べがなされない限り証拠の明白性が肯定されると考えていたとも解釈できる。それゆえ，最高裁の明白性判断に関するアプローチは，「合理的疑いを見いだすために事実調べなどを行う義務まで射程に入れた，動的なものである。そして，事実調べなどが必要か否か，必要だとするといかなる調べが必要か否かは，手持ちの全資料を全面再評価することなくして出てこない」ことになる。このような再審請求審の「合理的疑いを見出すための事実調べ義務」は，再審請求手続の理念である無辜の不処罰とも合致するといえる。

　さらに，再審請求人による主体的な手続関与について検討する。現行法における再審請求審の構造は，職権主義であるとされる。このことを理由に，再審請求人の主体的関与を消極的に解する立場もある。しかし，職権主義という訴

訟構造は，その当事者の主体性の否定と論理的に直結しない。本書第Ⅲ編第2章でも検討したように，職権主義を採るドイツでは，法的聴聞請求権（ドイツ基本法103条1項）を根拠として，訴訟当事者が意見表明をした証拠に基づいてのみ裁判所による裁判が可能であるとし，その意見表明権を実効的に保障するための記録閲覧権（ドイツ刑訴法147条）が導出されている。法治国家的な刑事手続においては，職権主義を採用しようとも，訴訟当事者を客体とすることは許されず，訴訟当事者は意見表明権など手続への影響を与える機会を最大限保障した「主体」であることが前提とされている（本編第2章など）。そして，そのためには意見表明（ここでは再審請求）を実効的に保障するための記録閲覧権，すなわち証拠開示請求権が請求人には保障されるべきことになる。

　このように，再審請求人の主体的地位からすれば，再審請求という意見表明を実効的なものとするための証拠開示請求権が認められるべきことになる。さらに，再審請求審の合理的疑いを見出すための事実調べ義務からは，確定判決について，合理的疑いが生じる可能性が存在する場合に当該部分について，さらに意見表明（再審請求）を実効的なものとするための証拠開示が認められるべきことになる。そして，再審請求人は，合理的疑いが生じる可能性を積極的に提示していくことが求められることになろう。その開示範囲は，事実認定が総合評価であることからすれば，1個の証拠であっても，すべての事実関係に有機的に関連していることは否定できないはずであるであるから，検察官が保管するすべての証拠の開示が原則とされるべきである。

　以上のように，再審請求人には証拠開示請求権が認められるべきと考える。それゆえ，このことを前提とした証拠開示を含む再審請求手続に関する諸規定の整備が早急に進められるべきである。少なくとも検察官が保管する一覧表の開示を原則とし，個別具体的な弊害を検察官が立証できた場合に初めて開示の制限は正当化される。他方で，開示時期については，原則としては，新証拠の提出が前提となるが，具体的な理由が示された場合には，新証拠の提出に先立って開示を認めることもあってよいと考える。

　もっとも，現行法の具体的規定の解釈を前提とした場合，一定の場合に証拠開示請求権を認めた公判前整理手続の趣旨を再審請求手続にも活かすという解釈も考えられる。この点については，公判前整理手続における証拠開示の趣旨は，デュープロセスの観点から，当事者間の格差の適切な是正し，裁判の公正

を図り，冤罪を防止することを目的としていることから，公判前整理手続を経ない事件についても，公判前整理手続と同程度・同内容の開示がなされるべきであり，再審事件においても，「その事件において，公判審理の段階で，……公判前整理手続等が行われ，証拠開示が行われていたとすれば開示されたであろう証拠については，証拠開示がなされるべき」とする見解が示されている。また，この見解は，無辜の救済という再審の目的からすれば，請求人にとって有利な措置は制度の枠にとらわれることなく採り入れるべきともしている[17]。

　この見解も踏まえるならば，再審請求手続開始後，再審請求を実効的なものとするための証拠開示請求権が，公判前整理手続と同内容・程度に認められるべきことになる。具体的には，まず，提出された新証拠およびその再審請求の趣意に関連する証拠が開示されるべきということになる。これは，主張関連開示（刑訴法316条の17）に準じたものといえる。次に，確定判決の認定を支える証拠の証明力を検討するために重要かつ必要な証拠は原則として開示されるべきである。これは，類型証拠開示（刑訴法316条の15）に準じたもので，請求人側は，確定判決の証拠構造分析をもとにした重要性・必要性を提示することにより，検察官側は要件を満たす証拠を開示するということになるだろう。そして，上述したような再審請求手続の構造，再審請求を受けた裁判所の地位・義務，弊害の類型的な低さや検察官の義務からすれば，通常の公判前整理手続以上に緩やかな要件の解釈がなされることになる。たとえば，刑訴法315条にいう類型該当性判断については，最決平成19年12月25日などが判示したような，検察官が保管していない証拠，取調メモや捜査メモといった捜査機関が当該事件について行った捜査に関する記録（捜査復命書，捜査状況報告書，鑑定結果報告書など）も開示対象となるという解釈[18]，さらに，類型的な弊害を理由に限定的な解釈が行われている刑訴法316条の15第1項第6号についても，「被告人以外の者の供述録取書等」であれば開示可能という解釈をすべきと考える[19]。

　以上のように，再審請求における証拠開示は，現行法においても十分認めることができる。少なくとも，裁判所は，再審請求を実質的に判断するため，または確定判決について合理的疑いが発生する可能性が生じた場合にはそれをさらに解明するために，証拠開示勧告などを行うべきであり，これに対し検察官は原則として応じる義務を負うという解釈が可能となる。現在拡大している再審請求での証拠開示をめぐる動向は，このような観点から説明されるべきであ

る。他方で，上述したように，再審における証拠開示を含む再審手続の整備は，立法によって進められるべきである。

　いずれにせよ，明文の根拠規定がないことなどを理由として証拠開示について消極的な態度をとることは許されない。無辜の不処罰という再審の目的実現のために，公益の代表者としての検察官はいかにかかわるべきか。再審における証拠開示に対する対応は，まさにこの点が問われているというべきである。再審開始は検察官にとって「負け」ではない。

1) 2004年改正刑訴法前の実務で裁判所によってなされていた証拠開示命令については，「裁判所の意思表示として検察官を拘束し，個別的開示義務を設定するもので，単なる事実行為たる勧告ではないと解される」とされている（田尾勇「訴訟指揮権に基づく証拠開示命令」最高裁判所判例解説刑事篇昭和44年度（1971）184頁）。
2) 三井誠「再審手続の構造」鴨良弼編『刑事再審の研究』（成文堂，1980）172頁。
3) 門野博「証拠開示に関する最近の最高裁判例と今後の課題——デュープロセスの観点から」『原田國男判事退官記念論文集　新しい時代の刑事裁判』原田國男判事退官記念論文集刊行委員会編（判例タイムズ社，2010）160頁。
4) 刑集23巻4号24頁。
5) 最決昭和33年5月27日刑集12巻8号1683頁。
6) 最決昭和28年11月24日刑集7巻11号2283頁。
7) 最決昭和50年5月20日刑集29巻5号177頁，最決昭和51年10月12日刑集30巻9号1673頁。
8) 三井・前掲注2)172頁。
9) 中川孝博「再審理法の再検討」法律時報75巻11号（2003）22頁以下，同「明白性の意義」葛野尋之ほか編『判例学習・刑事訴訟法』（法律文化社，2010）328頁，村岡啓一「明白性判断の構造」法律時報75巻11号（2003）29頁以下，斎藤司「布川事件第二次再審請求特別抗告審決定」法律時報82巻7号（2010）104頁以下など。さらに，名張第七次再審の最高裁決定や東電女性社員殺害事件再審開始決定に，近年の通常の事実認定に関する判例法理が反映されていることを指摘するものとして，大出良知「再審と刑事裁判をめぐる問題状況——名張事件・東電OL事件再審決定を契機に」季刊刑事弁護71号（2012）115頁以下。
10) 門野・前掲注3)162頁も参照。
11) 仙台高決昭和48年9月18日刑月5巻9号1312頁。
12) 指宿信『証拠開示と公正な裁判』（現代人文社，2012）185頁以下。
13) 三井・前掲書注2)178頁。
14) 指宿・前掲書注12) 206頁，松代剛枝「証拠開示」法律時報84巻9号（2012）21頁など。
15) 最決平成22年4月5日裁時1505号16頁。
16) 中川孝博「布川事件最高裁決定の意義」浅田和茂ほか編『村井敏邦先生古稀祝賀論文集　人権の刑事法学』（日本評論社，2011年）786頁。
17) 門野・前掲注3)159頁以下。
18) 刑集61巻9号895頁。さらに，指宿・前掲注12) 229頁以下。
19) たとえば，検察官が直接証明しようとする事実の有無についての供述が記載されているものに限定すべきとか，原供述を記載した書面に限定すべきとの解釈がなされている（松尾浩也監修『条解刑事訴訟法（第4版）』（弘文堂，2009）753頁以下など参照）。

第5章　現行刑訴法の解釈と課題

　本書では，証拠開示の立法論および解釈論の基本視点として，「当該事件の行為者・行為という訴訟対象に対する捜査・訴追の過程や結果たる証拠および記録は原則としてすべて開示すること」を示した。それゆえ，開示対象となるかどうかについて，証拠能力を有するか否かは考慮されるべきではない[1]。検察官が請求していない証拠について，この基準を満たすものは，原則として「重要かつ防御のために必要がある」（刑訴法316条の15第1項）と解釈されることになる。この重要性要件については，とくに証人の供述録取書との関係で，検察官が特定の証拠によって証明しようとする事実と齟齬・矛盾しないという「同一事項の関連性」がなければ重要性要件は満たされないという解釈も有力だが[2]，本書の当該事件の行為者・行為の捜査や訴追の過程および経過との関連性を求める視点からすれば，「同一事項の関連性」は，あくまで重要性判断の一要素にすぎないことになる。

　これとの関係で，実務のうえでとくに問題となるのが，刑訴法316条の15第1項第6号の類型該当性要件である。本号は，検察官において証人尋問を請求する予定のない参考人の「供述録取書等であって，検察官が特定の検察官請求証拠により直接証明しようとする事実の有無に関する供述を内容とするもの」を類型として挙げている。本号の関係で，類型該当性が実務で具体的に争われているのは，捜査官が参考人から事情聴取した内容を記録した捜査報告書（「聴き取り捜査報告書」や「地取り捜査報告書」などと呼ばれている。以下，「捜査報告書等」とする。）である。ここでは，上記要件の解釈に加え，捜査報告書等が「被告人以外の者の供述録取書等」に該当するかが問題となっている。

　本号にいう「供述録取書等」については，「供述書，供述を録取した書面で供述者の署名若しくは押印のあるもの又は映像若しくは音声を録音することができる記録媒体であって供述を記録したものをいう」（316条の14第2号）と理解されている。この規定を根拠として，捜査報告書等は被聴取者の供述録取書であ

るから、その「署名若しくは押印」がない以上、本号に該当しないとする裁判例もある[3]。

　もっとも、多くの裁判例は、上記捜査報告書は「関係者や被告人から事情聴取した聴取内容のほか、聴取の日時、場所、聴取内容を踏まえての考察、意見等を検察官が報告書として記載したものである」[4]から、当該捜査官が作成した「供述書」ともいえるとする。このような立場は、公判準備手続という公判前整理手続の性格、さらには開示に関する判断と伝聞証拠としての証拠能力の判断とは別の問題であることを根拠に、証拠書類としての存在形式（書面の形式や作成名義人）に即して判断すべきことを前提としたものである。学説上も、多くの見解がこれを支持している[5]。本書も、開示対象となるかどうかと証拠能力の判断は別の問題であるという上記の観点から、この解釈が妥当であると考える。

　さらなる問題は、本号の「検察官が特定の検察官請求証拠による直接証明しようとする事実の有無に関する供述を内容とするもの」という要件との関係である。多くの裁判例は、「特定の検察官請求証拠の証明力を被告人側が適切に判断できるようにするために、その証明力の判断に重要であると認められる一定類型の証拠の開示を認めようとするもの」という316条の15の趣旨、「供述録取書等」という要件は「供述者の署名若しくは押印により内容の正確性が担保されているか、機械的正確さによって録取内容の正確性が保障されているものに限」る趣旨であることを根拠に、「供述者が直接体験した事実を記載したものあるいはその供述を録取・記録したものに限られ、同号にいう『供述』には伝聞供述は含まれないと解するのが相当」とする[6]。

　しかし、上述したように、証拠開示の判断は、証拠能力判断、とくに伝聞法則とは関連しないから、供述内容に他者からの伝聞を含んでいても、全体として作成者の供述にほかならないと判断できる[7]。また、電話聴き取り書や捜査報告書など、そもそも原供述者の署名、押印が想定されていないものは、作成者の供述書として扱えばよいとする見解もある[8]。捜査手続の過程・結果を示す記録の開示という本書の視点からすれば、これらの書面もまさに作成者による記録、すなわち供述書と捉えるべきことになる。

　さらに、本号の「直接証明しようとする事実」は、特定の検察官請求証拠から直接証明しようとする事実を意味し、「事実の有無に関する供述」には条文

上なんらの限定は加えられていないという批判がある[9]。「事実の有無」に関する供述が原供述か伝聞かという問題は，開示の必要性や重要性，弊害の有無・程度との関係では中立的事項であり，捜査過程および結果を示す公的かつ中立的なもの（記録）[10]といえるかが問題となる。そして，その記録である以上は，供述の録取か，聴き取りや捜査報告かという捜査方法や報告に関する捜査機関の形式の選択が開示か否かを左右する解釈は妥当とはいえない。それゆえ本号類型を「原供述」のみに限定しない解釈が妥当である。以上のように，捜査報告書等は，本号の類型に，原則として該当するというべきである。

次に，刑訴法316条の20第1項にいう「関連性」要件について，いわゆる「証拠漁り」を防止するためにも，開示の必要性は抽象的なものでは足りず，具体的なものでなければならないとしたうえで，関連性とは「事実上の主張であれば，その存在，不存在の証明に資するもの」とする見解がある[11]。この見解は，具体的な主張内容が決まっているにもかかわらず，抽象的・項目的な主張を明示するにとどめる対応，また論理的に考えられる主張を抽象的に挙げ，当該主張に関連する証拠開示を受け，その検討をしたうえで，具体的にどのような主張をするか，あるいはそもそもその主張をするかを決定するような対応（検察官の手持ち証拠に照らし具体的にどのような主張をするかが適当かを考える手段として本条にいう予定主張関連開示を利用すること）も許されないとする[12]。

しかし，本条による開示証拠が被告人側による予定主張に資するかどうかを検討できるのは，316条の15の開示を受けた防御の主体として主張を明示する被告人側なのであるから，検察側による防御内容や方針に踏み込んだ判断は不当ともいえる。証拠開示は，訴追側の視点のみによる証拠選別からの脱却である。現在の捜査のように一極的な証拠収集を採用している場合，その必要性は一層高くなる。この関連性は「被告人側の主張する具体的事実の存否の証明や主張内容の検討にとって実質的意味を有しうる」ことと解すべきである[13]。

刑訴法316条の26第1項が，検察官が同316条の14，316条の15第1項，さらに316条の20第1項の規定による「開示をすべき証拠」を開示していないと裁判所が認めるとき，裁判所は「当該証拠」の開示を命じなければならないとしていることからすれば，最決平成19年12月25日，最決平成20年6月25日，最決平成20年9月30日の趣旨[14]は，これらすべての「開示すべき証拠」の範囲と関連していると解すべきである。それゆえ，このように判例の趣旨を理解すれば，取

り調べや捜査に関するメモは，類型証拠（たとえば，刑訴法316条の15第1項5号や6号）として開示されるべきである。さらに，同6号該当性が消極的に解されている「捜査報告書」（統合的捜査報告書も含む）についても，上述の意味での「当該事件の捜査の過程で作成され，又は入手した書面等」である以上，やはり6号に該当するというべきである。

また，行政的な調査から刑事事件に発展する場合には，他の行政機関が収集した資料も行為者と行為に対する手続過程に関するものである以上，開示対象となるというべきである。[15]次に，形式的には「他の事件」であっても，余罪と本件が関連する場合や共犯者に関する事件の場合や，[16]行為者や行為と関連性を有したり，罪責問題や法律上の効果と関連するのであれば，開示対象となるというべきである。これに加えて，警察官や検察官が個人的に作成したメモにすぎないものであっても，捜査の過程に影響を与えうる警察官や検察官などの主観が記載されたメモは開示対象となりうるとする解釈も可能であろう。

なお，開示の制限・否定の根拠である弊害については，すでに述べたように抽象的・一般的な弊害を述べるのみでは足りず，事実によって根拠づけられた具体的弊害が立証されることが必要である。

1) 酒巻匡「証拠開示制度の構造と機能」同編著『刑事証拠開示の理論と実務』（判例タイムズ社，2009）19頁も参照。
2) 辻裕教「刑事訴訟法等の一部を改正する法律（平成16年法律第62号）について（2）」法曹時報57巻8号（2005）50頁，河上和雄ほか編〔小坂敏幸執筆部分〕『大コンメンタール刑事訴訟法（第2版）第7巻』（青林書院，2012）113頁。
3) 那覇地決平成19年2月22日LEX/DB25352583，酒巻匡編著『刑事証拠開示の理論と実務』（判例タイムズ社，2009）407頁，神戸地決平成18年9月25日同上376頁以下など。
4) 大阪高決平成18年10月6日判時1945号166頁。
5) この点について，詳細な検討を行うものとして，前田巌「類型証拠6号要件の該当性について」酒巻匡編著『刑事証拠開示の理論と実務』（判例タイムズ社，2009）190頁以下。
6) 東京高決平成18年10月16日判例タイムズ1229頁など。
7) 前田・前掲注5）190頁，酒巻・前掲注1）19頁，三村三緒「証拠開示に関する問題（その1）」判例タイムズ1328号（2010）70頁など。
8) 後藤昭ほか「証拠開示の最前線」日本弁護士連合会編『裁判員裁判における弁護活動——その思想と戦略』（日本評論社，2009）89頁以下。
9) 大善文男「公判前整理手続における証拠開示」松尾浩也＝岩瀬徹編『実例刑事訴訟法Ⅱ』（青林書院，2012）120頁以下。
10) 前田・前掲書注5）202頁など。
11) 松尾浩也監修『条解刑事訴訟法（第4版）』（弘文堂，2009）766頁以下。
12) 辻・前掲注2）79頁以下。

13) 松代剛枝「証拠開示理論と2004年刑事訴訟法改正——比較法的検討」関西大学法学論集54巻4号 (2004) 72頁, 酒巻匡「証拠開示制度の構造と機能」同編著『刑事証拠開示の理論と実務』(判例タイムズ社, 2009) 29頁, 河上ほか・前掲書注2)〔小坂敏幸〕155頁など参照。さらに, 後藤眞理子「主張関連証拠開示における主張と証拠の関連性の有無及び程度」酒巻匡編著『刑事証拠開示の理論と実務』(判例タイムズ社, 2009) 271頁以下, 日本弁護士連合会裁判員本部『公判前整理手続を活かす第2版』(現代人文社, 2011) 89頁など。
14) 刑集62巻6号1886頁。
15) 東京高決平成24年6月5日東高刑時報63巻88頁は, 被告人側が暴行・傷害の事実を否定し, 被害女性の供述に関し警察が誘導した疑いがあると主張し,「被害女性が警察署に相談に行った際に作成された書類の全て」を主張関連証拠開示とした開示命令請求 (刑訴法316条の26第1項) について, 最決平成19年12月25日刑集61巻9号895頁の趣旨を踏まえ,「確かに本件文書自体は, 基本的には相談業務の一環として作成された文書であり, 捜査の過程で作成され, 又は入手したものではない」が,「本件文書の内容は相談業務等管理システムを通じて事件主管課に引き継がれ, 捜査のための資料になったのであるから, 相談業務等管理システムに登録された情報……は, 事件主管課が捜査の過程で入手したものであり, かつ, 公務員が職務上現に保管しており, しかも, 検察官において入手が容易であるというべきである」としている (もっとも, 上記の情報のうち, 被害女性の相談内容に関する部分は, 開示済みの他の書面に記載されているという理由で開示の必要性などは否定されている)。本決定は, 厳密には捜査の過程で作成された文書とはいえないものについても, 捜査担当部門に引き継がれ, 捜査のための資料とされた以上は,「捜査の過程で入手したもの」としている。当該文書自体ではなく, 当該文書の内容をなす情報が判断の対象とされ, さらには捜査担当部門に引き継がれるプロセスにあったことが開示理由とされていることは重要であって, 本書の立場からも支持できる。
16) 川出敏裕「公判前整理手続における証拠開示の動向」刑事法ジャーナル21号 (2010) 47頁以下。

第6章　今後の改革に向けて

　現在，現行制度にはいくつかの問題があるとして，法制審議会・新時代の刑事司法制度特別部会における議論が進行している。第26回会議（2014年4月30日）で配布された事務当局試案が示され，その後，2014年7月9日に「新たな刑事司法制度の構築についての調査審議の結果（案）」（以下，「提案」とする。）が了承された。最後に，提案における証拠開示に関する部分について検討を行うことにしたい。証拠開示関連の提案として，以下のものが示された（見出し番号などについては，便宜上，変更している部分もある）。

　1 (1) 検察官は，刑事訴訟法第316条の14の規定による証拠の開示をした後，被告人又は弁護人から請求があったときは，速やかに，被告人又は弁護人に対し，検察官が保管する証拠の一覧表を交付しなければならないものとする。
　 (2) 検察官は，(1)により一覧表を交付した後，証拠を新たに保管するに至ったときは，速やかに，被告人又は弁護人に対し，当該新たに保管するに至った証拠の一覧表を交付しなければならないものとする。
　2 (1) 1 (1) 及び (2) の一覧表には，次の①から③までに掲げる証拠の区分に応じ，証拠ごとに，当該①から③までに定める事項を記載しなければならないものとする。
　　①証拠物　品名及び数量
　　②供述録取書　当該供述録取書の標目，作成の年月日及び供述者の氏名
　　③証拠書類（②に掲げるものを除く。）当該証拠書類の標目，作成の年月日及び作成者の氏名
　 (2) 検察官は，(1)にかかわらず，(1)の事項を記載した一覧表を交付することにより，次に掲げるおそれがあると認めるときは，そのおそれを生じさせる事項の記載をしないことができるものとする。
　　①人の身体若しくは財産に害を加え又は人を畏怖させ若しくは困惑させる行為がなされるおそれ
　　②人の名誉又は社会生活の平穏が著しく害されるおそれ

③犯罪の証明又は犯罪の捜査に支障が生ずるおそれ

　従来，一覧表またはリストの開示は，いわゆる事前全面開示の具体的方法の1つとして主張されてきた。これに対し，事務当局試案の提案する一覧表交付は，現行制度を前提としている点に特徴がある。それゆえ，この一覧表は，事前全面開示にいたらないよう限定を受けつつ，弁護側による証拠開示請求を十分に行うことができないなどの現行制度が抱える問題を解決できるものだということになる。

　それゆえ，一覧表は開示請求に便利であることを前提に，一覧表の記載事項は形式的標目とすること，弊害が認められる一定の場合に例外的扱いを認めること，公判前・期日間整理手続に付された事件で被告人側から請求がある場合を対象とすることを特徴とする。とくに，記載内容は，現行制度の前提と矛盾することのないよう，証拠などの内容は記載しないとされている。

　しかし，一覧表交付の目的は，現行制度の問題点の解決にある。その問題とは，弁護側による証拠開示請求を十分に行うことができない場合が存在するというだけでなく，開示漏れや証拠のずさんな管理の存在にもある。確かに，後者の問題は，現行制度を前提とすれば，証拠開示そのものと直接に関係するものではないといえる。もっとも，一覧表もまた証拠開示の問題そのものからは切り離すことも可能である。現に，開示漏れや証拠のずさんな管理の防止のための対策が必要不可欠であることは特別部会でも共有されている。他方で，この対策が，証拠開示に少なくとも間接的に関連することについても争いはないだろう。そうであるならば，開示漏れや証拠のずさんな管理防止という機能を一覧表交付に付与することは必ずしも不合理ではないというべきである。さらに，一覧表でこの機能が果たされないとしても，他の方策によって対応がなされるべきなのは，特別部会の議論からも明らかだろう。

　また，仮に事前全面開示の問題性が，基本構想などの指摘するように被告人による開示証拠と矛盾しない虚偽弁解を許す危険などにあるなら，検察官の対応困難な虚偽弁解などの作出防止が重要なのであるから，一定の識別に足りる情報を一覧表に示すことがただちに問題になるとはいえない。この観点からも，一律に一覧表の内容を形式的なものにとどめることには疑問が残る。提案は，2（2）で一覧表の交付によって弊害が生じるおそれがあるとき，そのおそれがある事項を記載しないとしているが，そうであるならば一律に形式的な規

制をしなくとも，弊害への対応は十分可能だということになろう。

　たとえば，採取・作成日，作成者，採取場所は必須の記載事項であろう。また，証拠内容・要旨の記載もただちに虚偽弁解などの作出につながらない限りなされるべきだろう。検察官が対応困難な虚偽主張に類型的につながりにくいと思われる証拠物や実況見分調書，鑑定書については内容や要旨の記載も考えられるべきだろう。

　捜査手続の事後的可視化という観点からは，この一覧表制度自体は前進といえるが，以上のように抽象的な弊害を過度に考慮しており不十分だということにもなろう。

　また，刑訴法316条の15にいう類型証拠に，追加すべきものとして以下の3つが挙げられている。

　　1　共犯者の取調べ状況等報告書
　　　刑事訴訟法第316条の15第1項第8号を次のように改めるものとする。
　　　取調べ状況の記録に関する準則に基づき，検察官，検察事務官又は司法警察職員が職務上作成することを義務付けられている書面であって，身体の拘束を受けている者の取調べに関し，その年月日，時間，場所その他の取調べの状況を記録したもの（被告人又はその共犯として身体を拘束され若しくは公訴を提起された者であって第5号イ若しくはロに掲げるものに係るものに限る。）
　　2　検察官が取調べを請求した証拠物に係る差押調書又は領置調書
　　　刑事訴訟法第316条の15第1項による開示の対象となる証拠の類型として次のものを加えるものとする。
　　　押収手続の記録に関する準則に基づき，検察官，検察事務官又は司法警察職員が職務上作成することを義務付けられている書面であって，検察官請求証拠である証拠物の押収に関し，その押収者，押収の年月日，押収場所その他押収の状況を記録したもの。
　　3　類型証拠として開示すべき証拠物に係る差押調書又は領置調書
　　　刑事訴訟法第316条の15に次の項を加えるものとする。
　　　検察官は，押収手続の記録に関する準則に基づき，検察官，検察事務官又は司法警察職員が職務上作成することを義務付けられている書面であって，第1項の規定により開示すべき証拠物の押収に関し，その押収者，押収の年月日，押収場所その他押収の状況を記録したものについて，被告人又は弁護人から開示の請求があった場合において，当該証拠物により特定の検察官請求証拠の証明力を判断するために当該開示をすることの必要性の程

度並びに当該開示によって生じるおそれのある弊害の内容及び程度を考慮し，相当と認めるときは，速やかに，前条第１号に定める方法による開示をしなければならない。この場合において，検察官は，必要と認めるときは，開示の時期若しくは方法を指定し，又は条件を付することができる。

　本書が示した捜査手続過程や結果の事後的可視化という観点からは，いずれの類型の追加も高く評価されるべきである。とくに，類型２，３については，まさに捜査過程の記録を類型証拠として規定するものである。

　他方で，316条の15第１項６号類型との関係で問題とされてきた「捜査報告書」（統合的捜査報告書も含む）は，ここには挙げられていない。仮に，316条の15にいう類型証拠で開示されずとも，316条の20の主張関連開示で開示されうるのであるから問題はないというのであれば疑問である。なぜなら，316条の15による開示は，被告人側の主体的な意見表明（316条の17）を可能とするための，必要不可欠な前提条件だからである。防御に主張関連証拠としていずれ開示されるという見解は，このような類型証拠開示の意義を軽視するものといえる。防御のスタートラインの設定や最初の主張を困難にするという意味では被告人の防御権行使の観点から，さらに被告人による具体的な主張を制限するという意味では，争点や証拠の整理の実効化という政策目的の観点からも問題がある。以上のことからすると，供述者の直接体験した事実に限られないよう６号を改正するなどの方策が採られるべきである。

　他方で，この提案では，取調べの可視化や被疑者・被告人の合意および協議の手続も提案されている。これらの制度の導入は，日本の捜査手続に立法によって一種の両当事者の「協働」や「コミュニケーション」の要素を導入するものといえる。また，事務局試案は，取調べの録音・録画媒体を取調べの任意性を立証するための重要な証拠として取り調べることを予定しており，合意に関する書面も取り調べられるべきとされる。これらの提案の当否をここでは検討することはできない。しかし，ドイツにおける近年の展開（本書第Ⅲ編第２章）などを踏まえるならば，これらの「協働」や「コミュニケーション」が重視される捜査手続において，その前提となる捜査段階における証拠開示は必要不可欠であるように思われる。この「協働」や「コミュニケーション」による捜査手続の結果が公判審理において重要な役割を果たすのであれば，なおさら，その場での実効的な関与が必要である。この点において，提案には問題が多い。

これに加えて，捜査手続の過程や結果を示す記録の作成・保管義務を定めた立法も急がれるべきである。これらをすべて開示対象とするかは，さらに検討の必要があろう。しかし，捜査手続の開始から終了にいたるまで，犯罪の嫌疑の発生から，その嫌疑をかけられた者が絞られ被疑者が確定される過程や結果が記録化されるべきである。捜査機関による任意・強制を問わず捜査手続の記録化義務，捜査をとりまとめる者などに対する報告義務，その者による捜査のとりまとめの記録化義務，さらにこれらの記録の保管義務の明示が必要であろう。とくに，当該とりまとめは，複数の被疑者から1人の被疑者に絞っていく過程を示すために重要であるといえる。これに違反した場合の，制裁も規定されるべきであろう。その立法例としては，2014年5月8日に日本弁護士連合会が公表した「犯罪捜査の記録に関する法律を求める意見書」[4]および「捜査段階で裁判所が関与する手続の記録の整備に関する意見書」[5]が参考となる。

　再審における証拠開示については，今後，必要に応じた検討が必要だとされている。上述（本編第4章）の通り，この問題は誤判救済と関連する喫緊の課題であり，早急な立法による解決が必要である。

　糺問的捜査観か弾劾的捜査観か，当事者か客観義務を負う準司法官としての検察官か，当事者主義構造か職権主義構造か。これらの問いは，これまで日本における刑訴法上の問題を解き明かすうえで重要な役割を果たしてきたといえる。しかし，過度にこれらを二項対立的に捉えることによって，見失うものもあったのではないか。糺問的捜査観においても，やはり捜査段階における被疑者の主体性を否定することはできない。客観義務を負う検察官や職権主義を想定したとしても，同じく主体である被疑者・被告人側による意見表明などの「関与」やその前提を確保するための義務付け，さらにはその関与に拘束されることを想定することはできる。その意味では，上記の二項対立的思考は，批判の対象とする一方の「軸」にあまりに抽象的な「悪」を込めすぎていたのではないか。今後，重要となるのは，問題があるとされた一方の「軸」においても，欠くことのできない原理・原則の内容，規範は何かを憲法を中心に解き明かすことではないか。その作業が，これまで「良い」とされてきたもう一方の「軸」に込められてきた，あるべき刑事手続を支える根本原理や原則などを示すことにも資するのではないか。本書は，このような視点から，拙いながらも，公正な刑事手続における証拠開示とはなにかという問題について検討を行った。

他方で，このような視点からは，日本における戦後の展開過程，英米法における証拠開示法制に関する検討，さらに国際人権法における証拠開示について，さらに検討を進める必要がある。また，解釈論についても，試論的なものにとどまっている。そして，捜査記録の作成・保管義務などについては，行政法の知見なども踏まえた検討も必須であろう。

　これらも含めた残された課題に比べ，本書で示しえたものはわずかなものである。しかし，本書によって，日本における証拠開示問題をめぐる議論の進行に少しでも寄与できるのであれば，望外の幸せである。

1） http://www.moj.go.jp/content/000122699.pdf（2014年7月10日閲覧）。
2） http://www.moj.go.jp/content/000125178.pdf（2014年7月10日閲覧）。
3）「検察官は，被疑者又は被告人が，他人の犯罪事実についての知識を有すると認められる場合において，当該他人の犯罪事実を明らかにするために被疑者又は被告人が行うことができる行為の内容，被疑者又は被告人による犯罪及び当該他人による犯罪の軽重及び情状その他の事情を考慮して，必要と認めるときは，被疑者又は被告人との間で，被疑者又は被告人が（一）に掲げる行為の全部又は一部を行う旨及び当該行為が行われる場合には検察官が被疑事件又は被告事件について（二）に掲げる行為の全部又は一部を行う旨の合意をすることができるものとする。合意をするには，弁護人の同意がなければならないものとする。」とされている。
4） http://www.nichibenren.or.jp/library/ja/opinion/report/data/2014/opinion_140508.pdf（2014年7月10日閲覧）。
5） http://www.nichibenren.or.jp/library/ja/opinion/report/data/2014/opinion_140508_2.pdf（2014年7月10日閲覧）。

■著者紹介

斎 藤　司（さいとう・つかさ）

龍谷大学法学部准教授

　1978年　徳島県に生まれる
　2001年　九州大学法学部卒業
　2006年　九州大学法学府民事刑事法学専攻博士後期課程単位取得退学
　2006年　愛媛大学法文学部総合政策学科専任講師
　2009年　龍谷大学法学部准教授
　2014年　ゲオルグ・アウグスト大学ゲッティンゲン客員研究員

〔主要業績〕

　丹治初彦編著，丸田隆＝春日勉＝斎藤司著『保釈 理論と実務』（法律文化社，2013年）
　「強制処分概念と『任意処分の限界』問題の再検討」法律時報84巻6号（2012年）
　「未決拘禁における社会的援助」福井厚編『未決拘禁改革の課題と展望』（日本評論社，2009年）
　「執行猶予取消と無罪推定──執行猶予取消要件とその手続の適正化」愛媛大学法文学部論集（総合政策学科編）23号（2007年）

Horitsu Bunka Sha

公正な刑事手続と証拠開示請求権

2015年2月28日　初版第1刷発行

著　者　　斎　藤　　司
発行者　　田　靡　純　子
発行所　　株式会社　法律文化社

〒603-8053
京都市北区上賀茂岩ヶ垣内町71
電話 075(791)7131　FAX 075(721)8400
http://www.hou-bun.com/

＊乱丁など不良本がありましたら，ご連絡ください。
　お取り替えいたします。

印刷：共同印刷工業㈱／製本：㈱藤沢製本
装幀：谷本天志

ISBN978-4-589-03661-2

Ⓒ2015　Tsukasa Saito Printed in Japan

JCOPY　〈(社)出版者著作権管理機構　委託出版物〉

本書の無断複写は著作権法上での例外を除き禁じられています。複写される場合は、そのつど事前に、(社)出版者著作権管理機構（電話 03-3513-6969, FAX 03-3513-6979, e-mail: info@jcopy.or.jp）の許諾を得てください。

中川孝博・葛野尋之・斎藤 司著 **刑事訴訟法講義案**〔第2版〕 B5判・238頁・2700円	情報量を抑えて要点を例挙し，基本的な論理の流れや知識間の関連づけを整理した講義パートと，そこで得た知識を定着させるための短答パートとからなるテキストの第2版。『判例学習・刑事訴訟法』とのリファーも充実。
葛野尋之・中川孝博・渕野貴生編 **判例学習・刑事訴訟法** B5判・356頁・2800円	法が解釈・適用される事案解決過程の有機的関連を意識したテキスト。法の適用部分をていねいに紹介し，当該判例の位置づけや学生が誤解しやすいポイントを簡潔に解説。101の重要判例を収録。学部試験・司法試験対策に必携の一冊。
赤池一将・中川孝博著 玄守 道・斎藤 司補訂 **刑 事 法 入 門**〔第2版〕 B5判・214頁・2500円	法学・刑法・刑事訴訟法・刑事政策の基礎的な知識や考え方，使いこなすためのエッセンスを修得できるテキスト。学習効果をあげるために構成や表記を含めさまざまな工夫を凝らす。最新の情報を取りいれ，読みやすい大判とした第2版。
浅田和茂・葛野尋之・後藤 昭・高田昭正・中川孝博編集委員 〔福井厚先生古稀祝賀論文集〕 **改革期の刑事法理論** A5判・568頁・14000円	「未決拘禁制度改革の理論」を中心に，「刑事訴訟法・警察法」「刑法・刑事政策」にも目配りし，刑事司法改革を総合的に考察。裁判員裁判を機に激動する実務を踏まえ，新時代の刑事法理論の来し方行く末を批判的に論じる。
木谷 明著 **刑 事 裁 判 の 心**〔新版〕 ―事実認定適正化の方策― A5判・296頁・3600円	元刑事裁判官としての著者の基本的姿勢や考え方，実務の現状への認識と改善策，学説に対する実務的な観点からの提言，弁護士活動への期待等をわかりやすい文体で論述。「富士高校放火事件」に関する記述を大幅に書き改めた新版。
佐伯千仭著 **刑 事 法 と 人 権 感 覚** ―ひとつの回顧と展望― A5判・376頁・7000円	刑事法学の泰斗・佐伯千仭博士の理論と実践の集大成。人間に対するあたたかいまなざしと刑法における謙抑主義の思想に裏うちされた刑事法学を展開。論考・講演・座談会をモニュメント的にまとめ，その人となりを映し出す。

――法律文化社――

表示価格は本体(税別)価格です